ARISTÓTELES

METAFÍSICA

VOLUME I

Ensaio introdutório

PLANO DA OBRA:

Volume I:	Ensaio introdutório
Volume II:	Texto grego com tradução ao lado
Volume III:	Sumários e comentário

ARISTÓTELES

META FÍSICA

Ensaio introdutório, texto grego com
tradução e comentário de
GIOVANNI REALE

VOLUME I
Ensaio introdutório

TRADUÇÃO
Marcelo Perine

Edições Loyola

Título original:
Aristotele Metafisica – Saggio introduttivo, testo greco con traduzione a fronte e commentario a cura di Giovanni Reale
(edizione maggiore rinnovata)
© Traduzione, proprietà Rusconi Libri
© Saggio introduttivo e commentario, Giovanni Reale
© da presente edição, Vita e Pensiero, Milano
ISBN 88-343-0541-8 (obra)

Dados Internacionais de Catalogação na Publicação (CIP)
(Câmara Brasileira do Livro, SP, Brasil)

Aristóteles
  Metafísica / Aristóteles ; ensaio introdutório, texto grego com tradução e comentário de Giovanni Reale ; tradução Marcelo Perine. -- 3. ed. -- São Paulo : Edições Loyola, 2014.

  Obra em 3 v.
  Conteúdo: v. 1. Ensaio introdutório
  ISBN 978-85-15-02361-5

  1. Ética 2. Filosofia antiga 3. Metafísica 4. Poética I. Título.

13-12989 CDD-185

Índices para catálogo sistemático:
  1. Metafísica : Filosofia aristotélica   185

Capa e projeto gráfico: Maurélio Barbosa
Diagramação: So Wai Tam
Revisão: Marcelo Perine

Edições Loyola Jesuítas
Rua 1822, 341 – Ipiranga
04216-000 São Paulo, SP
T 55 11 3385 8500/8501 • 2063 4275
editorial@loyola.com.br
vendas@loyola.com.br
www.loyola.com.br

Todos os direitos reservados. Nenhuma parte desta obra pode ser reproduzida ou transmitida por qualquer forma e/ou quaisquer meios (eletrônico ou mecânico, incluindo fotocópia e gravação) ou arquivada em qualquer sistema ou banco de dados sem permissão escrita da Editora.

ISBN 978-85-15-02361-5

3ª edição: 2014

© EDIÇÕES LOYOLA, São Paulo, Brasil, 2001

Poi ch'innalzai un poco più le ciglia,
Vidi 'l maestro di color che sanno
Seder fra filosofica famiglia.
Tutti lo miran, tutti onor li fanno (...).
Dante, Inferno, IV 130-133.

(...) er [Aristóteles] ist eins der reichsten und umfassendsten (tiefsten) wissenschaftlichen Genie's gewesen, die je erschienen sind, ein Mann, dem keine Zeit ein gleiches an die Seite zu stellen hat.

(...) ele [Aristóteles] é um dos mais ricos e universais (profundos) gênios científicos que jamais existiram, um homem ao qual nenhuma época pode ombrear um igual.

G. W. F. Hegel,
Vorlesungen über die Geschichte der Philosophie, in *Sämtliche Werke,* Bd. 18. Ed. Glockner, p. 298.

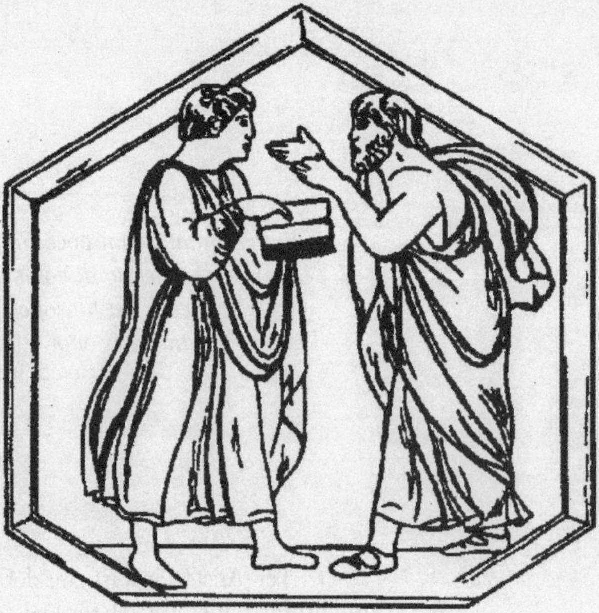

| Sumário |

Advertência IX
Prefácio geral a esta edição da *Metafísica* de Aristóteles 1
Ensaio Introdutório.
  A metafísica de Aristóteles em seus conceitos-cardeais, em sua
  estrutura e em suas relações com o pensamento de Platão 25
Capítulo primeiro.
  Gênese do termo "metafísica" e da obra
  aristotélica que leva este título 27
Capítulo segundo.
  Conceito e finalidade da metafísica aristotélica 37
Capítulo terceiro.
  A componente aitiológica: a doutrina das quatro causas 53
Capítulo quarto.
  A componente ontológica: a doutrina aristotélica do ser 63
Capítulo quinto.
  A componente usiológica: a polivocidade da concepção
  aristotélica da substância 87
Capítulo sexto.
  A componente teológica: existência e
  natureza da substância suprassensível 111
Capítulo sétimo.
  Breve análise de cada um dos livros da *Metafísica* 123
Capítulo oitavo.
  Como devem ser compreendidas as complexas posições
  assumidas por Aristóteles diante do pensamento dos
  predecessores, sobretudo de Platão e dos acadêmicos 157
Capítulo nono.
  As informações fornecidas por Aristóteles na *Metafísica*
  sobre as "doutrinas não escritas" platônicas,
  sua credibilidade e seus influxos teoréticos 177

Capítulo décimo.
Papel determinante das polêmicas com Platão e com os platônicos na construção e na estrutura da *Metafísica* de Aristóteles............ 209

Capítulo décimo primeiro.
Tangências estruturais, apesar das inegáveis diferenças, entre o sistema metafísico aristotélico e o platônico...................... 233

Capítulo décimo segundo.
Novidade paradigmática do conceito aristotélico de metafísica e sua dimensão epocal... 251

Conclusões.
Por que o pensamento humano não pode dispensar a metafísica. 267

Índices sistemáticos particulares e gerais... 275

   I. Tábua cronológica referente a Aristóteles.. 277
   II. Índice analítico dos nomes de pessoas citados por Aristóteles no texto da *Metafísica* 279
   III. Índice das citações textuais de versos de poetas ou de fragmentos de filósofos pré-socráticos contidas na *Metafísica* 283
   IV. Índice das passagens da *Metafísica* acolhidas como testemunhos sobre o pensamento dos pré-socráticos na coletânea Diels-Kranz........... 285
   V. Índice das passagens da *Metafísica* acolhidas como testemunhos sobre Sócrates e sobre os Socráticos menores nas modernas edições críticas.... 289
   VI. Índice das passagens da *Metafísica* sobre Eudoxo de Cnido, sobre Sócrates, o Jovem, e sobre elementos de geometria, desenvolvidas no âmbito da Academia, recolhidas por Lasserre 291
   VII. Índice das passagens da *Metafísica* acolhidas como testemunhos sobre a "Doutrina não escrita" de Platão nos *Testimonia Platonica* de Konrad Gaiser e em outras edições modernas 293
   VIII. Índice das passagens da *Metafísica* consideradas fragmentos de Espeusipo nas coletâneas modernas 295
   IX. Índice das passagens da *Metafísica* consideradas fragmentos de Xenócrates nas coletâneas modernas.. 297
   X. Índice das passagens da *Metafísica* que contêm remissões internas livro a livro.. 299
   XI. Índice das passagens da *Metafísica* que contêm citações de outros escritos aristotélicos ou remissões a eles 301
   XII. Índice das passagens da *Metafísica* nas quais são citados ou podem sê-lo escritos de Platão 303
   XIII. Índice das obras expressamente citadas no primeiro e no terceiro volume..... 305
   XIV. Índice analítico da matéria tratada no primeiro volume........................ 323
   XV. Índice analítico da matéria tratada na *Metafísica* contida no segundo volume 329
   XVI. Índice analítico da matéria tratada no terceiro volume......................... 337

Advertência

À *primeira vista, o leitor desta minha edição maior da* Metafísica *de* Aristóteles, *que foi renovada completamente, poderá pensar que exista total diferença com relação à precedente. Mas isso só em parte é verdade, sobretudo no que se refere a certos complementos e à forma de apresentação.*

Com efeito, não só não mudo minha interpretação precedente, como a confirmo e a repito baseado numa série de conclusões dos estudos que desenvolvi nesse ínterim.

As originárias cem páginas da Introdução quase se quadruplicaram e se tornaram uma verdadeira monografia. As páginas da tradução se duplicaram com o texto grego ao lado. O Comentário se tornou um volume de mais de setecentas páginas, que, considerando o tamanho da letra, correspondem a mais de três vezes o texto da Metafísica.

Na Apresentação geral a esta edição da Metafísica *de Aristóteles oferecerei ao leitor uma série de explicações, algumas das quais retomarei e reafirmarei, de vários modos, também na* Advertência *aos dois volumes seguintes, para evitar aos leitores uma série de possíveis equívocos.*

Aqui limitar-me-ei a algumas observações preliminares.

A Metafísica *de Aristóteles foi a obra sobre a qual me formei em grande medida, e à qual dediquei talvez mais fadigas do que ao próprio Platão, que, contudo, permanece sendo meu filósofo predileto. Se adiciono os anos de estudante universitário e de pesquisador, posso dizer que já são mais de quarenta anos que a frequento, embora com intensidade diversa e de vários modos. Portanto, a estrutura na qual agora apresento esta obra é muito próxima do modelo ideal que estabeleci para mim.*

No primeiro volume, condenso toda a problemática da doutrina metafísica em si, e também nas suas relações com Platão e com o ambiente acadêmico na qual nasceu e contra o qual se voltou com vivas polêmicas.

No segundo volume, apresento, da maneira que considero mais proveitosa para o leitor moderno, pelos motivos que explicarei repetidamente de vários modos, a tradução oportunamente articulada com títulos para cada parágrafo e com entradas bem estudadas, que evidenciam da maneira mais clara possível a articulação do discurso do filósofo. O texto grego ao lado retoma a edição de Ross, porém levando em conta também a de Jaeger, com uma série de intervenções minhas, das quais presto contas no Comentário.

No terceiro volume, enfim, explico os vários conceitos e o seu desenvolvimento, seja de modo sintético com sumários, seja de modo analítico, seguindo ponto por ponto o texto aristotélico, muitas vezes com o auxílio dos grandes comentadores antigos e modernos.

Na renovação desta edição não foi possível atualizar a bibliografia, que na edição precedente apresentava várias centenas de obras. Antes, excluí a precedente bibliografia e muitas referências bibliográficas das notas. O que apresento no final do primeiro volume é um simples Índice das obras expressamente citadas, *não uma bibliografia*.

A razão disso, como explicarei também no Prefácio, está no fato de que nos últimos decênios a bibliografia sobre a Metafísica se multiplicou de maneira extraordinária, e não poucas vezes de modo desordenado. Portanto, é evidente que ela exige ser tratada numa obra à parte. No momento, pode-se dizer que os títulos bibliográficos do século XX relativos à Metafísica de Aristóteles se aproximam de dois mil e quinhentos. Confiei a tarefa de preparar uma bibliografia comentada e sistemática a um colaborador meu, que, com uma equipe, a levará a termo, espero dentro de pouco tempo, oferecendo assim aos estudiosos tudo o que se faz necessário, do ponto de vista bibliográfico, para qualquer tipo de pesquisa sobre essa obra-prima.

***

Agradeço vivamente aos doutores Maria Luisa Gatti, Elisabetta Cattanei e Alessandro Trotta pela ajuda que me deram na correção das provas, e particularmente ao prof. Claudio Moreschini, que, com gesto de particular amizade, fez pessoalmente uma revisão global das provas. Agradeço à Tipografia Tibiletti, particularmente ao Dr. Giuseppe Tibiletti e à Sra. Marilena Bernasconi pela acribia com que trabalharam. O leitor perdoará se, malgrado o trabalho de correção, escaparam ainda alguns erros: nos três volumes existem mais de cinco milhões e quinhentos mil caracteres. Agradeço enfim à Vita e Pensiero pelo belo acabamento editorial com que apresenta essa minha obra, com a qual festeja o 75º aniversário da fundação.

Prefácio geral a esta edição da Metafísica de Aristóteles

1. Como nasceu e como se desenvolveu meu trabalho sobre a Metafísica em particular e sobre Aristóteles em geral

Com grande satisfação apresento, nestes três volumes, a edição maior renovada da *Metafísica* de Aristóteles (que na sua forma original remonta à segunda metade dos anos 1950 e aos anos 1960), com variadas ampliações, acréscimos e retoques, ademais do texto grego ao lado da tradução, contribuições preparadas por mim na segunda metade dos anos 1980 e nos primeiros anos 1990.

A composição deste trabalho originário empenhou-me por muitos anos: de 1955 a 1960 para os trabalhos de base, com a paralela elaboração da monografia *O conceito de filosofia primeira e a unidade da Metafísica de Aristóteles* (publicada em 1961, muitas vezes reeditada, traduzida para o inglês e publicada pela New York University Press, 1980)[1]; de 1961 a 1965 para a execução do trabalho e, enfim, mais dois anos de intensa atividade, 1966 e 1967, para os últimos retoques e para a correção das provas[2].

Um trabalho de análogo empenho para mim foi, em seguida, o dedicado a Platão, a partir da segunda metade dos anos 1970 até 1991, com a publicação de *Todos os escritos de Platão*[3] e a definitiva elaboração do

---

1. G. Reale, *Il concetto di filosofia prima e l'unità della Metafisica di Aristotele*, Vita e Pensiero, Milão 1961; 1963²; 1967³; 1984⁴; 1993⁵. A tradução inglesa foi preparada por J. Catan, com prefácio de J. Owens, SUNY Press, Albany 1980.

2. Aristotele, *La Metafisica. Traduzione, introduzione e commento di G. Reale*, Loffredo, Nápoles 1968: reimpr. 1978 (coleção "Filosofi Antichi", 1 e 2).

3. Platone, *Tutti gli scritti*, a cura di G. Reale, Rusconi Libri, Milão 1991 primeira e segunda edições; 1992 terceira edição (além do ensaio introdutório, são minhas as traduções e os aparatos críticos de onze diálogos: *Eutífron, Críton, Fédon, Protágoras, Górgias, Ménon, Apologia de Sócrates, Banquete, Fedro, Íon, Timeu*). Em 1993 o *Banquete* e o *Fedro* foram publicados separadamente, con Introduções e notas ampliadas, Rusconi Libri.

meu volume *Para uma nova interpretação de Platão*[4], junto com uma série de trabalhos paralelos, como a tradução de alguns dos melhores escritos sobre Platão e sobre o platonismo, preparada pessoalmente por mim ou por mim dirigida[5].

---

4. G. Reale, *Per una nuova interpretazione di Platone. Rilettura della metafisica dei grandi dialoghi alla luce delle "Dottrine non scritte"*, primeira edição provisória 1984; três edições em 1986; quinta edição em 1987; sexta edição em 1989; sétima e oitava edições em 1990; nona edição em maio de 1991 e a décima, definitiva, recomposta e com nova paginação, em setembro de 1991; décima primeira edição em 1993; décima segunda e décima terceira edições em 1994; décima quarta edição em 1995 [A tradução brasileira de M. Perine, *Para uma nova interpretação de Platão*, Edições Loyola, São Paulo 1997, é feita a partir da décima quarta edição, e reproduz no início o texto "Um novo Platão?", de H. C. de Lima Vaz, originalmente publicado in *Síntese Nova Fase*, n. 50 (1990): 101-113].

5. Os trabalhos paralelos que fiz são os seguintes. Traduzi e introduzi de H. Krämer, *Platone e i fondamenti della metafisica. Saggio sulla teoria dei principi e sulle dottrine non scritte di Platone con una raccolta dei documenti fondamentali in edizione bilingue e bibliografia*, Vita e Pensiero, Milão 1982 (1987²; 1989³), obra composta pelo autor a meu convite; de Krämer publiquei também: *Dialettica e definizione del Bene in Platone. Interpretazione e commentario storico-filosofico di "Repubblica" VII 534 B 3-D 2*, traduzido por E. Peroli e introduzido por mim, Vita e Pensiero, Milão 1989 (1992²). De K. Gaiser traduzi e introduzi: *La metafisica della storia in Platone. Con un saggio sulla teoria dei principi e una raccolta in edizione bilingue dei testi platonici sulla storia*, Vita e Pensiero, Milão 1988 (1991²; reimpr. 1992), obra composta pelo autor a meu convite; sempre de Gaiser traduzi e introduzi também a obra: *L'oro della sapienza. Sulla preghiera del filosofo a conclusione del "Fedro" di Platone*, Vita e Pensiero, Milão 1990 (1992²⁻³). De Th. Szlezák traduzi e introduzi a obra maior: *Platone e la scrittura della filosofia. Analisi di struttura dei dialoghi della giovinezza e della maturità alla luce di un nuovo paradigma ermeneutico*, Vita e Pensiero, Milão 1988 (1989²; 1992³). Ademais, de M. Erler publiquei: *Il senso delle aporie nei dialoghi di Platone. Esercizi di avviamento al pensiero filosofico*, traduzido por C. Mazzarelli e introduzido por mim, Vita e Pensiero, Milão 1991. De K. Albert publiquei: *Sul concetto di filosofia in Platone*, traduzido por P. Traverso e introduzido por mim, Vita e Pensiero, Milão 1991. Também publiquei dois volumes notáveis: um de M. Migliori, *Dialettica e verità. Commentario filosofico al "Parmenide" di Platone*, Vita e Pensiero, Milão 1990, e um de G. Movia, *Apparenze, Essere e Verità. Commentario storico-filosofico al "Sofista" di Platone*, Vita e Pensiero, Milão 1991. Recordo ainda a publicação do livro de C. de Vogel, *Ripensando Platone e il Platonismo*, traduzido por E. Peroli e introduzido por mim, Vita e Pensiero, Milão 1990. Para os outros trabalhos paralelos que fiz ou preparei sobre Platão ver o *Prefácio* à décima edição da minha monografia sobre Platão citada na nota precedente, pp. XI-XVI.

6. Voltei muitas vezes aos eleatas: primeiro com a atualização sistemática de E. Zeller - R. Mondolfo, *La filosofia dei Greci nel suo sviluppo storico*, I 3, La Nuova Italia, Florença 1967; depois com o volume: *Melisso, testimonianze e frammenti*, La Nuova Italia, Florença 1970 (que contém — entre outras coisas — também uma ampla monografia com o título: *Melisso e la storia della filosofia greca*, pp. 1-268); enfim com: Parmenide, *Poema Sulla Natura*.

Os trabalhos que desenvolvi sobre os eleatas[6], sobre Teofrasto[7], sobre Fílon de Alexandria[8], sobre Plotino[9] e sobre Proclo[10], exigiriam de mim menores fadigas, embora tenha dedicado a eles não pouco interesse e tempo. A minha *História da Filosofia Antiga* foi uma espécie de contínuo trabalho de contraponto e uma sistematização do que fui adquirindo progressivamente, e constitui uma espécie de mínimo denominador comum de todos os meus trabalhos[11].

Contudo, embora tendo me dedicado a muitos outros autores antigos, não abandonei Aristóteles depois da publicação da primeira edição maior da *Metafísica*. Em 1974 publiquei o *Tratado sobre o cosmo para Alexandre* (com a primeira tradução em língua italiana, monografia introdutória e comentário)[12]. Ainda em 1974 publiquei a *Introdução a Aristóteles* (muitas vezes reeditada e traduzida para o espanhol, publicada pela Herder)[13].

Presentazione, traduzione con a fronte il testo greco dei frammenti del poema e note di G. Reale. *Saggio introduttivo e commentario filosofico di* L. Ruggiu, Rusconi Libri, Milão 1990 (1993²).

7. G. Reale, *Teofrasto e la sua aporetica metafisica. Saggio di ricostruzione e di interpretazione sotico-filosofica con traduzione e commento della "Metafisica"*, La Scuola, Brescia 1964.

8. Ocupei-me de Fílon de Alexandria sobretudo para um ensaio introdutório, *L'itinerario a Dio in Filone di Alessandria*, ao volume: Filone di Alessandria, *L'erede delle cose divine*, traduzido por R. Radice e publicado pela Editora Rusconi, Milão 1981; e junto com Radice publiquei o ensaio: *La genesi e la natura della "filosofia mosaica". Struttura, metodo e fondamenti del pensiero filosofico e teologico di Filone di Alessandria*, contido na obra: Filone di Alessandria, *La filosofia mosaica*, Rusconi Libri, Milão 1987. Promovi, ademais, a primeira tradução italiana de todos os tratados alegóricos de Fílon, pela Rusconi, que foram preparados por C. Krauss Reggiani, C. Mazzarelli e, sobretudo, R. Radice.

9. Sobre Plotino trabalhei muito, sobretudo para a composição do quarto volume da minha *História da Filosofia Antiga* (cf. nota 11), no qual apresento uma verdadeira monografia introdutória ao pensamento plotiniano; ademais, promovi a publicação da tradução completa da *Enéadas* (edição bilíngue) aos cuidados de G. Faggin, pela Editora Rusconi, 1992 (três edições no mesmo ano).

10. De Proclo ocupei-me em duas obras: um amplo ensaio introdutório com o título *L'estremo messaggio spirituale del mondo antico nel pensiero metafisico e teurgico di Proclo*, contido em: Proclo, *I manuali*, Rusconi Libri, Milão 1985 (pp. V-CCXXXIII), e *Introduzione a Proclo*, Laterza, Roma-Bari 1989.

11. G. Reale, *Storia della filosofia antica*, 5 vols., Vita e Pensiero, Milão 1975-1989, que já chegou à décima edição (Trad. brasileira de M. Perine e H. C. de Lima Vaz, *História da filosofia antiga*, 5 vols. Edições Loyola, São Paulo, 1993-1995).

12. Aristotele, *Trattato sul cosmo per Alessandro. Traduzione con testo greco a fronte, introduzione, commento e indici di* G. Reale, Loffredo, Nápoles 1974 (coleção "Filosofi Antichi", n. 5).

13. G. Reale, *Introduzione a Aristotele*, Laterza, Roma-Bari 1974 (sétima edição 1993); tradução espanhola de V. Bazterrica, Herder, Barcelona 1985 (1992²).

Em 1975 publiquei o segundo volume da minha *História da filosofia antiga*, que contém uma verdadeira monografia sobre Aristóteles junto com análogo tratamento dispensado a Platão (também a minha *História* foi traduzida para o inglês e publicada pela New York University Press, 1985-1990; para o português e publicada pelas Edições Loyola, 1993-1995, e está sendo traduzida também para o polonês[14]). Em 1978 preparei uma edição menor da *Metafísica*, excluindo o comentário, com nova introdução, prefácios a cada um dos livros, sumários dos vários capítulos e notas, para a coleção "Os Clássicos do Pensamento" da Editora Rusconi, cuja seção dedicada ao pensamento clássico e tardo-antigo dirijo pessoalmente[15].

Naturalmente, nos meus cursos universitários jamais abandonei Aristóteles. Mesmo nos anos 1980, paralelamente aos meus cursos de História da Filosofia Antiga, dedicados sobretudo a Platão, ministrei numerosos cursos em Institutos de Filosofia, nos quais punha em confronto justamente a *Metafísica* de Aristóteles com a epistemologia e a hermenêutica contemporâneas, enquanto nos cursos de História da Filosofia Antiga reservados aos estudantes regulares, Aristóteles (particularmente a *Metafísica*) sempre foi ponto de referência essencial.

Ademais, em 1990 iniciei a publicação de traduções de alguns estudos críticos fundamentais sobre o pensamento aristotélico. Comecei com a publicação da obra de Ph. Merlan, *Do platonismo ao neoplatonismo* (1990)[16], contendo dois grandes capítulos sobre a *Metafísica* de Aristóteles, que se impuseram como pontos de referência verdadeiramente irrenunciáveis. Em 1991 publiquei de A. Bos: *Teologia cósmica e metacósmica*[17]. Em 1992, de Julia Annas, publiquei: *Interpretação dos livros M-N da Metafísica de*

---

14. A tradução inglesa da *História da Filosofia Antiga* foi preparada por J. Catan e saiu na seguinte ordem: vol. III, 1985; vol. I, 1987; vol. II e IV, 1990; a tradução polaca está confiada a I. E. Zielinski; a tradução brasileira foi feita por M. Perine (vols. I e III, publicados em 1993 e 1994, respectivamente) e por M. Perine e H. C. de Lima Vaz (vol. II, publicado em 1994 e os vols. IV e V, publicados em 1995).

15. Aristotele, *La Metafisica. Introduzione, traduzione e parafrasi* di G. Reale, Rusconi Libri, Milão 1978 (1984²; 1989³; 1992⁴, coleção "I Classici del Pensiero"; 1989 edição especial para um Clube (edições CDE, Milão), jé reimpressa três vezes.

16. Ph. Merlan, *Dal Platonismo al Neoplatonismo. Introduzione* di G. Reale, *traduzione* di E. Peroli, Vita e Pensiero, Milão 1989.

17. A. Bos, *Teologia cosmica e metacosmica. Per una nuova interpretazione dei dialoghi perduti di Aristotele. Introduzione* di G. Reale, *traduzione* di E. Peroli, Vita e Pensiero, Milão 1991.

Aristóteles[18]. Em 1993 publiquei a quinta edição do meu *O conceito de filosofia primeira e a unidade da metafísica de Aristóteles*[19]. Outras obras estão em curso de preparação, entre as quais, de particular importância, uma bibliografia geral sobre a literatura relativa à *Metafísica* de Aristóteles no século XX, à qual acenei na *Advertência* e da qual falarei abaixo.

2. *Os critérios que segui na elaboração originária deste trabalho e os consensos que recebi dos leitores*

Na *Advertência* à primeira edição, escrevi o que de algum modo sentia e que um amigo (embora veladamente) me dizia: publicar uma tradução da *Metafísica* de Aristóteles com um comentário constitui um empreendimento, senão quase insensato, em todo caso extremamente árduo e, sob certos aspectos, também temerário. De fato, as tentativas já feitas em várias línguas, os comentários, as paráfrases, as exposições e os estudos críticos são tantos, que não é mais possível dominá-los. E sobretudo os problemas que surgem para quem se proponha apresentar ao leitor dos nossos dias o maior texto de filosofia de Aristóteles são de tal envergadura, que pareceria, senão quase impossível, pelo menos muito difícil resolvê-los.

Os critérios que escolhi para resolver tais problemas foram muito precisos.

Quanto à tradução, escolhi traduzir sobretudo os *conceitos* e não as meras *palavras*, como explicarei melhor adiante. No comentário, tentei manter-me fiel ao critério da "justa medida" grega, visando sobretudo evidenciar e explicar as estruturas principais dos tratados que compõem a obra, particularmente os problemas e os conceitos de fundo com suas articulações essenciais, como explicarei melhor adiante.

Devo dizer que o consenso de muitos recenseadores, e de modo particular de muitíssimos leitores, muito me surpreendeu. Em 1978 foi pu-

---

18. J. E. Annas, *Interpretazione dei libri M-N della "Metafisica" di Aristotele. La filosofia della matematica in Platone e Aristotele*. Traduzione di E. Cattanei. *Introduzione e traduzione dei libri M-N della "Metafisica" di Aristotele* di G. Reale, Vita e Pensiero, Milão 1992.

19. A quinta edição é apresentada por mim como definitiva. Para minimizar os custos evitei recompor todo o volume e apenas acrescentei um amplo *Prefácio*, um novo capítulo e dois ensaios meus como apêndices, sobre a potência e o ato e sobre a polivalência do ser. Cf. *infra*, nota 26.

blicada a edição maior (Loffredo, Nápoles), paralelamente à publicação da edição menor (Rusconi, Milão), a qual, por sua vez, foi reeditada em 1984, 1988, 1992 (em 1989 foi também publicada uma elegantíssima edição para um clube do livro)[20]. A que agora publico tem, portanto, atrás de si numerosas edições e reimpressões, e paralelamente está sendo publicada outra: a Editora Rusconi, em nova coleção, reapresenta a edição menor com o texto grego ao lado. Tenha-se, ademais, presente que já em 1963 publiquei uma tradução com comentário do livro XII com o título O Motor Imóvel. Também ela alcançou a décima edição (1990)[21]. E algumas dessas edições foram de grande tiragem para textos filosóficos. O que significa, salvo erro meu, que respondi de modo satisfatório a algumas precisas exigências dos leitores.

No momento em que publicava a primeira edição, a única tradução italiana da Metafísica, que constituía um verdadeiro ponto de referência, era a de Armando Carlini[22]. Com efeito, por muitos anos foi considerada insubstituível, e foi com ela que estudei nos meus anos universitários. Com minha edição pensava fazer um trabalho de melhoria, de aperfeiçoamento e, sobretudo, de complemento, não de substituição. No entanto, aconteceu o imprevisto: a editora Laterza tirou do catálogo a tradução de Carlini, julgando-a obsoleta, e substituiu-a por uma nova, preparada por A. Russo, que se mostrou, porém, modesta e, ademais, privada de notas[23]. Outra tradução em língua italiana foi publicada pela UTET, organizada por A. Viano, já conhecido por outros trabalhos sobre Aristóteles[24]. Esperava-se de Viano também um comentário; mas o autor preferiu substituí-lo por ampla introdução e notas[25].

A minha edição maior configura, portanto, a mais completa na Itália, e entre as pouquíssimas que em nível internacional apresentam um comentário completo.

---

20. Cf. supra, nota 15.
21. Aristotele, Il Motore Immobile. Traduzione, introduzione e commento di G. Reale, Editora La Scuola, Brescia 1963 (1965[2]; 1968[3], 1971[4]; 1975[5]; 1978[6]; 1981[7]; 1984[8]; 1987[9]; 1990[10]).
22. Aristotele, La Metafisica. Traduzione e commento di A. Carlini, Laterza, Bari 1928 (edição revista 1949).
23. Aristotele, La Metafisica. Traduzione di A. Russo, in Aristotele, Opere, aos cuidados de G. Giannantoni, Laterza, Bari 1973, muitas vezes reeditada.
24. Aristotele, La Politica. La costituzione di Atene, aos cuidados de A. Viano, UTET, Turim 1966; de A. Viano ver também La logica di Aristotele, Turim 1974.
25. Aristotele, La Metafisica, aos cuidados de A. Viano, UTET, Turim 1974.

3. Os critérios que segui na escolha e na execução das inovações que apresento

Quais são as novidades que apresento na reedição?

A primeira edição tinha por trás de si *O conceito de filosofia primeira* e vários ensaios[26], nos quais analisava e discutia a fundo o paradigma histórico-genético de Jaeger e suas aplicações, que chegaram a ponto de se anular mutuamente. Naquela ocasião, a minha tomada de posição contra esse paradigma hermenêutico (do qual, ademais, reconhecia as vantagens que trazia com relação aos precedentes) foi apreciada por poucos, dado que o paradigma histórico-genético estava no seu zênite e era considerado por muitos vencedor em todos os sentidos. Contra a verdade, muitos pensaram (e também escreveram) que a posição antijaegeriana por mim assumida derivava de meu "aristotelismo" e "tomismo", enquanto sempre fui, no máximo, um "platônico" e "agostiniano", como em seguida explicarei melhor. Hoje, o paradigma histórico-genético está superado e seu alcance foi esquecido *in toto* por muitos, bem além do que se devia.

Todavia, um paradigma alternativo que tenha conquistado a *communis opinio* não existe hoje. Os estudiosos que se inspiram totalmente ou em parte na filosofia analítica, impuseram-se em muitas partes, mesmo sem ter conquistado a *communis opinio*. Mas se, por um lado, ofereceram estudos que aprofundam os aspectos lógicos e linguísticos da filosofia de Aristóteles, não parecem mover-se com adequada destreza na temática propriamente metafísica, e sobretudo resistem muito em oferecer uma

---

26. Recordo alguns dos meus artigos sobre Aristóteles, particularmente em seu pensamento metafísico: *Josef Zürcher e un tentativo di rivoluzione nel campo degli studi aristotelici*, in AA.VV., *Aristotele nella critica e negli studi contemporanei*, Milão 1956, pp. 108-143; *Max Wundt e una nuova ricostruzione dxell'evoluzione della Metafisica aristotelica*, in "Rivista di Filosofia neoscolastica", 50 (1958), pp. 238-267; *Paul Gohlke e l'evoluzione della dottrina aristotelica dei principi*, in "Rivista di Filosofia neoscolastica", 50 (1958), pp. 436-472; *La dottrina aristotelica della potenza, dell'atto e dell'entelechia nella Metafisica*, in VV.AA., *Studi di filosofia e di storia della filosofia in onore di Francesco Olgiati*, Milão 1962, pp. 145-207 (agora republicado em apêndice à quinta edição de *Il concetto di filosofia prima*, pp. 341-405); *L'impossibilità di intendere univocamente l'essere e la tavola dei significati di esso secondo Aristotele*, in "Rivista di Filosofia neoscolastica", 56 (1964), pp. 289-326 (agora publicado em apêndice à quinta edição de *Il concetto di filosofia prima*, pp. 407-446); *La polivocità della concezione aristotelica della sostanza*, in VV.AA., *Scritti in onore di Carlo Giacon*, Pádua 1972, pp. 17-40 (agora reproduzido com várias modificações, *infra*, no capítulo quinto deste *Ensaio introdutório*); *La metafisica aristotelica come prosecuzione delle istanze di fondo della metafisica platonica*, in "Pensamiento", 35 (1979), pp. 133-143.

visão do *todo* do pensamento filosófico de Aristóteles. Tal interpretação, em todo caso, não chegou, pelo menos até o momento, a uma posição capaz de se impor num nível e com estatura que possam ser considerados de dimensão epocal[27]. O livro mais completo e mais significativo até agora publicado é o de T. H. Irwin, que se concentra no método dialético, mas tem um interesse metafísico bastante limitado[28].

Como alguns estudiosos bem compreenderam, todos os que se inspiram no método da filosofia analítica releem Aristóteles com base nos cânones de sua filosofia e apenas experimentam seu pensamento em vista de descobrir em que medida ele antecipa (ou não antecipa) suas convicções científicas. Em suma, mais que visar diretamente a uma compreensão de Aristóteles, esses estudiosos parecem analisar temáticas e obras do filósofo antigo prevalentemente em vista de se autocompreenderem[29]. Portanto, fazem mais obra de teorização do que interpretação histórica propriamente dita.

Mas, dito isso, reconheço que algumas exegeses apresentadas por esses intérpretes são muito úteis. Alguns comentários a determinados livros da *Metafísica*, dos quais falarei abaixo, merecem ser lidos e meditados. Do comentário aos livros M-N escrito por Annas promovi até mesmo a tradução, e futuramente também outros trabalhos análogos receberão de mim a mesma consideração[30].

Todavia, uma exata discussão das contribuições desses estudiosos sobre a *Metafísica* de Aristóteles, por não terem o paradigma global do qual falei e, sobretudo, por carecerem de uma visão precisa da *Metafísica* em geral, não trazia vantagens análogas às que extraí da discussão polêmica com os defensores do paradigma histórico-genético, por razões que chamarei de caráter estrutural.

Uma primeira razão é a seguinte.

Quando na aproximação a um filósofo antigo prevalece um interesse de natureza teorética, daquele filósofo pode-se, evidentemente, captar toda uma série de aspectos e intuições, até mesmo muito interessantes,

---

27. Para um quadro geral da posição assumida pelos estudiosos que se inspiram na filosofia analítica na interpretação de Aristóteles, ver E. Berti, *Aristotele nel Novecento*, Laterza, Bari 1992, pp. 112-185, com indicação dos escritos mais significativos nas notas.

28. T. H. Irwin, *Aristotle's First Principles*, Clarendon Press, Oxford 1988; 1990.

29. W. Leszl, *Aristotele: un filosofo analista?*, "Giornale di Metafisica", 24 (1969), pp. 279-311.

30. Ver o que digo na minha Introdução: *Significato ermeneutico e importanza del libro di Julia Annas sui libri M-N della Metafisica di Aristotele*, pp. 7-21.

mas que não oferecem sua verdadeira imagem em seu alcance e em sua justa dimensão histórica.

A meu ver, *para compreender historicamente Aristóteles ajuda muito mais seu mestre Platão do que qualquer perspectiva do pensamento contemporâneo* e, em todo caso, do pensamento estritamente teorético.

Recordo um particular que considero muito significativo.

Como já disse acima, jamais fui um aristotélico nem um tomista, e desde sempre meus interesses teóricos foram estimulados mais por Platão e pelo platonismo, e, particularmente, por Agostinho. Ao invés, muitos pensaram justamente o oposto a meu respeito, pelo fato de me terem visto dedicar tanto trabalho e tanta fadiga justamente a Aristóteles, e porque me formei e leciono na Universidade Católica. De fato, é verdade que a Universidade Católica repropõe o pensamento clássico, mas em sua dimensão global, e não só na aristotélico-tomista. Por sua vez, Carlo Giacon, como diretor do "Centro de Estudos Filosóficos de Gallarate", que promoveu a coleção inaugurada justamente com a *Metafísica* de Aristóteles preparada por mim, era tomista bastante rígido, e com ele muito amiúde me achei em dissensão, às vezes parcial, mas às vezes também total. Ele não condividia absolutamente minha exegese, porque se distanciava muito da tomista (no meu comentário utilizei amplamente Tomás de Aquino, mas só em chave hermenêutica e não nos pontos-chave nos quais ele repensa teoreticamente os conceitos aristotélicos, como explicarei abaixo). A Giacon eu objetava o seguinte: "Note que Platão (que o senhor descuida) me ajuda muito mais a compreender Aristóteles do que Tomás de Aquino, porque Tomás o repensa teoreticamente em nova ótica e em nova dimensão".

Nesse momento, posso dizer o mesmo a respeito das exegeses apresentadas com os métodos inspirados na filosofia analítica, e de maneira ainda mais incisiva dado que, nesse ínterim, adquiri conhecimentos sobre o pensamento de Platão muito mais aprofundados do que os que tinha nos anos passados.

Como poucas outras obras, a *Metafísica* de Aristóteles nasce de uma contínua discussão com o mestre e com a Escola dos Platônicos, tendo como pano de fundo justamente as "doutrinas não escritas", das quais tanto se fala ultimamente.

Em quase todos os livros da *Metafísica*, encontramos uma espécie de *luta de dois gigantes*, com todas as consequências que daí derivam.

Cada frase da *Metafísica* implica reverberações do platonismo, influências diretas ou indiretas por meio das refutações.

Nos últimos anos, estudei e confrontei-me com Platão em vários sentidos, e voltei a estudar a fundo Aristóteles justamente nesta ótica, extraindo uma série de conhecimentos que me ajudaram a compreender ainda mais a *Metafísica*, exatamente nos aspectos polêmicos, que são amplos e extensos em seu alcance e consequências.

Tenha-se presente que quem se dispõe a ler a *Metafísica* de Aristóteles sem possuir conhecimentos sobre Platão e sobre o platonismo corre o risco de compreender Aristóteles pela metade (recordo que também no passado, paralelamente à tradução e ao estudo da *Metafísica*, traduzi toda uma série de diálogos de Platão, publicando-os a partir de 1961[31]).

Uma segunda razão é a seguinte.

No que se refere ao pensamento de um filósofo grego, particularmente o pensamento metafísico, só o método analítico não pode levar a conclusões definitivas. Esse método procede unicamente, para dizer como Platão, pela vertente de caráter *diairético* (justamente a divisão analítica), enquanto na protologia se revela determinante justamente o outro momento do método dialético, ou seja, o *sinagógico*, que é o único a conduzir da multiplicidade à unidade e, portanto, à visão sintética do conjunto.

Justamente por isso Platão (mas o próprio Aristóteles partilha em grande parte esta concepção) afirma, na *República*, que só quem sabe olhar para o todo, ou seja, para o conjunto, com um olhar sinótico, é dialético, ou seja, filósofo (no sentido de metafísico), enquanto quem não sabe fazer isso, não o é[32].

Ora, a *Metafísica*, que é por definição uma aproximação à visão do conjunto, mais do que nunca exige justamente um método sinótico em sentido global, enquanto o método analítico, em certo sentido, freia e põe obstáculos a uma visão sinótica.

Mas, justamente para permanecer fiel ao esquema originário do trabalho e às instâncias que acima ilustrei, decidi não tornar mais pesado o comentário, que já é por si muito amplo, e evitei chamar em causa continuamente as várias questões dos nexos com o platonismo, como seria possível fazer. Preferi, ao contrário, concentrar tudo o que a meu ver pode

---

31. Os diálogos que publiquei a partir de 1961 a 1970 pela Editora La Scuola são: *Críton*, 1961; *Ménon*, 1962; *Eutífron*, 1964; *Górgias*, 1966; *Protágoas*, 1969; *Fédon*, 1970 (todos muitas vezes reeditados); para os outros diálogos por mim sucessivamente traduzidos, ver, *supra*, a nota 3.

32. Cf. Platão, *República*, VII 537 C.

constituir um quadro de referência, no *Ensaio introdutório*. A Introdução originária, desse modo, mais do que triplicou e se tornou uma verdadeira monografia. O comentário, ao invés, foi pouco aumentado, em vista de manter a *justa medida* na qual me inspirei desde o início.

Dito isto em geral, considero oportuno entrar nos particulares, com explicações mais pormenorizadas.

4. A *estrutura e a finalidade do "Ensaio introdutório"*

O *Ensaio introdutório*, como disse, é uma verdadeira monografia.

Nos sete primeiros capítulos, apresenta os conceitos-chave, com todas as suas articulações, e a estrutura da *Metafísica*. Relativamente à *Introdução* originária, não existem modificações de substância, mas apenas de forma. É estudado o conceito de metafísica nas suas quatro dimensões, ou seja, como *aitiologia, ontologia, usiologia* e *teologia*, com a adequada formulação de alguns problemas de fundo relativos às quatro causas, à doutrina do ser, à problemática da substância e à concepção de Deus e do divino.

Os cinco últimos capítulos, totalmente novos, enfrentam a complexa questão das relações entre a *Metafísica* de Aristóteles e os outros filósofos. Particularmente, tentei ilustrar o modo segundo o qual devem ser relidas e interpretadas as posições assumidas por Aristóteles diante dos pré-socráticos e, sobretudo, diante de Platão e dos platônicos. Ademais, tentei explicar as razões pelas quais são dignas de crédito, se lidas na ótica correta, as informações que o Estagirita nos dá a respeito das doutrinas não escritas platônicas, bem como o papel determinante que elas têm no contexto da *Metafísica*.

De modo particular, tentei dar a entender o quanto no passado eu mesmo tinha compreendido apenas parcialmente o alcance, às vezes até mesmo dilacerador, que têm as polêmicas sustentadas por Aristóteles nos tratados da *Metafísica*.

Especificamente, tentei evidenciar as tangências estruturais, apesar das notáveis diferenças, entre a metafísica aristotélica e a platônica. Mas justamente esse confronto dos dois filósofos permitiu-me esclarecer adequadamente as novidades estruturais de *alcance paradigmático* do conceito aristotélico de metafísica e sua *dimensão verdadeiramente epocal*.

Concluo o *Ensaio introdutório* com algumas observações que explicam as razões pelas quais o pensamento humano, por sua própria natureza, não pode prescindir da metafísica, porque são de matriz metafísica as ideias com as quais as ciências constroem seus paradigmas científicos e as teologias buscam exprimir racionalmente os conteúdos da fé.

Na última parte do *Ensaio introdutório*, apresento uma série de *Índices*, sem precedentes, e que têm o objetivo preciso de demonstrar em que medida a *Metafísica* de Aristóteles é *uma verdadeira mina para a reconstrução do pensamento dos filósofos anteriores e contemporâneos ao próprio Aristóteles*, e, portanto, constitui um marco miliar inclusive em sentido histórico.

Algum leitor poderá lamentar a ausência de um Índice remissivo. Esta omissão foi intencional, porque ou se reproduziria o de Ross ou o de Tricot, ou até mesmo o de Bonitz[33]. Naturalmente também seria possível tentar uma sistemática apresentação de todo o material com os vários termos comentados. Mas, neste caso, seria preciso outro volume. Em todo caso, um léxico completo dos termos feito com os recursos operacionais dos computadores já está à disposição dos leitores interessados. Foi preparado por L. Delatte, Chr. Rutten, S. Govaerts e J. Denooz (1984)[34].

E a bibliografia?

Na precedente edição, citei centenas de trabalhos. Mas nesta excluí o quadro bibliográfico. Com efeito, a literatura crítica específica sobre a *Metafísica* nos últimos lustros multiplicou-se de modo surpreendente. Mas a via assumida por muitos estudiosos causa certa perplexidade. Tende-se a isolar problemas particulares e, em muitos casos, a discutir com um número sempre mais limitado de estudiosos. Em língua inglesa, sobretudo, tende-se a tomar em consideração só os autores daquela língua e de determinado círculo. Em suma, muito amiúde falta uma adequada amplidão de fôlego e uma correta largueza de horizontes, seja na escolha das temáticas, seja nas referências a outros estudiosos[35].

Mas, confio muito nas bibliografias e muitas vezes me tenho dedicado a elas[36], eu mesmo convenci meus colaboradores a se empenharem em

---

33. Ainda hoje continua insubstituível H. Bonitz, *Index Aristotelicus*, publicado pela primeira vez em Berlim em 1874; reeditado em Darmstadt, 1955 e Berlim 1961.

34. *Aristoteles Metaphysica. Index verborum. Listes de Fréquence.* Ed. L. Delatre. Chr. Rutten, S. Govaerts, J. Denooz, Hildesheim-Zurique-Nova Iorque 1984.

35. Bibliografia recente pode ser encontrada em H. Flashar, *Die Philosophie der Antike*, Band 3. *Ältere Akademie, Aristoteles, Peripatos*, Basileia-Stuttgart 1983, pp. 186 ss.; 437 ss.

36. Ver *supra*, a nota 6; cf. ademais a bibliografia comentada que acrescentei ao *Il concetto di filosofia prima*, a partir da segunda edição (e mantive até a quarta), bem como a publicada em apêndice ao *Tratato sul cosmo per Alessandro*.

tal empresa³⁷. E também aqui procedi desse modo. Confiei a Roberto Radice, que já deu excelentes provas neste campo³⁸ e que nesse momento está estudando Aristóteles, a tarefa de preparar um *Bibliografia comentada e sistemática* de toda a literatura do século XX relativa à *Metafísica*, com uma série de índices para um correto aproveitamento da mesma, dentre os quais está previsto inclusive um Índice específico para as remissões a este meu *Ensaio introdutório*, além das remissões às notas do comentário³⁹.

Por esta razão, evitei também toda uma série de simples referências à bibliografia, seja no *Ensaio introdutório* seja no comentário, enquanto o leitor terá à sua disposição justamente um instrumento de trabalho conveniente.

5. *Os critérios que segui na tradução da* Metafísica *e as outras traduções desta obra publicadas na Itália*

Quanto à tradução, devo esclarecer o seguinte.

Em primeiro lugar, inspirei-me num moderno conceito de versão, convencido de que quem traduz deve ater-se o máximo possível, como ponto de referência, à língua na qual traduz e às suas leis, e assim adequar a esta as da língua da qual traduz.

A língua grega é fortemente sintética, enquanto a língua italiana (como em geral as línguas modernas) é analítica. Consequentemente, não é possível adotar o critério seguido pelos tradutores latinos, cuja língua ainda é sintética e ainda possui construtos e estruturas próximas da língua grega. Na língua latina se podia comodamente decalcar o original grego *ad litteram*. Particularmente, os latinos podiam permitir-se não resolver certas dificuldades de interpretação, repropondo, com hábil jogo de neutros e de construtos, a idêntica dificuldade que apresenta o original, sem resolvê-la. Ao invés, o

---

37. Ver, em particular, R. Radice, *Filone di Alessandria. Bibliografia generale, 1937-1982*, Bibliopolis, Nápoles 1983; M. L. Gatti, *Massimo il Confessore. Saggio di bibliografia generale ragionata e contributi per una ricostruzione del suo pensiero metafisico e religioso*, introduzione di G. Reale, Vita e Pensiero, Milão 1987; N. Scotti Muth, *Proclo negli ultimi quarant'anni*, Vita e Pensiero, Milão 1993.
38. A bibliografia de Radice (citada na nota 37) foi traduzida com ampliações por D. T. Runia, *Philo of Alexandria. An annotated bibliography*, Brill, Leiden 1988 (segunda edição 1991).
39. A R. Radice, *La "Metafisica" di Aristotele nel XX secolo. Bibliografia ragionata e sistematica*. Presentazione di G. Reale. Vita e Pensiero, Milão 1996.

tradutor contemporâneo deve analisar e desenvolver o que o grego lhe propõe de maneira sintética e, frequentemente, como no nosso caso, de modo fortemente abreviado. Para poder fazer isso, o tradutor moderno deve necessariamente *interpretar*, porque lhe são vetados quase todos os desvios dos quais se serviram os tradutores latinos. Portanto, uma moderna tradução de Aristóteles só pode ser uma *tradução-interpretação*.

Acrescente-se, depois, o fato de que a área semântica dos vários termos gregos (tanto mais os termos técnicos e filosóficos) quase nunca corresponde, de maneira adequada e total, à área semântica dos termos italianos (e em geral das línguas modernas), de modo que a tradução de um termo por outro, se convém em determinados contextos, não convém em todos, ou gera muitas confusões. Daí a necessidade de desenvolver oportunamente o conceito e a carga conceitual que determinado termo presumivelmente devia ter no original. Os exemplos concretos serão ilustrados ao leitor no *Ensaio introdutório* e no comentário.

Mas há ainda outro fato, tão significativo a ponto de cortar toda possibilidade de discussão a respeito, particularmente toda pretensão de tradutores que ainda pensem poder traduzir nas línguas modernas os textos aristotélicos do mesmo modo como os traduziam os latinos. Como já é bem conhecido, Aristóteles não escreveu seus tratados de metafísica (quaisquer que tenham sido os tempos e os modos de composição) para publicá-los, mas para ter apontamentos e material para suas lições e para seus alunos, dentro do Perípato. Portanto, as dificuldades de que falávamos acima são acrescidas destas ulteriores: às vezes Aristóteles se contenta com uma única alusão ou com um breve aceno, enquanto se tivesse escrito para leitores não iniciados ou, pelo menos, para um público mais vasto, deveria acrescentar toda uma série de elucidações e desenvolvimentos. Isto sem falar de todo um conjunto de inconvenientes com os quais o tradutor se defronta e, por assim dizer, se enreda: existem mudanças bruscas de sujeito e de objeto, numerosos anacolutos, toda uma série de construções que seguem mais a lógica de um pensamento interior do que a construção exigida pela gramática e pela sintaxe da língua grega.

Em suma: *não há modo de o tradutor se eximir de ser um verdadeiro intérprete*. Antes, poder-se-ia certamente dizer que, em certo sentido, um tradutor da Metafísica só poderá ser tal *se tiver sabido ser intérprete e, mais ainda, na medida em que tiver sabido ser intérprete*.

Os que de algum modo tentaram seguir os critérios dos tradutores latinos, traduzindo *ad litteram* termos e compostos e depois dando sentido aos mesmos com contínuas ampliações entre parênteses fracassaram. É óbvio que o método do parênteses é uma confissão explícita da impossibilidade de obter em língua moderna o que os tradutores latinos podiam obter. Sem contar, além disso, com o fato de que o sentido é confiado mais ao que está entre parênteses do que ao que está fora. Portanto, mais uma vez o verdadeiro mediador entre o texto e o leitor continua sendo o intérprete. O uso de parênteses parece-me mais um engenhoso artifício do que uma solução; por isso o adotei em pouquíssimos casos, ou seja, somente onde acrescento algo ao texto. Os casos mais delicados foram discutidos nas notas de comentário[40].

O texto grego ao lado desse tipo de tradução por mim escolhido, evidentemente, serve apenas a quem sabe o grego e quer referir-se a ele nas suas pesquisas. Dado que minha tradução não é um decalque, só se pode controlá-la com o texto grego seguindo a lógica que segui, ou seja, a de traduzir o conceito, além da palavra.

As edições críticas que segui foram sobretudo a de Ross[41] e de Jaeger[42], mas particularmente a primeira. De fato, a segunda pressupõe substancialmente a primeira, muito embora, ainda que em via conjetural, propõe melhoras perspicazes e convidativas, que algumas vezes considerei oportuno acolher. Ademais, na reprodução do texto grego, indiquei também nas notas o texto seguido fornecendo, onde se impunham, as motivações. E, naturalmente, adverti o leitor em todos os casos em que me pareceu oportuno afastar-me seja de Ross seja de Jaeger. (Ver também o *Prefácio* do volume II).

E dado que falei dos critérios seguidos na tradução, é justo recordar as outras traduções italianas da *Metafísica*, precedentes à minha, além das já mencionadas acima, publicadas depois.

R. Bonghi foi o primeiro estudioso que iniciou a difícil empresa de tradução da *Metafísica*, solicitado por Antonio Rosmini; mas morreu antes de ter completado seu trabalho. Em 1854, publicou em Turim os seis primeiros

---

40. Não por acaso os filólogos puros, enquanto são capazes de traduzir Platão, não são capazes de traduzir Aristóteles e, particularmente, a *Metafísica*. Condição necessária para traduzir esse texto é ter um adequado conhecimento da problemática teorética, que nesses escritos são do mais alto nível, e que estão em antítese, sob muitos aspectos, com a mentalidade do filólogo puro.

41. *Aristotle's Metaphysics. A revised text with introduction and commentary by* W. D. Ross, 2 vols., Oxford 1923 (1948; 1953).

42. *Aristotelis Metaphysica, recognovit brevique adnotatione critica instruxit* W. Jaeger, Oxford 1957.

livros[43]. M. F. Sciacca, depois, publicou a tradução inédita dos livros sete, oito, nove, dez, onze e doze, mais os primeiros capítulos do livro treze, que Bonghi tinha deixado entre os seus papéis e cuja existência se ignorava. Sciacca também proveu à tradução da parte que faltava (1942-1945)[44]. O trabalho de Sciacca foi oportuno porque mostra, entre outras coisas, quanto o próprio Carlini se serviu dessa tradução (sobretudo para o livro cinco).

Em 1944, G. Dal Sasso publicou uma curiosa tradução, que, mais do que um repensamento do texto grego, é uma versão da tradução latina do cardeal Bessarion, cujo texto é reproduzido ao lado do texto italiano[45].

Uma tradução de P. Eusebietti foi publicada por E. Oggioni em 1950. Ela não pôde receber os últimos retoques de Eusebietti, que faleceu antes de a concluir, e contém soluções felizes ao lado de numerosas inexatidões e verdadeiros erros[46].

A tradução de A. Carlini de 1928 permaneceu, portanto, por longo tempo a única levada a termo de modo sistemático e acompanhada de ampla introdução e de notas orgânicas, embora não completas, de comentário. O defeito da obra de Carlini consiste em ter sido originalmente concebida de um ponto de vista idealístico, que se revela sobretudo no comentário, com consequências facilmente compreensíveis. A tradução é mais feliz nas partes menos técnicas, enquanto deixa muito a desejar nos pontos-chave (sobretudo nos relativos ao ser e à *ousia*). Em todo caso, foi uma obra verdadeiramente muito importante na cultura filosófica italiana.

Da tradução de A. Russo é preciso dizer que é fundamentalmente eclética, e que o autor a empreendeu sem uma adequada preparação conceitual de base. Por clara que seja em muitos casos, está longe de ser incisiva e de ter um alcance de relevo.

De estatura totalmente diferente, como estudioso, é Viano. Mas a tradução da *Metafísica* em parte desilude, e está longe dos níveis de excelência que, ao contrário, alcança sua tradução da *Política*, que em certos

---

43. *Metafisica d'Aristotele, volgarizzata e commentata* da R. Bonghi, livros I-VI, Turim 1854.

44. *Metafisica d'Aristotele, volgarizzata e commentata* da R. Bonghi, *completata e ristampata con la parte inedita, introduzione e appendixe* da M. F. Sciacca, 3 vols., Milão 1942-1943-1945.

45. *La Metafisica di Aristotele tradotta in latino dal cardinale Bessarione e recata in italiano con note a compendio del commento di S. Tommaso d'Aquino dal. sac. dott.* G. Dal Sasso, Pádua 1944.

46. Aristotele, *La Metafisica, tradotta* da P. Eusebietti, *con una introduzione storica analitica e filosofica* di E. Oggioni, Pádua 1950.

pontos é exemplar. A meu ver a razão deve ser buscada no fato de Viano não reconhecer a problemática metafísica e, portanto, tratá-la como veneranda peça de museu. Em todo caso, é nitidamente superior à de Russo.

6. Estrutura e enfoque do comentário

Resta ainda falar dos critérios seguidos na elaboração do comentário.

Ao redigir um comentário à *Metafísica* de Aristóteles, podem-se seguir muitas vias, redutíveis a três principais. Pode-se falar, por assim dizer, só em primeira pessoa, eliminando toda referência e dando o puro resultado das próprias pesquisas e das próprias reflexões. Mas esta é uma solução estranha às minhas convicções e, sobretudo, inadequada a esta obra particularíssima. Ou pode-se dar conta de muitas discussões e de muita literatura crítica (por exemplo, como fiz na atualização do volume III da *Filosofia dos gregos* de E. Zeller[47]). Mas esta via é decepcionante ou, pelo menos, totalmente dispersiva, sobrecarregando o leitor muito mais do que ajudando-o e, efetivamente, só servindo aos "especialistas". Entre outras coisas, multiplicaria as páginas exageradamente, com as consequências que cada um pode muito bem imaginar. Na edição precedente remeti, em paralelo, a um *Índice bibliográfico comentado* composto e publicado por mim, a partir da segunda edição, no meu livro *O conceito de filosofia primeira*[48]; agora, ao contrário, remeto à bibliografia preparada por Radice.

Como já acenei, a via por mim escolhida foi a intermediária.

Quem lê a *Metafísica* e quer compreendê-la, como observei acima, precisa individuar sobretudo suas estruturas principais e suas questões de fundo, ou seja, seus problemas, seus conceitos essenciais e suas articulações precisas. Pouco lhe interessam, no máximo só num segundo momento, as questões que largamente confinam com a erudição, e que, em todo caso, só valem para os que já sabem a fundo o que é a *Metafísica*, e já conhecem o texto em vários níveis.

Portanto, as linhas escolhidas para o enfoque e para a solução dos problemas de fundo foram sobretudo os grandes comentadores.

---

47. Cf. *supra*, nota 6.
48. Cf. *supra*, nota 36.

Em primeiro lugar, naturalmente, Alexandre[49], e, em seguida, Asclépio[50], Siriano[51], e algumas vezes Temístio[52]. Alexandre é uma mina verdadeiramente inesgotável (de modo especial na parte autêntica do comentário), como todos admitem, e especialmente hoje, depois da descoberta naquelas páginas de numerosos fragmentos de escritos perdidos de Aristóteles. Alexandre comenta amiúde o Aristóteles de escola e não o Aristóteles exotérico. Isso por si já diz tudo. Os outros comentadores gregos ajudam menos do que Alexandre, mas são sempre ricos de confirmações e de intuições interessantes.

Em segundo lugar, servi-me amplamente do comentário de Tomás de Aquino[53]. Não se pode, verdadeiramente, dizer que esse comentário em tempos modernos tenha sido apreciado no seu justo valor, embora tenha merecido grandes louvores de insignes estudiosos. O século XIX, por exemplo, parece ter querido esquecê-lo. Veja-se, por exemplo, quanto o transcuram comentadores como Schwegler e Bonitz, que contudo são de primeiríssimo plano. Também Ross parece ignorá-lo quase totalmente ou pelo menos relegá-lo a segundo plano. Hoje as coisas mudaram parcialmente e as citações do comentário de Tomás são mais frequentes.

O mais belo juízo que até agora li é o de Bonghi, que no século passado, como exceção que confirma a regra, escrevia numa carta a Rosmini: "Grande figura, verdadeiramente, Santo Tomás! Que pensamento agudo e sólido! Quanta clareza e equilíbrio! Não há dificuldade que o desencoraje, questão que o afaste, obstáculo que o detenha. Tentar compreender não é para ele uma curiosidade, mas uma obrigação: e o esforço da inteligência o demonstra, mas não o anuncia. Jamais um desprezo, uma maldição, uma trapaça, uma ira, uma reprovação, um riso para os seus adversá-

---

49. *Alexandri Aphrodisiensis In Aristotelis Metaphysica commentaria, edidit* M. Hayduck, Berlim 1891. Recordo que desse comentário está em curso uma tradução em língua inglesa. Saíram: Alexander of Aphrodisias, *On Aristotle's Metaphysics 1*, Translated by W. E. Doley, Londres 1989; Alexander of Aphrodisias, *On Aristotle's Metaphysics 2 & 3*, Translated by W. E. Dooley & A. Madigan, Londres 1992.
50. *Asclepii In Aristotelis Metaphysicorum libros A-Z commentaria, edidit* M. Hayduck, Berlim 1888.
51. *Syriani In Metaphysica commentaria, edidit* G. Kroll, Berlim 1902.
52. *Themistii In Aristotelis Metaphysicorum librum* Λ *paraphrasis Hebraice et Latine*, edidit S. Landauer, Berlim 1903.
53. *S. Thomae Aquinatis In duodecim libros Metaphysicorum Aristotelis expositio, editio iam* a M. R. Cathala *exarata rectractatur cura et studio* Fr. R. Spiazzi, Turim-Roma 1950.

rios de qualquer espécie: sempre pronto a discutir, seguro de suas armas sem ser pretensioso"⁵⁴.

Dos comentadores árabes ou de outros comentadores latinos não me vali, porque tendem a complicar em demasia o texto aristotélico com discussões teoréticas. Ao contrário, vali-me frequentemente das paráfrases de Silvestre Mauro, que é um pouco a *summa* das experiências escolásticas, e em certos pontos é de notável clareza, embora não seja original (depende amplamente de Tomás)⁵⁵.

Volto a dizer que de Tomás e de Mauro servi-me nos pontos em que seu comentário tem valor hermenêutico, *e não nos pontos em que dão ao texto aristotélico inflexões teoréticas*. E, particularmente, não sendo tomista, minha escolha de Tomás foi determinada justamente pela verificação de sua excelência objetiva e utilidade inclusive, do ponto de vista histórico.

Entre os comentários modernos do século XIX, só existem dois verdadeiramente dignos desse nome: o de Schwegler⁵⁶ e o de Bonitz (escrito em latim)⁵⁷. O primeiro é mais especulativo (o autor inspira-se em Hegel), o segundo é mais filológico. Ambos se impõem, pela sua perspicácia, ainda hoje, e por isso tirei deles amplo proveito.

No século XX, Ross nos legou um comentário exemplar⁵⁸, mas não a ponto de tornar inúteis os dois precedentes, como alguém pode ter pensado. E isso não porque a obra de Ross não seja excepcional, mas porque a *Metafísica* é uma obra demasiadamente complexa e polivalente, e não permite que um estudioso sozinho a possa esgotar.

Entre os comentários franceses despontam: o de G. Colle⁵⁹ — de inspiração neoescolástica, claro, amplo e agudo, infelizmente interrompido no livro quatro — e o de J. Tricot, que só aparentemente pode parecer sem origi-

---

54. Cf. supra, notas 43 e 44.
55. *Aristotelis Opera omnia quae extant brevi paraphrasi et litterae perpetuo inhaerente expositione illustrata* a S. Mauro, Romae 1668; Parisiis 1887 (a *Metafísica* está contida no vol. IV).
56. *Die Metaphysik des Aristoteles. Grundtext, Übersetzung und Commentar nebst erläuternden Abhandlungen von* A. Schwegler, 4 vols., Tübingen 1847-1848; reimpr. Frankfurt am Main, em 2 vols., 1960.
57. *Aristotelis Metaphysica, recognovit et enarravit* H. Bonitz, 2 vols., Bonn 1848-1849. O comentário está contido no segundo volume, reeditado: H. Bonitz, *Aristotelis Metaphysica, Commentarius*, Hildesheim 1960.
58. Cf. supra, nota 41.
59. Aristote, *La Métaphysique, Traduction et commentaire par* G. Colle. Livre I, Lovaina-Paris 1912; Livres II et III, Lovaina-Paris 1922; Livre IV, Lovaina-Paris 1931.

nalidade, e que na França e também alhures não foi adequadamente apreciado, pelo fato de Tricot ter permanecido fora dos ambientes acadêmicos[60].

Na segunda metade do século XX, foram publicados comentários sobretudo limitados a livros individuais, e de tendências e inspirações completamente diferentes. Alguns são muito interessantes, mesmo que careçam no fundo da visão sinótica do todo, que a meu ver é da máxima importância. Outros, ao contrário, são de pouca utilidade.

Em língua inglesa, Leo Elders publicou um comentário ao livro dez[61] e um ao livro doze[62], ainda amplamente inspirados no método histórico-genético e, portanto, agora obsoletos. Ch. Kirwan publicou num único volume uma tradução com significativas notas de comentário aos livros quatro, cinco e seis[63]. M. Burnyeat, por sua vez, registrou e reproduziu seminários sobre a *Metafísica*, projetados e em grande parte dirigidos por G. E. L. Owen e realizados por estudiosos de sua escola, inspirados na filosofia analítica: um primeiro dedicado ao livro sete (realizado em Londres de 1975 a 1979); e um segundo dedicado aos livros oito e nove (realizados em Londres de 1979 a 1982)[64]. Mas a contribuição mais interessante é a de Julia Annas, cujo comentário aos dois últimos livros da *Metafísica* é o que de melhor até agora se escreveu sobre eles, e por isso promovi e preparei sua tradução, como já recordei acima[65].

Em língua alemã, foram publicados dois comentários ao livro sete: um de H. Schmitz, em conexão com um amplíssimo desenvolvimento que inclui a discussão dos nexos entre a metafísica aristotélica e a platônica[66], e

---

60. Aristote, *La Métaphysique. Nouvelle édition entièrement refondue avec commentaire*, 2 vols., Paris 1953 (tem muito pouco a ver com a precedente edição preparada pelo autor, publicada em 1933, e é muito superior àquela).

61. L. Elders, *Aristotle's Theorie of the One. A commentary on book X of the Metaphysics*, Assen 1961.

62. L. Elders, *Aristotle's Theology. A commentary on book Λ of the Metaphysics*, Assen 1972.

63. *Aristotle's Metaphysics books Γ, Δ, and E, Translated with Notes* by Ch. Kirwan, Oxford 1971 (1980; 1984).

64. *Notes on Book Zeta of Aristotle's Metaphysics being the record* by M. Burnyeat *and others of a seminar held in London, 1975-1979*, Sub-Faculty of Philosophy, Oxford 1979; e ademais: *Notes on Books Eta and Theta os Aristotle's Metaphysics being the record* by M. Burnyeat *and others of a seminar held in London, 1979-1982*, Sub-Faculty of Philosophy, Oxford 1984.

65. Cf. supra, nota 18.

66. H. Schmitz, *Die Ideenlehre des Aristoteles*. Vol. I: *Aristoteles*. Tomo 1: *Kommentar zum 7. Buch der Metaphysik*. Tomo 2: *Ontologie, Noologie, Theologie*. Vol. II: *Platon und Aristoteles*, Boon 1985.

um preparado por M. Frede e G. Patzig[67]. O primeiro tem um corte aparentemente também filológico, mas, na realidade, é de caráter fortemente especulativo; o segundo é inspirado na filosofia analítica, muito pormenorizado e em geral penetrante. Recorde-se também o comentário de M. Heidegger aos três primeiros capítulos do livro nove, recentemente publicado[68].

Na França, em 1987, B. Cassin e M. Narcy publicaram um comentário ao livro quatro, com uma estrutura predominantemente teorética, inspirado em Aubenque e em Heidegger[69]. Em 1991 M. P. Duminil e A. Jaulin publicaram um comentário ao livro cinco, a meu ver de limitado interesse[70].

Um comentário útil a parte do capítulo nove do primeiro livro da *Metafísica* é o livro de W. Leszl, *O "De ideis" de Aristóteles*, dado que naquele texto Aristóteles se remete justamente a seu *De ideis*, sintetizando alguns dos seus pontos-chave[71].

Numerosos livros, além de artigos, são publicados sobre a problemática da substância e, portanto, justamente sobre os livros centrais da *Metafísica*, mas frequentemente com um corte totalmente especializado e, sobretudo, com horizontes bem delimitados.

Em comparação com certas publicações de hoje, que amiúde correm o risco de cair no provincialismo e em certas estreitezas de círculos fechados, pessoalmente acho muito mais estimulantes alguns grandes trabalhos de alemães do século passado, como os de Trendelenburg[72], de Brentano[73]

---

67. M. Frede - G. Patzig, *Aristoteles, "Metaphysik Z". Text, Übersetzung und Kommentar*. Erster Band: *Einleitung, Text, Übersetzung*. Zweiter Band: *Kommentar*, Munique 1988.
68. M. Heidegger, *Aristoteles, Metaphysik Θ 1-3. Von Wesen und Wirklichkeit der Kraft*, Frankfurt am Main 1990.
69. *La décision du sens. Le libre Gamma de la Métaphysique d'Aristote, introduction, texte, traduction e commentaire*, par B. Cassin et M. Narcy, Paris 1989.
70. Aristote, *Métaphysique. Livre Delta. Texte, traduction et commentaire*, M.-P. Duminil et A. Jaulin, Toulouse 1991.
71. W. Leszl, *Il "De ideis" di Aristotele e la teoria platonica delle idee. Edizione critica del testo a cura di D. Harlfinger*, Florença 1975.
72. De F. A. Trendelenburg permanece um ponto de referência sobretudo a obra: *Geschichte der Kategorienlehre*, Leipzig 1846; Berlim 1976; Hildesheim 1963.
73. O estudioso da Metafísica não pode deixar de ler particularmente a obra: F. Brentano, *Von der mannigfachen Bedeutung des Seienden nach Aristoteles*, Freiburg 1862; Darmstadt 1960, que é uma obra prima.

e de Bonitz[74], assim como a clássica obra de L. Robin[75], que algumas vezes alcançam aquisições irreversíveis e que não se pode deixar de levar em consideração pelo fato de serem do século passado ou do início do século XX.

Só excepcionalmente remeto aos mais recentes comentários que se limitam a livros individuais, não só por causa do corte particular com que são conduzidos, que dificilmente se ajusta à *ótica do todo* na qual me inspiro, mas também porque deles se ocupará Radice no volume paralelo. Apresentarei, quando for o caso, algumas soluções propostas por alguns comentadores clássicos, com suas próprias palavras.

No sétimo capítulo do *Ensaio introdutório*, o leitor encontrará um esquema sintético dos conteúdos dos livros individuais; no comentário, como primeira nota de cada capítulo, encontrará sumários analíticos que destacam os conceitos neles tratados e as articulações dos vários raciocínios com os quais são discutidos (poucas vezes, sobretudo no livro três, foi necessário dividir e escalonar o sumário seguindo a própria ordem em que são apresentados os problemas, por motivos técnicos). Por motivos de comodidade, ou seja, para melhor orientar o leitor, adotou-se para esses sumários a grafia cursiva. Portanto, nesses sumários o leitor encontra como um resumo ou uma paráfrase de todo o texto da *Metafísica*. As notas contendo o comentário analítico nessa nova edição foram normalmente introduzidas, diferentemente das edições precedentes, com uma remissão precisa às linhas do texto a que se referem e, ademais, com um tipo de titulação especial, de modo a facilitar ao máximo sua compreensão e utilização.

7. *Conclusões*

Muitas soluções que apresento, evidentemente, são minhas propostas específicas. Mas o leitor deve olhar sobretudo para o fundo sobre o qual são situadas as várias soluções particulares que progressivamente apresento nas várias notas, se quer ver bem e compreender o que é meu e a relevância que pode ter. E esse fundo ou quadro geral no qual deve ser situado tudo o que digo no comentário é apresentado por mim de modo

---

74. De H. Bonitz destaca-se o tratamento do significado ontológico das categorias: *Über die Kategorien des Aristoteles*, in "Sitzungsberichte der Kais. Akademie der Wissenschaften in Wien. Philo.-hist. Klasse", Bd. X, Heft 5. (1853), pp. 591-645.

75. L. Robin, *La théorie platonicienne des idées et des nombres d'après Aristote*, Paris 1908; Darmstadt 1959.

completo e sistemático no *Ensaio introdutório*, que publico como volume separado justamente por essa razão.

Muitos amigos me pediram para aliviar ao máximo o comentário, particularmente evitando uma série de questões conexas com meus estudos platônicos e com a questão das "doutrinas não escritas" de Platão, de modo que possa ser utilizado também pelos que não aceitam a nova exegese de Platão.

Creio que correspondi ao pedido deles. Todas as questões concernentes aos nexos entre metafísica aristotélica e metafísica platônica foram concentrados na segunda parte do *Ensaio introdutório*; no comentário faço apenas algumas referências, quando são necessárias, e apresento apenas alguns retoques.

Foi-me possível proceder desse modo porque, como disse acima, todos os aprofundamentos que fiz da filosofia platônica e do platonismo não modificaram minha interpretação precedente de Aristóteles, mas, ao contrário, a confirmaram e aprofundaram de vários modos, e particularmente me fizeram compreender ainda melhor, como já observei acima, a concepção aristotélica da metafísica em sua visível novidade e em seu alcance epocal.

Meu objetivo aqui, como na precedente edição, é a recuperação de uma nova leitura unitária da *Metafísica*, depois das devastações iconoclastas operadas não só pelas agora superadas interpretações histórico-genéticas, mas também pelas aporéticas de caráter teorético e pelas que se concentravam em demasia sobre a análise descuidando da síntese, ou seja, meu objetivo é, justamente, o "todo", que constitui a cifra emblemática do discurso protológico.

Longe de retomar velhos cânones, minha leitura da *Metafísica* aristotélica mira à reconstrução de um Aristóteles *estruturalmente poliédrico*, que se move sempre em muitas direções, e na maioria das vezes de modo consistente e coerente, como demonstro no *Ensaio introdutório*.

Esta edição não é mais publicada na coleção "Clássicos da filosofia antiga" promovida pelo "Centro de Estudos Filosóficos de Gallarate" (publicada pelo editor Luigi Loffredo de Nápoles), que inaugurei e da qual fui por alguns anos diretor (junto com Domenico Pesce). A propriedade da tradução passou à Editora Rusconi, e publicada, como já disse acima, na forma de edição menor, na coleção "Clássicos do Pensamento", cuja seção sobre os filósofos antigos eu dirijo, e na coleção dos textos bilíngues. A Editora Rusconi desejou publicar também esta edição maior, mas por escolha pessoal (que a direção da Rusconi aceitou, e por isso lhe sou vivamente agradecido), é publicada nessa coleção do "Centro de Pesquisas de Metafísica" da Universidade Católica de Milão. De fato, a *Metafísica* de Aristóteles é, justamente, um ponto de referência do credo filosófico da Universidade Católica, constitui um marco miliar por excelência para toda pesquisa metafísica e, ademais, esse meu trabalho foi uma das razões pelas quais os colegas insistiram para que eu aceitasse a direção do "Centro de Pesquisas de Metafísica", junto com Adriano Bausola (com quem estou em perfeita sintonia não só na convicção da necessidade de um retorno ao clássico, como no sentido que pode ter hoje uma *philosophia perennis*), a quem agradeço vivamente aqui.

Giovanni Reale

N.B.: No curso do Ensaio introdutório e do Comentário citarei por inteiro a obra de um autor na primeira vez que a evoco (repetindo a citação também depois deste Prefácio), e depois (salvo exceções) só por abreviações. O leitor pode sempre referir-se ao Índice das obras expressamente citadas para todas as indicações necessárias.

Ensaio Introdutório
A metafísica de Aristóteles em seus conceitos-cardeais, em sua estrutura e em suas relações com o pensamento de Platão

ἀναγκαιότεραι μὲν οὖν πᾶσαι ταύτης, ἀμείνων δ'οὐδεμία.

Todas as outras ciências serão mais necessárias do que esta, mas nenhuma lhe será superior.

Metafísica, A 2, 983 a 10 s.

Capítulo primeiro

Gênese do termo "metafísica" e da obra aristotélica que leva este título

1. A *interpretação tradicional da origem do termo "metafísica"*

Entre as numerosas questões de caráter preliminar, duas são fundamentais e merecem ser explicitadas e brevemente discutidas aqui: a do título da obra que nos preparamos para ler e a de sua gênese.

Quanto ao título, no século XIX e nos primeiros decênios do século XX, os estudiosos concordavam em considerá-lo não anterior ao século I a.C. Dizia-se que o título se encontra pela primeira vez em Nicolau de Damasco, o qual, segundo uma informação de um códice da *Metafísica* de Teofrasto, teria composto um estudo sobre a *Metafísica* de Aristóteles (θεωρία τῶν 'Αριστοτέλους μετὰ τὰ φυσικὰ)[1].

Nicolau de Damasco vive na época de Augusto[2] e é contemporâneo, porém mais jovem, de Andrônico de Rodes, o célebre editor das obras de escola de Aristóteles. Dado que não são encontrados traços do título *Metafísica* antes de Nicolau, foram tiradas as seguintes conclusões.

O título deve ter surgido no século I a.C., pouco antes de Nicolau: portanto, justamente na época da publicação da edição de Andrônico. Ele teria sido cunhado ou pelo próprio Andrônico para a publicação de sua grande edição dos escritos aristotélicos, ou teria surgido imediatamente depois da publicação ou em consequência dela, dado que, justamente na ordem da publicação, os livros de filosofia primeira *vinham depois* (μετά) dos de física.

---

1. Eis o texto do escólio: "Andrônico e Ermipo ignoram esse livro [i.é. a *Metafísica* de Teofrasto]: de fato, no seu catálogo dos livros de Teofrasto não fazem nenhuma menção a ele. Nicolau, ao invés, no seu estudo sobre a *Metafísica* de Aristóteles, o menciona dizendo que ele é de Teofrasto."
2. Ver H. J. Drossaart Lulofs, *Nicolaus Damascenus. On the Philosophy of Aristotle. Fragments of the first five Books. Translated from the Siriac with an Introduction and Commentary*, Brill, Leiden 1965; 1969². Para ulteriores informações pormenorizadas ver; P. Moraux, *Der Aristotelismus bei den Griechen von Andronikos bis Alexander von Aphrodisias*, Erster Band: *Die Renaissance des Aristotelismus im I. Jh. v. Chr.*, Berlim 1973, pp. 445-514.

Portanto, a maioria pensava que quem cunhou o título pretendia simplesmente aludir a uma *relação de sucessão cronológica ou, em todo caso, de sistematização dos tratados aristotélicos*[3].

Todavia, por feliz coincidência, a expressão τὰ μετὰ τὰ φυσικά, quando se dá a μετά o sentido de "além" ou "acima", assume um significado que se presta perfeitamente para indicar o próprio *conteúdo*, ou seja, a pesquisa sobre o ser suprassensível e transcendente, que é objeto dos catorze livros aos quais tal expressão foi imposta como título.

Por isso a posteridade, desde muito cedo, em vez da originária fórmula aristotélica "filosofia primeira" (πρώτη φιλοσοφία) e de outras análogas das quais falaremos, preferiu o termo "metafísica" porque, prescindindo das eventuais intenções de quem o cunhou, ele exprime de modo mais atual, mais eficaz e mais fecundo o que Aristóteles tem em vista nos catorze livros, ou seja, a tentativa de estudar e determinar as coisas que estão *acima* das físicas, ou seja, *além delas*, e que, portanto, podem muito bem ser qualificadas de *meta-físicas*.

2. As novas perspectivas surgidas dos estudos do século XX

De algum tempo para cá, porém, alguns autores começaram a questionar as bases dessa convicção. O título μετὰ τὰ φυσικά seria anterior não só a Nicolau, mas também a Andrônico, e, até mesmo, teria figurado num catálogo de Aristo de Céos, por volta do final do século III a.C., do qual derivariam os célebres Catálogos de Diógenes e de um Anônimo. O fato de não figurar o título τὰ μετὰ τὰ φυσικά no Catálogo de Diógenes é quase seguramente devido a causas fortuitas, como logo veremos.

Eis as precisas conclusões às quais chegou o mais atento e agudo estudioso dos *Catálogos* das obras aristotélicas: "O caso mais complicado é, certamente, o da *Metafísica*. Esse título está ausente na versão de Diógenes, normalmente a mais fiel e a melhor conservada; mas a reconstrução das cinco colunas a partir das quais o catálogo foi transcrito antes da era cristã demonstra que, na quarta coluna, Diógenes apresenta uma lacuna de cinco títulos (as três primeiras colunas contam trinta e cinco títulos, a quarta conta apenas trinta); ora, com base na ordem sistemática do *pinax*,

---

3. Ver por exemplo: E. Zeller, *Die Philosophie der Griechen in ihrer geschichtlichen Entwicklung*, II 2, Leipzig 1921[4], p. 80, nota 1.

a *Metafísica* devia justamente ocupar essa quarta coluna; por outro lado, a versão anônima apresenta, nesse ponto da lista, cinco títulos que não estão em Diógenes: o da *Metafísica* e de quatro obras hipomnemáticas; portanto é indubitável que esses cinco títulos são os que Diógenes perdeu. Pode-se, portanto, afirmar que a *Metafísica* era enumerada no catálogo de Aristo. O próprio nome *metafísica*, do qual se acreditava encontrar a primeira menção em Nicolau de Damasco, é, na verdade, bem anterior a Andrônico..."[4].

Mas também o sentido que normalmente se atribuía a μετὰ τὰ φυσικά foi posto em discussão por Moraux: "O termo 'metafísica', se disse, designa as obras que, nas listas bibliográficas, vêm depois das obras de física; seria, portanto, uma simples etiqueta de classificação. Nada é menos seguro do que isto. Sem dúvida, a ordem da versão anônima [do catálogo] no qual é conservado o título está totalmente invertida, e não se extrai dela nenhuma certeza relativamente ao lugar primitivo desse título. Todavia, chega-se a descobrir por outra via a ordem original: os cinco títulos faltantes em Diógenes eram os da *Metafísica* e de quatro escritos hipomnemáticos; isso leva a crer que a *Metafísica* estivesse originalmente situada entre as obras de matemática e as hipomnemáticas. A ordem da seção teórica era, portanto, a seguinte: física, matemática, metafísica; essa ordem é antiga, porque é sugerida no primeiro capítulo do livro E da *Metafísica*"[5].

Moraux, enfim, contesta a validade da interpretação do tipo que ele qualifica de "neoplatônico" dada por Simplício, segundo a qual o termo "metafísica" derivaria do fato de essa ciência ocupar-se de um objeto *transfísico* ou *suprafísico*. Ao contrário, o sentido de "metafísica" fundar-se-ia sobre razões e considerações de caráter didático, de apreensão do saber: "a fragilidade de nosso espírito nos constrange a começar pelo estudo de coisas imperfeitas e segundas, objeto da física, para passar em seguida ao de seres perfeitos e primeiros, objetos da filosofia primeira; *com relação a nós* esta vem *depois* da física e merece, portanto, o nome de μετὰ τὰ φυσικά"[6].

Com base nisso, chegar-se-ia até mesmo a crer, pelo menos no nível da conjetura, que se poderia fazer remontar a Eudemo a invenção do

---

4. P. Moraux, *Les listes anciennes des ouvrages d'Aristote*, Lovaina 1951, pp. 314s.
5. *Ibidem*.
6. P. Moraux, *Les listes...*, p. 315.

termo⁷ (com efeito, se nos remetemos ao pseudo-Alexandre, a *Metafísica* teria sido confiada a Eudemo e até mesmo sistematizada por ele pela primeira vez⁸).

Mas essas novas perspectivas, por mais sedutoras que sejam, valem sobretudo como hipóteses de trabalho, embora solidamente fundadas, e permanecem tais enquanto não se puder descobrir algum documento preciso, que elimine as várias dúvidas que elas levantam.

Em todo caso, é certo que hoje em dia não é mais possível aceitar como tese indubitável a origem meramente casual e contingente (editorial) do título *Metafísica*.

3. A *posição assumida pelos antigos comentadores*

Queremos ainda explicitar uma questão. Os antigos comentadores nos ajudam a esclarecer o sentido da enigmática expressão τὰ μετὰ τὰ φυσικὰ?

Para resolver a questão que discutimos acima eles não nos ajudam em nada, já que consideram autêntico o título, ou seja, próprio de Aristóteles; todavia, eles nos oferecem preciosas indicações sobre os possíveis significados que, se cunhada propositadamente, a expressão μετὰ τὰ φυσικὰ poderia ter. Eles dão, fundamentalmente, duas interpretações, sobre as quais discorre Moraux nas últimas considerações acima apresentadas, mas que é oportuno explicitar e esclarecer melhor.

a) Simplício e outros intérpretes neoplatônicos, como já dissemos, dão a μετὰ o significado de *superordenamento hierárquico*: a *meta*-física seria a ciência que trata das realidades inteiramente *separadas da matéria* (περὶ τὰ χωριστὰ πάντη τῆς ὕλης) e se chamaria justamente meta-física, enquanto é uma ciência que se põe acima das coisas físicas (ὡς ἐπέκεινα τῶν φυσικῶν τεταγμένη); em suma: a metafísica seria o tratamento das coisas suprafísicas, ou seja, das realidades transcendentes⁹.

---

7. Ver: H. Reiner, *Die Entstehung und ursprüngliche Bedeutung des Namen Metaphysik*, in "Zeitschrift für philosophische Forschung", 8 (1954), pp. 210-237; do mesmo autor cf. também *Die Entstehung der Lehre vom bibliothekarischen Ursprung des Namens Metaphysik*, ibid., 9 (1955), pp. 77-99.

8. Ps. Alexandre, *In Metaph.*, p. 515, 3 ss. (particularmente linha 11) Hayduck; Asclépio, *In Metaph.*, p. 4, 4 ss. (particularmente linhas 9-11) Hayduck.

9. Simplício, *In Phys.*, 1, 18 ss. Diels.

b) Alexandre, ao contrário, e também Asclépio, sublinham o sentido de μετὰ *na relação de sucessão de nossos conhecimentos*. Alexandre escreve que a "sapiência" ou "teologia" chama-se também *Metafísica* pela ordem de sucessão que ela tem com relação a nós, de acordo com a ordem segundo a qual a adquirimos (τῷ τῇ τάξει μετ' ἐκείνην εἶναι πρὸς ἡμᾶς[10]). E o mesmo conceito de ordem hierárquica (τάξις) é reafirmado por Asclépio[11]. Aristóteles teria, primeiro, tratado da física, cujo objeto, se é *por natureza* posterior, é, todavia, *para nós* anterior; depois, teria tratado das coisas divinas, chamando a ciência destas meta-física, porque, embora as coisas divinas sejam por natureza anteriores, são *para nós* posteriores. A meta-física é, portanto, ciência que *para nós* vem *depois* (μετά) *da física, de acordo com a ordem segundo a qual adquirimos nossos conhecimentos*.

4. *As respostas que os textos aristotélicos podem dar a nosso problema*

Ora — e este é o ponto para o qual queremos chamar particularmente a atenção — *os textos aristotélicos justificam abundantemente tanto uma como a outra exegese*.

Em todos os livros, apresenta-se como problema último da *filosofia primeira* justamente o da substância *suprassensível* ou *suprafísica*; e, por outro lado, reiteradamente Aristóteles diz que o que é *por natureza* anterior é *para nós* posterior, e vice-versa.

"Metafísica", portanto, pode significar as duas coisas. Antes, pensando bem, *só pode significar a segunda enquanto também significa a primeira*: uma ciência que é (aristotelicamente) *quoad nos* "posterior" à física, enquanto (e só enquanto) é, *em si e por si*, "superior" à física.

Entre os muitos textos, escolhemos dois particularmente eloquentes.

No livro Γ Aristóteles caracteriza o metafísico justamente em função de seu sobreordenamento hierárquico com relação ao físico:

> Por outro lado, dado que existe algo *que está acima do físico* (de fato, a natureza é apenas um gênero de ser), ao que estuda o universal e a substância primeira caberá também o estudo dos axiomas. A física é, sem dúvida, uma sapiência, mas não a primeira sapiência[12].

---

10. Alexandre, *In Metaph.*, p. 171, 6 ss. Hayduck.
11. Asclépio, *In Metaph.*, p. 3, 28 ss. Hayduck. Sobre o ponto em questão, cf. K, Kremer, *Der Metaphysikbegriff in den Aristoteles-Kommentaren der Ammonius-Schule*, Münster 1961.
12. *Metafísica*, Γ 3, 1005 a 33-b 2.

O termo que é usado é ἀνωτέρω, que indica muito bem o ser "superior", e portanto *acima do físico*. A passagem antecipa o que é explicitado em E 1, onde a metafísica (como teologia) é dita anterior (προτέρα) à física, justamente por seu objeto, e explica:

> (...) se não existisse outra substância além das que constituem a natureza, a física seria a ciência primeira; se, ao contrário, existe uma substância imóvel, a ciência desta será anterior (às outras ciências) e será filosofia primeira[13].

No livro Z, depois, Aristóteles destaca da melhor maneira possível a relação de sucessão de nossos conhecimentos, estabelecendo que *para nós* vem *primeiro* o conhecimento das realidades físicas, e, portanto, *só depois* o conhecimento das realidades suprassensíveis:

> Todos admitem que algumas das coisas sensíveis são substâncias; portanto devemos desenvolver nossa pesquisa partindo delas. De fato, é muito útil proceder por graus na direção do que é mais cognoscível. Com efeito, todos adquirem o saber do seguinte modo: procedendo por meio de coisas naturalmente menos cognoscíveis na direção das que são por natureza mais cognoscíveis. (...) As coisas que são cognoscíveis e primeiras para o indivíduo são, amiúde, pouco cognoscíveis por natureza e captam pouco ou nada do ser. Todavia, é preciso partir dessas coisas que por natureza são pouco cognoscíveis, ao indivíduo, para chegar a conhecer as coisas que são cognoscíveis em sentido absoluto, procedendo como dissemos, justamente por meio da primeiras[14].

Portanto, *para nós* vem *depois* justamente o que se encontra *antes*, ou seja, o que está *além* do sensível.

Concluindo, o μετά implica — e estruturalmente — as duas exegeses. Então, qualquer que tenha sido a gênese do termo *meta*-física — seja este a descoberta de um engenhoso peripatético ou apenas o fruto de um feliz acaso (mas essa tese é hoje a menos aceitável) —, podemos assumi-lo legitimamente e de maneira definitiva como o fez a tradição, para indicar o que Aristóteles indicava com múltiplas expressões — "sapiência", "filoso-

---

13. *Metafísica*, E 1, 1026 a 27-30.
14. *Metafísica*, Z 3, 1029 b 3-12.

fia primeira", "teologia", "ciência buscada", "ciência do ser enquanto ser", "ciência da substância"[15] —, todas estas menos eficazes do que aquela.

Podemos assumir de modo totalmente correto e justificado a expressão τὰ μετὰ τὰ φυσικά como a mais significativa e exaustiva, dando a μετὰ justamente *a dupla valência* (gnosiológica e ontológica) acima ilustrada.

5. A questão da gênese dos vários livros da Metafísica e do conjunto da obra

Outra questão a que acenávamos acima é a da gênese e da unidade da *Metafísica*.

Hoje em dia não se pode duvidar de que os catorze livros que nos chegaram com o título *Metafísica* não constituem uma obra com uma *unidade literária* precisa, isto é, um todo organicamente predisposto e acabado.

Já alguns estudiosos do século passado tinham declarado espúrios livros inteiros ou partes de livros, na medida em que contêm afirmações que pareciam estar em antítese com as consideradas genuínas e autênticas. Tentou-se até mesmo reconstruir, dentre os livros de que consta a *Metafísica*, uma ordem diferente daquela na qual eles nos chegaram e, por fim, chegou-se a pensar que a *Metafísica* fosse uma coletânea de obras diversas, cujos títulos figurariam ainda no catálogo de Diógenes.

Mas de Jaeger em diante — e este é o fato que caracterizou a crítica aristotélica do século XX por cerca de cinquenta anos — *pretendeu-se até mesmo negar à Metafísica uma unidade de pensamento*, e não só uma unidade literária.

O estudioso alemão escreveu textualmente: "Não é lícito considerar como unidade os trechos recolhidos no *corpus metaphysicum*, e pôr na base deles uma categoria comum, obtida a partir da média de elementos heterogêneos"[16]. E ainda: "... totalmente ilícito é partir do pressuposto de sua

---

15. Sobre estas expressões ver as amplas análises e a pormenorizada documentação que fornecemos no nosso volume *Il concetto di filosofia prima e l'unità della Metafisica di Aristotele*, Vita e Pensiero, Milão 1961; 1965², 1967³; 1984⁴; 1993⁵. Doravante citaremos esse volume com a abreviação *Il conc. di filos. prima*⁵ (1993); o leitor tenha presente que da p. 296 em diante a quinta edição muda a numeração relativamente às precedentes, por causa dos acréscimos, e que tal edição deve ser considerada definitiva.

16. W. Jaeger, *Aristoteles. Grundlegung einer Geschichte seiner Entwicklung*, Berlim 1923; trad. ital., aos cuidados de G. Calogero, Florença 1935, p. 223 (citaremos desta tradução).

homogeneidade filosófica, para esconder os problemas que ele apresenta a cada passo, mesmo do ponto de vista do conteúdo. Deve ser rejeitada toda tentativa de reconstruir com os trechos remanescentes uma *unidade literária* póstuma, por meio da transposição ou da exclusão de livros. Mas deve ser igualmente rejeitada a precipitada admissão de sua *unidade filosófica*, em detrimento das características dos documentos individuais. Cada um desses documentos de uma atividade de pensamento, que por decênios lutou sem tréguas com os mesmos problemas, representa um momento fecundo, um grau do desenvolvimento, um estágio do processo evolutivo, um ponto de partida para uma nova formulação"[17].

E sobre este ponto concordaram todos os que aceitaram e aplicaram o método genético, ainda que com várias nuanças e com diferentes enfoques.

A esse problema dedicamos um volume[18], e a ele devemos remeter o leitor, dada a complexidade e as diferentes implicações que o problema comporta. Aqui podemos apenas nos limitar a evocar as conclusões e os resultados a que chegamos, inclusive porque hoje se impõem de modo, pode-se dizer, quase definitivo.

No curso de meio século de trabalhos, o método genético acabou por erodir e dissolver inteiramente as próprias bases, e não alcançou nenhum dos objetivos essenciais a que se propunha. De fato, justamente explorando os mesmos indícios, os mesmos elementos e os mesmos dados, os diferentes estudiosos, aplicando os cânones da interpretação genética, chegaram a demonstrar tudo e o contrário de tudo. Viu-se assim a possibilidade de sustentar uma tese, a exatamente contrária, e até mesmo também toda uma série de teses intermediárias. De modo análogo, viu-se a possibilidade de entender como texto antigo o mesmo que outros entendiam como recente, ou que outros ainda interpretavam como intermediário. Viu-se, por fim, a possibilidade de demonstrar como "platônicos" quanto à inspiração textos que, por outro lado, outros entendiam como "antiplatônicos"[19].

---

17. Jaeger, *Aristotele...*, p. 226.
18. Reale, *Il conc. di filos. prima*[5] (1993); cf. nota 15.
19. Citamos as reconstruções mais evidentemente contraditórias entre si. Todas elas se mostram hoje obsoletas, ninguém mais segue nessa direção. Se o paradigma hermenêutico histórico-genético revela-se hoje totalmente fora de foco, as reconstruções que indicamos, realizadas com base nesse paradigma, exprimem as características típicas de uma época dos estudos aristotélicos. H. von Arnim, *Zu W. Jaegers Grundlegung der Entwicklungsgeschichte des Aristoteles*, in "Wiener Studien", 46 (1928), pp. 1-48 e sobretudo *Die Entstehung der Gotteslehre des Aristoteles*, in "Sitzungsberichte der Akademie der Wissenschaften in Wien.

Em suma, os resultados obtidos com base na aplicação dos cânones do método histórico-genético são tais a ponto de se anular uns aos outros nitidamente e de se reduzir a zero; e assim o próprio método chega à autoanulação.

Com isso não se pretende dizer que meio século de trabalho conduzido com tal método tenha sido totalmente em vão: resultados houve — e notáveis — (antes, o fervor e as esperanças suscitadas pelo novo método promoveram até mesmo um novo *renascimento de Aristóteles*), mas não alcançaram as metas que se tinham fixado. Particularmente, viu-se com toda a clareza que, quando se nega *a homogeneidade filosófica e especulativa de uma obra, compromete-se inexoravelmente a possibilidade de entendê-la*.

Na segunda metade dos anos 1950, na qual compusemos a primeira edição desta obra, os defensores do método histórico-genético eram muito numerosos, e estávamos nitidamente na contramão; hoje, ao invés, esse método foi praticamente abandonado e rejeitado globalmente do ponto de vista hermenêutico.

São as seguintes as principais teses que no passado sustentamos contra a corrente, e que hoje parecem impor-se em vários níveis, mostrando-se *de fato* irrefutáveis.

A *Metafísica* não é uma obra unitária, mas uma coleção de escritos. Estes não nasceram num mesmo bloco de tempo, mas são fruto de um plurianual esforço de pensamento, de novas meditações e repensamentos. Não obstante isso, uma coisa é certa: *existe neles uma unidade especulativa de fundo*. Negando tal unidade, torna-se simplesmente impossível a filosofia dos livros chamados *Metafísica*, tanto em seu conjunto como individualmente.

Diz muito bem Aubenque — um estudioso que nos apraz citar, porque empenhado numa direção teorética oposta à nossa e, contudo, concorde no princípio de fundo — no seu estimulante volume: "A tese da

---

Philos.-hist. Klasse", Vol. 212, 1931, 5 Abh.; E. Oggioni, Aristotele. *La Metafisica tradotta da P. Eusebetti con una introduzione storica analitica e filosofica*, Pádua 1950; M. Wundt, *Untersuchungen zur Metaphysik des Aristoteles*, Stuttgart 1953; P. Gohlke, *Die Entstehung der aristotelischen Prinzipienlehre*, Tübingen 1954. Para não falar do *Aristoteles' Werk und Geist* de J. Zürcher (Paderborn 1952), que chega a atribuir a maior parte do *Corpus Aristotelicum* a Teofrasto. Sobre todas essas obras ver o índice bibliográfico comentado que acrescentamos ao nosso volume *Il concetto di filosofia prima*, na segunda, terceira, quarta e quinta edições, bem como as discussões, *passim*, no mesmo volume.

evolução não significa, portanto, que essa obra [a Metafísica] não possa ser considerada como um todo; *não é possível qualquer interpretação filosófica de qualquer autor se não se põe como princípio que ele permanece sempre responsável pela totalidade de sua obra, desde que não tenha expressamente renegado esta ou aquela parte.* E esse princípio vale muito mais para Aristóteles, porque seus escritos que nos chegaram não eram obras destinadas à publicação e, desde então, teriam escapado a seu autor, mas um material didático permanente (o que não significa intangível), ao qual Aristóteles e seus discípulos deviam referir-se a todo instante como ao mapa da unidade doutrinal do Liceu"[20].

Particularmente hoje, a nosso ver, é preciso reafirmar isso: no passado *não se soube ler as obras que nos chegaram de Aristóteles, em particular a* Metafísica, *justamente como cursos e material para lições reservadas aos alunos,* ou seja, como obras intraperipatéticas e, portanto, *com finalidade, estrutura e feitio totalmente diferentes dos escritos preparados para a publicação.* Repetições, rupturas formais, saltos, resumos, abreviações e rigidez linguística e estilística são constantes. O leitor que pretendesse ler a *Metafísica* como os livros acabados que hoje se publicam (ou como o próprio Aristóteles compunha as obras que publicava), tomaria a pior via, e muito dificilmente chegaria a compreender sua mensagem precisa.

Esclarecidas essas questões preliminares, nas páginas seguintes tentaremos delinear a estrutura teorética do pensamento metafísico aristotélico, mostrando seus fundamentos e as conexões internas; no sétimo capítulo, depois, passaremos em resenha, ainda que brevemente, cada um dos livros da coletânea e mostraremos que, se eles não têm, nem individualmente nem em seu conjunto, uma *unidade literária,* têm todavia, além da unidade especulativa de que se falou, a dose de composição e de ordem suficiente para torná-los aceitáveis, tal como nos chegaram, ou seja, como coletânea de vários cursos nascidos em diferentes tempos e modos, mas suficientemente legíveis e aproveitáveis nessa dimensão e segundo essa ótica. Do capítulo oitavo ao décimo segundo, mostraremos os nexos estruturais da metafísica aristotélica com a platônica, com todas as suas implicações e consequências, explorando os resultados dos longos anos de estudos sobre Platão, além e ao lado dos que fizemos sobre Aristóteles.

---

20. P. Aubenque, *Le problème de l'être chez Aristote,* Paris 1962 (muitas vezes reeditado), pp. 9 s. (grifo nosso).

Capítulo segundo

Conceito e finalidade da metafísica aristotélica

1. *Primeira definição: metafísica como ciência das causas e dos princípios primeiros e supremos*

A metafísica aristotélica é inteiramente constituída por termos e conceitos *pluridimensionais* e *polivalentes*, e isso vale a começar pelo próprio conceito que define "metafísica" ou "filosofia primeira", que constantemente, ao longo dos catorze livros, é determinado de *quatro modos diferentes*.

A primeira definição, que se encontra logo no início do livro A[1] (e que é, depois, continuamente reafirmada[2]), caracteriza a metafísica como "ciência ou conhecimento das causas e dos princípios primeiros ou supremos". Tentemos compreender seu significado aprofundando o sentido dos termos que a constituem.

Podemos ter noções e cognições de coisas, eventos e acontecimentos em dois diferentes níveis, como o demonstram os seguintes exemplos.

Tomemos o fenômeno de um eclipse lunar e solar. Ora, todos os seres humanos são capazes de saber (quando ocorre) *que* ocorre um eclipse; para esta forma de saber bastam a percepção sensível, a visão, a constatação. Poucos seres humanos, ao invés, são capazes de saber *por que* ocorre esse eclipse; para esta forma de saber não bastam sensações e experiências, mas se impõem a intervenção do raciocínio e a superação do plano puramente empírico. Portanto, no primeiro caso há apenas *constatação* com base sensível e empírica; no segundo, ao contrário, há verdadeiro *conhecimento* e ciência.

Mais ainda: todos sabem *que* o fogo aquece e queima; para saber isso bastam a sensação e a constatação empírica. Poucos, porém, sabem *por que* o fogo aquece e queima. Quem sabe apenas *que* o fogo aquece e queima tem apenas noções empíricas; ao invés, quem sabe o *porquê* ou

---

1. Cf. *Metafísica*, A 1-2.
2. Em todos os livros, sem exceção, como demonstramos no volume *Il conc. di filos. prima*[5] (1993), *passim*.

a razão pela qual o fogo aquece e queima possui verdadeiro conhecimento e ciência.

Um último exemplo. Uma coisa é constatar que a Tízio e a Caio, enfermos da mesma doença, foi benéfico determinado medicamento e, portanto, saber aplicar o mesmo medicamento a todos os casos semelhantes de modo simplesmente empírico; outra coisa é conhecer o *porquê e as razões* da enfermidade e, portanto, da cura. O primeiro é um saber puramente prático-empírico, o segundo é um saber científico. E os exemplos poderiam se multiplicar indefinidamente.

Em geral diremos, portanto, que o primeiro tipo de saber limita-se à verificação empírica, à constatação do *fato* (τὸ ὅτι)[3] de a coisa ser, ou ser de certo modo; ao contrário, o conhecimento verdadeiro ou ciência alcança o *porquê* (τὸ διότι, τὸ διὰ τί)[4] e a *razão de ser* da coisa. Portanto, quem possui a ciência não só sabe *que* as coisas são de determinado modo, mas sabe, particularmente, *por quê* são daquele modo determinado e não de outro.

A determinação agora dada do conceito aristotélico de *ciência* introduz imediatamente à compreensão do significado de *causa* (αἰτία) e de *princípio* (ἀρχή). Aristóteles usa, na maioria das vezes, os dois termos como sinônimos, e como tal os definiremos.

Causa ou princípio de algo não é mais do que o *porquê* da própria coisa, do qual falamos acima: é a *razão de ser* da coisa, é *aquilo por quê* a coisa é e é aquela que é. As causas e os princípios, portanto, podem ser definidos como as *condições* ou os *fundamentos* das coisas, enquanto são o que funda e condiciona as coisas: se se excluem as causas e os princípios, excluem-se imediatamente as próprias coisas[5].

Mas a compreensão plena da definição de metafísica da qual partimos exige uma última explicação dos adjetivos "primeiros" ou "supremos" (πρῶτα), que qualificam as causas e os princípios (τὰ πρῶτα αἴτια)[6].

Quando se possui o conhecimento das causas e dos princípios de algo, sempre se possui *ciência da coisa*, mas não necessariamente *ciência metafísica*. A ciência metafísica, com efeito, só existe quando se conhecem *certas* causas e *certos* princípios. Quais? Justamente os "supremos" ou "primeiros".

---

3. *Metafísica*, A 1, 981 a 29, b 13.
4. *Metafísica*, A 1, 981 a 28 ss., b 12.
5. Para um aprofundamento, cf. *Il conc. di filos. prima*[5] (1993), pp. 34ss.
6. *Metafísica*, A 1, 981 b 28.

Sobre este ponto Aristóteles é muito preciso. Se estudarmos as razões dos números e das relações numéricas, teremos a ciência matemática; se estudarmos as razões e as causas dos fenômenos celestes, teremos a ciência astronômica; se estudarmos as causas e os princípios dos fenômenos atmosféricos, teremos a ciência meteorológica; e assim por diante.

Quando, então, teremos a *ciência metafísica*?

Não a teremos quando estudarmos e possuirmos as causas e princípios que só valem para "zonas" particulares da realidade, ou seja, para grupos de coisas, portanto, de maneira limitada a "setores" circunscritos do ser; mas — e este é o ponto decisivo — quando estudarmos e determinarmos quais são as causas e os princípios *de todas as coisas sem distinção, de toda a realidade sem restrição*, ou seja, *de todos os seres*.

Eis, portanto, quais são as causas e os princípios "primeiros" ou "supremos", quer dizer, o objeto peculiar da metafísica: *as causas e os princípios que condicionam toda a realidade, ou seja, as causas e os princípios que fundam os seres em sua totalidade*[7].

Portanto, a metafísica é ciência do *porquê* último de todas as coisas, é ciência das *razões supremas* da realidade, por isso é ciência incomparavelmente superior a todas as outras ciências particulares; é — Aristóteles diz inclusive — ciência *divina*: em primeiro lugar, porque é ciência de Deus (Deus é, de fato, o supremo dos princípios e a primeira das causas), e, em segundo lugar, porque, se por acaso alguém possui esta ciência em sua perfeição e completude, este só pode ser o próprio Deus[8].

Deixemos, por ora, o aprofundamento das implicações próprias dessa primeira definição e passemos ao exame da segunda.

2. Segunda definição: metafísica como ciência do ser enquanto ser

No início do livro Γ, a metafísica é definida como *ciência do ser enquanto ser e do que compete ao ser enquanto ser*[9].

Ao longo dos séculos, essa foi a definição que se tornou mais célebre, mas, ao mesmo tempo, mais *difícil de ser entendida em seu genuíno significado histórico*. Tentemos, portanto, aprofundá-la, como fizemos com a

---

7. Cf. *Metafísica*, Γ 1 e E 1; mas já em A, *passim*; cf. as passagens mais significativas em *Il conc. di filos. prima*⁵ (1993), p. 32, nota 75.
8. Cf. *Metafísica*, A 2, 983 a 5 ss.
9. *Metafísica*, Γ 1, 1003 a 21 s.

precedente: veremos que ela, em última análise, dirá a mesma coisa, apenas com uma diferença de perspectiva.

Escreve Aristóteles em Γ 1:

> Existe uma ciência que considera o ser enquanto ser, e as propriedades que lhe competem enquanto tal. Ela não se identifica com nenhuma das ciências particulares: de fato, nenhuma das outras ciências considera universalmente o ser enquanto ser, mas, delimitando uma parte dele, cada uma estuda as características dessa parte. Assim o fazem, por exemplo, as matemáticas[10].

As ciências particulares, diz Aristóteles nesta passagem, restringem-se à consideração *de uma parte determinada do ser*: a isolam do resto e indagam suas propriedades e características. Assim, por exemplo, a matemática examina o gênero particular de ser que é o número e dele indaga as características (paridade, disparidade, igualdade, desigualdade etc.). E com base no paradigma desse exemplo poderemos acrescentar tantos quantos quisermos. Portanto: as ciências particulares têm como objeto uma realidade particular, e dela indagam as determinações e as características essenciais; a metafísica, ao contrário, tem como objeto de indagação a realidade, não enquanto esta ou aquela realidade particular determinada, mas a realidade considerada enquanto tal: a realidade enquanto realidade, o ser enquanto ser (τὸ ὂν ᾗ ὄν).

As expressões "realidade enquanto realidade" ou "ser enquanto ser" indicam — pelo menos num primeiro significado — *a totalidade da realidade e do ser*, em contraposição às "partes" ou aos "setores" dele; indicam não determinada parte da realidade ou um gênero de ser, mas toda a realidade e todo o ser. Todavia, com isso permanece ainda indeterminado o que significa, precisamente, *estudar ou ter ciência da realidade em sua totalidade, do ser enquanto ser*. Pois bem, lembremo-nos do que foi dito acima sobre o conceito de "ciência", e teremos o sentido dessa nova definição de metafísica. Ciência é conhecimento do porquê, das causas e dos princípios. Ciência do ser é, portanto, *ciência do porquê, das causas e dos princípios do ser*.

De resto Aristóteles, sempre em Γ 1, diz expressamente:

> Ora, dado que buscamos as causas e os princípios *supremos*, é evidente que estes devem ser causas e princípios de uma realidade que é por si. Se também os que busca-

---

10. *Metafísica*, Γ 1, 1003 a 21-26.

vam os elementos dos seres, buscavam esses princípios
<supremos>, necessariamente aqueles elementos não
eram elementos do ser acidental, mas do ser como ser.
Portanto, também nós devemos buscar *as causas do ser
enquanto ser*[11].

Deixando de lado a evocação dos filósofos jônicos — que explicaremos no comentário —, é claro o que a passagem diz. A nova definição coincide com a precedente, reapresentada em perspectiva diversa: a ciência das causas e dos princípios *supremos* — como vimos acima — não é mais que a ciência *de toda a realidade e de todos os seres* e, vice-versa — vimos agora —, a ciência do ser enquanto ser não é senão a ciência das causas e *dos princípios supremos do ser*.

Com efeito, as causas "supremas" ou "primeiras" valem para *toda a realidade* e para *todo o ser* e, consequentemente, as causas *da realidade enquanto realidade* ou *do ser enquanto ser* só podem ser "causas primeiras" ou "supremas" e não causas particulares: se não fosse assim, elas seriam válidas só para este ou aquele setor do ser, e não para o ser como tal.

Deixemos, por enquanto, a análise dos significados do ser e o ulterior aprofundamento do sentido da fórmula "ser enquanto ser", e passemos à terceira definição de metafísica.

3. Terceira definição: metafísica como teoria da substância (οὐσία)

Aristóteles também caracterizou sua metafísica como uma "teoria da substância" (περὶ τῆς οὐσίας ἡ θεωρία)[12] e o metafísico como o que especula a respeito da substância. Com efeito, os livros mais importantes da *Metafísica* são quase inteiramente dedicados à substância[13] e em todos os livros há contínuas referências ao problema da substância (οὐσία).

Portanto, não há a menor dúvida de que o problema usiológico constitua o coração da filosofia primeira de Aristóteles.

Como essa definição sintoniza com as precedentes? Aristóteles responde de modo claríssimo. A metafísica, segundo as precedentes definições, é ciência das causas e dos primeiros princípios, ou ciência das cau-

---

11. *Metafísica*, Γ 1, 1003 a 26-32.
12. *Metafísica*, Λ 1, 1069 a 18 e *Metafísica, passim*.
13. Cf. os livros ΖΗΘΛΜΝ.

sas e princípios primeiros do ser. Ora, segundo o Estagirita — como veremos de modo pormenorizado —, o ser tem múltiplos significados, dos quais o de *substância* não só é o principal, mas até mesmo o *fundamento de todos os outros*. Se assim é, a ciência das causas e dos princípios do ser deverá configurar-se, fundamentalmente, como *ciência das causas e dos princípios da substância*.

Nesse sentido se exprime repetidamente Aristóteles, sem dar margem a equívocos.

Já em A 9 se lê:

> Em geral, investigar os elementos dos seres sem ter distinguido os múltiplos sentidos nos quais se entende o ser significa comprometer a possibilidade de encontrá-los, especialmente se o que se investiga são os elementos constitutivos dos seres. Certamente não é possível buscar os elementos constitutivos do *fazer* ou do *padecer* ou do *reto*, pois, *se isso é possível, só o pode ser pelas substâncias*. Investigar os elementos de todos os seres ou crer tê-los encontrado daquele modo é um erro[14].

E em Γ 2, logo depois de ter falado dos múltiplos significados do ser, Aristóteles acrescenta:

> É evidente (...) que os seres serão objeto de uma única ciência, justamente enquanto seres. Todavia, a ciência tem como objeto, essencialmente, o que é primeiro, ou seja, aquilo de que depende e pelo que é denominado todo o resto. Portanto, *se o primeiro é a substância, o filósofo deverá conhecer as causas e os princípios da substância*[15].

E ainda em Z 1:

> E na verdade, o que desde os tempos antigos, assim como agora e sempre, constitui o eterno objeto de pesquisa e o eterno problema: "que é o ser", equivale a este: "que é a substância" (...); por isso também nós devemos examinar principalmente, fundamentalmente e, por assim dizer, exclusivamente, o que é o ser neste significado[16].

---

14. *Metafísica*, A 9, 992 b 18-24.
15. *Metafísica*, Γ 2, 1003 b 15-19.
16. *Metafísica*, Z 1, 1028 b 2-7.

E assim se explica perfeitamente por que a metafísica é denominada e definida por Aristóteles como ciência da substância ou, também, ciência das causas e princípios da substância. Também no que se refere à substância remetemos os aprofundamentos a um capítulo posterior.

E chegamos à última definição da metafísica.

4. Quarta definição: metafísica como ciência teológica

A metafísica é, enfim, repetidamente definida — implícita ou explicitamente — como teoria de Deus ou "ciência teológica", θεολογική (i.é. ἐπιστήμη ou σοφία)[17].

Já o livro A define a metafísica como ciência "divina" e como "relativa às coisas divinas" (τῶν θείων):

> Esta [isto é, a sapiência metafísica], de fato, entre todas [as ciências], é a mais *divina* e a mais digna de honra. Mas uma ciência só pode ser divina nos dois sentidos seguintes: (a) ou porque ela é ciência que Deus possui em grau supremo, (b) ou porque ela *tem por objeto as coisas divinas* (τῶν θείων). Ora, só a sapiência [isto é, a metafísica] possui essas duas características. De fato, é convicção comum a todos que Deus seja uma causa e um princípio, e, também, que Deus, exclusivamente ou em sumo grau tenha esse tipo de ciência. Todas as outras ciências serão mais necessárias do que esta, mas nenhuma lhe será superior[18].

E ainda em A, no capítulo 8, Aristóteles reprova aos filósofos naturalistas por terem feito, não tanto uma metafísica, mas uma física, ao se limitarem à consideração da natureza, descuidando o suprassensível (que é objeto peculiar da metafísica)[19].

Dos quinze "problemas" ou "aporias" da filosofia primeira, que constituem o livro B, a quinta aporia — que é a principal — tem justamente um caráter tipicamente teológico:

> (...) Deve-se dizer que só existem substâncias sensíveis, ou *também outras além delas*?[20].

---

17. *Metafísica*, E 1, 1026 a 19; K 7, 1064 b 3.
18. *Metafísica*, A 2, 983 a 5-10.
19. Ver *Metafísica*, A 8, *passim*.
20. *Metafísica*, B 2, 997 a 34 ss.

Do mesmo modo o livro Γ, que também começa com a teoria do ὄν ᾗ ὄν, põe, logo depois, o objeto da metafísica na "substância primeira" (πρώτη οὐσία), isto é, na substância suprassensível, como fica claro da seguinte passagem:

> Por outro lado, dado que existe algo [= o metafísico] que está acima do físico (de fato, a natureza é apenas um gênero de ser); ao que estuda o universal e a substância primeira caberá também o estudo dos axiomas. A física é, sem dúvida, uma sapiência, mas não é a primeira sapiência[21].

No livro E aparece inclusive o termo θεολογικὴ [ἐπιστήμη ou σοφία][22], e o objeto da metafísica é determinado do seguinte modo:

> Mas se existe algo eterno, imóvel e separado, é evidente que o conhecimento dele caberá a uma ciência teorética, não porém à física, porque a física se ocupa de seres em movimento, nem à matemática, mas a uma ciência anterior a uma e à outra. De fato, a física refere-se às realidades separadas, mas não imóveis; algumas das ciências matemáticas referem-se a realidades imóveis, porém não separadas, mas imanentes à matéria; ao contrário, *a filosofia primeira refere-se às realidades que são separadas e imóveis*[23].

E, sempre no mesmo capítulo, um pouco adiante, Aristóteles escreve:

> (...) Se não existisse outra substância além das que constituem a natureza, a física seria a ciência primeira[24].

O livro Z, na sua própria estrutura teorética, prevê a reflexão sobre a substância suprassensível: ele só estuda de maneira programática a "substância sensível" em função da solução do problema da "substância suprassensível".

Em Z 2 se lê:

> Portanto é preciso examinar (...) se existem ou não algumas substâncias ao lado das sensíveis e qual é seu modo de existência, e *se existe alguma substância separada das sensíveis, por que existe e de que modo existe*, ou se, além

---

21. *Metafísica*, Γ 3, 1005 a 33-b 2.
22. Cf. *supra*, nota 17.
23. *Metafísica*, E 1, 1026 a 10-16.
24. *Metafísica*, E 1, 1026 a 27 s.

das sensíveis, não existe nenhuma substância. Mas procederemos a esse exame depois de ter dito, em resumo, que é a substância em geral[25].

Ainda, em Z 11 se lê:

> Se depois, além da matéria das substâncias desse tipo [= sensíveis] existe também alguma outra, e se além dessas substâncias deve-se buscar alguma outra substância (...) examinaremos adiante. Com efeito, é em vista disso que tentamos determinar as características das substâncias sensíveis: de fato, em certo sentido, a pesquisa sobre as substâncias sensíveis pertence à física e à filosofia segunda (...)[26].

Isso é reafirmado, não só em outros lugares de Z, também na conclusão do livro, como uma espécie de selo:

> E agora digamos, mais uma vez, o que se deve chamar de substância e qual é sua natureza. (...) Talvez essas novas considerações tragam esclarecimentos também *sobre a substância separada das sensíveis*[27].

Em Θ há um primeiro desembocar explícito no suprassensível, no capítulo 8[28].

Em K há uma retomada exata e bem delineada dos conceitos teológicos de E[29].

Em Λ — que é o livro teológico por excelência — se lê no capítulo 1:

> Existem três substâncias <de diferentes gêneros>. Uma é a substância sensível, que se divide em (*a*) eterna e (*b*) corruptível (...). (c) A outra substância é imóvel (...). As duas primeiras espécies de substâncias constituem o objeto da física, porque são sujeitas a movimento; a terceira, ao invés, é objeto de outra ciência, dado que não existe nenhum princípio comum a ela e às outras duas[30].

---

25. *Metafísica*, Z 2, 1028 b 27-32.
26. *Metafísica*, Z 11, 1037 a 10-16.
27. *Metafísica*, Z 17, 1041 a 6-9.
28. Cf. *Metafísica*, Θ 8, 1050 b 6 ss.
29. Cf. *Metafísica*, K 7.
30. *Metafísica*, Λ 1, 1069 a 30-1069 b 2.

Sempre Λ, do capítulo 6 em diante, apresenta finalmente a demonstração sistemática da existência e da natureza da substância suprassensível.

Enfim, os livros M e N ligam-se estreitamente a Λ, enquanto discutem criticamente as doutrinas que admitem substâncias separadas, mas consideradas erradas por Aristóteles. As conclusões do Estagirita são as seguintes: existe uma substância imóvel eterna e separada, mas esta não é dada nem pelas Ideias nem pelos entes matemáticos (como queriam Platão e os platônicos): substâncias separadas são Deus, Movente Imóvel, e as outras Inteligências puras, moventes dos céus.

Em suma, *a componente teológica se revela como portadora do sentido último da metafísica*: existe uma "filosofia primeira" (uma *meta*física) justamente porque e só porque existe uma substância primeira (transfísica ou suprafísica): se não existisse essa substância, só existiria a substância física e, portanto, a física seria o saber mais elevado[31]. Nesse caso (ademais apenas hipotético) é certo que se poderia ainda falar de causas, de ser, de substância, mas limitados ao horizonte físico. Portanto, a latitude da metafísica aristotélica é dada pela componente teológica, como logo em seguida esclareceremos melhor.

5. A *unidade das quatro definições e o "horizonte" da metafísica aristotélica*

Muitos intérpretes modernos pretenderam encontrar uma verdadeira incompatibilidade entre as várias definições examinadas e, particularmente, entre a *ontológica* e a *teológica*. Como "ontologia", dizem Jaeger e todos os que com ele concordam (mesmo depois do declínio do paradigma histórico-genético), a metafísica deve estender-se a *todo o ser*, e é ciência *universal*; ao contrário, como "teologia", a metafísica se limita a um só e determinado gênero de ser (Deus), e, nesse caso, não é mais universal e se torna ciência *particular* ao lado das outras. Assim, as duas afirmações não seriam de modo algum compatíveis[32].

Na verdade, tal como já vimos para as outras, essa antítese não existe, ou só existe se dermos a "ontologia" e a "universal" significados não aristotélicos e não genuínos. Eis como as duas definições se conciliam perfeita-

---

31. Cf. *Metafísica*, E 1, *passim*; *Metafísica*, Λ 1, *passim* e todas as passagens citadas de Z.
32. Jaeger, *Aristotele*..., pp. 293 s.

mente. A metafísica é teoria do ser ou ontologia; mas o ser é um múltiplo encabeçado — estruturalmente — pela substância, de modo que a pesquisa ontológica se configura, necessariamente, em primeiro lugar como usiologia, isto é, pesquisa sobre o ser (a οὐσία) que é o fundamento de todos os outros seres. Ora, se só existissem substâncias *sensíveis*, a metafísica como tal não subsistiria, pois se reduziria à mera física. Portanto, a existência de uma ontologia e uma usiologia *não físicas* (ou não meramente físicas) depende da existência ou não de uma substância *suprafísica*. Neste sentido, então, a ontologia e a usiologia não físicas ou meta-físicas só são possíveis na medida em que se abrem em sentido teológico.

Ademais, a teologia é "universal", enquanto é conhecimento da substância primeira e mais elevada, a qual, justamente enquanto "primeira", é "suprema" e, portanto, condição ou causa de *todas as coisas*, e nesse sentido é causa *universal*. Concluindo, *a teologia é ciência universal porque tem por objeto a causa universal das coisas, vale dizer, a causa de todas as coisas*[33].

Qual será, então, o verdadeiro "horizonte" da metafísica aristotélica?

A nosso ver, depois do que foi dito não podem subsistir dúvidas: *é o horizonte determinado pelas quatro componentes com toda a trama de suas relações*. Mas o significado último da metafísica aristotélica permanece determinado, em sentido peculiar e específico, pela componente *teológica*. Esta, com efeito, constitui o ponto focal ou de convergência das outras três, e, ao mesmo tempo, a que dá a cada uma delas uma latitude transfísica, isto é, uma relevância propriamente metafísica.

E dado que este ponto é ainda hoje muito contestado pelos estudiosos, vale resumir e reafirmar as razões que o motivam.

A pesquisa das causas só não é aitiologia fisicista por causa de sua abertura teológica: justamente e unicamente porque entre as causas e os princípios encontra-se Deus (Deus é, de fato, princípio primeiro e supremo). Se excluíssemos Deus, as causas e os princípios se reduziriam aos naturais, e a aitiologia se tornaria pura física.

Mais ainda: se Deus não existisse, a natureza não seria apenas "um gênero do ser", mas conteria em si todo o ser e, consequentemente, a consideração ontológica não poderia ser mais do que física.

Enfim, se excluíssemos Deus, seria excluída a substância eterna imóvel e suprassensível, e só restaria a substância sensível; por consequência, a usiologia não poderia ser mais do que usiologia física.

---

33. Cf. *Il conc. di filos. prima*[5] (1993), pp. 149 ss.

Devemos, portanto, concluir que *o sentido mais profundo da metafísica aristotélica está confiado à componente teológica* e que o horizonte da metafísica aristotélica é dado pela *unidade dinâmica ou dialética das perspectivas ontológica, aitiológica e usiológica, centradas na instância teológica*, no sentido que acima explicamos[34].

6. *O lugar que a metafísica ocupa relativamente às outras ciências e sua superioridade absoluta*

Em E 1, Aristóteles indicou cuidadosamente o lugar que a metafísica ou "teologia" (e chamá-la desse modo depois das explicações precedentes não pode mais provocar mal-entendidos) ocupa relativamente às outras ciências. Para fazer isso, ele divide as ciências em: *práticas*, *poiéticas* e *teoréticas*; e, ulteriormente, divide as teoréticas em: *física, matemática* e *teologia (metafísica)*[35].

Podemos representar do seguinte modo as distinções acima acenadas:

As ciências se dividem em:
1. ciências práticas
2. ciências poiéticas
3. ciências teoréticas
   1. física
   2. matemática
   3. teologia ou metafísica

As *ciências práticas* referem-se às ações que têm seu início e seu termo no próprio sujeito que age: são as ações morais. De fato, é manifesto que as ações morais têm seu início no sujeito e retornam ao próprio sujeito, aperfeiçoando-o. As *ciências poiéticas* referem-se, ao contrário, às ações que têm seu princípio no sujeito, mas são dirigidas a produzir algo fora do próprio sujeito; tais são, por exemplo, todas as operações e produções da arte: a ação de construir, a ação de curar exercida pelo médico sobre o paciente, a ação de tocar um instrumento etc.

---

34. Para a prova crítica e a mediação dessas afirmações, cf. *Il conc. di filos. prima*⁵ (1993), *passim*.

35. Cf. *Metafísica*, E 1, 1025 b 18 ss.

Bem diferentes das ciências prático-poiéticas são as *ciências teoréticas*; estas não se referem nem à ação nem à produção, mas têm como fim a pura especulação, ou seja, o puro conhecimento como tal.

A *física* versa sobre a substância que tem capacidade de movimento, ou seja, sobre a substância sensível. Recordemos que a física aristotélica, ciência qualitativa, nada tem em comum com a física moderna, quantitativa. A física moderna traduz tudo em número e em relações numéricas, a aristotélica, ao invés, pesquisa essências e formas. Comparada à física moderna, a física aristotélica é uma metafísica do mundo sensível; e não são raros, de fato, os pontos nos quais Aristóteles, conduzindo uma pesquisa física, chega às fronteiras da metafísica.

E que estuda a *matemática*? Os platônicos, como é sabido (e antes deles os pitagóricos, mas de modo diverso), acreditaram que entes substanciais verdadeiros fossem o objeto das matemáticas; entes que têm um modo de ser diferente das coisas sensíveis e, mais ainda, subsistentes em si e por si fora das coisas sensíveis. Aristóteles rejeita nitidamente essa maneira de ver e a corrige do seguinte modo. As matemáticas não se referem a coisas sensíveis como tais, e tampouco referem-se a entes subsistentes separadamente. As coisas sensíveis têm diversas qualidades e propriedades, que lhes são peculiares em diferentes sentidos: existem, por exemplo, peculiaridades do homem enquanto macho, do homem enquanto fêmea, e assim por diante; analogamente, diz o Estagirita, existirão peculiaridades dos corpos considerados como grandezas e planos. Ora, as matemáticas consideram as coisas justamente sob esta perspectiva, a saber, como grandezas, planos etc. e, ulteriormente, consideram as propriedades das coisas. Grandezas, planos etc., nas matemáticas, são considerados prescindindo de todos os outros aspectos, por abstração (por "separação" dos outros aspectos das coisas físicas); é claro, portanto, que os objetos de que trata a matemática, enquanto entes abstratos (aspectos particulares das coisas físicas *separados* dos outros), são imóveis, mas não são entes subsistentes por si, justamente porque abstrações (separações) operadas pelo pensamento, que, baseando-se na própria estrutura ontológica das coisas pode considerar as próprias coisas sob alguns dos seus aspectos, prescindindo de outros[36]. Mas disso falaremos mais adiante, além do comentário.

Por contraposição aos objetos de investigação próprios da física e da matemática assim caracterizados, revela-se de maneira muito clara o objeto

---

36. Cf. *Metafísica*, M 2-3.

da metafísica. Enquanto a matemática estuda determinados aspectos abstratos, e só como tais imóveis, das coisas, mas não subsistentes em si e por si; enquanto a física estuda substâncias e coisas subsistentes por si, mas só enquanto sensíveis e em movimento; a metafísica investiga a substância que está além da física, ou seja, a substância suprassensível, imóvel e eterna (Deus e as Inteligências motoras).

Sobre esta tripartição das ciências teoréticas, de cunho platônico, voltaremos a falar adiante. Com efeito, por si ela não sintoniza com a nova concepção dos planos do ser sustentada por Aristóteles e pressupõe a manutenção da divisão dos planos do ser sustentada por Platão e pelos platônicos, como demonstraremos. Agora devemos ilustrar as conclusões extraídas por Aristóteles.

7. O fim que a metafísica tende a realizar

As ciências teoréticas, segundo Aristóteles, são superiores às prático-poiéticas; por sua vez, a metafísica é superior às outras ciências teoréticas. Assim a metafísica é a ciência absolutamente primeira, a mais elevada e sublime[37].

Mas *para que serve* — perguntar-se-á — a *metafísica*?

Pôr esta pergunta significa situar-se de um ponto de vista antitético ao de Aristóteles. A metafísica é a mais elevada das ciências, justamente porque não "serve" a nada de particular. Expliquemos melhor: a metafísica não é uma ciência prática e poiética, isto é, uma ciência dirigida à consecução de propósitos empíricos ou à realização de fins práticos. As ciências que têm tais objetivos são submetidas aos mesmos, por isso não valem em si e por si, mas só na medida em que levam a efeito aqueles propósitos. A metafísica, ao contrário, é ciência que vale em si e por si, porque tem seu fim em si mesma e, neste sentido, é ciência "livre", livre por excelência[38].

Mas — objetar-se-á — como nasce, e qual sua razão de ser?

A metafísica, responde Aristóteles, *nasce da admiração e do estupor que o ser humano experimenta diante das coisas*. Portanto, ela nasce do puro amor ao saber: nasce da necessidade, enraizada na própria natureza do ser humano, de conhecer e saber; de fato, prescindindo de qualquer

---

37. Cf. *Metafísica*, E 1, 1026 a 18-23; *Metafísica*, A 2, 983 a 5-11.
38. Cf. *Metafísica*, A 2, *passim*.

vantagem prática que o saber possa trazer, *o ser humano ama o saber por si*. A metafísica é, portanto, ciência que visa à satisfação dessa exigência humana de puro conhecimento[39].

Agora são claras todas as razões pelas quais — como já dissemos — Aristóteles chamou a metafísica de ciência "divina". Deus só pode possuir esse tipo de ciência, que tem em si mesma seu fim. Deus a possui inteiramente, perfeitamente e continuamente; nós, ao contrário, só parcialmente, imperfeitamente e de modo descontínuo. Mas, embora dentro desses limites, o *ser humano tem um ponto de contato com Deus justamente nesse saber*. Contato duplo, como já vimos: em primeiro lugar, porque a metafísica é a ciência que versa sobre Deus, e, em segundo lugar, porque representa o tipo de saber próprio de Deus.

O ser humano que faz metafísica aproxima-se de Deus e, nisso, Aristóteles situou a máxima felicidade do ser humano. Deus é bem-aventurado, conhecendo e contemplando a si mesmo; o homem é bem-aventurado, conhecendo e contemplando os princípios supremos das coisas, e, portanto, Deus *in primis et ante omnia*. Nesse conhecimento, o ser humano realiza perfeitamente sua natureza e a sua essência, que, justamente, consiste na inteligência e na razão.

E nesse sentido Aristóteles pôde sustentar sobre a metafísica, no capítulo 2 do livro A, uma tese muito chocante para os dias de hoje, mas verdadeiramente emblemática:

> (...) Todas as outras ciências serão mais necessárias do que esta, mas nenhuma lhe será superior[40].

Esta afirmação, entendida em função do que se disse acima, poderia perfeitamente ser invertida na seguinte: *as outras ciências serão mais necessárias em função da realização de fins práticos, mas a metafísica permanece* (do ponto de vista deontológico) *a mais necessária em sentido absoluto*, porque nela e com ela o ser humano realiza sua natureza de ser racional e satisfaz a mais profunda necessidade que brota desta sua natureza: *a pura necessidade de "saber" em sentido último*.

Também este ponto voltará a ser discutido na conclusão deste *Ensaio*, para tirar dele as devidas consequências, não só no nível histórico, mas também no nível teórico.

---

39. *Ibid.*,
40. *Metafísica*, A 2, 983 a 10 s.

Capítulo terceiro

A componente aitiológica: a doutrina das quatro causas

1. Caracterização das quatro causas

Examinadas e esclarecidas as definições de metafísica, passemos a agrupar sinteticamente os conteúdos das mesmas.

Dissemos que a metafísica, em primeiro lugar, é apresentada por Aristóteles como pesquisa das *causas primeiras*. Devemos agora explicar quais e quantas são essas "causas".

Aristóteles, particularmente nos livros primeiro e segundo da *Metafísica*, estabeleceu que as causas devem ser necessariamente delimitadas quanto ao número, e estabeleceu que, relativamente ao mundo do devir, reduzem-se às seguintes quatro causas, já entrevistas — embora confusamente —, segundo ele, por seus predecessores:

1) causa *formal*,
2) causa *material*,
3) causa *eficiente*,
4) causa *final*[1].

As duas primeiras não são mais do que a *forma* e a *matéria* (de que falaremos amplamente em seguida), que estruturam todas as coisas sensíveis. (Recorde-se que "causa" e "princípio", para Aristóteles, significam o que *funda*, o que *condiciona*, o que *estrutura*).

Mas matéria e forma, sob certo aspecto, bastam para explicar as coisas; sob outro aspecto, porém, não bastam. Se considerarmos o ser das coisas *estaticamente*, bastam; se, ao contrário, considerarmos as coisas *dinamicamente, isto é, em seu desenvolvimento, em* seu devir, *em* seu produzir-se e *em* seu corromper-se, então não bastam mais. Com efeito, é evidente que, se considerarmos determinado homem estaticamente (ou seja, como ente já perfeitamente realizado), ele se reduz à sua matéria (carne e ossos) e à sua forma (alma); mas se o considerarmos de outro modo e perguntar-

---

1. Cf. *Metafísica*, A 3-10, *passim*.

mos: "como nasceu", "quem o gerou", "por que se desenvolve e cresce", então impõem-se duas razões ou causas ulteriores: *a causa eficiente* ou *motora*, isto é, o pai que o gerou, e a *causa final*, ou seja, o fim ou o escopo ao qual tende o devir do homem.

Examinemos brevemente cada uma dessas quatro causas.

1) A *causa formal* é, como dissemos, a forma ou essência (εἶδος, τὸ τί ἦν εἶναι) das coisas: a alma para os viventes, determinadas "relações" para as diversas figuras geométricas (para o círculo, por exemplo, é o fato de ser o lugar equidistante de um ponto chamado centro), a "estrutura" particular para os diferentes objetos de arte, e assim por diante.

2) A *causa material* é "aquilo de que" (τὸ ἐξ οὗ, *id ex quo*) é feita uma coisa: por exemplo, a matéria dos animais são a carne e os ossos, a matéria da esfera de bronze é o bronze, da taça de ouro é o ouro, da estátua de madeira é a madeira, da casa são os tijolos e o cimento, e assim por diante.

3) A *causa eficiente* ou motora é aquilo de que provêm a mudança e o movimento das coisas: o pai é a causa eficiente do filho, a vontade é causa eficiente de várias ações do homem, o golpe que dou nesta bola é causa eficiente de seu movimento, e assim por diante.

4) A *causa final* constitui o fim ou o propósito das coisas e das ações; ela indica aquilo em vista de que ou em função de que (τὸ οὗ ἕνεκα, *id cuius gratia*) cada coisa é ou advém ou se faz; e isso, diz Aristóteles, é o *bem* (τὸ ἀγαθόν) de cada coisa.

O devir das coisas, portanto, exige essas quatro causas.

2. Estrutura complexa e articulação da doutrina das quatro causas

Aristóteles acrescenta algumas interessantes explicações, que normalmente são descuidadas pelos estudiosos, mas que são, na verdade, essenciais. As quatro causas, tal como as caracterizamos, não são suficientes para explicar *o devir das coisas em sua totalidade e, portanto, em sentido global*.

O mundo apresenta um harmônico e constante suceder-se e alternar-se de geração e corrupção e de mudanças em geral. Pois bem, qual é a *causa* da geração e da corrupção em geral e, em particular, dessa harmonia, dessa constância com que se articulam a geração e a corrupção e, portanto, a continuidade do devir e do ser do cosmo?

Aristóteles tentou responder do seguinte modo: a *causa* universal da geração e da corrupção é o *sol*, que, girando segundo um "círculo oblíquo" e, portanto, aproximando-se e distanciando-se com ritmo e intervalos de tempo constantes, produz o ciclo das gerações e das corrupções. A *causa* da *constância* e da *harmonia* com que as mudanças se produzem é o primeiro céu ou primeiro móvel, cujo movimento é perfeitamente uniforme. O movimento do sol segundo o círculo oblíquo e o movimento uniforme do primeiro céu agem como *causas* que podemos qualificar como *eficientes ou motoras*.

Além de todas essas causas, existe aquele que "acima de todos os seres move todas as coisas", vale dizer, o Movente imóvel ou Deus, que age como *causa final* ou como causa *motora-final*.

Mas disso falaremos mais amplamente adiante.

Portanto, as "causas" das coisas são: *a*) as quatro causas próximas, *b*) os movimentos do sol e dos céus (tipos de causas motoras ou eficientes), *c*) Deus ou Movente imóvel (causa eficiente-final)[2].

3. *Algumas interessantes explicações sobre as relações entre as causas e as coisas causadas*

A respeito das "causas", Aristóteles faz em seguida interessantes observações que vale a pena destacar.

Eis um primeiro problema: as quatro causas são *intrínsecas* às coisas causadas ou *externas*?

Das quatro causas, três — quais sejam, a formal, a material e a final — são intrínsecas à coisa da qual são causas; enquanto uma, a eficiente, é externa ou, pelo menos, distinta da coisa[3]. E isso se capta intuitivamente: a carne e os ossos, assim como a alma e o fim, são intrínsecos ao homem; o pai, isto é, o gerador, é sempre um indivíduo distinto e diferente do gerado. Também são externos, obviamente, o sol e os movimentos celestes enquanto causas eficientes universais, assim como Deus, que é a causa eficiente-final.

Ademais, põe-se o seguinte problema: as causas e os princípios são diversos para as diferentes coisas, ou são os mesmos?

Aristóteles deu uma resposta claríssima a este problema em Λ 4-5: *concretamente e individualmente consideradas,* as quatro causas são diversas nas coisas individuais (as quatro causas do homem não são as quatro causas de uma estátua ou de um móvel etc.); ao contrário, *do ponto de*

---
2. Cf. *Metafísica,* Λ 4-5 e 6-8.
3. Cf. *Metafísica,* Λ 4, 1070 b 22 ss.

vista analógico, as quatro causas são as mesmas para todas as coisas (embora concretamente diferentes, o homem, a estátua e o móvel têm tanto uma causa *formal*, quanto uma causa *material*, uma causa *final* e uma causa *eficiente*) e desempenham, nos casos individuais, função análoga (justamente, a função *formal, material, final* e *eficiente*).

Por sua vez, o Princípio primeiro, isto é, Deus ou Movente imóvel, não é só analogamente, mas absolutamente idêntico para todas as coisas (e o mesmo se deve dizer, pelo menos de maneira limitada às coisas sublunares, dos movimentos dos céus como causas do harmônico devir, como veremos adiante)[4].

4. Em que sentido e em que medida Aristóteles liga a teoria das quatro causas com a problemática física e com a metafísica

Logo no início da discussão da doutrina das quatro causas no primeiro livro da *Metafísica*[5], Aristóteles remete à *Física*, onde afirma tê-las tratado de modo adequado[6]. Mas, na realidade, o que diz na *Física*, II 3, é retomado na *Metafísica*, Δ 2. Na *Física*, II 7 são aprofundadas algumas questões que também podem ser encontradas na *Metafísica*.

O livro A da *Metafísica* permanece, portanto, *o mais destacado texto de referência relativamente à doutrina das quatro causas*, sobretudo pelo amplo exame histórico-teorético das teses sustentadas pelos filósofos antigos sobre essa temática, de que falaremos abaixo.

Aristóteles diz expressamente:

> Estudamos adequadamente essas causas na *Física*; todavia, devemos examinar também os que antes de nós enfrentaram o estudo dos seres e filosofaram sobre a realidade. É claro que também eles falam de certos princípios e de certas causas. Para a presente investigação será vantajoso referir-se a eles. Com efeito, ou encontraremos algum outro gênero de causa ou ganharemos convicção (crença) mais sólida nas causas das quais agora falamos[7].

---

4. Cf. *Metafísica*, Λ 4-5, *passim*.
5. *Metafísica*, A 3, 983 a 24 ss.
6. Cf. *Fis*., II 3 e 7.
7. *Metafísica*, A 3, 983 a 33-b 6.

Todavia, logo surge uma dúvida: cabe ao físico ou ao metafísico ocupar-se *especificamente* das quatro causas? Por que Aristóteles se ocupa delas na *Física* e na *Metafísica*?

Na *Física* é expressamente explicado o seguinte:

> "Portanto, que as causas sejam essas e nesse número, é evidente. E dado que são quatro, *é próprio do físico ter conhecimento de todas*, e fornecer o porquê de modo físico, remetendo o porquê a todas elas, ou seja, à matéria, à forma, ao movente e ao fim"[8].

Existe uma linha divisória entre a pesquisa física e a metafísica no que se refere à problemática das quatro causas? Se existe, qual é?

É evidente que as quatro causas, enquanto tais, explicam adequadamente as várias coisas sensíveis sujeitas ao devir e, em geral, ao movimento. E a pesquisa física visa de modo programático justamente à explicação das coisas sensíveis, enquanto estão em movimento por sua natureza.

Mas, como já observamos acima, para explicar o devir e o movimento *na ótica do todo*, é preciso subir das quatro *causas próximas* de cada coisa às *causas mais gerais e primeiras moventes dos céus e, particularmente, à causa primeira eficiente-final que é o Movente imóvel, princípio primeiro absoluto e universal*. E, justamente, só a metafísica pode se ocupar da existência, das características e da função causadora de tal princípio primeiro e supremo.

Mas é o próprio Aristóteles, na *Física*, II 7, quem esclarece esse conceito de maneira exemplar, resolvendo exaustivamente e de maneira inequívoca o nosso problema:

> Três das quatro causas se reduzem a uma; de fato, a essência e o fim são uma mesma coisa, e a causa motora primeira é igual a estas pela forma: com efeito, o homem gera o homem. E isso vale em geral para todas as coisas que movem, sendo movidas. *As coisas imóveis que produzem movimento não pertencem à física*. De fato, elas movem não porque têm em si movimento ou princípio do movimento, mas porque *são imóveis*. Por isso são três os tipos de investigação: um que diz respeito às coisas imóveis, outro que se refere às coisas móveis, porém incorruptíveis, outro ainda que se refere às coisas corruptíveis. De modo que o

---

8. *Fís.*, II 7, 198 a 21-24.

físico pode dar explicação do porquê referindo-se à matéria, à essência e à causa motora próxima. Quanto à geração, com efeito, buscam-se as causas sobretudo do seguinte modo: que coisa se gera de que coisa, qual é o agente próximo e qual é o paciente próximo, e assim por diante[9].

E logo depois, para tirar qualquer dúvida, Aristóteles oportunamente reafirma e explica o seguinte:

> Os princípios que movem de modo natural são dois: *um deles não é de caráter físico*, porque não tem em si um princípio que o mova. Só existe um princípio desse tipo se existe algo que move sem ser movido, como algo que é absolutamente imóvel e primeiro de tudo, e a essência e a forma. De fato, ele é fim e causa final. Desse modo, dado que a natureza tem um fim, é preciso conhecer também esse princípio (...)[10].

Concluindo: o pensamento de nosso filósofo sobre esse ponto torna-se muito claro: o momento propriamente metafísico da aitiologia consiste sobretudo em sua *abertura teológica, ou seja, no fato de chegar à causa última de todo movimento, ao Movente imóvel*. Mas a própria física (em sentido aristotélico) não pode prescindir dessa abertura, porque, se não chegasse ao Movente imóvel, deixaria inexplicado o movimento em seu fundamento, enquanto *a explicação última do movimento só pode ser o imóvel*, como veremos. (E justamente por isso os dois últimos livros da *Física* concluem de maneira programática a reflexão sobre o movimento, justamente na dimensão teológico-metafísica[11]).

5. A *questão do modo pelo qual Aristóteles justifica a tábua das quatro causas*

Considerou-se muitas vezes totalmente anômalo e quase inaceitável o fato de Aristóteles introduzir as quatro causas *ex abrupto*, ou seja, o fato de não deduzi-las de maneira sistemática. Em suma, a tábua das quatro causas poderia parecer rapsódica e empírica, assim como a muitos pareceu ser a tábua das categorias, de que falaremos adiante.

---

9. *Fis.*, II 7, 198 a 24-35.
10. *Fis.*, II 7, 198 a 35-b 5.
11. Cf. *Fis.*, VII-VIII, particularmente VII 1; *Metafísica*, Θ 5-6 e 10.

Na realidade, o método seguido aqui por Aristóteles é tipicamente seu. Para justificar a tábua das quatro causas baseia-se na *communis opinio* dos homens comuns e dos doutos, particularmente no pormenorizado exame das opiniões dos filósofos que o precederam (os quais são, por assim dizer, os especialistas e os técnicos de tal problemática) a respeito disso.

Poder-se-ia dizer o que Hegel muitas vezes diz em geral e por outros aspectos do pensamento de Aristóteles, ou seja, que nele se imbricam, em certo sentido, o *empírico* e o *especulativo*. E parece-nos que essa dupla face empírica e especulativa na questão das quatro causas manifesta-se sinteticamente de modo até mesmo programático.

Com efeito, no nível da *communis opinio*, a explicação das coisas, de seu "que é", sempre se moveu (e ainda hoje se move) na dimensão aitiológica, justamente no sentido das quatro causas esclarecidas por Aristóteles.

Vejamos alguns exemplos esclarecedores.

1) Quando, encontrando-nos diante de algo que não conhecemos, perguntamos: "que é?", a primeira e mais exaustiva resposta que esperamos é uma explicação da natureza, ou seja, da essência daquela coisa, mesmo que dada de modo aproximativo e analógico. Sobre este ponto não precisamos nos deter com esclarecimentos específicos, porque é perfeitamente evidente.

2) Mas quando nos encontramos diante de coisas que já conhecemos em geral, por exemplo, diante de um tecido, ou diante de uma bolsa ou de qualquer outro manufaturado e perguntamos "que é?", queremos saber, na realidade, *de que é feita* aquela coisa, vale dizer, a *matéria* de que é constituída. E nesses casos a resposta que nos satisfaz é, por exemplo, que se trata de pura seda, ou de couro, ou de material sintético, e assim por diante. O *porquê* de nossa pergunta é satisfeito pela *causa material*.

3) Quando nos encontramos numa oficina ou em lugares semelhantes e vemos certos instrumentos que jamais vimos, e, tomando um deles, perguntamos: "por que existe este objeto?", "que é?", a resposta que mais nos satisfaz imediatamente é a que explica *para que serve*, ou seja, *o escopo ou o fim que se obtém com isso*. Portanto, o *porquê* de nossa pergunta é satisfeito mediante a *causa final*.

4) Mas também a causa eficiente em muitos casos revela-se determinante. Muitas vezes, por exemplo, quando vemos passar um jovem ou uma moça e perguntamos "quem é?", a resposta que nos satisfaz é esta: "É o filho ou a filha de fulano de tal", ou seja, a causa eficiente. Ou ainda, quando ouvimos um trecho de música que não reconhecemos e perguntamos "que é?", a resposta que esperamos é a que nos indique o

autor, ou seja, a *causa eficiente*, por exemplo, "é um trecho de Bach", ou "é uma música de Beethoven", e assim por diante.

Todas as perguntas do tipo das exemplificadas ou análogas a elas são, portanto, satisfeitas pela indicação e pela especificação de uma das quatro causas.

Mas se a *communis opinio* pode provar que aquelas causas são justamente as que se busca, *não é suficiente para demonstrar que as causas são exatamente em número de quatro e que não podem existir outras*.

Consequentemente, Aristóteles examina todas as opiniões dos filósofos sobre essa problemática. Seu pensamento-guia nesse exame é o seguinte: *se os especialistas, ou seja, os que investigam de modo específico tal questão, encontraram justamente essas quatro causas e não outras, mas apenas essas, quer dizer que não pode existir outras, e que o número quatro se revela, por consequência, verdadeiramente exaustivo*.

Nesse modo de raciocinar, o empírico e o especulativo andam verdadeiramente lado a lado, embora bem sintetizados.

6. A *propósito da fundação e da justificação histórica da doutrina das quatro causas*

O exame histórico conduzido por Aristóteles no curso do livro A visa demonstrar que nenhum filósofo anterior a ele descobriu outras causas, mas todos falaram justamente das quatro causas: alguns de uma, outros de outra, outros de outras ainda. Nenhum, porém, teria falado sistematicamente de todas, e nenhum com a clareza e o rigor adequados.

No livro A, *Aristóteles nos oferece a primeira história da filosofia, com enfoque e estrutura de caráter teorético, de importância e alcance extraordinários*.

Como ele se move nesse terreno?

Convém observar de início que, ao traçar a história do pensamento a ele precedente, Aristóteles não é de modo nenhum *objetivo* e *imparcial*. Ele vê tudo e unicamente do próprio ponto de vista, ou seja, em função das próprias categorias de pensamento.

Já Schwegler escrevia: "O conceito moderno de história da filosofia é *totalmente estranho a Aristóteles*"[12].

Observe-se que Schwegler concebia a história da filosofia em chave idealística, e por isso notava em Aristóteles a total ausência do conceito

---

12. A. Schwegler, Die Metaphysik des Aristoteles, 4 vols., Tübingen 1847-1848; reimpres. Frankfurt am Main 1960, vol. III, p. 27 (grifo nosso).

de progresso e de desenvolvimento, segundo as precisas leis dialéticas hegelianas do pensamento filosófico. Obviamente, isso não existe e nem poderia existir em Aristóteles.

Mas tampouco existe (e também isso não poderia existir) a concepção propriamente histórica, que se empenha em ver o autor em seu tempo e em suas objetivas dimensões, e em compreender sua palavra unicamente segundo as valências nela realmente existentes. Veremos que Aristóteles respeita pouco o dado cronológico e o dado que hoje chamamos filológico.

Antes, podemos dizer que a segunda concepção de história da filosofia é ainda mais estranha a Aristóteles do que a primeira. De fato, enquanto é *apriorística* e *teoreticamente condicionada*, a reconstrução aristotélica do pensamento dos predecessores tem muitas analogias com a primeira. (É, de algum modo, um correspondente sistemático da primeira).

Como leremos em Λ 8, *in fine*, para Aristóteles a verdade é única; é ciclicamente descoberta e depois perdida pelos homens, que, todavia, dela conservam sempre alguma relíquia, até que a redescubram totalmente (para depois perdê-la novamente). Portanto, prevalece em Aristóteles uma concepção circular da história de origem platônica[13], da qual não se diz nada no livro A. Nesse livro, Aristóteles faz a história do problema que lhe interessa naquele momento e das soluções que dele foram propostas, destacando nessa história o aspecto funcional no contexto do seu discurso e explorando os *ensinamentos* que daí podem ser extraídos do ponto de vista sistemático, sempre convencido de poder restabelecer convergências com as próprias soluções ou um ponto de referência polêmico para reafirmar as próprias teses com um jogo dialético-refutatório.

Mas sobre isso voltaremos adiante.

7. *Algumas afirmações emblemáticas de Aristóteles encontradas no livro* ᾱ ἔλαττον

Devem-se recordar, por fim, algumas afirmações de Metafísica, ᾱ 1 (muito amiúde descuidadas pelos estudiosos), que sublinham o estreito laço existente entre os seres humanos na busca da verdade: *todos os que*

---

13. Cf. K. Gaiser, *La metafisica della storia in Platone. Con un saggio sulla teoria dei principi e una raccolta in edizione bilingue dei testi platonici sulla storia. Introduzione e traduzione* G. Reale, Vita e Pensiero, Milão 1988; 1991², reimpr. 1992. (Esta obra Gaiser compôs a meu pedido, refazendo, com várias ampliações e atualizações, a segunda parte do seu livro *Platons ungeschriebene Lehre*, Stuttgart 1963; 1968²).

a buscam, dão uma contribuição, mesmo os que erram (porque, corrigindo seu erro, encontramos a solução exata), e *também os que são superficiais* (porque, em todo caso, contribuem para a formação e o refinamento do nosso hábito especulativo).

Mas leiamos uma bela passagem, que é importantíssima, mesmo se pouco aceita:

> (...) É justo ser gratos não só àqueles com os quais dividimos as opiniões, mas também àqueles que expressaram opiniões até mesmo superficiais; também estes, com efeito, deram certa contribuição à verdade, enquanto ajudaram a formar nosso hábito especulativo. Se Timóteo não tivesse existido, não teríamos grande número de melodias; mas se Frini não tivesse existido, tampouco teria existido Timóteo. O mesmo vale também para os que falaram da verdade: de alguns recebemos certas doutrinas, mas outros foram a causa de seu surgimento[14].

No estreito laço, explicitamente reconhecido pelo Estagirita, e no próprio método da *contínua discussão com os outros filósofos* (seja na busca da verdade de fundo, seja na busca das verdades mais particulares), deve-se reconhecer um fruto ou pelo menos uma consequência do método de discussão e do diálogo socrático-platônico: aquele diálogo que em Sócrates era aberto a todos, em Platão já se torna, pelo menos em parte, diálogo entre filósofos, enquanto no Aristóteles esotérico o diálogo, além de perder a forma extrínseca, se reduz a encontro de *ideias* e conceitos sistematicamente perseguidos e desenvolvidos.

O livro B nos dará amplas confirmações do que estamos dizendo, assim como o livro Γ, os livros M e N, e numerosas passagens em todos os livros.

Mas justamente o quadro histórico-teorético que Aristóteles apresenta no livro A para esclarecer, justificar e fundar a doutrina das quatro causas, é a mais bela prova do modo e da medida em que Aristóteles acreditava na dimensão "coral" da pesquisa de que fala a bela passagem do livro ᾱ lida acima.

---

14. *Metafísica*, ᾱ 1, 993 b 12-19.

Capítulo quarto

A componente ontológica: a doutrina aristotélica do ser

1. Os múltiplos significados do ser e sua unidade

Vimos que, além de ser definida como doutrina das causas, a metafísica é definida por Aristóteles como doutrina do "ser" e, precisamente, do "ser enquanto ser". Vejamos, portanto, o que é o *ser* (ὄν, εἶναι) e o *ser enquanto ser* (ὄν ᾗ ὄν) no contexto da especulação aristotélica.

Que é, portanto, o ser?

Parmênides e o eleatismo tinham acreditado que o ser só podia ser concebido como *absolutamente idêntico* (πᾶν ἐστιν ὁμοῖον, fr. 8,23), isto é (em termos aristotélicos), que o ser só podia ser entendido *num único sentido* (μοναχῶς), ou seja *univocamente*.

Mas, a univocidade, no caso particular do ser, comporta a unidade; e, com efeito, por intermédio de Zenão, Melisso e da escola megárica, o eleatismo se cristalizou na doutrina do ὄν-ἕν, absorvendo integralmente toda a realidade nesse ser-uno e imobilizando-a totalmente.

Ora, nos primeiros capítulos da *Física*[1], Aristóteles localiza perfeitamente a raiz do erro dos eleatas e, em polêmica com eles, formula seu grande princípio da *originária multiplicidade dos significados do ser, que constitui a base de sua ontologia*.

O ser não tem significado unívoco, mas polívoco (o ὄν não se diz μοναχῶς, mas πολλαχῶς)[2]. A essa conquista essencial, segundo Aristóteles, não chegaram Platão e os platônicos. De fato, Platão e os platônicos tentaram uma dedução do múltiplo; mas, ao fazer isso, segundo Aristóteles, permaneceram vítimas do pressuposto eleático. Particularmente, eles entenderam o "Ser" como gênero transcendental, como universal substancial,

---

1. *Fis.*, I 2-3.
2. Cf. a análise que fizemos desta questão em *L'impossibilità di intendere univocamente l'essere e la tavola dei significati di esso secondo Aristotele*, in "Rivista di Filosofia neoscolastica", 56 (1965), pp. 289-326; agora em *Il conc. di filos. prima*[5] (1993), pp. 407-446.

subsistente em si e por si, além das coisas, e assim, no entender de Aristóteles, escapou-lhes *a verdadeira recuperação do múltiplo e do devir*.

Eis como Aristóteles entende pontualmente o ser.

a) Como se viu, o ser não pode ser entendido univocamente (μοναχῶς) ao modo dos eleatas, nem como gênero transcendente ou universal ao modo dos platônicos.

b) O ser exprime, originariamente, uma "multiplicidade" de significados. Não por isso, contudo, é um mero "homônimo", um "equívoco". Entre univocidade e equivocidade pura existe uma via intermédia, e o caso do ser situa-se, justamente, nessa vida intermédia.

Eis a célebre passagem na qual Aristóteles enuncia essa doutrina:

> O ser se diz em múltiplos significados, mas sempre em referência a uma unidade e a uma realidade determinada. O ser, portanto, não se diz por mera homonímia, mas do mesmo modo como dizemos "salutar" tudo o que se refere à saúde: seja enquanto a conserva, seja enquanto a produz, seja enquanto é sintoma dela, seja enquanto é capaz de recebê-la; ou também do modo como dizemos "médico" tudo o que se refere à medicina: seja enquanto a possui, seja enquanto é bem inclinado a ela por natureza, seja enquanto é obra da medicina; e poderemos aduzir ainda outros exemplos de coisas que se dizem de modo semelhante a estas. Assim também o ser se diz em muitos sentidos, mas todos em referência a um único princípio[3].

Deixemos, por enquanto, a determinação e a individuação desse princípio e prossigamos na caracterização geral do conceito de ser.

c) Sendo assim (ou seja, implicando múltiplos sentidos, πολλαχῶς λεγόμενον), é claro que o ser não poderá ser reduzido a um "gênero", menos ainda a uma "espécie". Trata-se, portanto, de um conceito *transgenérico*, ademais de *transespecífico*, vale dizer, mais amplo e extenso do que o gênero e também do que a espécie. Os medievais dirão que é um conceito *analógico*.

Mas Aristóteles não usa o termo "analogia" para se referir ao ser. Pode-se, certamente, usá-lo, mas só com uma série de explicações que faremos mais adiante e no comentário.

d) Se a unidade do ser não é uma unidade nem de espécie nem de gênero, que tipo de unidade é? A unidade dos significados do ser é a

---

3. *Metafísica*, Γ 2, 1003 a 33-b 6.

unidade de múltiplos termos que implicam referência a uma unidade, ou seja, uma única natureza (πρός ἓν λεγόμενα, ou πρὸς μίαν φύσιν λεγόμενα)⁴. Isso significa o seguinte: o ser exprime significados diversos, mas *tendo todos uma precisa relação com um princípio idêntico ou uma realidade idêntica*, como bem ilustram os exemplos de "salutar" e "médico", na passagem acima lida. Portanto, as várias coisas que são ditas *ser* exprimem significados diversos do ser, mas, ao mesmo tempo, todas elas implicam a *referência a algo uno*.

e) Que é esse algo uno? É a *substância*. Aristóteles o diz com toda clareza na conclusão da passagem de que acima lemos parte:

> Assim também o ser se diz em muitos sentidos, mas todos em referência a um único princípio: algumas coisas são ditas ser porque são *substância*, outras porque afecções *da substância*, outras porque são vias que levam *à substância*, ou porque corrupções, ou privações, ou qualidades, ou causas produtoras ou geradoras tanto *da substância* como do que se refere *à substância*, ou porque negações de algumas destas, ou até mesmo da própria *substância*⁵.

Portanto, *o centro unificador dos significados do ser é a substância* (οὐσία). A unidade dos vários significados do ser deriva do fato de que eles *implicam uma referência estrutural à substância* (πρὸς τὴν οὐσίαν λεγόμενα).

De tudo isso fica claro que a ontologia aristotélica deverá distinguir e explicitar os vários significados do ser; mas ela não se reduzirá a mera fenomenologia ou descrição fenomenológica dos vários significados do ser, justamente em virtude da *estrutura de referência a uma unidade*, própria do ser.

Portanto, os vários significados que o ser pode assumir implicam uma referência fundamental à substância: excluindo a substância se excluiriam, *eo ipso*, todos os significados do ser.

Assim, fica claro que a *ontologia aristotélica deverá, fundamentalmente, centrar-se sobre a substância, que é o princípio relativamente ao qual todos os outros significados subsistem*.

Justamente nesse sentido dizemos que a *ontologia aristotélica é, fundamentalmente, uma usiologia*.

---

4. *Metafísica*, Γ 2, 1003 a 33, 34; b 6.
5. *Metafísica*, Γ 2, 1003 b 5-10.

E, com efeito, Aristóteles, logo depois da passagem lida acima, acrescenta:

> Ora, como existe uma única ciência de todas as coisas que são ditas "salutares", assim também nos outros casos. De fato, não só compete a uma única ciência o estudo das coisas que se dizem num único sentido, mas também o estudo das coisas que se dizem em diversos sentidos, porém em referência a uma única natureza: de fato, também estas, de certo modo, se dizem num único sentido. É evidente, portanto, que os seres serão objeto de uma única ciência, justamente enquanto seres. Todavia a ciência tem como objeto, essencialmente, o que é primeiro, ou seja, aquilo de que depende e pelo que é denominado todo o resto. Portanto, se o primeiro é a substância, o filósofo deverá conhecer as causas e os princípios da substância[6].

2. O significado da célebre fórmula "ser enquanto ser"

A estrutura do ser enquanto implica *uma multiplicidade de significados* (πολλαχῶς λεγόμενον) exige que o leitor seja cuidadoso ao interpretar a célebre fórmula "ser enquanto ser" (ὂν ᾗ ὄν).

Esta fórmula pode significar um abstrato *ens generalissimum*, como muitos creem?

Evidentemente não. Vimos que o ser não só não é uma *espécie*, nem tampouco um *gênero*, mas exprime um conceito *transgenérico e transespecífico*. Portanto, a fórmula "ser enquanto ser" só pode exprimir a multiplicidade dos significados do ser e a relação que formalmente os liga, e que faz com que cada um seja ser. Então, o *"ser enquanto ser" é a substância e tudo o que de muitos modos se refere estruturalmente à substância*.

Em suma: a fórmula só pode evocar, quanto entendida em seu significado amplo, uma *multiplicidade estrutural*. Por isso o discurso sobre o "ser enquanto ser" deve se configurar como discurso sobre os múltiplos sentidos do ser e sobre suas relações com a substância.

Uma vez compreendido isso, não causará tanto espanto o fato de Aristóteles não manter fixo o sentido da fórmula "ser enquanto ser".

---

6. *Metafísica*, Γ 2, 1003 b 11-19.

Com efeito, lendo os textos, veremos que às vezes a fórmula parece designar *todo o ser*, outras vezes parece restringir-se e designar apenas a substância, e, até mesmo, embora excepcionalmente, é usada para designar a própria substância divina[7].
De que depende isso?

Para explicar o fato não é necessário recorrer nem a hipóteses genéticas, nem, muito menos, à abolição de alguns textos[8]; basta ter bem presente justamente a peculiar estrutura do ser aristotélico e a particular perspectiva na qual, reiteradamente, o Estagirita põe o problema: às vezes ele fala de "ser enquanto ser" aludindo aos vários significados do ser com suas relações convergentes com a substância; outras vezes, ao contrário, ele fala de "ser enquanto ser" referindo-se inequivocamente ao "centro" ou "fundo" do ser, isto é, a "substância", que é o ser por excelência e que garante o ser de tudo o que não é ela; outras vezes, enfim, ele visa, no âmbito da própria categoria da substância, aquela que mais do que todas é substância e que, consequentemente, é mais "ser" do que todas.

De todo modo, agora fica claro que, para Aristóteles, *a fórmula "ser enquanto ser" perde todo significado fora do contexto do discurso sobre a multiplicidade dos significados do ser*: quem lhe atribui o sentido de *ens generalissimum* ou de *puro ser*, aquém ou acima das múltiplas determinações do ser, incorre justamente no erro para o qual Aristóteles chama a atenção na *Física*, I 2-3, além de na *Metafísica*, N 2: permanece vítima do "arcaico"[9] e superado modo unívoco de raciocinar sobre o ser, que era próprio dos eleatas.

3. *Os quatro significados do ser*

Estabelecidos o conceito de ser e o princípio da *originária e estrutural multiplicidade dos significados do ser*, devemos agora examinar *quantos e*

---

7. *Metafísica*, K 7, 1064 a 28 ss.
8. O primeiro estudioso que pôs às claras a impossibilidade de entender o "ser enquanto ser" de Aristóteles no sentido de *ens generalissimum*, com as consequências que daí derivam, foi P. Merlan, *From Platonism to Neoplatonism*, The Hague 1953; 1960[2]; 1968[3], reimpr. 1975, da qual preparamos a edição italiana: *Dal Platonismo al Neoplatonismo. Traduzione di* E. Peroli, *introduzione di* G. Reale, Vita e Pensiero, Milão 1990; cf. particularmente pp. 233-302. Doravante citaremos esta obra na edição italiana.
9. *Metafísica*, N 2, 1089 a 1 s.

quais são esses significados. Aristóteles traça uma precisa "tábua" dos significados de ser em Δ 7[10] e depois a reafirma em várias ocasiões nos livros posteriores, particularmente em E[11], em Θ[12] e em K[13].

Eis o elenco e a explicação dos significados de ὄν fornecido em Δ 7.

a) O ser se diz, por um lado, *no sentido do acidente*, ou seja, como *ser acidental* (ὂν κατὰ συμβεβηκός). Por exemplo: quando dizemos "o homem *é* músico", ou "o justo *é* músico", indicamos casos de *ser acidental*. De fato, ser músico não exprime a essência do homem, mas apenas algo que o homem pode *ser*, algo casual e não necessário. Assim, fala-se do *justo* que "*é*" *músico*, não porque um compete essencialmente ao outro, mas porque tanto um como o outro são atributos de um mesmo ente: a determinado homem ocorre, por exemplo, *ser justo* e *músico*, e, neste sentido, pode-se dizer que ocorre também ao justo (*i.é*: ao homem justo) ser músico. O ser acidental exprime, portanto, tudo o que *ocorre ser* a alguma coisa: portanto um ser que não só existe em outro, mas que existe *em outro de maneira fortuita*.

b) Oposto ao ser acidental é o *ser por si* (τὸ ὂν καθ'αὑτό). Ele indica não o que é *por outro*, como o ser acidental, mas o que tem *ser por si*, propriamente. Como exemplo de *ser por si* Aristóteles indica, na maioria dos casos, a substância; em Δ 7, todavia, ele apresenta todas as categorias como ser por si: além da *essência* ou *substância*, também a *qualidade*, a *quantidade*, a *relação*, o *agir*, o *padecer*, o *onde* e o *quando*. Com efeito (diferentemente do que se verifica na filosofia medieval), em Aristóteles as outras categorias além da substância são algo bem mais sólido do que o ser *acidental* e *fortuito*, enquanto são, embora subordinadamente à substância, fundamento de segunda ordem dos outros significados do ser.

c) Como terceiro é enumerado o significado do *ser como verdadeiro*, ao qual é contraposto o significado do *não-ser como falso* (τὸ ἔστιν ὅτι ἀληθές, τὸ ὂν ὡς ἀληθώς — τὸ μὴ εἶναι ὅτι οὐκ ἀληθές ἀλλὰ ψεῦδος, τὸ μὴ ὂν ὡς ψεῦδος). Este ser pode ser chamado "lógico" (ou "gnosiológico"): de fato, o ser como verdadeiro indica o *ser do juízo verdadeiro*, enquanto o não-ser como falso indica o ser do juízo falso. Por exemplo, tem-se o ser como verdadeiro quando se diz, por exemplo, "Sócrates é

---

10. Cf. *Metafísica*, Δ 7, *passim*.
11. Cf. *Metafísica*, E 2, 1026 a 33-b 2.
12. Cf. *Metafísica*, Θ 1, 1045 b 27-35; 10, 1051 a 34-b 2.
13. Cf. *Metafísica*, K 8, 1064 b 15 s.; 1065 a 21 s.; 9, 1065 b 5-7.

músico", entendendo ser *verdadeiro* que Sócrates seja músico. Tem-se, ao contrário, o não-ser como falso quando se diz, por exemplo, "a diagonal não é comensurável ao lado", entendendo que isso (ou seja, que a diagonal seja comensurável) seja falso.

d) O último significado enumerado é o do *ser como potência e como ato*. Dizemos, por exemplo, que é *vidente*, tanto quem tem a potência de ver (ou seja, quem tem a capacidade de ver, mas, momentaneamente, está com os olhos fechados) como quem vê em ato; ou dizemos que é *sábio*, tanto quem pode fazer uso do próprio saber (por exemplo, quem sabe aritmética, mas não está no momento contando), como quem está atuando o saber. Analogamente, dizemos também que é *em ato* uma estátua de Hermes já esculpida, e que é *em potência* o bloco de mármore que o artista está esculpindo; e nesse mesmo sentido dizemos que é *trigo* a plantinha de trigo, no sentido de que o *é em potência*, enquanto dizemos que a espiga madura é *trigo em ato*. O ser segundo a potência e segundo o ato, explica Aristóteles, *estende-se a todos os significados do ser acima distinguidos*: pode-se ter um ser acidental em potência ou em ato; pode existir também o ser de um juízo verdadeiro ou falso em potência ou em ato; e, sobretudo, pode haver uma potência e um ato *segundo cada uma das diferentes categorias*. Mas disso falaremos amplamente mais adiante.

4. Importância estrutural da tábua dos quatro significados do ser na Metafísica *aristotélica*

A "tábua" dos significados do ser consta, portanto, de quatro significados. Aliás, seria mais exato dizer de quatro *grupos de significados*. Já vimos, com efeito, implicitamente (mas o explicitaremos em seguida) que o ser não se entende de modo unívoco nem sequer no âmbito de cada um dos quatro significados. Mas pensamos que primeiro seja necessário demonstrar, com base em afirmações precisas da *Metafísica*, que a enumeração sobre a qual refletimos, longe de ser marginal ou ocasional, oferece o fio lógico segundo o qual Aristóteles articula seu discurso sobre o ser, e que, portanto, aos olhos do Estagirita, devia ter grande importância, isto é, devia *valer como tábua exaustiva*.

Já o livro E se refere a esta tábua, remetendo justamente a Δ 7, que acima comentamos. No início de E 2 se lê:

> O ser, entendido em geral, tem múltiplos significados: (1) um destes — dissemos anteriormente [Δ 7] — é o ser

> *acidental*; (2) outro é o ser *como verdadeiro* e o não-ser *como falso*; (3) ademais, existem as *figuras das categorias* (por exemplo a essência, a qualidade, a quantidade, o onde, o quando e todas as outras); (4) e, ainda, além destes, existe o ser *como potência e ato*[14].

E com esta mesma ordem em que são enumerados em E 2, os quatro significados do ser são depois examinados no curso da *Metafísica*: o próprio livro E examina os dois primeiros, o livro Z e o livro H examinam o terceiro, enquanto o livro Θ examina o quarto.

Há mais, porém.

No início de cada livro, ao começar o exame de um novo significado, o texto remete a Δ 7 ou apresenta novamente a tábua dos quatro significados.

No início do livro Z (no qual se estuda o significado do ser como substância e categorias) se lê:

> O ser tem muitos significados, como estabelecemos anteriormente, no livro dedicado aos diversos significados dos termos[15].

No início do livro Θ (no qual se examina o quarto significado do ser), com clara referência ao plano previsto pela tábua dos significados e em direta continuidade com o raciocínio iniciado em E, em continuidade com todo o contexto de Z e de H, Aristóteles escreve:

> Tratamos do ser que é primeiro e ao qual se referem todas as outras categorias do ser, ou seja, a substância. (...) E dado que o ser é entendido no significado de essência, ou de qualidade, ou de quantidade e, noutro sentido, o ser é entendido segundo a *potência e o ato* e segundo a atividade, também devemos tratar da potência e do ato[16].

O último capítulo de Θ, voltando a examinar o *ser como verdadeiro* (já em parte tratado em E 4), em vista de acrescentar algumas explicações que se tornaram possíveis pela conquista dos conceitos de potência e de ato, apresenta mais uma vez a tábua:

---

14. *Metafísica*, E 2, 1026 a 33-b 2.
15. *Metafísica*, Z 1, 1028 a 10 s.
16. *Metafísica*, Θ 1, 1045 b 27-35.

O ser e o não-ser se dizem, num sentido, segundo as figuras das categorias, noutro sentido, segundo a potência e o ato dessas categorias ou segundo seus contrários, e, noutro sentido ainda, segundo o verdadeiro e o falso[17].

Enfim, a tábua é retomada em K, livro que resume A-E.

Ter-se-á notado que, na passagem de Θ acima lida, não se recorda o significado do *ser como acidente*. Não se trata de uma anomalia, mas simplesmente do fato de Aristóteles nela falar de ser e de não-ser conjuntamente; ora, para ele, dos quatro significados do ser, o ser acidental não tem um verdadeiro não-ser correspondente, sendo ele já por si algo que é *quase nada* (ἐγγύς τι τοῦ μὴ ὄντος)[18]. Em Λ se lê explicitamente que "três são os sentido do não-ser"[19]; e o mesmo é reafirmado em N 2, onde, depois da afirmação de que os significados do não-ser são múltiplos, assim como são múltiplos os do ser, se explica:

> ... (1) Em primeiro lugar, existem tantos significados de não-ser quantas são as *categorias*; (2) ademais, existe o não-ser no significado de *falso* e (3) existe o não-ser no significado de *potência*[20].

Concluindo: os significados do ser são os seguintes:

1) ser como acidente (ser casual, fortuito)
2) ser como verdadeiro
3) ser segundo as diferentes figuras das categorias
4) ser segundo ato e a potência

E os significados do não-ser são três:

1) não-ser como falso
2) não-ser segundo as diferentes figuras das categorias
3) não-ser como potência (= não-ser-em-ato)

O ser acidental não tem um verdadeiro não-ser correspondente, como têm os outros três significados do ser, porque por si já é, como se disse, "quase não-ser", isto é, muito próximo do não-ser (ἐγγύς τι τοῦ μὴ ὄντος).

---

17. *Metafísica*, Θ 20, 1051 a 34-b 2.
18. *Metafísica*, E 2, 1026 b 21.
19. *Metafísica*, Λ 2, 1069 b 27 s.
20. *Metafísica*, N 2, 1089 a 26-28.

5. O ser segundo as figuras das categorias

Destacamos acima que os quatro significados do ser são, na verdade, quatro "grupos" de significados: de fato, cada um deles engloba, ulteriormente, significados semelhantes (análogos), mas não idênticos, isto é, não unívocos.

E, em primeiro lugar, isso tem grande importância no que se refere às diferentes *figuras de categorias*. Estas *não oferecem significados idênticos ou unívocos do ser*. O ser que é expresso em cada "figura de categoria" constitui um significado diverso do significado de cada uma das outras. Consequentemente, a expressão "o ser segundo as figuras das categorias" *designa tantos significados diferentes de ser, quantas são as categorias* (oito segundo o elenco da *Metafísica*[21] e da *Física*[22], dez segundo o elenco das *Categorias*[23] e dos *Tópicos*[24]).

Vejamos uma documentação precisa dessas afirmações.

Já é muito significativo o fato de, às vezes, para ilustrar os diversos significados do ser, Aristóteles citar como exemplos típicos justamente as diferentes categorias.

Em Z 1 lemos:

> O ser tem muitos significados (...). De fato, ser significa, de um lado, essência e algo determinado, de outro, qualidade ou quantidade e cada uma das outras categorias[25].

E em Z 4, Aristóteles diz expressamente que o ser pertence às diversas categorias *não do mesmo modo nem no mesmo grau*:

> (...) O *é* se predica de todas as categorias, não, porém, do mesmo modo, mas da substância de modo primário e das outras categorias de modo derivado (...)[26].

E sempre em Z 4:

> (...) é preciso dizer ou que as categorias só são seres por homonímia, ou que só são seres se acrescentarmos ou tirarmos de "ser" determinada qualificação, como, por exemplo, quando se diz que também o não cognoscível é cognos-

---

21. Cf. *Metafísica*, Δ 7, 1017 a 24-27.
22. *Fis.*, E 1, 225 b 5-7.
23. *Cat.*, 4, 1 b 26 s.
24. *Tópicos*, A 9, 103 b 22 s.
25. *Metafísica*, Z 1, 1028 a 10-13.
26. *Metafísica*, Z 4, 1030 a 21 s.

cível. Com efeito, o correto é afirmar que ser é dito das categorias não em sentido equívoco nem em sentido unívoco, mas do mesmo modo que se usa o termo médico, não obstante todos os seus diferentes significados refiram-se à mesma coisa, mas sem significar a mesma coisa, eles não são puros homônimos: médico, de fato, designa um corpo, uma operação ou um instrumento, não por homonímia nem por sinonímia, mas pela referência a uma única coisa[27].

Esta única realidade é, evidentemente, a substância.

Portanto, é evidente que o que vale em geral para os diversos significados do ser, vale também, particularmente, para as oito (ou dez) categorias: as outras sete (ou nove) *são "ser" só em relação à primeira e em virtude dela.*

Mas antes de chegar a este ponto, importa-nos sublinhar ainda outro. Não só o ser da primeira categoria difere do ser das outras, mas também o ser de cada uma dessas últimas difere do ser das outras. Dentre todos os textos, é claríssimo o de Δ 7, já examinado acima:

> Ser por si são ditas todas as acepções do ser segundo as figuras das categorias: *tantas são as figuras das categorias quantos são os significados do ser*[28].

Enfim, em N 1, falando da *relação*, Aristóteles escreve:

> (...) a relação, dentre as categorias, é a que possui menos ser e menos realidade e é posterior à qualidade e à quantidade[29].

Concluindo: o "grupo" dos significados do ser segundo as figuras das categorias *contém tantos significados diferentes do ser quantas são as categorias.*

Mas, então, perguntar-se-á, além da unidade que é própria de todos os significados do ser (que consiste em ser πρὸς ἓν λεγόμενα, ou πρὸς τὴν οὐσίαν λεγόμενα), qual é o laço específico que une as diversas "figuras de categorias" num único grupo, justamente o grupo das "categorias"?

A resposta é a seguinte: as figuras das categorias oferecem *os significados primeiros e fundamentais do ser,* isto é, são a distinção originária sobre a qual se apoia necessariamente a distinção dos significados ulteriores (e, portanto, em certo sentido, são a estrutura de base dos significados do ser).

---

27. *Metafísica,* Z 4, 1030 a 32-b 4.
28. *Metafísica,* Δ 7, 1017 a 22-24.
29. *Metafísica,* N 2, 1088 a 22-24.

As categorias representam os significados nos quais *originariamente* se divide o ser (οἷς ὥρισται τὸ ὄν)[30], isto é, as supremas *divisões* (διαιρήσεις) do ser, ou, como ainda diz Aristóteles, os supremos "gêneros" (γένη) do ser[31]. E nesse sentido se compreende perfeitamente que Aristóteles, em Δ 7, indique nas categorias o grupo dos significados do *ser por si* (καθ' αὑτό)[32], justamente porque se trata dos *significados originários*.

Como Aristóteles "deduziu" as categorias e sua tábua?

Este problema é extremamente complexo, até agora não resolvido e, provavelmente, insolúvel. Devem ter contribuído suas pesquisas lógicas, linguísticas, mas sobretudo deve ter sido decisiva a *análise fenomenológica e ontológica*[33].

Eis a tábua:

1) Substância ou essência (οὐσια, τί ἐστι)
2) Qualidade (ποιόν)
3) Quantidade (ποσόν)
4) Relação (πρός τι)
5) Ação ou agir (ποιεῖν)
6) Paixão ou padecer (πάσχειν)
7) Onde ou lugar (πού)
8) Quando ou tempo (ποτέ)
[9) Ter (ἔχειν)]
[10) Jazer (κεῖσθαι)]

Como já se disse, as duas últimas categorias só aparecem nas obras de lógica e não na *Física* e na *Metafísica*. Aristóteles deve ter notado (depois de ter redigido num primeiro momento a tábua de dez, número perfeito)

---

30. *Metafísica*, Z 3, 1029 a 21.

31. Continuam como pontos de referência as seguintes obras: F. Brentano, *Von der mannigfachen Bedeutung des Seienden nach Aristoteles*, Freiburg i. B. 1862; Darmstadt 1960, pp. 98 ss. e *passim*. Ver também H. Bonitz, *Über die Kategorien des Aristoteles*, in "Sitzungsberichte der Kaiserlichen Akad. d. Wissensch. Philos.-hist. Klasse", Bd. 10, Heft., Viena 1853, pp. 591-645.

32. *Metafísica*, Δ 7, 1017 a 22 ss.

33. Sobre o problema, além dos estudos citados na nota 31, devem ser lembradas essas suas obras clássicas: F. A. Trendelenburg, *De Aristotelis categoriis prolusio academica*, Berlim 1833; e, particularmente, também de Trendelenburg, *Geschichte der Kategorienlehre*, Berlim 1846 (pp. 196-380); O. Apelt, *Die Kategorienlehre des Aristoteles*, in *Beiträge zur Geschichte der griechischen Philosophie*, Leipzig 1891, pp. 101-216.

que as duas últimas não têm relevância ontológica a ponto de motivar uma distinção, sendo redutíveis a outras (o *ter* — por exemplo, o *ter armas* — pode ser reduzido à *relação*; o *jazer* pode ser reduzido ao *onde*). Contudo, a tábua de oito é a que Aristóteles considera completa e definitiva na *Metafísica* e na *Física*. Prova disso é o fato de que Aristóteles, para deduzir a tábua das mudanças e dos movimentos e para experimentar sua completude, remete-se exclusivamente à tábua de oito categorias[34].

Mas prossigamos no esclarecimento do sentido dos outros significados do ser.

6. O ser nas dimensões da potência e do ato

Também o ser *segundo a potência e o ato* não tem um único significado. Em primeiro lugar, é claro que com a expressão "ser segundo a *potência e o ato*" se indicam dois modos de ser muito diferentes e, de certo modo opostos. Aristóteles chama o ser da potência em certo sentido até mesmo de *não-ser*, ou seja, no sentido de que, relativamente ao ser-em-ato, o ser em potência é *não-ser-em-ato*.

A expressão, contudo, não deve induzir a erro, dado que Aristóteles considera ter definido um conceito essencial em vista da explicação da realidade e do ser, justamente com a descoberta do ὂν δυνάμει, como decorre claramente da polêmica com os megáricos, em Θ 3. A experiência diz que, além do modo de ser em ato, existe o modo de *ser em potência*: isto é, o modo de ser que *não é ato*, mas é *capacidade de ser em ato*: quem nega que exista outro modo de ser além do ato chega a paralisar a realidade num imobilismo atualístico que exclui qualquer forma de devir e de movimento. Mostra-se, portanto, com clareza a razão pela qual Aristóteles dá grandíssimo destaque à distinção *ser-em-potência* e *ser-em-ato*, e porque, referindo-se a ela, use expressões como: "o ser se diz em dois modos" (τὸ ὂν λέγεται διχῶς)[35], isto é, nos modos da potência e do ato, ou ainda "o ser é duplo" (διττὸν γὰρ τὸ ὄν)[36].

Contudo — e este é o ponto ao qual queríamos chegar — o ser potencial e o ser atual, mesmo tomados separadamente, *não têm um único significado*, mas, de novo, revestem múltiplos significados. De fato, o ato

---

34. Cf. *Metafísica*, K 9-12 e as correspondentes passagens da *Física*, livro V.
35. *Metafísica*, Γ 5, 1009 a 32.
36. *Metafísica*, Λ 2, 1069 b 15; M 3, 1078 a 30.

e a potência *se estendem a todas as categorias e assumem tantos significados diferentes quantas são as categorias*. Noutros termos: há uma forma de ser em ato e de ser em potência *segundo a substância*, uma diferente forma de ser em ato e de ser em potência *segundo a qualidade*, uma forma diferente de ato e de potência *segundo a quantidade*, e assim por diante.

Aristóteles, sobre este ponto, é muito explícito. Em Θ 3 lemos:

> Pode ocorrer que uma substância seja em potência para ser e que, todavia, não exista, e, também, que uma substância seja em potência para não ser e que, todavia, exista. *O mesmo vale para as outras categorias*: pode ocorrer que quem tem a capacidade de caminhar não caminhe, e que seja capaz de caminhar quem não está caminhando[37].

E em Θ 10:

> O ser e o não-ser se dizem, num sentido, segundo as figuras das categorias, noutro sentido, *segundo a potência e o ato dessas categorias* (...)[38].

Em K 9 é ulteriormente reafirmado:

> O ser ou é só em ato, ou é em potência, ou é, ao mesmo tempo, em ato e em potência: *e isso se verifica seja na substância, seja na quantidade, seja nas categorias restantes*[39].

E, no mesmo capítulo, depois de ter dito que o movimento não está fora das coisas, mas que tem lugar justamente segundo as diferentes categorias do ser, Aristóteles acrescenta:

> Cada uma das categorias, em todas as coisas, existe de dois modos diversos (a substância, por exemplo, às vezes é forma e às vezes é privação; na qualidade às vezes se tem o branco e às vezes se tem o preto; na quantidade às vezes se tem o completo e às vezes o incompleto; no movimento de translação se tem o alto e o baixo, ou o leve e o pesado), de modo que devem existir tantas formas de movimento e de mudança quantas são as categorias do ser. Ora, *dado que ser em potência e ser em ato se distin-*

---

37. *Metafísica*, Θ 3, 1047 a 20-24.
38. *Metafísica*, Θ 10, 1051 a 34-b 1.
39. *Metafísica*, K 9, 1065 b 5-7.

guem segundo cada gênero de categoria, chamo movimento
o ato do que é em potência, enquanto é em potência[40].

Em Δ 7, Aristóteles, como já notamos, diz até mesmo que o ato e a potência se estendem não só a todas as categorias, mas a *todos* os significados do ser; com efeito, depois de ter falado do ser acidental, do ser categorial e do ser como verdadeiro, ele diz textualmente:

> Além disso, o ser ou o ente significa, por um lado, o ser em potência e, por outro, o ser em ato, e isso no âmbito de cada um dos significados acima mencionados[41].

Os exemplos que seguem, contudo, são decalcados unicamente nas categorias:

> De fato, dizemos que vê tanto quem pode ver como quem vê *em ato*; e de maneira semelhante dizemos que sabe tanto quem *pode* fazer uso do saber como quem faz uso dele em ato; e dizemos que está em repouso tanto quem já está em repouso como quem pode estar em repouso. Isso vale também para as substâncias: de fato, dizemos que um Hermes está na pedra e que a semirreta está na reta, e dizemos que é trigo também o que ainda não está maduro[42].

Deixando de lado as numerosas questões que essas afirmações poderiam suscitar, que não podem ser adequadamente tratadas aqui, um ponto fica claríssimo: o ser como potência e o ser como ato (recolhidos num único grupo, porque só são compreensíveis e aquilatáveis um em função do outro) não existem fora ou além das categorias, mas *são modos de ser que se apoiam no próprio ser das categorias, têm estruturalmente a mesma extensão da tábua das categorias e são diversos segundo se apoiem nas diferentes figuras das categorias*. Por exemplo, o ser em potência ou em ato de uma substância é diferente do ser em potência ou em ato de uma qualidade, e assim por diante para toda a tábua das categorias.

A originalidade estrutural das categorias emerge de modo cada vez mais claro e assim se esclarecem cada vez melhor as relações que os outros significados do ser têm com elas.

---

40. *Metafísica*, K 9, 1065 b 9-16.
41. *Metafísica*, Δ 7, 1017 a 35-b 2.
42. *Metafísica*, Δ 7, 1017 b 2-8.

7. O ser como verdade

Vejamos, em terceiro lugar, o significado do *ser como verdade*, em vista de demonstrar que também este se entende de diferentes modos e também ele se apoia no ser das categorias.

Em primeiro lugar, *o ser como verdade*, em E 4, é entendido como uma "afecção da mente" (τῆς διανοίας τι πάθος)[43], que consiste na operação de juntar ou separar as noções de coisas que são realmente unidas ou realmente separadas: o verdadeiro é, com efeito, a afirmação de que é unido ou o ato de unir o que realmente é unido e a negação de que é unido ou o ato de separar o que realmente é separado.

Nesse sentido, E 4 exclui que se possa falar de verdadeiro (e de falso) a propósito das essências e dos entes *simples*, justamente porque verdadeiro (e falso) implicam união e separação de termos *diversos*.

Ao contrário, em Θ 10, retomando e aprofundando ulteriormente a questão, Aristóteles admite também um sentido do verdadeiro em relação aos entes simples:

> E no caso dos entes incompostos, em quê consiste o ser e o não-ser e o verdadeiro e o falso? De fato, não se trata de algo composto, no qual se teria o ser quando este fosse composto e o não-ser quando fosse dividido, como quando se diz que a madeira é branca e a diagonal é incomensurável. E assim, o verdadeiro e o falso não poderão ocorrer do mesmo modo que ocorre para aqueles seres. Na verdade, como o verdadeiro não é o mesmo nos seres incompostos e nos seres compostos, também o ser não é o mesmo nos dois casos. Verdadeiro e falso relativamente aos seres incompostos são o seguinte: o verdadeiro é o fato de intuir e de enunciar (...), e o fato de não captá-los significa não conhecê-los. No que se refere à essência, só é possível errar acidentalmente; assim como não é possível errar acerca das substâncias não compostas[44].

---

43. *Metafísica*, E 4, 1028 a 1.
44. *Metafísica*, Θ 10, 1051 b 17-28. Note-se: *Metafísica*, Θ 10 retoma a questão do ser como verdadeiro, não para reafirmar que ele não entra no âmbito da pesquisa da metafísica, ponto que já foi adquirido em E, mas para aprofundar os aspectos que o livro E ainda não podia aprofundar. Ver a nota final de *Metafísica*, Θ 10.

E pouco adiante:

> No que se refere ao ser no sentido de verdadeiro e ao não-ser no sentido de falso é preciso dizer que, num caso, tem-se o verdadeiro quando realmente existe união e tem-se o falso quando não existe. No outro caso, se o objeto existe, é de determinado modo que existe e, se não existe desse modo, não existe de modo nenhum. E o verdadeiro consistirá simplesmente em pensar esses seres; enquanto, a respeito deles, não existe falso nem engano, mas apenas ignorância; e ignorância não semelhante à cegueira, porque a cegueira corresponderia ao não ter absolutamente a faculdade de pensar[45].

Portanto, existem dois sentidos do ser como verdadeiro: um que consiste na operação de julgar (afirmando ou negando algo de algo, isto é, unindo e separando) e outro que consiste na pura captação ou intuição do que é simples.

E agora vejamos como *o ser como verdadeiro se apoia no ser das categorias.*

Em E 4, Aristóteles explica isso com toda clareza. Ele explica que o ser como verdadeiro (e o não-ser como falso) consiste *na união e na separação operada pelo pensamento,* e que, portanto, é um ser que só subsiste no âmbito do pensamento (ἐν διανοίᾳ)[46]. Mas, só subsiste no pensamento enquanto existe o ser das categorias fora do pensamento; de fato, as operações de unir ou de separar são próprias do pensamento, mas não podem ter lugar se não têm algo como objeto e este objeto *só pode ser dado pelas categorias e pelo ser categorial.* Com efeito, o quê o pensamento pode unir senão a qualidade, a quantidade e as outras categorias com a substância? Portanto, o ser como verdadeiro é um ser que tem seu fundamento nas categorias.

Leiamos a passagem a que nos referimos:

> Posto que a união e a separação estão na mente e não nas coisas, o ser entendido neste sentido é um ser diferente *daquele dos significados eminentes do ser, a saber, a essência, a qualidade, ou as outras categorias que o pensamento separa ou reúne;* e assim como o ser por acidente, também *o ser como verdadeiro* deve ser deixado de lado: a causa do

---
45. *Metafísica,* Θ 10, 1051 b 33-1052 a 4.
46. *Metafísica,* E 4, 1027 b 30.

primeiro é indeterminada, enquanto o segundo consiste numa *afecção da mente*, e ambos *se apoiam no restante gênero do ser* e não indicam uma realidade objetiva subsistente fora da mente[47].

Concluindo: o único âmbito no qual o pensamento pode se desenvolver ao "unir" (συνάπτειν) e "separar" (διαιρεῖν) é o das categorias; portanto ele se funda nas categorias. Falando mais exatamente: o ser como verdadeiro e o não-ser como falso não são mais que *o pensamento que pensa a realidade nas suas diferentes categorias*; melhor ainda: não são mais que as operações de unir e separar o ser das categorias, movendo-se em sua base ontológica estrutural. Se tirássemos o ser das categorias, tiraríamos *eo ipso* o pensar, o unir e o separar[48], e, evidentemente, o ser como verdadeiro e como falso.

8. O ser na dimensão acidental

Por último, resta-nos falar do *ser acidental*.

Digamos logo de início que a questão do acidente (e, consequentemente, do ser acidental) é muito complexa, enquanto o termo "acidente", em Aristóteles, está entre os mais flutuantes. De todo modo, quando o Estagirita fala de *ser acidental* (ὂν κατὰ συμβεβηκός) entende sempre, como já explicamos acima, *o ser fortuito e casual*, quer dizer, um ser que *depende de outro ser, ao qual, porém, não está ligado por nenhum vínculo essencial e irreversível*. Portanto, é um tipo de ser que não é sempre nem na maioria dos casos, mas só *às vezes, fortuitamente, casualmente*.

Em Δ 7, Aristóteles distingue três diferentes tipos de ser acidental (mas a distinção, com base noutros textos, poderia ser mais complexa ou, pelo menos, diferente). Uma coisa é dizer 1) "o músico é branco", outra é dizer 2) "o homem é branco", outra ainda é dizer 3) "o branco é homem". O ser acidental, nesses três casos, assume três diferentes significados, que Aristóteles determina do seguinte modo:

> (...) As coisas que são ditas em sentido acidental, o são (1) ou por serem dois atributos pertencentes a uma mesma coisa que é, (2) ou por se tratar de um atributo que

---

47. *Metafísica*, E 4, 1027 b 29-1028 a 2.
48. *Metafísica*, E 4, 1027 b 32 s.

pertence à coisa que *é*, (3) ou, ainda, porque se predica o que propriamente *é* daquilo que é seu acidente[49].

Não é o caso de nos determos aqui na distinção apresentada nesta passagem, dado que é de pouca monta para a questão que estamos discutindo[50]; muito mais importante é, em vez disso, a determinação das relações entre *o ser acidental* e *o ser categorial*. Na passagem lida, para ilustrar as relações entre o ser como verdadeiro e as categorias, já está contida a resposta essencial: *também o ser acidental se apoia no restante gênero do ser* (περὶ τὸ λοιπὸν γένος τοῦ ὄντος), isto é, no ser categorial; e, depois do que já dissemos, isso não precisa de explicações ulteriores. Ao contrário, queremos ainda tentar um esclarecimento sobre a diferença muito importante que para Aristóteles subsiste entre o ser categorial e o ser acidental.

Não deve nos levar a equívoco o fato de o próprio Aristóteles (mas sobretudo a especulação posterior) chamar, às vezes, de *acidentes* as próprias categorias. Com efeito, veremos que, entre as categorias, só a primeira é um *ser autônomo*, e as outras supõem a primeira e são estruturalmente inerentes a ela. Nesse sentido, tudo o que não é substância não pode ser "por si" em sentido estrito e, por isso, é de algum modo acidente (ainda que no sentido forte de *ser inerente a*). Mas quando Aristóteles fala de *ser como acidente* (ὂν κατὰ συμβεβηκός), não tem em vista o simples fato de *ser inerente a outro* ou *ser em outro*, mas a junção *"casual"*, *"fortuita"*, ou *"ocasional"* com outro e o ser em outro justamente nessa medida.

O ser acidental é o que pode não ocorrer (ἐνδέχεται μή ὑπάρχειν)[51], o que pode não ser; é o que não é sempre e nem na maioria das vezes (οὔτ' ἐξ ἀνάγκης οὐδ' ἀεί, e nem mesmo ἐπὶ τὸ πολύ)[52].

Ora, é óbvio que das categorias e do ser categorial como tal não se pode dizer isso. O ser sensível é impensável sem as categorias; e isso significa que, enquanto tais, elas são necessárias. Portanto, explica-se perfeitamente que, em Δ 7, o Estagirita chame as categorias de "ser por si" (ὂν καθ' αὐτό)[53], e, em Z 9, as chame "primeiras" (τὰ πρῶτα) e as qualifique até mesmo como subtraídas ao devir[54].

---

49. *Metafísica*, Δ 7, 1017 a 19-22.
50. Sobre o problema ver: F. Brentano, *Von der mannigfachen Bedeutung...*, pp. 8-21.
51. *Metafísica*, I 10, 1059 a 3 (cf. *Tópicos*, A 5, 102 b 3).
52. Cf. *Metafísica*, E 2, *passim*; *Metafísica*, Δ 30, 1025 a 4-30.
53. *Metafísica*, Δ 7, 1017 a 22 ss.
54. *Metafísica*, Z 9, 1034 b 9 ss.

Um exemplo servirá para esclarecer o pensamento e concluir.

Não é absolutamente necessário que um homem seja *pálido* ou *irado*: que o homem tenha *estas qualidades particulares* é acidental, fortuito, porque poderia não ser assim; porém é necessário que o homem tenha, em todo caso, *certas qualidades* (não importa se estas ou outras). O exemplo pode ser repetido para cada uma das categorias. Pode ser casual o fato de uma coisa possuir determinada medida, mas não é casual nem acidental que tenha uma medida (uma coisa sensível sem uma quantidade não é pensável). Pode ser acidental que algo se encontre *em determinado lugar*, mas não é puramente acidental, o fato de estar nalgum lugar. E assim poderíamos multiplicar os exemplos.

Concluindo: o acidente verdadeiro e o ser acidental só podem se fundar (como de resto também os outros significados do ser) nas categorias, mas se distinguem totalmente, enquanto a categoria é *necessária* e o acidente é afecção ou acontecimento meramente *fortuito* que tem lugar segundo cada categoria. Em suma: o ser acidental é *a afecção contingente ou o acontecimento contingente que se realiza segundo as diversas (e necessárias) figuras das categorias.*

Recapitulemos os resultados da discussão que empreendemos até agora sobre o ser. Demonstrou-se que os quatro significados do ser são, na realidade, quatro "grupos" de significados, todos eles encabeçados pelo primeiro, isto é, pelas categorias. O ser como potência e ato tem lugar segundo as diversas categorias e só segundo elas; não subsiste fora delas ou além delas. O ser como verdadeiro, que consiste na operação mental de *unir* e de *separar*, só pode se basear nas categorias, que são, justamente, o que é unido ou separado. Enfim, também o ser acidental funda-se sobre o ser categorial e não é mais que uma afecção acidental ou acontecimento segundo as várias figuras das categorias.

Portanto: todos os significados do ser pressupõem o ser das categorias; mas — e este é o ponto que já aflorou outras vezes e agora é o momento de retomar e aprofundar — as várias categorias, por sua vez, não estão todas no mesmo plano: entre a substância e as outras categorias há uma diferença radical, uma diferença de algum modo (ou seja, por analogia) semelhante à que existe entre as categorias em geral e os outros significados do ser. *Todos os significados do ser pressupõem o ser das categorias; por sua vez, o ser das categorias depende inteiramente do ser da primeira categoria, ou seja, da substância.*

É sobre este ponto que devemos nos deter agora.

9. O ser da substância e o ser das outras categorias

Como vimos, para Aristóteles, as categorias exprimem diferentes sentidos do ser. Ademais, como também vimos, o ser se diz da substância em sentido *primário* e das outras categorias em sentido *secundário e derivado*. Enfim, também destacamos isso, a relação com o ser da substância é o *fundamento* das outras: o ser da substância é o princípio relativamente ao qual, assim como todos os significados do ser em geral, se calibra também o ser das outras categorias.

Releiamos, a propósito disso, a passagem de Z 4, já apresentada acima, mas que precisa de ulterior esclarecimento:

> (...) É preciso dizer ou que as categorias só são seres por homonímia, ou que só são seres se acrescentarmos ou tirarmos de "ser" determinada qualificação (...) Com efeito, o correto é afirmar que ser é dito das categorias não em sentido equívoco nem em sentido unívoco, mas do mesmo modo que se usa o termo "médico", não obstante todos os seus diferentes significados refiram-se à mesma coisa, mas sem significar a mesma coisa, não são puros homônimos: "médico", de fato, designa um corpo, uma operação ou um instrumento não por homonímia nem por sinonímia, mas pela referência a uma única coisa[55].

Portanto, muitas coisas podem ser qualificadas como "médicas", mesmo não designando uma só e mesma coisa, mas em virtude de uma referência que lhes é comum a um único e mesmo termo: a medicina. Assim (como já sabemos)[56] todos os significados do ser são *ser* não porque designem uma mesma coisa, mas por se referirem a um único e mesmo termo: *a substância*.

Há mais, porém.

Tudo o que é dito "médico" manifesta, em maior ou menor medida, mas deve manifestar em todo caso (e essa é a *conditio sine qua non* de seu ser) algum aspecto da realidade e da natureza da medicina. E, em geral, todas as coisas que se dizem em referência a um só e mesmo termo são, de modos diferentes, nas suas diferentes relações com aquele termo, expressões da realidade e da natureza do próprio termo. Isso também deve valer para o tipo particular de termos que se referem estruturalmente a uma unidade

---
55. *Metafísica*, Z 4, 1030 a 32-b 3.
56. Cf. o que explicamos acima, pp. 63-67.

(πρός ἕν λεγόμενα), tais como as categorias: portanto, o ser das categorias não indica senão certa expressão do ser da substância, assim como o que é médico não indica senão certa expressão da natureza da medicina.

Como consequência dessas premissas, explicam-se perfeitamente as afirmações de Aristóteles, por exemplo, em Z 1:

> O ser significa (...), de um lado, essência e algo determinado, de outro, qualidade ou quantidade ou cada uma das outras categorias. Mesmo sendo dito em tantos significados, é evidente que o primeiro dos significados do ser é a essência, que indica a *substância* (...). Todas as outras coisas são ditas ser, enquanto algumas são *quantidade do ser no primeiro significado* [isto é, da substância], outras *qualidade* dele, outras são *afecções* dele, outras, enfim, alguma outra determinação desse tipo[57].

Ou a outra análoga de Λ 1:

> (...) Se considerarmos a realidade como um todo, *a substância é a primeira parte*; e se a considerarmos como a série das categorias, também assim *a substância é primeira*, depois vem a qualidade, depois a quantidade. Antes, falando em sentido absoluto, estas últimas nem sequer são *seres*, mas qualidades e movimentos *da substância* (...)[58].

Em suma, o ser das categorias não é mais que *determinado modo de ser da substância*. Mais exatamente: a categoria da qualidade é a determinação qualitativa da substância, portanto o ser expresso pela categoria da qualidade não é mais que o ser dessa determinação qualitativa do ser substancial, e o mesmo se diga para todas as outras categorias.

Concluindo: *as categorias supõem estruturalmente a primeira, vale dizer, o ser substancial, e não são mais do que modos ou determinações dele.* Compreende-se perfeitamente, portanto, por que Aristóteles diz com insistência que nenhuma das outras categorias existe por si e "separadamente" da substância e que só a substância é "separada", isto é, autônoma, independente das outras.

E compreende-se também por que, relativamente às categorias que não são a substância, ele escreva o seguinte:

---

57. *Metafísica*, Z 1, 1028 a 10-20.
58. *Metafísica*, Λ 1, 1069 a 19-22.

Por isso poderia também surgir a dúvida se o caminhar, o ser sadio e o estar sentado são, cada um deles, um ser ou um não-ser, e de modo semelhante, poder-se-ia levantar a dúvida para qualquer outro caso deste tipo: de fato, nenhum deles existe por si nem pode ser separado da substância; antes — no máximo — é ser quem caminha, quem está sentado e quem é sadio. E estes, com maior razão, são seres porque seu sujeito é algo determinado (e justamente isso é a substância e o indivíduo), o qual está sempre contido nas predicações do tipo acima referido: de fato, o bom, o sentado não se dizem sem ele. Portanto, é evidente que cada um daqueles predicados é ser em virtude da categoria da substância. Assim, o ser primeiro, ou seja, *não um ser particular, mas o ser por excelência é a substância*[59].

Desse modo, a conclusão que se lê no mesmo capítulo é uma consequência lógica do que foi afirmado na passagem:

E na verdade, o que desde os tempos antigos, assim como agora e sempre, constitui o eterno objeto de pesquisa e o eterno problema: "que é o ser", equivale a este: "que é a substância" (...); por isso também nós devemos examinar principalmente, fundamentalmente e, por assim dizer, exclusivamente, o que é o ser entendido neste significado[60].

Portanto, se todos os significados do ser supõem o ser das categorias, e se, por sua vez, o ser das categorias supõe o ser da primeira e sobre ela funda-se inteiramente, *é evidente que a pergunta radical sobre o sentido do ser deve centrar-se sobre a substância.*

Que é, então, a substância?

Eis o problema que na *Metafísica* de Aristóteles se põe como ponto focal, em sentido global, para todos os efeitos.

---

59. *Metafísica*, Z 1, 1028 a 20-31.
60. *Metafísica*, Z 1, 1028 b 2-7.

Capítulo quinto

| A componente usiológica: a polivocidade
| da concepção aristotélica da substância

1. A *questão da substância em Aristóteles*[1]

O problema da substância, além de ser o mais importante, é certamente o mais complexo a ser enfrentado pelo exegeta da *Metafísica* de Aristóteles.

É um problema complexo por razões objetivas bem precisas, ou seja, pelo fato de Aristóteles definir a substância de múltiplos modos, os quais parecem, pelo menos à primeira vista, contraditórios ou, pelo menos, incertos e confusos; mas o problema também se complexificou progressivamente pelas sucessivas incrustações históricas que os intérpretes de Aristóteles lhe acrescentaram de maneira maciça.

Portanto, quem quiser entender o que Aristóteles realmente disse sobre a substância deve proceder a um delicado trabalho em duas diferentes direções.

Em primeiro lugar, deve tentar retirar do problema as incrustações, ou seja, deve tentar libertá-lo de todas as interpretações posteriores, e tentar alcançar um estado de objetividade histórica, isto é, de libertação de pressupostos indevidos, que é o único a permitir que ele veja o problema com olhos puros, sem filtros e mediações de diferentes gêneros e, sobretudo, livre de certos condicionamentos específicos de caráter teorético.

Em segundo lugar (e este é o trabalho mais difícil), deve defrontar-se com os diferentes e desconcertantes modos segundo os quais Aristóteles discute o problema da substância, verificando, antes de tudo, se existem constantes, quais e quantas; depois, tentando ver se existem relações entre essas constantes, e, em caso afirmativo, quais são.

Enfim, para fazer isso, é preciso distinguir rigorosamente o juízo de *interpretação histórica* do juízo de *valor teorético*: é preciso, noutros termos,

---

1. Retomamos neste capítulo muitas páginas do nosso precedente artigo *La polivocità della concezione aristotelica della sostanza*, publicado em AA.VV., *Scritti in onore di Carlo Giacon*, Pádua 1972, pp. 17-40.

primeiro ver desapaixonadamente o que Aristóteles disse a respeito da substância, e só depois disso e de maneira distinta encarar o problema do valor da doutrina da substância. O fato de não ter procedido com precisão nessas duas direções, de maneira coerente e consciente, foi causa de numerosíssimos equívocos, dos quais o último é aquele no qual por longo tempo se debateram as interpretações histórico-genéticas jaegerianas e antijaegerianas, e em parte certas pesquisas inspiradas na filosofia heideggeriana e, em certa medida, também algumas pesquisas inspiradas na filosofia analítica, com todas as consequências derivadas.

2. *Pressupostos teoréticos que condicionaram a interpretação da concepção aristotélica da substância*

As incrustações que progressivamente encobriram a originária doutrina aristotélica da substância são múltiplas e de natureza diversa, mas podem corretamente ser reduzidas, de modo esquemático, às três seguintes.

Em primeiro lugar, o repensamento e as reelaborações que a Idade Média fez de Aristóteles contribuíram decisivamente para que a questão da substância viesse a perder seu contorno histórico originário. Com efeito, é sabido que, na maioria dos casos, os pensadores medievais identificaram a substância, ou melhor, a substância primeira, com o indivíduo.

Na verdade isso ocorreu por uma razão contingente perfeitamente identificável. No Ocidente foram conhecidas, antes da *Metafísica*, as obras lógicas de Aristóteles. Ora, nas *Categorias*, Aristóteles define justamente a "substância primeira" como indivíduo particular e, ao contrário, situa a forma e a espécie (εἶδος) no nível da "substância segunda" (isto é, no nível inferior, quanto à substancialidade, em relação ao indivíduo):

> Substância, entendida em sentido próprio, primeiro e supremo, é a que não se predica de um sujeito e não existe nalgum sujeito, por exemplo, um homem, um cavalo. Substâncias segundas são as formas (ou espécies) nas quais estão incluídas as que são ditas substâncias primeiras e também os gêneros destas. Por exemplo, determinado homem está incluído na espécie de homem e o gênero dessa espécie é o animal. Estas, portanto, são chamadas substâncias segundas, isto é, homem [espécie] e animal [gênero][2].

---

2. *Categ.*, 5, 2 a 11 ss.

Entretanto, na *Metafísica*, Aristóteles afirma exatamente o oposto: diz, com toda clareza, que a "substância primeira" é justamente o *eidos*, ou seja, a forma ou espécie: "Chamo forma a essência de cada coisa e a substância primeira"[3]; e ao longo dos livros Z e H reafirma a *superioridade da forma e do ato relativamente ao sínolo, que inclui matéria e potencialidade.*

Mas quem se aproxima da *Metafísica* tendo em mente o esquema do quinto capítulo das *Categorias*, assim como das sucessivas interpretações fundadas sobre ele, é levado fatalmente a ler também a própria *Metafísica* segundo esse esquema e a descuidar todas as afirmações diversas e, em certo sentido, opostas que Aristóteles faz, ou a não lhes dar o exato peso, ou ainda a considerá-las contraditórias e, portanto, a deixá-las de lado, ou, em todo caso, a entendê-las de modo indevido.

Ora, para compreender a doutrina aristotélica da substância, em primeiro lugar é preciso dar-se conta de que a doutrina expressa pelas *Categorias* (e em geral pelos pensadores medievais) é só *uma* das perspectivas aristotélicas, e *não é nem sequer a mais relevante do ponto de vista propriamente metafísico e ontológico* (nas *Categorias*, de fato, ela tem um sentido muito particular e de alcance limitado).

Do ponto de vista lógico, compreende-se muito bem que a "substância primeira" só pode ser o substrato de inerência dos predicados, isto é, o sujeito a que se referem os vários atributos, e como este é sempre o substantivo, que indica especialmente o que é mais concreto e mais individuado (ou, pelo menos, algo que é sempre mais concreto e mais individuado do que os atributos que dele se predica); todavia, em perspectiva metafísica, a questão é muito mais complexa e profunda e entram em jogo considerações ulteriores, que levam a *forma ao nível da substância primeira*, como aquela que, "in-formando" a matéria, faz dela o sínolo, e, determinando e atuando sua potencialidade, transforma-a nas várias coisas, oferecendo o verdadeiro ser e a verdadeira cognoscibilidade das coisas, como veremos.

Portanto, um primeiro erro a evitar será este: não se pode abordar a *Metafísica* com a convicção que se extrai das *Categorias* ou seguindo os intérpretes que se basearam ou ainda se baseiam somente ou prevalentemente sobre o que se lê nas *Categorias*, pelas razões acima indicadas.

Com isso não se pretende dizer que o que Aristóteles diz nas *Categorias* está em contradição com o que diz na *Metafísica*, mas apenas — e

---

3. *Metafísica*, Z 7, 1032 b 1 ss.; cf. 6, 1031 a 18; 7, 1032 b 14.

veremos adiante as motivações — que o que Aristóteles diz nas *Categorias* só oferece *uma das perspectivas do problema da substância*, e esta perspectiva não deve ser assumida como a única válida ou como a definitiva, e, mais ainda, que ela só é compreendida exatamente quando posta numa relação precisa com as outras perspectivas presentes na *Metafísica*.

3. Pressupostos historiográficos que condicionaram a interpretação da concepção aristotélica da substância

Um segundo tipo de incrustações é devido às reconstruções da questão difundidas sobretudo pela manualística, a qual, direta ou indiretamente influenciada particularmente pela interpretação de Zeller (dominante por cerca de um século), deu excessivo peso à polêmica antiplatônica de Aristóteles e acabou por acreditar, justamente ofuscada pela insistência de tal polêmica, que a substância aristotélica devia ser, de algum modo, a *antítese da forma platônica*.

Sem contar, depois, com o fato de que a doutrina de Platão, à qual a reconstrução manualística contrapõe a de Aristóteles, é, por sua vez, fruto de esquematizações indevidas ou pelo menos pouco adequadas, na medida em que simplificam excessivamente uma doutrina que é, ao contrário, muito complexa.

Portanto, o jogo de contraposição Platão-Aristóteles, longe de se mostrar esclarecedor, torna-se (se não for entendido de modo adequado do ponto de vista histórico e teorético) decididamente decepcionante. E isso ocorre, não só pelos motivos mencionados, mas também por um fato só recentemente destacado, mas que não foi ainda definitivamente avaliado: a insistência da polêmica de Aristóteles contra Platão deve-se, particularmente no que se refere ao problema da substância, muito mais *à preocupação de Aristóteles de aproximar-se mais de Platão* (ou que o leitor, ou melhor, o ouvinte das lições o percebesse muito próximo de Platão), do que ao contrário, como se acreditava, de estar verdadeiramente e totalmente em contraposição e em antítese com ele. Estas questões serão amplamente discutidas adiante.

Portanto, são erros a evitar, tanto a crença nas simplificações manualísticas e estereotipadas, quanto a confiança indiscriminada no jogo da antítese Platão-Aristóteles, que não é nada esclarecedora.

4. Algumas observações sobre os cânones da interpretação histórico-genética aplicada à usiologia aristotélica

Enfim, um erro a evitar consiste em crer, como se fez por mais de meio século depois de Jaeger, que o método de interpretação histórico-genético dos textos do Estagirita seja o único capaz de resolver (ou pelo menos de resolver de modo historicamente adequado) todas as dificuldades dos textos aristotélicos.

Aristóteles projeta o problema da substância de vários modos e define a própria substância de diferentes maneiras, sem oferecer uma mediação explícita, nem uma unificação desses vários problemas e dessas diferentes definições.

Pois bem, diziam os seguidores do método histórico-genético, isso significa que Aristóteles mudou progressivamente de parecer, e, como consequência de uma radical evolução de pensamento, desdisse o que num primeiro momento sustentara.

Na verdade Jaeger não tinha ido muito a fundo nesse problema, mas seus seguidores e opositores (falamos, naturalmente, dos opositores de Jaeger que também aceitavam seu método histórico-genético) foram bem mais radicais e consequentes.

Ademais, deve-se notar que, em consequência das análises desses estudiosos, avançou-se notavelmente na questão da substância, assim como na questão da interpretação de muitos aspectos das doutrinas aristotélicas.

De fato, por meio das tentativas, mesmo fracassadas, de reencontrar as presumíveis etapas evolutivas da usiologia de Aristóteles e de retraçar as diferentes e opostas estratificações de pensamento, esses intérpretes conseguiram lançar luz sobre a grande complexidade da questão da substância (assim como de muitas outras questões) e as várias implicações que ela supõe. E justamente por isso não se pode esquecê-los, mesmo que hoje tenham caído em descrédito.

5. O termo "substância" traduz corretamente o termo οὐσία

Antes de entrar no cerne da questão, devemos proceder a alguns esclarecimentos a respeito do termo οὐσία e de sua tradução.

Um termo de qualquer língua só traduz corretamente e perfeitamente um termo de outra língua *se reproduz todas as suas valências conceituais* (ou seja, se cobre a mesma área semântica coberta pelo original).

Naturalmente, isso raramente ocorre, especialmente quando se trata de termos gregos remetidos a termos de línguas modernas. De fato, sendo a língua grega fortemente sintética e as línguas modernas, ao contrário, muito analíticas, ocorre que os termos das línguas modernas cobrem apenas parcialmente a área semântica coberta pelos originais termos gregos.

Particularmente o termo οὐσία é um dos mais difíceis de traduzir em línguas modernas, justamente porque, em grego, é carregado de valências de tal modo distintas, que as línguas modernas não conseguem juntar e, portanto, *não conseguem traduzir com um único termo*.

São, portanto, compreensíveis as razões que levam os tradutores a não se porem de acordo ao traduzir o termo οὐσία; a oscilar entre diferentes soluções e a mostrarem-se pouco satisfeitos com qualquer solução.

Felizmente a língua italiana e a língua portuguesa, neste ponto, constituem uma exceção, porque nessas línguas o termo *substância* tem ampla utilização na linguagem comum (muito mais ampla do que em outras línguas modernas), e uma utilização que de algum modo *cobre ou pode cobrir quase totalmente a área semântica coberta pelo termo* οὐσία *no contexto aristotélico*.

O único defeito do termo substância é que ele não tem ligações linguísticas com o termo *ser*, enquanto em grego οὐσία as tem (deriva de οὖσα, particípio do verbo εἶναι). Se quiséssemos manter o mesmo jogo de laços linguísticos deveríamos traduzir οὐσία por "entidade" (em inglês "entity"; em alemão "Wesenheit", do particípio passado de *sein*, *ge-wesen*). Mas o termo "entidade" na nossa língua é demasiado genérico e, além disso, está longe de cobrir a área semântica do termo οὐσία, e, portanto, não pode ser corretamente utilizado.

Que entendemos na linguagem comum com o termo "substância"?

a) Quando usamos o termo em locuções como: "Este remédio contém tais substâncias", "este objeto é constituído por tal substância ou é feito de tal substância", e outras semelhantes, entendemos por "substância" os elementos ou componentes que constituem as coisas, aquilo de que as coisas são feitas, ou seja, sua matéria. *b*) Ao contrário, quando usamos o mesmo termo em expressões do seguinte teor: "Este texto significa em substância isso...", "a substância da discussão se reduz a isso...", e, em geral, quando usamos a expressão "em substância", entendemos com o termo "substância" a essência, o núcleo principal e determinante, o *quid* último que caracteriza a coisa. *c*) Enfim, por influência da linguagem filosófica, falamos também de "substâncias individuais" ou "substâncias concretas" e determinadas, para indicar as diferentes realidades individuais e particulares.

Como se vê, com o termo "substância" indicamos um arco de significados que vai da *matéria* à *essência* e ao *indivíduo concreto*. E esse mesmo arco de significados, como veremos, embora com inevitáveis nuanças (mesmo consideráveis), indica também o termo grego οὐσία no contexto aristotélico.

Portanto, a partir do que se disse (mas ainda o confirmaremos amplamente com o que se segue) a tradução do termo οὐσία por "substância" deve ser considerada adequada e satisfatória e, em todo caso, insubstituível.

6. As *principais linhas de força que se cruzam na questão da substância*

Já acenamos outras vezes para a multiplicidade de perspectivas do problema da οὐσία e para a variedade de definições que Aristóteles oferece da própria οὐσία, e agora devemos dar as razões de tal multiplicidade e variedade.

Não entende a questão da substância quem não se dá conta de que ela *se desenvolve segundo diferentes linhas de força* e, consequentemente, quem não consegue distinguir claramente essas linhas de força e os nexos que as ligam.

As principais linhas de força são dadas por dois grandes problemas, que, no seu conjunto, esgotam toda a usiologia aristotélica.

a) O primeiro desses problemas, que já evocamos outras vezes, é o *problema teológico*, e consiste na pergunta sobre o gênero de substâncias existentes: *só existem as substâncias de gênero sensível ou, ao contrário, deve-se dizer que existem, ao lado dos gêneros de substâncias sensíveis, um ou mais gêneros de substâncias suprassensíveis?*

Este é o problema posto de maneira paradigmática na quinta aporia do libro B da *Metafísica*:

> (...) Deve-se dizer que só existem substâncias sensíveis, ou também outras além delas? E deve-se dizer que só existe um gênero ou que existem diversos gêneros dessas substâncias, como pretendem os que afirmam a existência de Formas e de Entes intermediários (...)?"[4].

---

4. *Metafísica*, B 2, 997 a 34 ss.

E assim também o livro Z (que desenvolve de maneira sistemática o problema da substância em geral) enfoca claramente a questão no final do segundo capítulo:

> (...) É preciso examinar o que é certo e o que não é em todas essas afirmações [trata-se das afirmações dos naturalistas, que só admitiam substâncias sensíveis, e das afirmações opostas pelos platônicos, que admitiam, ao invés, também substâncias suprassensíveis e de diferentes gêneros], e se existem ou não algumas substâncias ao lado das sensíveis e qual é seu modo de existência, e se existe alguma substância separada das sensíveis, por que existe e de que modo existe, ou se, além das sensíveis, não existe nenhuma substância[5].

Este é o problema último e supremo (ou seja, a pergunta por excelência da metafísica aristotélica), que, como já acenamos e reiteradamente reafirmaremos, é reproposto do início ao fim de todos os catorze livros da *Metafísica*, e que é positivamente resolvido no livro doze.

b) O segundo dos problemas da usiologia aristotélica consiste, ao invés, na pergunta mais geral *que é a substância? é matéria? é forma? é sínolo de matéria e de forma? é o universal?*

Note-se que este problema é secundário *quoad se*; mas deve ser tratado e desenvolvido primeiro, porque *quoad nos* sua solução condiciona a solução do primeiro.

Portanto, por razões metodológicas precisas, nos livros Z H, Aristóteles resolve corretamente este segundo problema antes do outro. De fato, só depois de ter previamente estabelecido o que é a *ousia* em geral, é que se poderá responder com muito maior precisão à pergunta de se existe só o sensível ou também o suprassensível. Se, por exemplo, ficasse estabelecido que substância só é a matéria ou o composto de matéria sensível, é claro que a questão da substância suprassensível *eo ipso* desapareceria ou, melhor, seria resolvida em sentido negativo; ao contrário, se resultasse que substância é também outra coisa ou, até mesmo, prioritariamente outra coisa além da matéria, então a questão da substância suprassensível se apresentaria sob luz totalmente diferente.

c) Esclarecido isto, compreende-se bem o procedimento seguido por Aristóteles. O Estagirita, devendo tratar, pelas razões metodológicas acima mencionadas, *primeiro* a questão da substância em geral e *só depois* a ques-

---

5. *Metafísica*, Z 2, 1028 b 27 ss.

tão da existência ou não de uma substância transcendente (e, ademais, deixando absolutamente isenta de julgamento a solução desta), só pode tomar por base as substâncias não contestadas por ninguém, isto é, as substâncias sensíveis.

Em Z 3 ele diz expressamente:

> Todos admitem que algumas das coisas sensíveis são substâncias; portanto deveremos desenvolver nossa pesquisa partindo delas. De fato, é muito útil proceder por graus na direção do que é mais cognoscível. Com efeito, todos adquirem o saber deste modo: procedendo por meio de coisas naturalmente menos cognoscíveis [isto é, as coisas sensíveis] na direção das que são por natureza mais cognoscíveis [isto é, as coisas não sensíveis][6].

Ficam, portanto, claras as razões pelas quais os livros centrais da *Metafísica*, dedicados à substância em geral, centram-se prioritariamente na substância sensível: *são razões estruturais e metodológicas e de modo nenhum razões de caráter histórico-genético* ou, pelo menos, teoreticamente aporético, e o próprio Aristóteles no-lo diz, mais de uma vez, com a máxima clareza desejável.

Em conclusão: os dois problemas que as linhas de força da usiologia aristotélica apresentam são os seguintes: "que substâncias existem?" (pergunta teológica) e "que é a substância em geral?"; desses dois problemas deve-se resolver primeiro o segundo *por razões metodológicas*, e deve ser resolvido a partir da substância sensível, porque é a única que o homem conhece imediatamente.

7. *Ulterior distinção dos problemas específicos dentro do problema global da substância em geral*

A distinção dos dois problemas de que falamos acima é feita de modo claro e preciso por Aristóteles. E assim também a solução do primeiro problema (o que chamamos *teológico*) é dada de maneira nítida e inequívoca (especialmente no livro Λ). O Estagirita admite a existência de dois gêneros de substâncias sensíveis (as substâncias sensíveis corruptíveis e as substâncias sensíveis celestes, que, embora sensíveis, são incorrupti-

---

6. *Metafísica*, Z 3, 1029 a 33 b 5.

veis porque constituídas de éter), e de um gênero de substâncias suprassensíveis (o Movente imóvel, e, hierarquicamente abaixo dele, as Inteligências moventes das esferas celestes).

Ao contrário, a solução do segundo problema, ou seja, *que é a substância em geral*, é apresentada de modo muito complexo (especialmente nos livros Z e H) e segundo diferentes cânones, que, infelizmente, não são expressamente distintos por Aristóteles. E daqui derivam as maiores dificuldades.

Lendo as várias passagens da *Metafísica* relativas ao problema da substância em geral, o leitor encontra com surpresa, às vezes, a afirmação de que ela é *o que não se predica de outro mas do qual todo o resto se predica*, isto é, o substrato último; às vezes lê que a substância consiste em ser *algo determinado*, um τόδε τι; mas, sucessivamente, aprendemos de Aristóteles que a substância é *o que é separado*, ou seja, o que *subsiste* ou pode subsistir independentemente do resto (χωριστόν) e que, portanto, é *por si* (καθ' αὐτό) e não por outro; e, ainda, lemos que a característica da substância é a *unidade*; e, finalmente, lemos, também, que a característica da substância é o *ato* ou a *atualidade*. Mas não é tudo. O Estagirita, especialmente nos livros sete e oito e na primeira parte do livro doze, ora diz que a *matéria* é substância, ora nega que seja substância; muito amiúde desloca sua atenção para a *forma* e atribui a esta a verdadeira substancialidade; enfim, ele atribui também ao *sínolo* a qualificação de substância.

Diante de tal emaranhado de afirmações, aparentemente contraditórias, são compreensíveis as perplexidades e as dúvidas dos estudiosos. Aristóteles, perguntam-se alguns, não se terá na verdade contradito? Ou antes, perguntam-se outros, não terá progressivamente mudado de parecer? Não se chegaria à solução do problema talvez distinguindo simplesmente as várias fases de tal evolução? Ou ainda, o filósofo não se terá posto um tipo de problema que, quando se tenta resolvê-lo, comporta, de qualquer lado que se o encare, toda uma série de contradições, por razões estruturais?

A nosso ver, se nos deixamos levar por tais dúvidas e se respondemos, como fazem muitos, que Aristóteles tem uma concepção aporética da substância; ou se respondemos que estamos diante de diferentes estratificações de uma doutrina que evoluiu sem alcançar uma unidade última; ou que, em todo caso, estamos diante de uma problemática estruturalmente aporética; pois bem, nesses casos, fechamos a possibilidade de entender adequadamente a *Metafísica* e, particularmente, seus livros centrais.

Lendo bem os textos, de fato, a usiologia aristotélica *é muito mais coerente e muito mais lógica do que se possa suspeitar à primeira vista*. Naturalmente, só podemos superar as dificuldades eliminando cuidadosamente os pressupostos de que falamos no início e tendo presente as várias advertências de caráter hermenêutico feitas até agora.

De modo particular, deve-se ter presente que a reflexão metafísica de Aristóteles, diferentemente da reflexão posterior, que tende sempre à *reductio ad unum*, é essencialmente dirigida a *distinguir os diferentes aspectos da realidade*, e alcança seu objetivo, na maioria das vezes, *quando consegue determinar essa diferença de aspectos*, não só sem se preocupar com sua ulterior redução e unificação mas, amiúde, declarando essa multiplicidade não ulteriormente redutível nem unificável, justamente porque assim é a própria realidade.

E já demonstramos outras vezes de maneira analítica que todos os principais conceitos aristotélicos são polivalentes e que todas as projeções dos problemas oferecidas pelo Estagirita são polifacéticas: *a projeção do problema da substância não é, portanto, uma exceção, mas um exemplo típico do pensamento aristotélico, estruturalmente polifacético.*

Um notável esclarecimento do que Aristóteles diz a respeito do problema da *substância em geral* se obtém distinguindo, dentro desse mesmo problema, duas vertentes bem diferentes de seu discurso. De fato, *a)* uma coisa é estabelecer *quais são as características distintivas da substância* ou as notas definidoras do conceito de substância, *b)* outra coisa é, ao invés, estabelecer *que coisas possuem aquelas características e aquelas notas*.

Como já dissemos, a maioria das dificuldades dos exegetas dos textos nasce justamente porque o Estagirita não distingue expressamente, antes os cruza, esses dois problemas, que devem ser nitidamente distintos: é tarefa do intérprete (ou seja, do estudioso que quer compreender Aristóteles em sua dimensão histórica) explicitar essa diferença e destacar sua função e seu alcance hermenêutico.

Eis, então, os dois problemas basilares, estreitamente conexos, que agora devemos enfrentar:

Quais são *as características e as notas definidoras da substância?*
Quais são *as coisas a que convêm essas características?*

8. As notas definidoras do conceito de substância e as realidades às quais compete a qualificação de substância

a) As cinco características definidoras da substância

Aristóteles encontrava nos predecessores (pelo menos no modo como ele os entende) respostas totalmente contrastantes sobre o problema da substância ou da realidade última. Para os naturalistas o fundo do ser era o substrato material, isto é, a matéria; para os platônicos era, ao contrário, a forma, o universal; segundo o senso comum, substância, ou seja, o que é mais real, parece ser o indivíduo e a coisa determinada e concreta.

Quem tem razão?

Para responder ao problema, Aristóteles estabelece alguns *parâmetros*, que permitem distinguir o que é substância do que não é substância. Desse modo ele elabora as *características definidoras da substância* e, embora de maneira rapsódica e pouco ordenada, as destaca em número de cinco:

1) Em primeiro lugar, pode ser chamado substância *o que não inere a outro e, portanto, não se predica de outro, mas é substrato de inerência e de predicação dos outros modos de ser* (τὸ μὴ καθ' ὑποκειμένου, ἀλλὰ καθ' οὗ τὰ ἄλλα)[7].

2) Em segundo lugar, só um ente *capaz de subsistir separadamente do resto* (χωριστόν), de modo autônomo, em si e por si (καθ' αὐτό)[8], tem estofo para ser chamado substância.

3) Em terceiro lugar, pode-se chamar de substância somente o que é *algo determinado* (τόδε τι); portanto, não pode ser substância um atributo universal ou um ente de razão[9].

4) Ademais, característica da substância é a *intrínseca unidade*: não pode ser substância um agregado de partes, uma multiplicidade não organizada de maneira unitária[10].

5) Enfim, é característica da substância *o ato e a atualidade* (ἐνέργεια): só será substância o que é ato ou implica essencialmente ato e não o que é mera potencialidade ou potencialidade não atuada[11].

---

7. *Metafísica*, Z 3, 1029 a 8 s. (Z 3, *passim*); cf. *Metafísica*, Δ 8, 1017 a 24; Z 13, 1038 b 15.

8. Cf. *Metafísica*, Z 3, 1029 a 28; Z 13, 1038 b 23 ss.; Z 16, 1040 b 4-8.

9. Cf. *Metafísica*, Δ 8, 1017 b 25; Z 3, 1029 a 28; Z 4, 1030 a 3 ss., 19; Z 12, 1037 b 27; Z 15, 1039 a 1 s., 14-16, etc.

10. Cf. *Metafísica*, Z 12, 1037 b 27; 1039 a 3 ss.; Z 16, 1040 b 5-10; H 6, *passim*.

11. Cf. *Metafísica*, H 2-3, *passim*.

Em função desses parâmetros é fácil responder ao problema inicialmente posto, ou seja, *que é a substância*. É a matéria? É a forma? É o sínolo de matéria e forma?

b) À *matéria compete apenas uma das características definidoras da substância*

Comecemos examinando a matéria. Ela possui, sem sombra de dúvida, a primeira característica acima enumerada: de fato, não inere a outro nem se predica de outro (em certo sentido, a própria forma é inerente a ela). Sob este aspecto, portanto, a matéria tem pelo menos um título para ser chamada substância, e compreende-se o que Aristóteles escreve no livro oito:

> É evidente, portanto, que também a matéria é substância: de fato, entre todos os movimentos que ocorrem entre opostos há algo que serve de substrato às mudanças[12].

Todavia, a matéria não possui nenhuma das outras características distintivas da substância: não pode subsistir por si separada da forma, não é algo determinado, mas é algo indeterminado (porque a determinação deriva da forma), não é algo intrinsecamente unitário (porque, mais uma vez, a unidade deriva da forma), não é ato, mas potência e potencialidade.

Portanto, só em sentido muito fraco e impróprio a matéria é substância.

E isto explica muito bem por que algumas vezes Aristóteles afirma e outras vezes nega que a matéria seja substância: é substância se a considerarmos sob o primeiro parâmetro; não é se a considerarmos segundo os outros parâmetros.

Em Z 3 lemos:

> Para quem considera o problema desse ponto de vista [do ponto de vista da primeira característica], segue-se que substância é a matéria. Mas isso é impossível; pois as características da substância são, sobretudo, o fato de ser separável [segunda característica] e de ser algo determinado [terceira característica]: por isso a forma e o composto de matéria e forma parecem ser mais substância do que a matéria[13].

---

12. *Metafísica*, H 1, 1042 a 32-34.
13. *Metafísica*, Z 3, 1029 a 26-30.

c) À *forma competem todas as características definidoras da substância*

E que características da substância acima enumeradas possuem a *forma* e o *sínolo*? Fundamentalmente todas, embora não de maneira idêntica.

a) A forma não deve sua *existência*, ou melhor, seu *ser* a outro e, neste sentido, *não se pode predicar de outro*: é verdade que a forma inere à matéria (e, em certo sentido, se predica da matéria), mas em sentido totalmente excepcional (de fato, inere à matéria como o que a *in-forma*, e possui mais ser, como logo veremos, do que a matéria; hierarquicamente e metafisicamente é a matéria que depende da forma e não vice-versa).

b) A forma é *separada* (χωριστόν)[14], ou seja, pode separar-se da matéria, em três sentidos diferentes: 1) a forma é separável pelo pensamento (τῷ λόγῳ χωριστόν)[15]; 2) como já recordamos, a forma é condição da matéria e não vice-versa e, como tal, possui *mais ser*, de modo que, em certo sentido, tem mais autonomia do que a matéria; 3) existem substâncias que se esgotam inteiramente na forma e não possuem qualquer matéria, e, nesses casos, a forma é em sentido absoluto separada[16].

c) A forma *é algo determinado* (τόδε τι), como Aristóteles muitas vezes reafirma[17]; antes, não só a forma é algo determinado, mas é algo *determinante*, porque é o que faz com que as coisas sejam o que são e não outras.

d) A forma é *uma unidade* (ἕν) por excelência, ela não só é unidade, mas dá unidade à matéria que informa.

e) Enfim, a forma é *ato* por excelência, e é princípio que dá ato, a ponto de Aristóteles, especialmente no livro H, usar o termo ato para exprimir a forma (ἐνέργεια por εἶδος).

d) *Também ao sínolo competem todas as características definidoras da substância*

O que dizer do *sínolo* de matéria e de forma? Também o sínolo possui as características acima indicadas, e as possui por consequência, justamente porque é composto de matéria e de forma.

O sínolo, que é a coisa individual concreta, *a*) é *substrato de inerência* e de predicação de todas as determinações acidentais; *b*) *subsiste por si*

---

14. *Metafísica*, Δ 8, 1017 b 25.
15. *Metafísica*, H 1, 1042 a 29.
16. Cf. *Metafísica*, Λ, *passim*.
17. Cf. *Metafísica*, Δ 8, 1017 b 25; H 1, 1042 a 29; τόδε τι é até mesmo usado em lugar de εἶδος em *Metafísica*, Λ 3, 1070 a 9 ss.

e é plenamente independente das afecções; *c*) é *algo determinado* (τόδε τι) em sentido concreto; *d*) é *uma unidade* enquanto tem todas as suas partes materiais organizadas e unificadas pela forma; *e*) é *em ato* porque as suas partes materiais são atualizadas pela forma[18].

e) *Diferente grau de substancialidade da forma e do sínolo*

A matéria, como dissemos acima, é muito menos substância do que a forma e do que o sínolo. Agora se põe um problema ulterior: quanto ao *grau de substancialidade*, forma e sínolo estão no mesmo plano, ou uma é mais substância do que o outro ou vice-versa?

A resposta ao problema é, mais uma vez, complexa e não unívoca. Em certas passagens, Aristóteles parece considerar o sínolo e o indivíduo concreto como "substância" no mais alto grau; noutras passagens, ao invés, ele parece considerar assim a forma. E quem não leia a *Metafísica* influenciado pela leitura do capítulo quinto das *Categorias* ou pela interpretação medieval ou pelos esquemas impostos pela manualística verá, sobretudo lendo o livro Z, que nisso não há contradição, como à primeira vista poderia parecer, e que não é necessário recorrer à hipótese genética ou à da aporética estrutural para explicar o fato.

Com efeito, dependendo do ponto de vista no qual nos situemos, devemos necessariamente responder de um ou de outro modo. *Do ponto de vista empírico e da constatação*, é claro que o sínolo ou o indivíduo parece ser a substância por excelência. Mas isso não se dá *do ponto de vista estritamente ontológico e metafísico*, já que a forma é princípio, causa e razão de ser, quer dizer, fundamento; e, relativamente a ela, o sínolo é principiado, causado e fundado. Pois bem, é evidente que, deste segundo ponto de vista, não o sínolo *mas a forma é substância no mais alto grau, justamente enquanto fundamento, causa e princípio*. Como prova deve-se ler todo o livro Z.

Em suma: *quoad nos*, substância por excelência é o concreto composto; *em si* e *por natureza*, ao invés, a forma é substância por excelência[19].

f) *O sínolo não cobre toda a área do conceito de substância*

Isto é plenamente confirmado, por outro lado, se considerarmos que o sínolo não pode esgotar a substância enquanto tal: se o sínolo esgotasse

---

18. Ver o nosso comentário aos livros *Metafísica*, Z H, *passim*.
19. Ver o nosso comentário ao livro Z, *passim*.

o conceito de substância enquanto tal, nada que não fosse sínolo seria substância e, por conseguinte, Deus, o imaterial e o suprassensível não seriam substância.

A forma pode, ao contrário, ser chamada substância no mais alto grau e, portanto, por excelência: Deus e as inteligências moventes das esferas celestes são puras formas imateriais, enquanto as coisas sensíveis são formas que determinam uma matéria.

A forma, e só a forma, é o que há de comum entre o sensível e o suprassensível.

g) *Conclusões sobre o problema da substância*

Assim o desenho da usiologia aristotélica se mostra plenamente determinado. Substância em sentido muito impróprio é *matéria*; num segundo sentido, mais próprio, é *sínolo*; num terceiro sentido, e por excelência, é *forma*.

Portanto, a matéria é ser, o sínolo é ser e a forma é ser; mas o sínolo é *mais ser* do que a matéria e a forma *mais ser* do que o sínolo: é mais ser do que o sínolo enquanto causa e razão do sínolo[20].

Compreende-se bem, portanto, a razão pela qual Aristóteles pôde definir a forma como "causa primeira do ser"[21].

9. A *forma aristotélica e sua prioridade ontológica estrutural*

Projetada do modo como acima expusemos, a doutrina aristotélica da substância mostra-se menos aporética do que acreditaram muitos estudiosos modernos. A *distinção dos múltiplos significados da substância tem razões estruturais e precisas,* cujo descuido ou desconhecimento leva a não compreender quase nada da usiologia aristotélica. E assim, muitos estudiosos, não tendo compreendido as razões de que falamos, não puderam entender que, a respeito dos três significados e, particularmente, dos dois principais (sínolo e forma), não se deve pensar em termos de *aut-aut,* como se, a todo custo, devesse permanecer apenas um dos significados, mas deve-se pensar em termos de *et-et,* como vimos.

Analogamente, a maior contradição que muitos veem na usiologia aristotélica, a nosso ver, é muito facilmente solucionável. Com efeito, muitos

---

20. Cf. *Metafísica,* Z 3, 1029 a 5 ss.
21. *Metafísica,* Z 17, 1041 b 28; cf. Z 3, 1029 a 5-7.

sustentam que Aristóteles, em última análise, viu no indivíduo real, no sínolo concreto, a verdadeira substância; porém, estruturalmente ele não pode ser, porque a cognoscibilidade científica pertence exclusivamente ao universal[22]. Assim, de certo modo, o que é real no sentido mais pleno torna-se menos cognoscível, enquanto o que é cognoscível por excelência não é real, na medida em que não é ser em sentido pleno.

A solução da aporia, a nosso ver, é possível. Substância, do ponto de vista empírico, é o indivíduo e o sínolo, mas, do ponto de vista metafísico e especulativo é a forma, o *eidos*: e esta é por excelência cognoscível, e objeto por excelência do conhecimento científico (mesmo que não seja o tipo universal do qual falavam os platônicos, como logo veremos). A matéria não é cognoscível, o sínolo é cientificamente cognoscível pelo que tem de forma; enquanto indivíduo concreto, ao contrário, só é sensivelmente, isto é, empiricamente cognoscível. *A cada um dos diferentes graus de substancialidade próprios da matéria, do sínolo e da forma correspondem graus paralelos de cognoscibilidade.* Não é difícil ver nessa doutrina aristotélica um preciso reflexo de uma concepção tipicamente platônica, da qual falaremos adiante de modo pormenorizado.

Enfim, a nosso ver, pode-se facilmente resolver uma terceira dificuldade levantada pelos estudiosos. Muitos sustentam que é difícil pensar as formas presentes no devir como não advenientes, tal como as concebe Aristóteles. Na verdade, Aristóteles, particularmente em Z 7-9, insiste energicamente neste ponto do caráter não adveniente do *eidos*. Pois bem, como pode Aristóteles afirmar que o *eidos* não é adveniente sem recair na tese platônica da transcendência da forma, tão criticada por ele? A nosso ver a resposta é a seguinte: o caráter não adveniente do *eidos* aristotélico não é mais que o caráter não adveniente da causa ou da condição ou do princípio, relativamente ao causado, ao condicionado, ao principiado[23].

10. A *forma aristotélica não é o universal*

Por fim, queremos nos deter num problema da usiologia aristotélica que foi frequentemente descuidado e cuja compreensão é dificultada pelo enfoque mais comum que recebeu da maioria dos estudiosos.

Referimo-nos à relação entre a *forma* e o *universal*.

---

22. Isto foi sustentado sobretudo a partir de Zeller, *Die Philosophie der Griechen...*, II 2, pp. 344 ss.

23. Ver o nosso comentário à *Metafísica*, Z 7-9.

No livro Z, Aristóteles demonstra que, enquanto matéria, forma e sínolo têm títulos para serem considerados substância, o universal — que os platônicos elevavam ao plano de substância por excelência — não tem absolutamente nenhum título para ser considerado substância. Dos numerosos argumentos, especialmente dos que não têm caráter polêmico *ad hominem*, emerge claramente o seguinte.

A Ideia ou Forma dos platônicos é o que Aristóteles chama de universal em sentido estrito (isto é, um abstrato κοινόν; naturalmente seria um κοινόν hipostasiado). Pois bem, o universal não é substância porque: *a)* não é algo que não se predica de outro e que é sujeito de predicação, mas, ao contrário, é sempre e somente algo que se predica de outro (o universal é, por definição, o que é apto a ser predicado de *pluribus*); *b)* não é algo determinado (τόδε τι), mas é um *quale quid*, isto é, não é algo determinado, mas algo abstrato (um τοιόνδε); *c)* não é algo separado (χωριστόν) pelas mesmas razões; *d)* sua unidade é apenas uma unidade abstrata; *e)* não é ato, mas potência (em sentido lógico).

Mas, objetar-se-á, não será também o *eidos* aristotélico um universal?

A resposta é inequivocamente negativa. Muitas vezes Aristóteles, como vimos, qualifica seu *eidos* como *algo determinado* (τόδε τι); de resto, vimos como todas as características da substancialidade lhe competem plenamente. O *eidos aristotélico é um princípio metafísico, uma condição ontológica, uma "causa"*: em linguagem moderna diríamos, corretamente, uma *estrutura ontológica*.

Transcrevemos uma única passagem, a mais significativa, que aparece como um fecho do livro Z. Depois de ter dito que a substância é um princípio e uma causa, Aristóteles mostra como se deve buscar esse princípio e essa causa. A coisa ou o fato do qual se busca o princípio devem ser previamente conhecidos, e a busca deve ser encaminhada do seguinte modo: porque esta coisa ou este fato são assim e assim? O que significa perguntar-se: "Por que a matéria constitui determinada coisa"? Eis algumas exemplificações aduzidas pelo próprio Aristóteles:

> Por exemplo, este material é uma casa: por quê? Porque está presente nele a essência da casa. E se pesquisará do seguinte modo: por que esta coisa determinada é homem? Ou: por que este corpo tem estas características? Portanto, na pesquisa do porquê busca-se a causa da matéria, isto é, a forma pela qual a matéria é algo determinado: e esta é, justamente, a substância[24].

---

24. *Metafísica*, Z 17, 1041 b 5-9.

E eis o exemplo mais eloquente, com o qual se encerra o livro Z:

> O que é composto de alguma coisa, de tal modo que o todo constitua uma unidade, não é semelhante a um amontoado, mas a uma sílaba. E a sílaba não é só as letras das quais é formada, nem BA é idêntico a B e A, nem a carne é simplesmente fogo mais terra: de fato, uma vez que os compostos, isto é, carne e sílaba, se tenham dissolvido, não existem mais, enquanto as letras, o fogo e a terra continuam existindo. Portanto, a sílaba é algo irredutível só às letras, ou seja, às vogais e às consoantes, mas é algo diferente delas. E assim a carne não é só fogo e terra, ou quente e frio, mas também algo diferente deles. Ora, se também esse algo devesse ser um elemento ou um composto de elementos, ter-se-ia o seguinte: se fosse um elemento, valeria para ele o que dissemos antes (a carne seria constituída desse elemento com fogo e terra e de algo diverso, de modo que iríamos ao infinito); se fosse, ao invés, um composto de elementos, seria, evidentemente, composto não só de um único elemento, mas de mais elementos (do contrário, estaríamos ainda no primeiro caso), de modo que deveríamos repetir também a respeito disso o que dissemos a respeito da carne e da sílaba. Por isso, pode-se considerar que esse algo não é um elemento, mas a causa pela qual uma coisa é carne, esta outra é sílaba, e assim para todo o resto. E isso é a substância de cada coisa: de fato, ela é a causa primeira do ser[25].

Como se vê, *a substância-forma* (οὐσία-εἶδος) *de Aristóteles, como estrutura ontológica imanente da coisa não pode de modo nenhum confundir-se com o universal abstrato*. O universal é, ao invés, o gênero (γένος) que não tem uma realidade ontológica. A alma do homem, por exemplo, como *eidos*, é princípio real que informa um corpo e faz dele um homem; ao invés, o *genos* animal é apenas um abstrato κοινόν, que não tem realidade por si, ou seja, não subsiste em si e por si, mas subsiste apenas no homem (e nas várias formas específicas de animais).

Deve-se observar, ademais, que o *eidos* aristotélico tem dois aspectos: um é o *ontológico* já visto; o outro é o aspecto que poderemos chamar de *lógico*.

---

25. *Metafísica*, Z 17, 1041 b 11-28.

O Estagirita não aprofundou e não distinguiu os dois aspectos e as relativas diferenças, mas passou, nos vários casos, de um ao outro, mais ou menos inconscientemente. Nós observamos, inclusive por razões linguísticas, melhor do que ele a diferença, porque, amiúde, somos obrigados a traduzir *eidos* de modos diferentes: às vezes com *forma* e outras vezes com *espécie*.

Ora, no que se refere ao aspecto ontológico do *eidos*, isto é, à forma, Aristóteles tem plena razão de dizer que *não é um universal* em sentido abstrato. Mas que se deve dizer do *eidos* entendido em seu sentido lógico de *espécie?*

Evidentemente, a espécie não é mais que o *eidos* pensado pela mente humana. Portanto, poder-se-ia perfeitamente dizer que, enquanto estrutura ontológica e princípio metafísico, o *eidos* não é um universal; mas enquanto pensado e abstraído *torna-se* (em certo sentido, ou seja, no sentido do realismo moderado) *universal*.

Mas, repetimos, Aristóteles, preocupado em afirmar o primeiro ponto, não destacou de modo adequadamente crítico o segundo (não explicitou as várias implicações desse problema). Tanto mais que, a seus olhos, o *eidos* é a diferença específica que determina e dá concretude ao gênero, justamente diferenciando-o e, portanto, resgatando-o de sua abstrata universalidade[26].

Em todo caso, essas dificuldades não devem desviar o olhar do que dissemos acima a respeito da estrutura ontológica e real do *eidos*. O *eidos* não só não é um universal privado de ser, mas é *mais ser do que a matéria e é mais ser do que o próprio sínolo*, enquanto é princípio que faz ser o próprio sínolo[27].

11. *Conclusões sumárias sobre a concepção aristotélica da substância*

Para concluir, queremos retomar de modo sumário o que progressivamente dissemos para resolver os complexos problemas da usiologia aristotélica.

O problema aristotélico da "substância" desdobra-se, fundamentalmente, em duas direções: uma que podemos definir como *vertical*, ou seja, tendendo a estabelecer se existe ou não uma substância de gênero suprassensível (Deus), e uma que podemos definir como *horizontal*, ou seja, como tendência a resolver o problema da natureza da substância em geral.

---

26. Cf. *Metafísica*, Z 12, *passim*.
27. Cf. *supra*, pp. 98-103.

Considerada em sentido vertical, a substância se mostra em *três gêneros diferentes* e, portanto, revela significados e valências diversas. Para Aristóteles, com efeito, existem *dois gêneros de substâncias sensíveis*, dos quais um é corruptível, o outro incorruptível (os céus e as esferas celestes), *e um gênero suprassensível*, formado pelos entes constituídos de forma pura e ato puro, privados de qualquer materialidade e de qualquer potencialidade. *O que une os três diferentes gêneros de substância é a forma*: a que informa uma matéria nos dois primeiros gêneros, e forma pura no terceiro gênero.

Considerada em sentido horizontal, a substância se revela, de acordo com os diferentes parâmetros em função dos quais se considera o problema, *em sentido muito fraco e impróprio a matéria, em sentido mais próprio o sínolo, e em sentido predominante e metafisicamente mais adequado a forma*.

A forma tem, portanto, uma nítida supremacia com relação aos outros significados. Todavia, deve-se recordar que, para Aristóteles, essa predominância do *eidos* ou da forma não significa absolutamente exclusão dos outros significados, que ele mantém, ao contrário, sempre em evidência em sua pesquisa polifacética e polivalente.

Portanto *a substância é polívoca, seja em sentido vertical seja em sentido horizontal*.

As dificuldades que os intérpretes denunciaram devem-se, em primeiro lugar, a esta objetiva *complexidade da questão*, que implica distinção de vários planos e de várias linhas de força; em segundo lugar, devem-se à *mobilidade com que o próprio Aristóteles opera*, deslocando-se de um plano a outro; em terceiro lugar, dependem da *ausência de uma explicitação, dentro do problema da substância em geral* (isto é, dentro da consideração que chamamos de horizontal), *da diferença metodológica da questão das características distintivas da substância relativamente à questão da determinação daquilo a que tais características possam pertencer*; em quarto lugar, dependem do *cruzamento indeterminado dessas mesmas questões*; enfim, muitas dificuldades derivam também de que, enquanto Aristóteles, muito amiúde, *usa o termo substância* (οὐσία) para indicar todos os significados dos quais falamos, às vezes usa o termo em sentido estrito e específico para indicar só um destes, isto é, para indicar só uma parte da área semântica coberta por ele quando usado em sentido amplo.

A interpretação que propusemos parece dar razão suficiente de todas essas dificuldades, sem percorrer a via demasiado cômoda que declara a doutrina aristotélica da "substância" um emaranhado de contradições e de aporias, e, por outra parte, sem resolver ou crer que se resolvam essas aporias com a escapatória oferecida pelo método histórico-genético ou com a aporética estrutural do problema enquanto tal.

Naturalmente, fica aberto o problema da validade e da consistência teorética dessa doutrina; mas isso, como dissemos, é um problema ulterior, e, aqui, não nos interessa. Por outro lado, é um problema que só poderá ser resolvido corretamente na medida em que tivermos resolvido a questão do sentido propriamente histórico dessa doutrina, como tentamos fazer.

12. O ato e a potência em relação com a substância

As doutrinas expostas devem ainda ser integradas com alguns esclarecimentos relativos à potência e ao ato aplicados à substância. Da doutrina geral do ser como potência e ato já falamos. No comentário a Θ veremos os vários significados e as várias nuanças da doutrina[28]. Aqui destacamos apenas o sentido da equação estabelecida por Aristóteles, no âmbito da aplicação da potência e do ato à substância, entre *matéria e potência*, de um lado, e *forma e ato*, de outro (ὕλη = δύναμις e εἶδος = ἐνέργεια).

A matéria é potencialidade, enquanto é capacidade de assumir ou de receber a forma: o bronze é potência da estátua, porque é efetiva capacidade de receber ou de assumir a forma da estátua; a madeira é potência dos vários objetos que com a madeira se pode fazer, porque é concreta capacidade de assumir as formas dos vários objetos.

A forma se configura, ao invés, como ato ou atuação daquela capacidade. O composto ou sínolo de matéria e forma, será, se o considerarmos como tal, *prevalentemente ato*; se o considerarmos na sua forma, será sem dúvida *ato*; e se o considerarmos incluindo sua materialidade, será *misto de potência e de ato*.

Todas as coisas que têm matéria têm sempre, como tais, maior ou menor potencialidade[29]. Se, ao contrário, existem seres imateriais, isto é, puras formas, serão *atos puros*, privados de potencialidade[30].

---

28. Cf. também o nosso estudo *La dottrina aristotelica della potenza e dell'atto e dell'entelechia nella "Metafisica"*, in AA.VV., *Studi di filosofia e di storia della filosofia in onore di Francesco Olgiati*, Milão 1962, pp. 145-207; agora reeditado em *Il conc. di filos. prima*[5] (1993), pp. 341-405.

29. Cf. *Metafísica*, H Θ, *passim*.

30. Cf. *Metafísica*, Λ 6-8; particularmente cf. 1074 a 35 s.

O ato é chamado por Aristóteles também de *entelequia*: às vezes parece que entre os termos existe diversidade de significados, mas, na maioria das vezes, particularmente na *Metafísica*, os dois termos são sinônimos[31]. Portanto, ato e entelequia referem-se à realização, perfeição que se atua ou é atuada. A alma, portanto, enquanto essência e forma do corpo, é *ato e entelequia do corpo*; e, em geral, todas as formas das substâncias sensíveis são ato e entelequia. Deus, veremos, será *entelequia pura*.

O *ato*, diz ainda Aristóteles, *tem absoluta "prioridade" e superioridade sobre a potência*: a potência, com efeito, é sempre em função do ato e é condicionada ao ato; e não se pode nem conhecer a potência como tal senão reportando-a ao ato do qual é potência. Enfim, o ato é superior à potência, porque é o modo de ser das substâncias eternas, que estão no vértice do ser[32].

A doutrina da potência e do ato é de grandíssima importância ontológica. Com ela Aristóteles pôde resolver as aporias eleáticas do devir e do movimento: devir e movimento fluem no leito do ser porque não assinalam uma passagem do não-ser absoluto ao ser, mas do *ser em potência ao ser em ato*, isto é, *do ser ao ser*[33].

Tal doutrina, ademais, resolveu perfeitamente o problema da unidade de matéria e forma: a matéria, sendo potência, implica a forma, que é ato ou atuação da própria matéria[34]. Enfim o Estagirita serviu-se amplamente dela para demonstrar a existência de Deus e para compreender sua natureza, como veremos[35].

E assim chegamos à última das questões: a da substância suprassensível, que está no vértice da metafísica aristotélica, da qual devemos tratar no próximo capítulo.

---

31. Cf. a pormenorizada documentação que apresentamos no ensaio citado na nota 28.
32. Cf. *Metafísica*, Θ 8, *passim* e relativo comentário.
33. Cf. *Metafísica*, K 9.
34. Cf. *Metafísica*, H 6, *passim*.
35. *Metafísica*, Λ 6-9.

Capítulo sexto

A componente teológica: existência e natureza da substância suprassensível

1. Os três gêneros de substância existentes

Vimos o que é a substância em geral e quais são suas características definidoras. Resta ainda discutir o segundo dos problemas da usiologia, o mais radical, *aquele em função do qual foi posto e resolvido o primeiro* e do qual já indicamos muitas vezes o resultado a que chega Aristóteles, mas não as motivações e as demonstrações precisas fornecidas por ele.

O problema — recordemo-lo — é o seguinte: *que substâncias existem? Existem só substâncias suprassensíveis? Existe só a realidade física ou também algum outro ser além dela?*

Aristóteles tentou responder com precisão ao problema, e, ao fazê-lo, lançou as bases da teologia racional, segundo muitos, mais do que o fizera Platão, que, na verdade, foi o fundador de tal problemática e até mesmo o criador da palavra "teologia" (*Rep.*, II 379 A 5s.), embora tenha dado um enfoque diferente ao problema.

Digamos de início que, para o Estagirita, como já acenamos, existem três gêneros de substâncias[1] hierarquicamente ordenados.

Dois são de natureza sensível: 1) o primeiro é constituído pelas substâncias *sensíveis que nascem e perecem*, 2) o segundo é constituído pelas substâncias *sensíveis, mas incorruptíveis*.

Estas substâncias "sensíveis" mas "incorruptíveis" são os céus, os planetas e as estrelas, que segundo Aristóteles, são incorruptíveis porque feitos de matéria incorruptível (éter, quinta essência), capaz unicamente de mudança ou movimento local e, portanto, não passível de alteração, nem de aumento ou diminuição e, menos ainda, de geração e corrupção.

Em Θ 8, por exemplo, Aristóteles escreve:

> E nem mesmo o movimento eterno [dos céus], se existe movimento eterno, é em potência. E se existe algo eterna-

---

1. Cf. *Metafísica*, Λ 1, 1069 a 30 ss.

mente movido, nem mesmo este pode ser movido segundo a potência, mas só de um lugar ao outro. E nada impede que exista uma matéria própria desse tipo de movimento. Por isso, o sol, os astros e todo o céu são sempre em ato: e não se deve temer que eles em certo momento se detenham, como temem os físicos. Eles também não se cansam de cumprir seu curso, porque seu movimento não é, como o das coisas corruptíveis, ligado com a potência dos contrários, o que tornaria fatigante a continuidade do movimento. E a causa dessa fadiga está no fato de que a substância das coisas corruptíveis é matéria e potência e não ato[2].

Ao contrário, a substância sensível corruptível está submetida a todos os tipos de mudança, justamente porque a matéria de que é constituída inclui a possibilidade de todos os contrários: por isso as coisas desse mundo (sublunar), além de mover-se, estão sujeitas a aumentos e diminuições, a alterações, à geração e à corrupção.

Acima destas existe, depois, 3) *a substância imóvel, eterna* e transcendente ao sensível, que é Deus ou Movente imóvel e as outras substâncias moventes das várias esferas que formam o céu[3].

Os dois primeiros gêneros de substâncias são constituídos de matéria e forma: as sensíveis corruptíveis, dos quatro elementos (terra, água, ar e fogo), de éter puro, como já dissemos, as incorruptíveis. A substância suprassensível é, ao invés, forma pura absolutamente privada de matéria.

Dos dois primeiros gêneros de substâncias ocupam-se a *física* e a *astronomia* (e a *metafísica* na medida e pelas razões vistas no parágrafo precedente); o terceiro gênero de substância constitui o objeto peculiar (também isso vimos de modo aprofundado) da *metafísica*.

Já recordamos acima que Aristóteles, curiosamente, em E 1, não apresenta um quadro epistemológico baseado nessa tese precisa das três diferentes substâncias, introduzindo, no lugar da astronomia, a matemática, fundando-se sobre pressupostos platônicos. Mas voltaremos a essa questão adiante, de modo pormenorizado.

Resta-nos agora examinar, pelo menos sinteticamente, o procedimento pelo qual Aristóteles demonstra a existência da substância suprassensível, qual é sua natureza, se ela é única ou se existem muitas, e qual é a relação entre esta ou estas substâncias e o mundo.

---

2. *Metafísica*, Θ 8, 1050 b 20-28.
3. *Metafísica*, Λ 7-8.

2. A *demonstração da existência da substância suprassensível*

No livro Λ, a existência do suprassensível é demonstrada do seguinte modo.

As substâncias são as realidades primeiras, pois todos os outros modos de ser, como vimos amplamente, dependem da substância. Se, portanto, todas as substâncias fossem corruptíveis, não existiria absolutamente nada incorruptível. Contudo — diz Aristóteles — o *tempo* e o *movimento* são certamente incorruptíveis. O tempo não foi gerado e nem se corromperá: de fato, *anteriormente* à geração do tempo, deveria existir um "antes", e *posteriormente* à destruição do tempo deveria existir um "depois". Ora, "antes" e "depois" são sempre tempo. Noutros termos: pelo que vimos, existe sempre um tempo *antes* ou *depois* de qualquer suposto início ou fim do tempo; portanto, o tempo é *eterno*. O mesmo raciocínio vale para o movimento, porque, segundo Aristóteles, o tempo não é mais que uma determinação do movimento; portanto, não existe tempo sem movimento e, assim, a eternidade do primeiro postula a eternidade do movimento.

Mas, sob que condição pode subsistir um movimento (e, portanto, um tempo) eterno? O Estagirita, com base nos princípios por ele estabelecidos ao estudar as condições do movimento no livro VIII da *Física*, responde de modo preciso: *só se existe um Princípio que seja sua causa*.

E como deve ser esse Princípio para ser causa de um movimento eterno?

Em primeiro lugar, diz Aristóteles, o Princípio deve ser *eterno*: se eterno é o movimento, eterna deve ser sua causa. Ou, noutros termos: *para ser capaz de produzir um movimento eterno, a causa só pode ser eterna*.

Em segundo lugar, o Princípio deve ser *imóvel*; só o imóvel, com efeito, é causa absoluta do móvel. No livro VIII da *Física*, Aristóteles demonstrou este ponto com rigor. Tudo o que é movido é movido por outro; esse outro, se é movido, é ainda movido por outro. Uma pedra, por exemplo, é movida por um bastão, o bastão é movido pela mão e a mão pelo homem. Em suma, para explicar todo movimento é preciso submetê-lo a um princípio por si não ulteriormente movido, pelo menos relativamente àquilo que ele move. De fato, seria impensável ir de movente em movente ao infinito, porque um processo ao infinito é sempre impensável nestes casos. Ora, se é assim, não só devem existir princípios ou moventes relativamente móveis, dos quais dependem os movimentos individuais, mas — e *a fortiori* — *deve existir um Princípio absolutamente primeiro e absolutamente imóvel, do qual depende o movimento de todo o universo*.

Em terceiro lugar, o princípio deve ser totalmente privado de potencialidade e, portanto, deve ser *ato puro*. Se, de fato, tivesse potencialidade, poderia também não mover *em ato*; mas isso é absurdo, porque nesse caso não existiria um movimento eterno (dos céus), isto é, sempre *em ato*. Portanto, para poder explicar um movimento eternamente em ato *deve existir necessariamente um Princípio primeiro, eterno, ato puro, privado de qualquer materialidade e potencialidade*.

Concluindo: dado que existe um movimento eterno, é necessário haver um Princípio eterno que o produza, e é necessário que esse Princípio seja *a)* eterno, se *eterno* é o que ele causa, *b) imóvel*, se a causa absolutamente primeira do móvel é o imóvel e *c) ato puro*, se é sempre em ato o movimento que ele causa.

Este é o Movente imóvel, que é a substância suprassensível que estávamos buscando[4].

3. A *causalidade do Primeiro Movente*

De que modo o Primeiro Movente pode *mover permanecendo absolutamente imóvel*? Existe, no âmbito das coisas que conhecemos, algo que possa mover sem se mover a si próprio?

Aristóteles responde dando como exemplo dessas coisas o objeto do *desejo* e da *inteligência*.

O objeto do desejo é o *belo e bom*; ora, o belo e bom atraem a vontade do homem sem que de algum modo eles mesmos se movam; assim também o inteligível move a inteligência sem que ele mesmo se mova. E desse tipo é também a causalidade exercida pelo Primeiro Movente, isto é, pela substância primeira: *o Primeiro Movente move sem se mover, assim como o objeto de amor atrai o amante* (ὡς ἐρώμενον κινεῖ)[5], enquanto todas as outras coisas movem sendo movidas.

Como é evidente, a causalidade do Primeiro Movente não é uma causalidade de tipo *eficiente*, ou seja, do tipo da causalidade exercida pela mão que move um corpo, ou pelo escultor que esculpe o mármore, ou pelo pai que gera o filho. Deus, ao contrário, atrai; e atrai como o que é amado (ὡς ἐρώμενον), ou seja, à guisa *de fim*: a causalidade do Movente

---

4. *Metafísica*, Λ 6-7.
5. *Metafísica*, Λ 7, 1072 b 3.

imóvel é, portanto, propriamente e primariamente, uma causalidade *de tipo final*.

Os intérpretes discutiram por muito tempo esta questão com resultados diferentes. Houve, por exemplo, quem pretendesse — escavando de vários modos nos textos aristotélicos e explicitando os pressupostos de certas afirmações — encontrar em Aristóteles, e mais do que implicitamente, até mesmo o conceito de criação e, portanto, uma verdadeira causalidade eficiente do Movente imóvel[6]. Mas, na realidade, os textos aristotélicos e seus contextos não autorizam essa exegese: de resto, o teorema da criação só foi definido pela especulação grega com o "semicriacionismo" de Platão, que, ademais, quanto a este ponto permaneceu um caso isolado[7]. Parece justo, ao invés, dizer com Ross: "(...) Deus é causa eficiente por força de ser causa final, mas de nenhum outro modo"[8].

O mundo, mesmo que seja inteiramente influenciado por Deus, pela atração que Ele exerce como fim supremo, portanto, pelo desejo do perfeito, não teve começo. Não houve um momento em que havia o caos (o não cosmo), justamente porque, se assim fosse, *seria negado o teorema da prioridade do ato sobre a potência*: primeiro existiria o caos, que é potência, depois haveria o mundo, que é ato. Mas isso é tanto mais absurdo, porquanto Deus é eterno: *sendo Deus eterno, atraiu eternamente, como o que é amado* (ὡς ἐρώμενον) *o universo*, que, portanto, desde sempre foi como é.

---

6. Assim por exemplo F. Brentano, *Über den Creationismus des Aristoteles*, in "Sitzungsberichte der Akademie der Wissensch. in Wien. Philos.-hist. Klasse", Bd. 101, 1882, pp. 95-126; Idem, *Aristoteles und seine Weltanschauung*, Leipzig 1911 (Darmstadt 1967), e, sempre do mesmo, *Die Psychologie des Aristoteles, insbesondere seine Lehre von* ΝΟΥΣ ΠΟΙΗΤΙΚΟΣ. *Nebst einer Beilage über das Wirken des Aristotelischen Gottes*, Main am Rhein 1867 (Darmstadt 1967), pp. 234-250, o apêndice intitulado: *Von dem Wirken, insbesondere dem schöpferischen Wirken des Aristotelischen Gottes*.

7. Ver G. Reale, *Per una nuova interpretazione di Platone. Rilettura della metafisica dei grandi dialoghi alla luce delle "Dottrine non scritte"*, Vita e Pensiero, Milão, décima edição 1991, quarta parte, pp. 495-712 e sobretudo as páginas que indicamos abaixo, na nota 9. Nas seguintes citações desta obra usaremos a seguinte abreviação *Per una nuova interpret. di Plat.*[10] (1991); esta edição definitiva muda a paginação relativamente às edições precedentes. [Trad. bras.: *Para uma nova interpretação de Platão. Releitura da metafísica dos grandes diálogos à luz das "Doutrinas não escritas"*, trad. de M. Perine, São Paulo, Edições Loyola, 1997].

8. D. Ross, *Aristotle*, Londres 1923; trad. ital. Bari 1946, p. 269.

4. Natureza do Movente imóvel

Este Princípio, do qual "dependem o céu e a natureza"[9], é Vida. E que Vida?

A que, mais do que qualquer outra, é excelente e perfeita: a vida que só nos é possível por breve tempo: a vida do puro pensamento, a vida da atividade contemplativa.

Eis a estupenda passagem de Λ 7, na qual Aristóteles — fato extremamente raro para ele, pelo menos nos escritos de escola que nos chegaram — se comove, e na qual a sua linguagem quase se transforma em poesia, canto, hino de louvor:

> De tal princípio, portanto, dependem o céu e a natureza. E seu modo de viver é o mais excelente: é o modo de viver que só nos é concedido por breve tempo. E naquele estado Ele está sempre. Isso é impossível para nós, mas para Ele não é impossível, pois o ato de seu viver é prazer. E também para nós a vigília, a sensação e o conhecimento são sumamente agradáveis, justamente porque são ato, e, em virtude deles, também esperanças e recordações (...). Se, portanto, nessa feliz condição em que às vezes nos encontramos, Deus se encontra perenemente, isso nos enche de maravilha; e se Ele se encontra numa condição superior, é ainda mais maravilhoso. E ele se encontra efetivamente nessa condição. E Ele é também Vida, porque a atividade da Inteligência é vida, e Ele é, justamente, essa atividade. E sua atividade, subsistente por si, é vida ótima e eterna. Dizemos, com efeito, que Deus é vivente, eterno e ótimo; de modo que a Deus pertence uma vida perenemente contínua e eterna: isto, portanto, é Deus[10].

Mas o que Deus pensa?

Deus pensa o que há de mais excelente. Mas o que há de mais excelente é o próprio Deus. Portanto, Deus pensa a si mesmo: é atividade contemplativa de si mesmo (νόησις νοήσεως)[11].

Eis o que afirma textualmente Λ 7:

> (...) O pensamento que é pensamento por si, tem como objeto o que por si é mais excelente, e o pensamento que

---

9. *Metafísica*, Λ 7, 1072 b 14.
10. *Metafísica*, Λ 7, 1072 b 14-18, 24-30.
11. *Metafísica*, Λ 9, 1074 b 34 s.

é maximamente tem como objeto o que é excelente em máximo grau. A inteligência pensa a si mesma, captando-se como inteligível: de fato, ela é inteligível ao intuir e ao pensar a si mesma, de modo a coincidirem inteligência e inteligível. A inteligência é, de fato, o que é capaz de captar o inteligível e a substância, e é em ato quando os possui. Portanto, mais ainda do que aquela capacidade, o que de divino há na inteligência é essa posse e a atividade contemplativa é o que há mais prazeroso e de mais excelente[12].

E em Λ 9 se lê:

> Se, portanto, a Inteligência divina é o que há de mais excelente, pensa a si mesma e seu pensamento é *pensamento de pensamento*[13].

Deus, portanto, é eterno, imóvel, ato puro privado de potencialidade e de matéria, vida espiritual, pensamento de pensamento. Sendo assim, obviamente, "não pode ter nenhuma grandeza"[14], mas deve ser "sem partes e indivisível"[15]. E deve também ser "impassível e inalterável"[16].

A primeira e suprema substância, ou seja, a forma ou, melhor ainda, *o ser em seu mais alto grau coincide com a vida do pensamento que se pensa a si mesmo*. Esta é a verificação, em seu grau mais elevado, do que Parmênides exprimia no fragmento 3 de seu poema *Sobre a Natureza*: "O mesmo é o pensar e o ser" (τὸ γὰρ αὐτὸ νοεῖν ἐστίν τε καὶ εἶναι). Naturalmente, no sentido ontológico eleático e não no sentido idealístico moderno.

5. *O problema da unicidade de Deus e do Movente primeiro e supremo e da multiplicidade dos Moventes celestes*

Aristóteles, porém, pensou que Deus não bastava, sozinho, para explicar o movimento de todas as esferas das quais o céu é constituído. Deus move *diretamente* o primeiro móvel — o céu das estrelas fixas —; mas entre essa esfera e a Terra existem muitas outras esferas concêntricas, hierarquizadas e incluídas umas nas outras, que se movem cada uma

---

12. *Metafísica*, Λ 7, 1072 b 18-24.
13. *Metafísica*, Λ 9, 1074 b 34 s.
14. *Metafísica*, Λ 7, 1073 a 5 s.
15. *Metafísica*, Λ 7, 1073 a 6 s.
16. *Metafísica*, Λ 7, 1073 a 11.

segundo diferentes movimentos. Quem move todas essas esferas e causa os diferentes movimentos?

As respostas poderiam ser duas: ou são movidas pelo movimento derivado do primeiro céu, que se transmite mecanicamente de uma à outra; ou são movidas por outras substâncias suprassensíveis e eternas, que movem de modo análogo ao Primeiro Movente.

A segunda solução é a que Aristóteles acolhe. Com efeito, a primeira não se enquadraria bem com a concepção da *diversidade* dos vários movimentos das diferentes esferas. Os movimentos das várias esferas são, justamente, diversos e não uniformes, em vista de poder produzir, combinando-se de vários modos, o movimento dos planetas (que não é um movimento perfeitamente circular). Portanto, não se veria como do movimento do primeiro céu poderiam derivar diferentes movimentos, nem como, pela atração uniforme de um único Movente, poderiam derivar movimentos circulares dirigidos em sentido oposto. Estas são as razões pelas quais Aristóteles introduziu a multiplicidade dos Moventes, pensados como *substâncias suprassensíveis, capazes de mover de modo análogo a Deus,* quer dizer, como causas finais (causas finais relativamente às esferas individuais).

Com base nos cálculos da astronomia de seu tempo, e operando algumas correções que pessoalmente considerava necessárias (e isto se verá em Λ 8), Aristóteles estabeleceu em *cinquenta e cinco* o número das esferas, admitindo contudo, uma possível diminuição a *quarenta e sete*. E se tantas são as esferas, tantas deverão ser as substâncias imóveis e eternas que produzem seus movimentos. Deus ou o primeiro Movente move diretamente a primeira esfera, e só indiretamente as outras; outras cinquenta e cinco substâncias suprassensíveis movem as outras cinquenta e cinco esferas[17].

Esta é uma forma de "politeísmo"?

O problema é complexo e só admite uma resposta complexa.

Recordemos, em primeiro lugar, que para Aristóteles, assim como para Platão e, em geral, para o grego, "o divino" designa uma ampla esfera, na qual, a título diverso, entram múltiplas e diferentes realidades. "Divinas" são, para Platão, as Ideias do Bem e do Belo e, em geral, todas as Ideias, "Divino" é o Demiurgo; "divinas" são as almas; "divinos" são os astros e "divino" é o mundo. Analogamente, para Aristóteles, "divino" é o Movente imóvel, "divinas" são as substâncias suprassensíveis e imóveis moventes dos céus, "divinos" são os astros, e "divina" é também a alma intelectiva

---

17. Cf. *Metafísica,* Λ 8, *passim.*

dos homens. Divino, em suma, é tudo o que é eterno e incorruptível. O *grego não sentiu a antítese unidade-multiplicidade do divino*: e não é por acaso que a questão nunca foi explicitada do ponto de vista teorético e discutida nesses termos.

Segundo a *forma mentis* do grego, a existência de cinquenta e cinco substâncias suprassensíveis além da Primeira, isto é, além do Movente imóvel, deveria parecer coisa muito menos estranha do que para nós; pois bem, mesmo admitindo isso, devemos dizer que não se pode ignorar certa tentativa de unificação por parte de Aristóteles. Antes de tudo, ele chamou explicitamente com o termo Deus em sentido forte só o Primeiro Movente. Na passagem de Λ 8, onde é exposta a doutrina da pluralidade dos moventes, Aristóteles reafirma a *unicidade* do *Primeiro* Movente — Deus propriamente dito — e dessa unicidade deduz também a unicidade do Mundo. E o livro Λ, como é sabido, se conclui com a solene afirmação de que as coisas não querem ser mal governadas por uma multiplicidade de princípios, coroada, como para dar maior solenidade, pelo significativo verso de Homero:

> *O governo de muitos não é bom, um só seja o governante.*

É claro, então, que Aristóteles só poderia conceber as outras substâncias imóveis moventes das esferas individuais como *hierarquicamente inferiores* ao Primeiro Movente Imóvel. E, com efeito, sua hierarquia se revela, a partir de Λ 8, como a mesma da ordem das esferas que movem os astros.

Em Λ 8 lemos:

> Portanto, é evidente que existem essas substâncias, e que, destas, *uma vem primeiro e a outra depois* na mesma ordem hierárquica dos movimentos dos astros[18].

Por isso, todas as cinquenta e cinco esferas são inferiores ao primeiro Movente e, ulteriormente, são hierarquizadas umas com relação às outras. Isso explica que possam ser substâncias individuais, *diversas* umas das outras: são formas puras imateriais, uma inferior à outra.

Se levarmos na devida consideração os influxos platônicos, compreenderemos muito bem não só as múltiplas Inteligências moventes e sua estrutura hierárquica, mas também a coerência que elas têm no interior do sistema aristotélico. Mas a esta problemática voltaremos adiante. Para concluir sobre a questão que estamos discutindo, devemos destacar o seguinte.

---

18. *Metafísica*, Λ 8, 1073 b 1-3.

Em Aristóteles há certa tendência ao monoteísmo, porém incompleta, parcial e mais de exigência do *que efetiva*. Monoteísmo *de exigência*, porque ele tentou separar nitidamente o Primeiro Movente dos outros, situando-o num plano totalmente diferente, de modo a poder, legitimamente, chamá-lo de único, e dessa unicidade poder deduzir a unicidade do Mundo. Mas, monoteísmo incompleto e parcial porque as cinquenta e cinco substâncias moventes são também substâncias imateriais eternas, *independentes do Movente Imóvel quanto ao ser*.

O Deus aristotélico *não* é criador das cinquenta e cinco Inteligências moventes: daqui a dificuldade sobre a qual refletimos.

Sobre este ponto Platão foi muito além, pondo todos os deuses como criados pelo Deus demiurgo, como demonstramos no nosso volume dedicado a Platão, aduzindo toda uma série de argumentos e de textos muito amiúde descuidados, ao qual remetemos o leitor que esteja interessado nessa questão[19].

O Estagirita, depois, deixou completamente sem explicação, pelo menos na *Metafísica*, a relação precisa existente entre Deus e essas substâncias e, também, entre essas substâncias e as esferas que elas movem. A Idade Média transformará estas substâncias nas célebres "inteligências angélicas" moventes.

6. Deus e o Mundo

Deus, como vimos, pensa e contempla a si mesmo. Pensa também o mundo e os homens que estão no mundo?

Aristóteles não deu uma solução clara ao problema e parece, pelo menos em certa medida, tender para a negativa.

A existência do Mundo e dos princípios universais do Mundo é um conhecimento que o Deus aristotélico certamente possui. No primeiro livro diz explicitamente que, se alguém possui perfeitamente o conhecimento das causas e dos princípios supremos, este é justamente Deus.

Convém reler a passagem, que já indicamos outras vezes como essencial:

> Esta [isto é, a ciência das causas e dos primeiros princípios],
> de fato, entre todas, é a mais divina e a mais digna de honra.

---

19. Cf. G. Reale, *Para uma nova interpretação de Platão* (1997), pp. 437-537, particularmente 517-530.

Mas uma ciência só pode ser divina nos dois sentidos seguintes: (1) ou porque *ela é ciência que Deus possui em grau supremo*, (2) ou porque ela tem por objeto as coisas divinas. Ora, só a sapiência possui *essas duas características*. De fato, é convicção comum a todos que Deus seja uma causa e um princípio, e, também, *que Deus, exclusivamente ou em sumo grau tenha esse tipo de ciência*[20].

Deus conhece, portanto, o Mundo *pelo menos em seus princípios supremos*. Por outro lado, se o próprio Deus é o Princípio supremo, é claro também que deverá se conhecer *como tal*: conhecerá a si mesmo também como objeto de amor e de atração de todo o universo. E, analogamente, a partir de uma passagem muito significativa de B 4, fica claro que Aristóteles admitia um conhecimento do mundo por parte de Deus, dado que a Empédocles é reprovado o seguinte:

> Por isso, também a partir de suas [de Empédocles] afirmações segue-se que Deus, que é sumamente feliz, é menos inteligente do que os outros seres. *De fato, ele não conhece todas as coisas* [segundo Empédocles], *porque* [com base nos pressupostos de seu sistema] não tem em si a discórdia, e só há conhecimento do semelhante pelo semelhante[21].

É certo, porém, que os indivíduos enquanto tais, em suas limitações, deficiências e pobreza, não são conhecidos por Deus: esse conhecimento do imperfeito, aos olhos de Aristóteles, representaria uma *diminutio* para Deus.

Eis alguns textos suficientemente eloquentes de Λ 9:

> Contudo, tanto na hipótese de que sua substância [*i.é*, a substância da Inteligência de Deus] seja a capacidade de entender, como na hipótese de que sua substância seja o ato de entender, o que ela pensa? Ou pensa a si mesma, ou algo diferente; e se pensa algo diferente, ou pensa sempre a mesma coisa, ou algo sempre diverso. *Mas, é ou não é bem diferente pensar o que é belo ou uma coisa qualquer? Ou não é absurdo que ela pense certas coisas?* Portanto, é evidente, que ela pensa o que é mais divino e mais digno de honra e que o objeto de seu pensar não muda: a mu-

---

20. *Metafísica*, A 2, 983 a 5-10.
21. *Metafísica*, B 4, 1000 b 3-6.

dança, com efeito, é sempre para pior, e essa mudança constitui sempre uma forma de movimento[22].

E logo em seguida, demonstrando que a Inteligência divina é por sua natureza ato, o Estagirita acrescenta:

> Em primeiro lugar, se não é pensamento em ato, mas em potência, logicamente a continuidade do pensar seria fatigante para ela. Ademais, é evidente que alguma outra coisa seria mais digna de honra do que a Inteligência: a saber, o Inteligível. De fato, a capacidade de pensar e a atividade de pensamento também pertencem a quem pensa a coisa mais indigna: de modo que, se isso deve ser evitado — *é melhor, de fato, não ver certas coisas do que vê-las* —, o que há de mais excelente não pode ser o pensamento. Se, portanto, a Inteligência divina é o que há de mais excelente, ela pensa a si mesma, e seu pensamento é pensamento de pensamento[23].

Dessas passagens, portanto, é impossível não concluir que os indivíduos empíricos, segundo Aristóteles, são indignos, justamente por sua empiricidade e particularidade, do pensamento divino.

Outra limitação do Deus aristotélico, que tem o mesmo fundamento da precedente, ou seja, o fato de não ter criado o mundo, o homem, as almas individuais, consiste no fato de ser objeto de amor, *amado* e não *amante* (o amante é o cosmo), e por isso *não ama* (ou, no máximo, só ama a si mesmo). Os indivíduos enquanto tais não são objeto do amor divino: Deus não se inclina para os homens e menos ainda para o homem individual. Cada um dos homens, como cada coisa, tende de vários modos a Deus (ama a Deus), mas Deus, como não pode conhecer, também não pode amar nenhum dos homens individuais.

Deve-se, ademais, observar que, além desses conceitos expressos no livro Λ da *Metafísica*, Aristóteles apresentava paralelamente também outros conceitos nas suas obras publicadas, como complemento destas. Mas, infelizmente, os escassos fragmentos que nos chegaram dos escritos exotéricos não nos permitem reconstruir com segurança o pensamento aristotélico sobre essa temática em sentido global. Em todo caso, o livro Λ da *Metafísica* se impôs desde sempre como um ponto de referência irrenunciável para exprimir, no nível do *logos*, ou seja, de forma conceitual, a representação de Deus.

---

22. *Metafísica*, Λ 9, 1074 b 21-27.
23. *Metafísica*, Λ 9, 1074 b 28-35.

Capítulo sétimo

Breve análise de cada um dos livros da *Metafísica*

Queremos completar (atendo-nos da maneira mais rigorosa possível à análise interna da *Metafísica*) o que até agora dissemos neste *Ensaio introdutório*, apresentando uma análise de cada um dos livros, o que permitirá ter um quadro geral da obra. Dessa análise deverá emergir o fio unitário, que, por mais que tenha sido contestado pelos intérpretes seguidores do método genético, só pode ser desconhecido (quem quer que seja que o tenha introduzido: o próprio Aristóteles ou o editor da coletânea) em função de hipotéticas e arbitrárias exegeses. O leitor também poderá ver, para completar esse quadro, nosso volume: *Il concetto di filosofia prima, passim.*

1. O *livro* A *(primeiro)*

O esquema do livro — perfeitamente unitário — é o seguinte.

A "sapiência" (σοφία), ou seja, a metafísica, é a mais elevada das formas do conhecimento humano, e consiste no conhecimento das *causas* e dos *princípios*; antes, mais precisamente: no conhecimento das causas e princípios *primeiros* (capítulos 1-2).

Quais são essas causas e princípios primeiros? São, diz Aristóteles, as *quatro* causas, já elucidadas na *Física* (B 3 e 7): a causa *formal*, a causa *material*, a causa *eficiente* e a causa *final* (capítulo 3, início).

Como prova de que justamente estas e somente estas sejam as causas primeiras, Aristóteles empreende um amplo desenvolvimento histórico-teorético, visando mostrar que todos os que filosofaram antes dele não falaram senão dessas quatro causas, embora de maneira imperfeita e confusa (capítulos 3-6). Particularmente amplo, como era natural que fosse, é o desenvolvimento sobre Platão (capítulo 6).

Depois de uma recapitulação (capítulo 7), seguem-se a crítica pormenorizada dos pré-socráticos (capítulo 8) e dos platônicos (capítulo 9), e uma breve conclusão (capítulo 10).

Do livro emergem, portanto, quatro pontos perfeitamente concatenados: *a*) que a metafísica é a ciência das causas primeiras; *b*) que as causas são quatro; *c*) que não podem ser mais nem menos, porque isso decorre também do que já disseram todos os predecessores; *d*) que os predecessores devem ser corrigidos em suas afirmações segundo o modo indicado por Aristóteles.

Diante desse esquema, que é tão claro e linear, não deveria haver dúvidas. Ao contrário, os intérpretes modernos não hesitaram em propor audazes desmembramentos. Jaeger, por exemplo, pretendeu encontrar no livro três diferentes redações; Gohlke, ao invés, depois de ter proposto uma gênese interna de A totalmente diferente, chega a dizer que A deveria ser cancelado da última redação da *Metafísica* e substituído por ἆ ἔλαττον. Já expusemos e criticamos essas visões nas pp. 43-45 de *Il concetto di filosofia prima*, e remetemos a estas páginas.

Queremos, ao contrário, destacar aqui uma questão que se tornou clássica. Em A 9, Aristóteles expõe uma série de críticas contra a doutrina platônica e dos platônicos; e boa parte dessas críticas é retomada em M 4-5, quase literalmente, mas com uma particular variante sistemática: em A 9 o Estagirita usa a *primeira pessoa* do plural ao falar dos platônicos (como se estivesse dizendo "nós platônicos"!), e na retomada em M 4-5 *substitui a primeira pessoa do plural pela terceira*. Cf. A 9, 992 a 11: τίθεμεν; 25: εἰάκαμεν, λέγομεν; 27: φαμέν; 28: λέγομεν; 31: φαμέν. Em M, ao invés: 1079 a 5: δείκνυται por δείκνυμεν de 990 b 9; 1079 a 7: οἴονται por οἰόμεθα de 990 b 11; 1079 a 12: φασίν em lugar de φαμέν de 990 b 16; 1079 a 20: καθ' ἥν φασιν em lugar de καθ' ἥν... φαμεν de 990 b 23; 1080 a 6: φασίν em vez de φαμέν de 991 b 7.

Como entender essa anomalia?

Jaeger afirmou: a primeira pessoa do plural indica que na época de composição de A 9, Aristóteles se reconhecia ainda entre os platônicos ("nós platônicos"), sua sistemática eliminação, ao contrário, indica que, quando escreveu M 4-5, *não* se reconhecia mais entre os platônicos, por causa de uma evolução ulterior e um consequente distanciamento da escola de Platão. Assim o livro A deveria remontar — continua Jaeger — aos anos imediatamente posteriores à morte de Platão, no tempo em que ocorreu também a composição do Περὶ φιλοσοφίας, no período de Assos[1]. A tese é indubitavelmente engenhosa; mas, em primeiro lugar, é de muito pequeno alcance filosófico e, ademais, não é absolutamente segura e indiscutível.

---

[1]. Jaeger, *Aristotele*, p. 228 ss.

Consideremos esses dois pontos.

Em primeiro lugar. Mesmo concedendo que o livro A devesse remontar ao período de Assos, o fato de que, muito tempo depois, em M 4-5, retomando a crítica da doutrina das Ideias, Aristóteles considerasse válido tudo o que dissera em A 9, a ponto de transcrevê-lo literalmente, e mudasse apenas a primeira pessoa do plural, por si já depõe *contra a relevância da evolução ocorrida no pensamento do Estagirita nesse ínterim*. Na verdade, a mudança de pessoa se revela uma questão mais formal do que substancial, *se todo o resto permanece* — como efetivamente permanece — *totalmente sem mudança*. O sentido do argumento genético poderia, portanto, até mesmo ser invertido. Poder-se-ia dizer: se, muito tempo depois de ter composto A 9, Aristóteles, retomando a crítica do platonismo, limita-se a corrigir apenas a primeira pessoa, quer dizer que, já no início, sua posição diante do platonismo permaneceu definitiva, do princípio ao fim, em sua substância.

Em segundo lugar. Não é evidente que o plural em primeira pessoa deva ser entendido como "plural comunicativo" (talvez com uma ponta de ironia "nós, platônicos!"), associativo e didático. "Se devêssemos aceitar a interpretação de Jaeger — diz muito bem Iannone — deveríamos também concluir que Aristóteles é ao mesmo tempo platônico e antiplatônico"[2], isto é, ele ter-se-ia incluído entre os platônicos justamente para destruir pela raiz (pois tal é a crítica por ele movida) a doutrina dos platônicos.

O que nos interessa não é tanto notar a datação antiga de A como tal, mas as inferências filosóficas que Jaeger dela extrai, isto é, a impossibilidade afirmada por ele de entender a *Metafísica* como *especulativamente homogênea*. Aqui, por exemplo, é demasiado evidente que A 9 e M 4-5 são, do ponto de vista especulativo, *perfeitamente homogêneos*: de fato, é certo que não basta de maneira nenhuma a mudança da primeira para a terceira pessoa do plural para mudar a homogeneidade.

Além disso, em A 9 o conceito de imanência do *eidos* e da estrutura hilemórfica das coisas é de tal modo radical que o (pretenso) mais amadurecido livro Z não terá nada a mudar a respeito disso.

---

2. A. Iannone, *I logoi essoterici di Aristotele*, in "Atti dell'Istituto Veneto di Scienze, Lettere ed Arti", 113 (1954-1955), p. 200. Devem também ser lidas as observações de J. Annas, *Aristotle's Metaphysics, Books M and N, translated with introduction and notes*, Oxford 1976; ver particularmente a edição italiana: *Interpretazione dei libri M-N della "Metafisica" di Aristotele*. Traduzione di E. Cattanei, Introduzione e traduzione dei libri M-N della "Metafisica" di Aristotele di G. Reale, Vita e Pensiero, Milão 1992, espec. p. 125.

No que se refere à tese de Gohlke, o qual sustenta que a (pretensa) última *Metafísica* não devia mais conter A[3], basta dizer que, se assim fosse, Aristóteles teria contradito seu próprio método constante — o método doxográfico — de discutir as opiniões dos predecessores justamente em vista de melhor enfocar e resolver os problemas. O momento do exame das doutrinas dos outros é para o Estagirita sempre a melhor preparação para a solução das várias questões, e com isso é também reafirmado o caráter introdutório do livro A.

2. O livro ᾶ ἔλαττον (segundo)

O livro ᾶ consta de três capítulos (é o mais breve de toda a *Metafísica*): os dois primeiros são estreitamente ligados, enquanto perseguem o mesmo pensamento; o nexo do terceiro capítulo com os dois precedentes é tênue, mas parece existir.

Em primeiro lugar são ilustradas as dificuldades — objetivas e subjetivas — inerentes à busca da verdade. Em seguida a filosofia (metafísica) é identificada com a busca da verdade. Enfim, a pesquisa da *verdade* é identificada com a pesquisa das *causas*. A verdade é, portanto, a causa ou a razão de ser das coisas, suma verdade e ser supremo é a causa primeira, isto é, a causa que é razão de ser da verdade das coisas que dela dependem (capítulo 1).

Depois da redução da verdade à causa, demonstra-se a necessidade de que as causas sejam finitas, seja quanto ao *número*, seja quanto à *série*. Essa necessidade é demonstrada, não como em A, com um exame histórico das doutrinas dos predecessores, mas com argumentos puramente teoréticos (capítulo 2).

O livro se encerra com algumas reflexões sobre o *método* da pesquisa. Enquanto os dois primeiros capítulos tratam do objeto da filosofia, o último trata de seu método: este é um laço suficiente para ligar ᾶ 3 a ᾶ 1-2.

Muito se discutiu sobre a autenticidade do livro, desde a antiguidade, pelas seguintes razões:

a) é uma coletânea de pensamentos fragmentários.

b) Insere-se com dificuldade entre A e B; a própria numeração (com ᾶ minúsculo) indica sua inserção posterior.

c) Não existe nenhuma citação dele nos outros livros.

---

3. Gohlke, *Die Entstehung der aristotelischen Prinzipienlehre*, cit., pp. 91 ss.

d) O final parece introduzir a um tratado de física, mais do que a um de metafísica.

Acabou-se assim por aceitar como provável a notícia referida por um códice numa nota marginal, segundo a qual ᾶ seria obra de Pasicles de Rodes, discípulo de Aristóteles e filho de Boeto, irmão de Eudemo. Na verdade, porém, a própria nota marginal recorda que Alexandre o considerava obra de Aristóteles[4]. Desse modo, a nota marginal por si não é decisiva; tanto mais que — e desta vez foi Jaeger quem o notou — o livro poderia ser referido *materialiter* a Pasicles, mas como apontamentos das lições aristotélicas[5].

Mais recentemente sustentou-se a tese segundo a qual a nota marginal do códice do qual falamos acima não se referiria a ᾶ, mas a A, e só por um antigo erro de leitura teria sido referido a ᾶ[6].

Queremos refutar, uma a uma, as razões aduzidas contra a autenticidade de ᾶ.

a) O livro ᾶ não é, absolutamente, mais fragmentário do que muitos outros livros e, como já se viu pelo esquema traçado, e melhor veremos ao lê-lo, tem seu nexo lógico e mesmo as observações metodológicas no último capítulo não são totalmente fora de lugar, se lidas de certa maneira.

b) Não se insere com dificuldade entre A e B, porque não interrompe absolutamente o nexo entre A e B, apresentando-se como um complemento de A: o livro A só mostrou que *de fato* não foram transmitidas pelos predecessores outras causas além das quatro; ᾶ mostra a necessária

---

4. Eis as afirmações textuais do escólio: τοῦτο τὸ βιβλίον οἱ πλείους φασίν εἶναι Πασικλέους τοῦ Ῥοδιόυ, ὃς ἦν ἀκροατὴς Ἀριστοτέλους, υἱὸς δὲ Βοηθοῦ τοῦ Εὐδήμου ἀδελφοῦ. E eis as explicações do mesmo escólio: Ἀλέξανδρος δὲ ὁ Ἀφροδισιεύς φησιν εἶναι αὐτὸ Ἀριστοτέλους. Cf. Alexandre, *In Metaph.*, p. 137, 2 Hayduck, o qual diz expressamente: τὸ ἔλαττον ἄλφα τῶν Μετα τὰ Φυσικὰ ἔστι μὲν Ἀριστοτέλους...

5. Cf. W. Jaeger, *Studien zur Entstehungsgeschichte der Metaphysik des Aristoteles*, Berlim 1912, pp. 114-128.

6. Sobre este problema ver: E. Berti, *La fonction de Métaph. alpha elatton dans la philosophie d'Aristote*, in P. Moraux - J. Wiesner (orgs.), *Zweifelhalftes im Corpus Aristotelicum. Aktem des 9. Symposium Aristotelicum (Berlin 7-16 September 1981)*, Berlim-Nova Iorque, 1983, pp. 260-294; G. Vuillemin-Diem, *Anmerkungen zum Pasikles-Bericht und zu Echtheitszweifeln am grösseren und kleineren Alpha in Handschriften und Kommentaren*, ivi, pp. 157-192; E. Berti, *Note sulla tradizione dei primi due libri della "Metafisica" di Aristotele*, "Elenchos", 3 (1982), pp. 5-37; S. Bernardinello, *Gli scolî alla "Metafisica" di Aristotele nel f. 234' del Parisinus Graecus 1853 (E)*, ivi, pp. 39-54. Ver também aí, inserida entre as pp. 48 e 49 uma bela reprodução fotográfica da página do códice que mostra muito bem o modo como foi inserido o escólio.

finitude *de direito* do número das causas. Ademais, as últimas linhas de A falam de duas ordens de problemas ou aporias a serem abordadas: agora é claro que a primeira ordem de problemas é a que foi tratada em ᾶ e a segunda ordem de problemas (τὰς δ'ὕστερον ἀπορίας) — e só esta — é a ordem tratada em B, como veremos melhor no comentário[7].

c) É verdade que não existe nenhuma citação segura de ᾶ nos outros livros da *Metafísica* aristotélica, mas existem duas citações seguras na *Metafísica* de Teofrasto[8]. E como Teofrasto, em seu escrito metafísico, se remete justamente à *Metafísica* e não a outros escritos aristotélicos, isto pode ser suficiente. Ver as sinopses das passagens em questão em nosso volume: *Teofrasto e sua aporética metafísica*[9].

d) Contra a última dúvida vale ainda a consideração precedente e também a exegese (a nosso ver perspicaz e apropriada) de Gohlke[10], que apresentamos no comentário. No final de ᾶ 3, a física é chamada em causa apenas a modo de exemplo e, portanto, não há razão para sustentar que o que deveria seguir só pudesse ser um desenvolvimento de física.

e) Se, depois, sustenta-se a tese segundo a qual a nota marginal do códice que refere a redação do livro a Pasicles de Rodes deve ser conexa ao livro A e não ao livro ᾶ, toda dúvida levantada contra nosso livro perde qualquer fundamento.

Como se vê, provadas criticamente, não existem razões para desqualificar ᾶ, sem contar que o livro contém algumas reflexões verdadeiramente esplêndidas e tipicamente aristotélicas, como a seguinte (que é totalmente retomada por Teofrasto[11]):

> E dado que existem dois tipos de dificuldades [i.é.: a dificuldade de captar a verdade], é possível que a causa da dificuldade da pesquisa da verdade não esteja nas coisas, mas em nós. Com efeito, assim como os olhos dos morcegos reagem diante da luz do dia, assim também a inteligência

---

7. Cf. *Metafísica*, A 10, 993 a 25-27 e relativo comentário.
8. Teofrasto, *Metafísica*, 9 b 10-13 e 10 a 5-9.
9. G. Reale, *Teofrasto e la sua aporetica metafisica. Saggio di ricostruzione e di interpretazione storico-filosofica con traduzione e commento della Metafisica*, Brescia 1964, pp. 133 s.; apresentado também na quarta edição do nosso *Il conc. di filos. prima...*, 1984, pp. 457 s. e na quinta edição, 1993, p. 53.
10. Gohlke, *Die Entstehung der aristotelischen Prinzipienlehre*, p. 94.
11. Teofrasto, *Metafísica*, 9 b 10-13.

que está em nossa alma se comporta diante das coisas que, por sua natureza, são as mais evidentes[12].

Esta passagem traduz com belíssima imagem aquilo que é afirmado conceitualmente no final de Z 3[13].

O livro ᾱ pode muito bem ser lido (e não sem fruto) como um apêndice e complemento do livro A.

3. O *livro* B *(terceiro)*

O livro contém a consideração das "aporias", isto é, de um grupo de *problemas* que constituem o núcleo essencial da problemática metafísica. No primeiro capítulo, Aristóteles expõe as razões pelas quais é necessário, preliminarmente, tomar perfeita consciência dos problemas como tais. Os problemas são como os nós, e os nós não podem ser desatados quando ignorados; noutros termos: tanto mais adequada é a solução de um problema quanto maior é a consciência dele. Os "problemas" são primeiramente — sempre no primeiro capítulo — enumerados e, nos capítulos sucessivos, sistematicamente discutidos.

A discussão dos problemas — note-se — é muito viva. E esta vivacidade é obtida por Aristóteles em função da *estrutura antinômica da discussão dos próprios problemas*, de que falaremos amplamente no comentário.

Eis a tábua dos problemas:

1. Compete a uma só ou a várias ciências estudar os diferentes gêneros de causas?

2. Compete à mesma ciência ou a ciências diferentes o estudo dos princípios das substâncias e da demonstração?

3. Compete à mesma ciência ou a ciências diferentes o estudo de todas as substâncias?

4. A ciência trata só da substância ou também dos acidentes?

5. Existem apenas substâncias sensíveis ou também outras substâncias? Estas são de um único gênero ou não?

6. Os princípios primeiros são os gêneros ou os elementos materiais?

7. Os princípios primeiros são os gêneros supremos ou os gêneros ínfimos?

---

12. *Metafísica*, ᾱ 1, 993 b 7-11. Ver também a correspondência de ᾱ 3, 995 a 14-17 com Teofrasto, *Metafísica*, 10 a 5-9. cf. *Il conc. di filos. prima*[5] (1993), p. 53.
13. *Metafísica*, Z 3, 1029 b 3-12.

8. Se não existe nada além das coisas singulares, como é possível a ciência?
9. A unidade dos princípios é específica ou genérica?
10. Os princípios das coisas corruptíveis são os mesmos das coisas incorruptíveis?
11. O Ente e o Um são substâncias das coisas ou não?
12. Os números e os entes geométricos são substâncias ou não?
13. Por que, além das substâncias sensíveis e dos intermediários, é preciso buscar outros entes, como por exemplo as Ideias?
14. Os elementos são em potência ou em ato?
15. Os princípios são universais ou singulares?

Em todos esses problemas Aristóteles apresenta as soluções dos naturalistas e a elas contrapõe as soluções dos platônicos, mostrando que nem as primeiras nem as segundas se sustentam, e que, ao mesmo tempo, umas e outras têm elementos verdadeiros. O leitor é deixado na "tensão" da aporia, mas com a enorme vantagem, além do interesse adquirido pelo problema, de ter visto o *pró* e o *contra* de cada questão.

Dos numerosos problemas relativos à exegese de B destacamos um essencial (os demais poderão ser vistos, não só no comentário ao livro, também no nosso volume: *Il concetto di filosofia prima*, pp. 54-98).

Jaeger acreditou que podia afirmar o caráter "platônico" das aporias, porque — diz ele — são centradas, fundamentalmente, sobre o problema do χωρισμός (ver os problemas 5 e 8); elas não só nasceriam de terreno platônico, mas também tenderiam a restaurar o feito operado por Platão no campo do suprassensível. O livro B pertenceria, portanto, à "primeira" metafísica[14].

Esta tese é absolutamente arbitrária, porque desconhece a própria estrutura da aporética. Jaeger não levou minimamente em conta que nas aporias Aristóteles não se limita a criticar e a fazer valer somente instâncias platônicas, mas, do mesmo modo, ele critica e faz valer também instâncias antiplatônicas. Trata-se, em suma, não de *uma* única posição de pensamento que é problematizada para ser criticamente recuperada — como pretende Jaeger —, mas de *duas* posições de pensamento radicalmente divergentes — a platônica e a naturalística —, que são contrapostas na tentativa de assinalar sua unilateralidade e, ao mesmo tempo, na tentativa de tirar partido das justas instâncias que ambas fazem valer.

---

14. Jaeger, *Aristotele*..., pp. 231 ss.

Antes, é de tal modo unilateral a tese de Jaeger, limitada a uma única faixa das aporias, que Oggioni acreditou, tomando consciência da outra faixa da aporética, poder sustentar a tese contrária: que as aporias são ditadas por uma tomada de posição nitidamente *antiplatônica* e *empirista*. Mas, ao fazer isso, Oggioni cai em erro igual e contrário ao de Jaeger[15].

A verdade está no meio.

Aristóteles escreve as aporias sabendo muito bem que é insustentável *tanto* a posição dos platônicos *como* a dos naturalistas, mesmo que ambos tenham suas razões. *A solução dos problemas só se alcança num plano mais elevado, que compreenda os dois*: num plano que permita levar em conta, de modo sintético, seja a instância positiva contida na posição platônica, seja da oposta instância positiva contida na posição antiplatônica.

No que se refere à ordem, B segue a Aα, não só porque remete explicitamente a A (cf. B 2, 996 b 8), mas porque logicamente supõe as posições de A: em A a metafísica foi definida, fundamentalmente, como ciência dos princípios supremos, em B se indica quais são os principais problemas que concernem, justamente, a esses princípios.

Ademais, esses "problemas" e o livro B serão muitas vezes citados no curso da *Metafísica*: cf. Γ 2, 1004 a 33 s.; I 2, 1053 b 10; M 2, 1076 a 38-b 1; M 10, 1086 b 15.

Todos os problemas serão explicitamente ou, pelo menos, de forma implícita, resolvidos no curso da *Metafísica*.

Os problemas 1-4 são resolvidos em Γ 1-3.

O problema 5, depois de ser retomado muitas vezes (cf. especialmente Z 2), é resolvido nos livros ΛMN. Os problemas 6 e 7 têm uma resposta apenas implícita em Z 10, 1035 a 24, 30 e Z 12, 1038 a 19; cf. também Z 13 e Λ 4.

Para a solução do problema 8, ver Z 8, 13, 14; Λ 6-10, M 10.

O problema 9 é resolvido em Z 14; Λ 4-5 e M 10.

O problema 10 é resolvido em Z 7-10 e Λ.

O problema 11 é resolvido em Z 16, 1040 b 16 ss. e I 2.

O problema 12 é resolvido em M 1-3 e 6-9; N 1-3 e 5-6.

O problema 13 encontra solução nos textos que tratam e resolvem o problema 5.

O problema 14 é resolvido e Θ 8 e em Λ 6-7.

O problema 15 é resolvido em Z 13, 14, 15 e em M 10.

---

15. Oggioni, *Aristotele. La Metafisica*..., pp. 119 ss.

Concluindo: se B põe uma série de problemas e se alguns livros posteriores expressamente se remetem a eles, é claro que não se pode desconhecer certo laço entre os vários livros e certo desenho de caráter conceitual, mesmo que não, obviamente, de caráter literário e, portanto, mesmo mantendo bem firme a tese de que a *Metafísica* não foi composta como livro unitário, mas é uma coletânea de vários escritos.

4. O livro Γ (quarto)

O conteúdo do livro Γ é simples de ser resumido.

O primeiro capítulo explica que existe uma ciência do ser enquanto ser e esclarece o modo como ela deve ser entendida.

O segundo capítulo enfrenta o próprio conceito de *ser*, assim como o conceito de *um* (estreitamente ligado ao de ser) e os principais conceitos derivados do um. O terceiro capítulo estabelece que é de competência da ciência do ser também o estudo dos princípios lógicos fundamentais, dos quais o primeiro é o de não contradição.

Os capítulos restantes (3-8) são uma defesa polêmica, ou seja, não uma "demonstração" mas uma "mostração" do princípio de não contradição contra os que o negam (heraclitianos e sofistas).

Dado que a unidade interna do livro não foi percebida por alguns, convém destacá-la.

A ligação de Γ com B é óbvia, já que Γ 1-3 resolve as quatro primeiras aporias, uma das quais, em Γ 2[16], como já dissemos, é até mesmo expressamente citada.

Eis como se explica a unidade interna do livro. Γ 1 fala da ciência do ser e, logicamente, Γ 2 explica o que é o ser. Do conceito de ser Aristóteles passa, também logicamente, a falar do *um*, que é um conceito convergente com o ser (superando a *henologia* platônica na própria *ontologia*, como veremos).

Por que, então, em Γ 2 ele também fala do *múltiplo*, do *diverso*, do *semelhante*, do *desigual* etc.? Isso também é perfeitamente explicável: trata-se de conceitos que podem ser derivados do *um* e de seu contrário, absorvidos por Aristóteles na problemática ontológica.

---

16. *Metafísica*, Γ 2, 1004 a 33 s.

Há mais, porém. Na quarta aporia, no texto de B 1, Aristóteles disse expressamente:

> Portanto, como se disse, é preciso investigar essas questões e também a seguinte: se nossa investigação trata unicamente das substâncias ou também das propriedades das substâncias. E além disso, será preciso investigar que ciência tem a tarefa de indagar sobre o "mesmo" e sobre o "outro", o "semelhante" e o "dessemelhante", a "contrariedade", o "antes", o "depois", e todas as outras noções desse gênero (...)[17].

A segunda aporia, ademais, perguntava se compete à metafísica, além do estudo dos princípios da substância, também o dos princípios lógicos fundamentais ou não. Γ 3 responde positivamente. E, consequentemente, passa ao estudo desses princípios (o de não contradição e o do terceiro excluído).

Quanto à tentativa de datar o livro e de tirar daí conclusões acerca de seu significado no interior da pretensa evolução da metafísica, basta observar o seguinte. Do fato de que o final[18], que desenvolve um raciocínio fundado na doutrina do Movente imóvel, esteja faltando em alguns manuscritos antigos (como nos diz Alexandre[19]) foram tiradas duas conclusões diametralmente opostas: Jaeger[20] pensou que Aristóteles o *cortou*, dado seu caráter teológico, em consonância com a (pretensa) convicção última de caráter não mais teológico; outros[21], ao contrário, pensaram que Aristóteles o acrescentou, já que o momento teológico não seria primeiro, mas último.

Vimos que o momento teológico é *estrutural* e não primeiro ou último. Quem quiser ulteriores provas particularmente referidas a Γ, veja *Il concetto di filosofia prima*, pp. 99-142.

5. O livro Δ (quinto)

O livro Δ é um estudo dos diferentes significados de um grupo de termos filosóficos, do qual não se vê, pelo menos imediatamente, a ligação com o livro precedente nem com o que se segue, nem a unidade interna.

---

17. *Metafísica*, B 1, 995 b 18-25.
18. *Metafísica*, Γ 8, 1012 b 22-31.
19. Alexandre, *In Metaph.*, p. 341, 30.
20. Jaeger, *Aristotele...*, pp. 285 s.
21. Oggioni, *Aristotele. La Metafisica...*, pp. 212 s.; Gohlke, *Aristoteles. Metaphysik*, Paderborn 1951, p. 448, nota 32.

Por esses motivos, muitos estudiosos o consideraram um escrito estranho à *Metafísica*, e inserido no lugar onde o encontramos só em época tardia.

Além disso, o fato de Diógenes Laércio citar entre as obras de Aristóteles (V 27) um περὶ τῶν ποσαχῶς λεγομένων, que só pode ser nosso livro Δ, levou a pensar que, originalmente, fosse uma obra separada, com a função de léxico filosófico (o primeiro "Eisler", como disse alguém).

Quanto à época da composição, há notável disparidade de visões: enquanto a maioria o considera um dos primeiros escritos aristotélicos, outros o consideram um dos últimos.

A nosso ver, o livro não carece totalmente de unidade, como não faltam razões para lê-lo no lugar em que nos foi transmitido, qualquer que tenha sido sua gênese e quem quer que o tenha posto no lugar que ocupa.

Descrevamo-lo brevemente. O livro consta de trinta capítulos, que ilustram os múltiplos significados de trinta termos:

cap. 1: princípio
cap. 2: causa
cap. 3: elemento
cap. 4: natureza
cap. 5: necessário
cap. 6: um
cap. 7: ser
cap. 8: substância
cap. 9: idêntico, diverso, diferente, semelhante
cap. 10: oposto, contrário, diverso por espécie
cap. 11: anterior e posterior
cap. 12: potência e impotência
cap. 13: quantidade
cap. 14: qualidade
cap. 15: relação

cap. 16: perfeito
cap. 17: limite
cap. 18: aquilo por que
cap. 19: disposição
cap. 20: hábito ou estado ou modo de ser
cap. 21: afecção
cap. 22: privação
cap. 23: haver
cap. 24: provir de
cap. 25: parte
cap. 26: todo
cap. 27: mutilado
cap. 28: gênero
cap. 29: falso
cap. 30: acidente

É possível que se trate de um livro ou de um escrito autônomo, mas não é certo. De fato, carece de introdução e de conclusão. Lido separadamente dos outros livros da *Metafísica*, revela-se muito pouco esclarecedor.

Não pode ser um léxico filosófico geral, porque faltam muitos termos fundamentais como, particularmente, todos os termos éticos e políticos, falha inadmissível num escrito que pretendesse se apresentar com a finalidade lexicográfica geral.

Além disso, não nos parece sustentável que se trate de um livro totalmente privado de organização.

Há, em primeiro lugar, um critério no procedimento da enumeração dos diferentes significados dos termos. Cada termo é, inicialmente, estudado nos diferentes significados que pode assumir; depois, eles são recapitulados e, quando possível, reduzidos a um significado fundamental ou postos em precisa conexão com ele.

Também a escolha dos vocábulos não é casual, mas responde a determinado plano. Como se vê a partir de uma simples leitura do elenco acima apresentado, em Δ não se encontra, como já observamos, a explicação de nenhum termo relativo às ciências prático-poiéticas. O livro limita-se aos conceitos que se relacionam com o objeto da *Metafísica*, ou em conexão com ele. Alguns termos têm inegável conexão com a *Física*, mas o conjunto dos termos não tem nenhuma relevância física. Situado no âmbito da *Física*, por exemplo, o livro Δ não teria muito sentido.

Existe uma ordem na distribuição interna do material?

Eis algumas tentativas feitas para recuperar essa ordem.

Tomás de Aquino, por exemplo, entendia do seguinte modo: "In praecedenti libro determinavit Philosophus quid pertineat ad considerationem huius scientiae: hic [*i.é.* no livro Δ] incipit determinare *de rebus, quas scientia ista considerat*. Et quia ea quae in hac scientia considerantur, sunt omnibus communia, nec dicuntur univoce, sed secundum prius et posterius de diversis, ut in quarto libbro est habitum; ideo *prius distinguit intentiones nominum, quae in huius scientiae consideratione cadunt*. Secundo incipit determinare de rebus, quae sub consideratione huius scientiae cadunt. ... Cuiuslibet autem scientiae est considerare subiectum, et passiones, et causas; et ideo hic quintus liber dividitur in *tres partes*. Primo determinat distinctiones nominum, *quae significant causas*; secundo, illorum nominum quae significant *subiectum huius scientae* vel partes eius... Tertio nominum quae significant *passiones entis inquantum est ens*..."[22]. (Respectivamente: capítulos 1-5, 6-15 e 16-30).

---

22. Tomás de Aquino, *In Arist. Metaph. exspositio*, p. 208 § 749 Cathala-Spiazzi.

Ross, (*Metaph.*, I, pp. 289 s.), mais cautelosamente, propõe a seguinte distinção:

1. princípio   2. causa   3. elementos
4. natureza   5. necessário
6. um   7. ser   8. substância
9. idêntico   10. oposto
11. anterior e posterior
12. potência
13. quantidade   14. qualidade   15. relação
16. perfeito   17. limite
18. aquilo por que
19. disposição   20. hábito   21. afecção   22. privação   23. ter
24. provir de algo   25. parte   26. todo   27. mutilado
28. gênero
29. falso
30. acidente

Uma via intermediária entre a distinção excessivamente esquemática de Tomás de Aquino e esta um tanto empírica de Ross é proposta por Carlini: "Olhando bem — escreve o estudioso italiano — damo-nos conta facilmente de que existe uma ordem, ou melhor uma série de problemas organizados em torno de um núcleo de caráter estritamente conforme com o resto da *Metafísica*; mas é uma ordem mais interna do que externa, resultante mais do conjunto do que das partes tais como são dispostas nesse livro"[23].

Carlini vê particularmente os seguintes grupos de problemas. Um primeiro grupo, próximo ao conteúdo do livro A, reúne os capítulos dedicados aos conceitos de *princípio, causa, elemento*, aos quais se liga também o capítulo sobre a *natureza*; complementares a estes seriam os capítulos sobre *aquilo por que* e *por si, provir de algo, gênero, perfeito, limite*. Um segundo grupo é aquele sobre a οὐσία e suas determinações: *qualidade, quan-*

---
23. A. Carlini, *Aristotele. La Metafisica*, pp. XXIII ss.

tidade, disposição, hábito, afecção, privação, ter e relação. Além do *ser* (capítulo 7), dão-se os vários significados: ser *essencial*, ser *acidental*, ser como *verdadeiro e falso* e ser como *potência e ato*; ora, os capítulos sobre a *potência*, sobre o *necessário*, sobre o *acidente* e sobre o *falso* aprofundam aquelas distinções. Outro grupo é dado pelas distinções dialéticas do *um*, do *idêntico* e do *oposto*. Com o conceito de *unidade* se ligam ainda os de *parte, inteiro* e *todo*; e com este tem relação também o conceito de *mutilado*. Enfim, os conceitos de *anterior* e *posterior* se ligam de modo variado às reflexões sobre a *natureza*, em si ou em relação com o seu conhecimento.

De nossa parte, procurando respeitar mais do que Carlini a ordem de Δ, e seguindo certo critério lógico, pensamos poder reagrupar a matéria do livro do seguinte modo.

Um grupo de capítulos contém termos e conceitos relativos à pesquisa aitiológica: *princípio* (Δ 1), *causa* (Δ 2), *elemento* (Δ 3), aos quais deve ser acrescentado o tratamento de *natureza* (Δ 4), da qual alguns significados se ligam aos três primeiros. E também as considerações sobre o *necessário* (Δ 5) podem ser remetidas a esse grupo.

Um segundo grupo de capítulos contém os conceitos-chave da filosofia primeira: o *um* (Δ 6), o *ser* (Δ 7), a *substância* (Δ 8). Os capítulos 9-11, contendo a explicação dos conceitos de *idêntico, diverso, oposto* etc., ligam-se a este grupo, enquanto elucidam noções que, como sabemos a partir de Γ 2, se ligam ao *um* (e ao *ser*). Também os capítulos 12-15, dedicados à potência e a três categorias, ligam-se à temática do ser e da substância. Os capítulos 16, 17 e 18, dedicados ao *perfeito, limite* e *aquilo pelo que*, têm um nexo comum e, nos seus significados particulares, remetem aos conceitos de *princípio* e de *elemento*.

Os capítulos 19-27 contêm breves elucidações de uma série de termos, salvo insignificantes exceções (como *mutilado*), muito usados, que indicam modos de ser diferentes das coisas ou consideradas em si, ou em relação com outro, e podem perfeitamente ser agrupados como propõe Ross.

Os três últimos capítulos (*gênero, falso* e *acidente*) são mais próximos do segundo grupo.

Em suma: o livro Δ explica o significado de uma série de termos, reunidos por Aristóteles com *evidente referência à temática da filosofia primeira*. Não se trata, portanto, de um dicionário filosófico geral; no máximo se poderia falar de um *léxico metafísico*, mas, dada sua incompletude, até mesmo essa denominação seria imprópria. A nosso ver, o livro Δ tem o caráter de *esclarecimento preliminar dos termos que, na pesquisa dos livros seguintes, serão usados e aprofundados ao longo de toda a pesquisa metafísica*. A menor densidade especulativa relativamente ao resto da *Metafísica*, lamentada por alguns, explica-se muito bem em função dessa característica de *esclarecimento preliminar*.

E quais são as razões que justificam nossa afirmação, segundo a qual ele pode ser lido exatamente no lugar em que agora se encontra?

Note-se o seguinte.

Os livros A-Γ não o citam. Ao invés, a partir de E, isto é, a partir do livro imediatamente posterior, é citado muitas vezes: uma vez em E 4^{24}, uma em Z 1^{25}, uma em Θ 1^{26}, uma em Θ 8^{27}, uma em I 1^{28}, uma em I 4^{29} e uma em I 6^{30}.

A função do livro Δ seria a seguinte: depois de ter definido com os livros A, ᾶ, B e Γ o conceito, a tarefa e os problemas da metafísica, Aristóteles ou, em todo caso, o responsável pela coletânea metafísica, pode ter sentido que era oportuno explicar os termos que seriam utilizados na discussão posterior, ao executar o plano previsto por A-Γ. Entre Γ e E não existem os laços que alguns pretendem acentuar, para depois vê-los interrompidos pela presumível inserção de Δ.

6. O livro E (sexto)

Com o sexto livro começa propriamente a execução do plano traçado nos livros precedentes.

O primeiro capítulo não é mais a solução das primeiras aporias de B (já buscada em Γ 1-3), mas uma explicação exata sobre como a metafísica, entendida como teoria do ser, é também *teologia*, e as razões precisas pelas quais ela se situa no vértice de todas as ciências.

Em seguida se retomam os significados de ser — que Γ tinha simplesmente afirmado serem múltiplos e que Δ 7 já tinha agrupado em número de quatro — e o aprofundamento sistemático de dois deles: o *ser como aci-*

---

24. *Metafísica*, E 4, 1028 a 4 s. (cf. também E 2, 1026 a 33 s.).
25. *Metafísica*, Z 1, 1028 a 10 s.
26. *Metafísica*, Θ 1, 1046 a 5 s.
27. *Metafísica*, Θ 8, 1049 b 4.
28. *Metafísica*, I 1, 1052 a 15 s.
29. *Metafísica*, I 4, 1055 b 6 s.
30. *Metafísica*, I 6, 1056 b 34 s.

dente e o *ser como verdadeiro* (E 2-4). Aristóteles estabelece que esses dois significados, sendo os mais frágeis e não indicando uma realidade objetiva por si, não podem revelar a natureza do ser (E 4). Portanto, deverão ser objeto de pesquisa do metafísico principalmente os outros significados, particularmente o de substância.

Estudado em função dos cânones da crítica genética, o livro E deu resultados surpreendentemente contraditórios (o leitor poderá vê-los em: *Il concetto di filosofia prima*, pp. 165-171): as conclusões de um crítico são diametralmente opostas às de outro; e ainda outras situam-se diferentemente entre os extremos. Portanto, fica evidente que com o método genético pode-se provar tudo e o contrário de tudo.

Mostramos em seguida como o plano de Aristóteles se mostra claro:

a) Depois de ter demonstrado, em E 1, que a ontologia (= aitiologia = usiologia) é essencialmente também *teologia* — o que ainda não fora feito sistematicamente nos livros precedentes —, Aristóteles encara o problema do ser.

b) Em E 2 ele procede à distinção dos quatro significados de ser: 1) no sentido de ser como *acidente*, 2) no sentido de ser como *verdadeiro*, 3) no sentido das *figuras das categorias*, 4) no sentido de *potência e ato*.

c) Em E 2-4 estuda os significados 1 e 2 e mostra que os significados principais são os outros dois.

d) No livro seguinte (Z), Aristóteles aprofundará o significado do ser segundo as figuras das categorias e demonstrará que o ser por excelência é o da primeira categoria.

e) No livro Θ, enfim, Aristóteles enfrentará o quarto significado do ser.

Para todos os outros problemas relativos ao livro E, remetemos o leitor a *Il concetto di filosofia prima*, pp. 143-171.

7. Livro Z (sétimo)

O livro sétimo é a sequência natural de E, como já dissemos. Ele continua a análise do ser, confrontando-o agora segundo as figuras das categorias, e demonstra que a primeira categoria, a *substância*, oferece o significado próprio do ser que é primeiro em todos os sentidos (capítulo primeiro). Assim a ontologia deverá — principalmente — configurar-se como usiologia, porque o ser é sobretudo substância.

Os capítulos seguintes entram de cheio no problema da substância.

Aristóteles esclarece, a respeito disso, o seguinte.

Alguns dos predecessores admitiram apenas substâncias sensíveis, outros, ao contrário, também substâncias suprassensíveis: assim sendo, será preciso estabelecer quem tem razão e *se existem ou não substâncias suprassensíveis*. Para resolver este problema, contudo, é preciso primeiro estabelecer o que é a substância *em geral*. Deixando o problema da substância suprassensível para outro livro (que será o livro Λ), o livro Z se concentrará no problema da substância em geral (capítulo 2).

Que é então a substância em geral?

Em sentido muito fraco é matéria (capítulo 3).

Em sentido próprio é essência e forma (capítulos 4-6).

Ou ainda sínolo de matéria e forma (capítulos 7-12). Estes últimos capítulos aprofundam, além do conceito de sínolo, vários aspectos do problema da essência ou forma.

Em nenhum sentido o *gênero*, isto é, o *universal* ou a *Ideia* platônica pode ser substância (capítulos 13-16).

Encerra o livro um capítulo (17) de resumo, que reafirma de outro modo o conceito de substância como causa e forma e volta a apresentar o problema geral da substância como problema preliminar a ser tratado em função do problema da substância suprassensível.

É dos livros mais empenhativos, mais complexos, e mais interessantes da *Metafísica*. As interpretações genéticas, de diferentes modos, se equivocaram a respeito dele.

Jaeger não captou a duplicidade estrutural do problema usiológico no contexto aristotélico e pretendeu que Z (junto com H e com Θ) fosse um tratado separado, cujo conteúdo seria o interesse pelas entelequias imanentes, e não dirigido à preparação do tratamento subsequente do suprassensível. As várias remissões ao tratamento do suprassensível — diz o estudioso alemão — que se leem em Z 3, 11 e 17 são acréscimos feitos por Aristóteles, quando ele inseriu ZHΘ na coletânea metafísica, para fazer esses livros concordarem com Λ[31].

Mas todo o capítulo Z 2 é uma remissão estrutural a Λ: aqui, muito mais e melhor do que nas passagens que Jaeger pretende entender como acréscimos posteriores, Aristóteles nos diz *que o problema de fundo da usiologia é o da substância suprassensível e que o problema da substância em geral é posto em função daquele*. E Jaeger admite que Z 2 pertença à

---

31. Jaeger, *Aristotele...*, pp. 267 ss.

originária elaboração de Z, na medida em que não o qualifica como "acréscimo posterior".

Noutra direção, Gohlke e outros estudiosos veem em Z várias estratificações sucessivas, as quais mostrariam a evolução de Aristóteles, que primeiro teria considerado substância de um modo e depois de outro. A esses estudiosos, contudo, escapou totalmente a *estrutura polifacética da* οὐσία *aristotélica*, de modo que acreditaram que os diferentes significados de substância sejam expressão de mudança de pensamento de Aristóteles[32]. O exame desenvolvido no capítulo quinto deste *Ensaio introdutório*, assim como o comentário a Z, constituem uma adequada refutação tanto da tese de Jaeger como da tese dos outros intérpretes seguidores do método genético.

Para ulteriores aprofundamentos ver *Il concetto di filosofia prima*, pp. 172-194.

8. O *livro* H *(oitavo)*

Também sobre o livro oitavo os pareceres dos estudiosos são muito discordantes.

a) Há quem o considere uma série de estratos e de apontamentos fragmentários, paralelos a Z.

b) Ao contrário, há quem o considere um livro escrito de um só golpe com perfeita consequencialidade, e o situe na última fase da produção aristotélica, considerando-o a expressão mais madura da usiologia.

c) Jaeger, ao invés, como já observamos, considera H como parte integrante do bloco ΖΗΘ, que, como sabemos, conteria a segunda etapa da evolução do pensamento metafísico do Estagirita.

As duas primeiras teses se anulam mutuamente. Com efeito, lido atentamente, H apresenta características de todos os livros. Relativamente a Z, de modo particular, aprofunda em parte alguns conceitos, em parte os repete. Não há dúvida de que esteja ligado a Z, porque o primeiro capítulo resume Z com precisão. Contudo, está ligado mais como apêndice do que como execução de um plano. Aristóteles quis aprofundar em H o estudo de alguns aspectos da *substância sensível* enquanto tal, sobretudo em função dos conceitos dinâmicos de *ato* e *potência*.

Que ele tenha sido escrito em bloco com ΖΗΘ é duvidoso, não só porque não existem os laços pretendidos por Jaeger, mas também pelo

---

32. Gohlke, *Die Entstehung der aristotelischen Prinzipienlehre*, pp. 25 ss.

fato linguístico que agora destacamos. Z exprime o conceito de ato com o termo ἐντελέχεια; ao contrário H, de maneira abrupta, usa ἐνέργεια, termo que nunca aparece, nem sequer uma vez, em Z, justamente para indicar o mesmo conceito[33].

Ora, é difícil pensar que um autor, para uma parte de um escrito elaborado num mesmo período, evite um termo *x* e use um termo *y* para indicar determinado conceito, e depois, abruptamente, em certo ponto, inverta exatamente o uso. É isso que se verificaria se Z e H, como queria Jaeger, fossem uma obra separada, junto com Θ, surgida num preciso momento da evolução do Estagirita.

Concluindo podemos dizer o seguinte.

1) Não se sustenta a tese de que o livro H constitui com Z (e com Θ) um tratado à parte.

2) Não se sustenta, por outro lado, que H assinale o estabelecimento de uma nova perspectiva sobre a οὐσία, como querem Gohlke[34] e outros, porque todos os conceitos desenvolvidos em H são reencontráveis também em Z.

3) O livro H serve de aprofundamento e de esclarecimento de alguns conceitos expostos em Z, particularmente a respeito da substância enquanto sensível e em função dos conceitos de ato e potência.

4) Faltam os dados necessários para estabelecer quando e como H surgiu, mas nada veta que o próprio Aristóteles (ou quem organizou a coletânea) o tenha situado onde se encontra, porque essa colocação é a melhor possível.

9. *O livro* Θ *(nono)*

O livro nono constitui uma monografia sobre os conceitos de *potência* e *ato*, estudados em primeiro lugar com relação ao movimento (capítulos 1-5) e, em seguida, com relação à substância.

No conjunto da *Metafísica*, a função do livro Θ é muito clara: em E são estudados os dois significados mais fracos de ser (o ser como acidente e como verdadeiro), em Z é estudado o ser como categoria e sobretudo como substância, em Θ é estudado o significado de ser que ainda falta,

---

33. Ver o índice das passagens relativas a estes termos em: *La dottrina metafisica della potenza, dell'atto...*, pp. 198 s.; agora em *Il conc. di filos. prima*[5] (1993), pp. 396 s.

34. Gohlke, *Die Entstehung der aristotelischen Prinzipienlehre*, pp. 36 s.

a saber, o significado segundo a potência e o ato. Assim, com o livro Θ se conclui o tratamento dos significados do ser.

O capítulo mais exigente — o central — é Θ 8, no qual é demonstrado, com um compacto grupo de provas, o teorema da *prioridade do ato sobre a potência*, e, com essa demonstração, Aristóteles chega ao limiar do suprassensível. Antes, podemos até mesmo dizer, Θ 8 constitui uma primeira prova da necessidade de um ato puro, e justamente isso é o suprassensível.

A maioria dos estudiosos encontra dificuldades para justificar o último capítulo (Θ 10), que passa a tratar do ser como verdadeiro, questão já discutida em E 4. Mas, convém notar que em E 4 Aristóteles prevê retornar ao tema (p. 1027 b 29: ... ὕστερον ἐπισκεπτέον); ademais, em Θ 10 se desenvolvem alguns conceitos que só podiam ser desenvolvidos depois do que se conquistou com o tratamento do ato e da potência. Portanto, Θ 10 pode ser considerado como um complemento previsto. Para ulteriores aprofundamentos ver a nota final de Θ 10, onde retomamos esta questão.

Enfim, é desnecessário recordar que alguns estudiosos pretenderam considerar os dois significados do ato e da potência, contidos nas duas partes de Θ, expressões de dois momentos diferentes do pensamento aristotélico: primeiro Aristóteles teria descoberto o conceito de potência e ato em relação ao movimento e só num segundo momento os teria aplicado à substância, sem ter conseguido fundir ou mediar as duas instâncias.

Ocupamo-nos analiticamente desta questão em outro trabalho, ao qual remetemos o leitor que deseje aprofundamentos[35]. Aqui apenas recordamos que a concepção da potência e do ato é dupla em virtude dos próprios fundamentos do aristotelismo.

A concepção mais propriamente metafísica do ato e da potência é a que se refere à substância (κατὰ τὴν οὐσίαν); ao invés, a concepção cinética da potência e do ato (κατὰ τὴν κίνησιν) funda-se sobre as outras categorias (sobre as categorias segundo as quais o movimento ocorre): é justamente *a distinção radical subsistente entre a primeira e as outras categorias, que comporta uma consequente distinção radical do ato e da potência*, que, como vimos, só têm lugar segundo as diferentes categorias.

A unificação das duas concepções, segundo palavras do próprio Aristóteles, tem lugar *em virtude do princípio de analogia*[36].

---

35. *La dottrina aristotelica della potenza, dell'atto e dell'entelechia nella Metafisica*, cit., pp. 182 s.; agora também em *Il conc. di filos. prima*[5] (1993), pp. 380 s.

36. Cf. *Metafísica*, Θ 6 e comentário.

10. O livro I (décimo)

Do mesmo modo que a respeito da gênese e do significado dos outros livros da *Metafísica*, também relativamente à gênese e ao significado do livro I os pareceres dos estudiosos são extremamente discordantes.

a) Alguns o consideram posterior a ΖΗΘ, como independente desses livros e inserido na coleção no último período.

b) Outros o consideram até mesmo como um tratado estranho à coleção metafísica da qual agora faz parte, e composto anteriormente a ΖΗΘ.

c) Enfim, há quem o considere como um dos mais antigos escritos metafísicos.

Trata-se, como amiúde, de teses fundadas sobre dados mutilados e não compreendidos e avaliados em função do conjunto no qual se situam[37].

A nosso ver, o livro I, embora tenha tido uma gênese relativamente independente dos outros livros, liga-se a eles levando a termo um plano perfeitamente identificável.

Vimos como a quarta aporia[38] perguntava expressamente se a filosofia primeira, além da *substância*, devia estudar as propriedades da substância e noções como: *mesmo, diverso, semelhante, dessemelhante*, e todas as outras noções desse gênero. E também já vimos como Γ 2 retoma a questão, resolvendo-a em sentido afirmativo. O *ser* e o *um* são convertíveis entre si; portanto, a ciência do ser e da substância deve estudar também o um. Mas, dado que uma só é a ciência dos contrários, a ciência que estuda o *um* estuda também os *muitos* e todos os pares de opostos que se reduzem a esse supremo par de opostos, tais como o *igual* e o *desigual*, o *semelhante* e o *dessemelhante* e assim por diante.

Ora, note-se o seguinte: ΕΖΗΘ executam o plano de Β e Γ estudando todos os significados do ser em pormenor; I, por sua vez, reabre um aprofundado raciocínio justamente sobre aqueles conceitos que Γ 2 atribuiu como objetos de estudo da metafísica, além do ὄν e da οὐσία: o tema de I é, de fato, a *unidade* e a *multiplicidade* e os conceitos que se reduzem a esse supremo par de opostos.

Em conclusão: o livro I é um exame das noções que a quarta aporia perguntava se constituíam ou não o objeto de investigação da mesma

---

37. Sobre o livro I pode-se ver o comentário de L. Elders, *Aristotle's Theory of the One*, Assen 1961, no qual o método genético é aplicado.

38. Cf. nota 17.

ciência que estuda a substância, e que Γ 2 atribuía como objeto de pesquisa à ciência que estuda o ser e a substância, absorvendo os conceitos *henológicos* dos platônicos na *ontologia* aristotélica.

De resto, que o livro I não seja um tratado independente é provado também pelas suas referências aos livros Δ, B e Z.

O início de I 1[39] cita Δ 6, enquanto I 4[40] remete a Δ 22 e I 6[41] a Δ 15.

I 2, no início[42], cita B, retomando explicitamente o décimo primeiro problema e resolvendo-o do modo mais claro e linear, justamente com base nas conquistas do livro Z, expressamente citado[43].

Portanto, o livro I pressupõe B e Z, e resolve uma aporia de B utilizando os resultados de Z. Tem-se assim uma nova prova não só do fato de que I forma um conjunto com B e Z, mas que poderia ser (pelo menos na sistematização definitiva) posterior, não só a B, mas também a Z.

Ver as ulteriores reflexões desenvolvidas em *Il concetto di filosofia prima*, pp. 209-214.

11. O *livro* K (*décimo primeiro*)

O livro K, nos oito primeiros capítulos, consta de resumos de ABΓE, e nos quatro últimos capítulos de resumos dos livros Γ e E da *Física*.

Os estudiosos já avançaram todas as possíveis hipóteses.

a) Segundo alguns não é autêntico, mas um precário resumo de um discípulo.

b) Para outros, ao invés, é um documento de rigorosa autenticidade, mas seria expressão de uma fase de pensamento anterior a BΓE.

c) Para outros ainda K é posterior a BΓE e conteria, relativamente a estes, uma perspectiva mais ampla e mais evoluída.

Discutimos amplamente o problema de K em *Il concetto di filosofia prima*, pp. 215-257 e voltaremos a discuti-lo também no comentário. Aqui nos limitamos a algumas anotações essenciais.

O primeiro período de K 1 resume A.

---

39. *Metafísica*, I 1, 1052 a 15 s.
40. *Metafísica*, I 4, 1055 b 6 s.
41. *Metafísica*, I 6, 1056 b 34 s.
42. *Metafísica*, I 2, 1053 b 10.
43. *Metafísica*, I 2, 1053 b 17.

K 1-2 resume B.
K 3-6 resume Γ.
K 7-8 resume E.
K 9-12 são extratos da *Física*, Γ e E.

Mas, a uma leitura atenta, o resumo de K 1-2 revela que foi feito *em função de um plano*. As aporias de B já resolvidas nos livros precedentes, são brevissimamente enumeradas, enquanto *as que ainda não foram resolvidas* (e trata-se justamente daquelas sobre o suprassensível das quais se ocupará o livro seguinte) *são retomadas e rediscutidas amplamente*. E assim é posto novamente em discussão um ponto não resolvido da primeira aporia, relativa diretamente à questão da substância suprassensível e imóvel. É, portanto, evidente que K pretende preparar Λ.

Os capítulos 3-6 de K resumem fielmente Γ, sem de modo nenhum revelar um colorido "mais platônico" como pretende Jaeger. As sinopses daquelas passagens-chave, que apresentamos em *Il concetto di filosofia prima*, pp. 239-241, mostram que, segundo os critérios de Jaeger, dever-se-ia concluir — caso se pudesse concluir — no sentido precisamente oposto ao pretendido por ele. Em todo caso, K 3-6 não se mostra de modo nenhum um rascunho de Γ, mas um resumo de Γ.

Também K 7-8 aparece como claro resumo de E. De fato, reapresenta o conteúdo de E de modo sucinto, exceto no que se refere à questão da caracterização da metafísica como ciência da substância imóvel eterna e transcendente: sobre este ponto as duas redações assumem uma extensão praticamente igual. Fica, portanto, claro, mais uma vez, que K pretende resumir o que precede e preparar Λ, mediante uma explícita referência ao problema do suprassensível.

K 7 contém até uma remissão explícita a Λ.

Eis a passagem:

> Existe, portanto, outra ciência diferente seja da física seja da matemática, que estuda o ser enquanto separado e imóvel, dado que verdadeiramente exista uma substância desse tipo, ou seja, uma substância separada e imóvel, *como tentaremos demonstrar* (ὅπερ πειρασόμεθα δεικνύναι)[44].

A remissão só pode ser a Λ 6-7, porque só aqui se oferece essa demonstração.

---

44. *Metafísica*, K 7, 1064 a 33-36.

Enfim, também K 9-12 tem sua razão de ser. Aristóteles não podia prosseguir resumindo também ZHΘ, porque considerava mais oportuno fazer isso em Λ, que é um livro que dá uma visão sintética, na primeira parte, dos principais problemas relativos à substância em geral e à substância sensível e, na segunda parte, dos problemas da substância suprassensível e cobre, portanto, todo o arco dos problemas da usiologia. Por esse motivo Aristóteles preferiu em K 9-12 referir-se à *Física*, ilustrando o ser como potência e ato sobretudo em relação ao *movimento*, como veremos melhor no comentário.

A referência ao *problema do infinito* em K 10 pode ser explicada como preparação às conclusões de Λ 7, que excluem que o Movente imóvel seja substância infinita, enquanto é em ato, justamente porque o infinito só é em potência.

Em conclusão: o livro K serve de panorama sintético de tudo o que foi dito em ΑΒΓΕ, com o acréscimo de oportunas integrações em K 9-12, antes de enfrentar o problema do suprassensível.

12. O livro Λ (décimo segundo)

Chegamos assim ao livro que resolve o problema dos problemas da metafísica aristotélica.

Também sobre Λ não existem pareceres concordantes.

a) Tradicionalmente era considerado como livro que continha a cúpula e o coroamento do sistema metafísico.

b) Bonitz começou a considerá-lo como um tratado independente dos outros livros.

c) Jaeger o considerou uma conferência, contendo o primeiro pensamento metafísico aristotélico, portanto, muito antigo, com exceção do capítulo 8, que seria uma inserção (fora de lugar) contendo as reflexões do último Aristóteles.

d) Alguns estudiosos seguidores do método genético sustentaram, enfim, que Λ é dos últimos livros compostos da *Metafísica*.

Sobre os problemas levantados por Jaeger a respeito de Λ já nos detivemos em *Il concetto di filosofia prima*, pp. 259-273 (e em *Teofrasto e la sua aporetica metafisica*, pp. 105-134; agora também em *Il concetto di filosofia prima*[5] [1993], pp. 296-317); e remetemos o leitor interessado a essas páginas.

a) Qualquer que tenha sido a gênese do livro Λ, é claro que, na coletânea em que foi inserido desempenha o papel de cúpula do sistema e de coroamento das doutrinas expostas nos outros livros.

Todos os livros, implícita ou explicitamente, preparam e supõem Λ.

Em A Aristóteles já define a metafísica como ciência do divino[45], e reprova os pré-socráticos por terem feito mais uma física do que uma metafísica, porque se limitaram à substância do ser corpóreo, enquanto a investigação metafísica deve se ocupar do incorpóreo, que existe[46].

O livro B, como vimos, culmina nas aporias que levantam o problema do suprassensível (ver, por exemplo, as aporias quinta, oitava e décima terceira).

O livro Γ apresenta expressamente o metafísico como o que está acima do físico[47], enquanto se ocupa do gênero de ser que não é físico, e, na refutação das doutrinas que negam o princípio de não contradição, apela-se muitas vezes ao suprassensível, apresentado como o ser não contraditório por excelência[48].

E 1, depois, qualifica a metafísica até mesmo como *ciência teológica* e diz que existe metafísica apenas e na medida em que existe uma substância suprafísica; em E 2, 1027 a 19 há uma explícita remissão a Λ:

> Se, depois, só existe o que é na maioria das vezes e se
> a eternidade não pertence a nenhum ser, ou se existem
> também seres eternos, é questão que trataremos em
> seguida (περὶ μὲν οὖν τούτων ὕστερον σκεπτέον).

O livro Z apresenta a pesquisa da substância em geral e da substância sensível como problema que deve ser resolvido em vista de decidir o problema ulterior da substância suprassensível (e isso o livro Z faz diversas vezes, e não só em passagens que Jaeger pretende serem acréscimos feitos por Aristóteles na última fase, quando teria posto ordem na coletânea metafísica[49]).

O livro Θ, especialmente no capítulo 8, fundando o teorema da prioridade estrutural do ato sobre a potência e mostrando que o ato é funda-

---

45. *Metafísica*, A 2, 983 a 7.
46. *Metafísica*, A 8, *passim*.
47. *Metafísica*, Γ 3, 1005 a 33 ss.
48. Cf. *Metafísica*, Γ 5, 1009 a 22 ss.; 1009 a 36-38; 1010 a 1-4, 25-35; 8, 1012 b 22-31.
49. Bastaria *Metafísica*, Z 2 para destituir a tese de Jaeger de todo fundamento.

mento da potência, já demonstra a necessidade do suprassensível como fundamento do sensível.

O livro K, além de conter várias referências ao suprassensível justamente nos livros que resume, remete, como já vimos, expressamente a Λ:

> Existe, portanto, outra ciência diferente seja da física, seja da matemática, que estuda o ser enquanto separado e imóvel, dado que verdadeiramente exista uma substância desse tipo, ou seja, uma substância separada e imóvel, *como tentaremos demonstrar* (ὅπερ πειρασόμεθα δεικνύναι)[50].

E o livro Λ fornece, finalmente, a demonstração.

Portanto, é a economia de todos os livros que exige, até estruturalmente, o livro Λ.

b) Com base no que agora se disse, a autonomia de Λ diante dos outros livros só pode ser *relativa*. Além das ligações indicadas, tenha-se também presente que Λ 4-5 resolve o problema levantado pela sexta aporia, assim como Λ, em geral, resolve a quinta, a oitava e a décima.

c) Quanto à tese de Jaeger, além de nossos trabalhos já indicados, remetemos à nota 2 a Λ 8. Não é verdade que Λ 8 represente uma fase de pensamento totalmente diferente do resto do livro, porque é idêntica em Λ 1 e em Λ 8 a concepção seja do objeto, seja do método da metafísica. E, assim, não é de modo algum verdade que a multiplicidade dos moventes nasça só da problemática astronômica das esferas e da exigência de dar um fundamento aos seus movimentos.

Aristóteles já recebera da Academia o problema da multiplicidade das substâncias suprassensíveis. A quinta aporia de B perguntava, com efeito:

> (...) Deve-se dizer que só existem substâncias sensíveis, ou também outras além delas? *E deve-se dizer que só existe um gênero ou que existem diversos gêneros dessas substâncias, como pretendem os que afirmam a existência de Formas e de Entes intermediários* (...)?[51].

E Λ 8 começa do seguinte modo:

> Não devemos descuidar do problema se devemos admitir só uma substância como esta, ou mais de uma e quantas;

---

50. *Metafísica*, K 7, 1064 a 33-36.
51. *Metafísica*, B 2, 997 a 34-b 2.

antes devemos recordar também as opiniões dos outros pensadores e notar que, não disseram nada com precisão sobre o número dessas substâncias. A teoria das Ideias não contém, a respeito, nenhuma afirmação específica: os defensores das Ideias dizem que as Ideias são números, depois falam dos números, às vezes como se fossem *infinitos*, outras, ao invés, como se fossem limitados *à dezena*; mas, a respeito das razões pelas quais a quantidade dos números deva ser tal, não dizem nada rigorosamente demonstrativo. Impõe-se, portanto, que o digamos nós, com base em tudo o que foi estabelecido e explicado acima[52].

Portanto, Λ 8 se apresenta como sequência natural de Λ 6-7.

d) Pessoalmente consideramos ser mais provável que Λ esteja entre os escritos mais recentes. A segurança com que Aristóteles traça a síntese de todos os problemas usiológicos e a precisão das soluções já são um indício. Ademais, como veremos, Λ 8 não pode separar-se do resto do livro. Ora, Aristóteles em Λ 8 fala no imperfeito não só de Eudoxo, mas também de Calipo[53]; e esta é, segundo Jaeger[54], uma prova de que Calipo já tinha morrido e que, portanto, estaríamos nos últimos anos de vida de Aristóteles. Pois bem, se é assim, e se Λ 8 não pode separar-se do resto do livro, a tese se estende a todo o livro. E, por outro lado, Teofrasto em sua *Metafísica*, funda-se principalmente sobre Λ. Na primeira parte do primeiro capítulo, Teofrasto depende de Λ 1, na segunda metade depende de Λ 6-7 e no segundo capítulo de Λ 8[55]: o que mostra que não só Λ 8, mas todo o livro estava no centro das discussões nos últimos anos do ensinamento de Aristóteles.

Mas a questão da cronologia do livro Λ merece um peso apenas relativo.

O esquema do livro Λ é o seguinte:

Λ 1 serve de introdução: distingue os gêneros da substância e atribui os gêneros da substância sensível à física e o suprassensível à metafísica;

Λ 2-5 trata da substância sensível e dos seus princípios;

Λ 6-7 demonstra a existência e a natureza da substância suprassensível;

---

52. *Metafísica*, Λ 8, 1073 a 14-23.
53. *Metafísica*, Λ 8, 1073 b 18.
54. Jaeger, *Aristotele*, pp. 468 s.
55. Ver as passagens que apresentamos em sinopse no nosso volume *Teofrasto...*, pp. 127-133; agora em *Il conc. di filos. prima*[5] (1993), pp. 313-317.

Λ 8 põe e resolve o problema se, além do Movente imóvel, existem outras substâncias suprassensíveis;
Λ 9 discute e resolve algumas aporias sobre a natureza do pensamento divino;
Λ 10, enfim, discute e resolve algumas dificuldades relativas aos princípios. Mas sobre esse esquema voltaremos ainda no comentário.

13. O livro M (décimo terceiro)

O livro treze, assim como o seguinte, contém a crítica às Ideias, aos Números ideais e aos entes matemáticos, quer dizer, às presumíveis substâncias suprassensíveis admitidas pelos platônicos, e tem a clara intenção de demonstrar que essas substâncias não podem existir. Aristóteles, em suma, quer dizer que as substâncias suprassensíveis são justamente aquelas e *só aquelas* por ele demonstradas em Λ, e que as outras substâncias suprassensíveis não existem.

Remetemos, para uma visão sintética das interpretações genéticas de M e N, a *Il concetto di filosofia prima*, pp. 289-295 e limitamo-nos a destacar alguns fatos essenciais, e recomendamos o livro de Julia Annas, do qual preparamos a edição italiana (1992).

Os capítulos 4-5 de M retomam quase literalmente Λ 9, porém, falando dos platônicos não mais na primeira pessoa do plural, mas na terceira.

Já destacamos, falando de Λ, o modo como Jaeger interpreta esse fato. Vimos também que, de qualquer modo que seja entendido, o fato não pode ter a relevância pretendida pelo estudioso alemão.

Antonio Iannone propôs uma nova e interessante interpretação, que aqui recordamos brevemente e que retomamos amplamente no comentário. Aristóteles reporta em M os argumentos de Λ 9 em razão da exigência de completude metodológica requerida pelo tema e pelo enfoque de M. Como são argumentos já conhecidos, ele não usa mais o plural didático e majestático e dá aos argumentos um tom narrativo. Para o único argumento novo que introduz, retoma a primeira pessoa do plural, para lhe dar eficácia, como em Λ 9[56].

---

56. A. Iannone, *I logoi essoterici di Aristotele...*, pp. 256 ss. A análise mais pormenorizada dos livros M e N da *Metafísica* é a de J. Annas, *Interpretazione dei libri M-N della "Metafisica" di Aristotele. La filosofia della matematica in Platone e Aristotele*, (1992), preparada por nós (cf. *supra*, nota 2). Annas demonstra muito bem a insustentabilidade da tese de W. Jaeger sobre esses livros, e recupera a sua unidade e coerência teorética.

Com M 9, 1086 a 21 começa manifestamente um novo desenvolvimento. Trata-se de um novo proêmio, paralelo a M 1. Já os antigos, assim como os modernos comentadores, levantaram a hipótese de que com M 9, 1086 a 21 tem início o livro N, e provavelmente é assim.

Mas há ainda um ponto que gostaríamos de destacar. Jaeger pretendia ver em M um escrito recente, muitos anos posterior a A 9, passível de ser situado no período em que o Perípato afrontava hostilmente a Academia[57]. E uma prova da composição madura de M seria seu plano preciso e sua acurada execução. Escreve textualmente o estudioso alemão: "Esse processo demonstrativo [próprio do esquema do procedimento de M] mostra um rigor de esquema que não encontramos frequentemente em Aristóteles. Os fascículos de suas lições são sujeitos a uma reelaboração muito contínua, para poder chegar facilmente a uma forma acabada e harmônica. Este livro [M] é, ao invés, elaborado com visível cuidado, e segue do princípio ao fim um plano determinado. É um todo, com ἀρχή, μέσον e τέλος. Sua originalidade não consiste tanto nos pormenores quanto na ideia complexiva. Aristóteles quer recolher mais uma vez, em grande síntese crítica, tudo o que pensou acerca da questão das entidades suprassensíveis... etc."[58].

Mas o leitor verá que, pela fidelidade à tese, Jaeger exalta em M aquilo que, na verdade, só existe parcialmente, e, em todo caso, não mais do que em qualquer outro livro. Dos três problemas claramente enfocados em M 1 — precisamente: 1) que são os entes matemáticos e como existem, 2) a questão das Ideias e 3) se os Números e as Ideias são *substâncias e princípios do ser* — os dois primeiros são resolvidos de maneira precisa respectivamente em M 2-3 e em M 4-5. O terceiro, ao contrário, é eludido; Aristóteles perde-se numa selva de discussões relativas ao modo de ser dos números e das unidades, e, a partir de M 8, 1083 b 23, as objeções contra os números entendidos como realidades separadas são ainda notavelmente desordenadas; somente seguindo as indicações de Bonitz e as de Annas se pode extrair certa estrutura. O terceiro problema posto por M 1 parece, ao invés, resolvido, embora com certa desordem nesse caso, a partir de M 9, 1086 a 21, a partir de onde, como se disse, provavelmente começa o livro N.

---

57. Jaeger, *Aristotele*..., pp. 235 ss.
58. Jaeger, *Aristotele*..., p. 240.

14. O livro N (décimo quarto)

O livro N é a continuação do livro M e a solução, como se disse, do terceiro problema de M 1 e a integração de vários pontos. Jaeger pretende que N, com seu proêmio constituído de M 9, 1086 a 21-b 10, não seja mais do que uma redação mais antiga do livro M[59].

Mas, na verdade, o leitor verá ao ler os dois livros em questão, que M, com exceção do genial terceiro capítulo, quase sempre chega a nada com sua abstrata dialética de refutação, que às vezes parece buscar a refutação como um fim em si mesma, ou seja, com a finalidade de destruir a todo custo as teses dos adversários. N, ao contrário, é muito mais consistente: como prova disso basta ler os capítulos 2 e 4[60].

Em suma: a nosso ver N prossegue idealmente o argumento de M e o completa, assim como ᾶ prossegue e completa A, e H prossegue e completa Z.

15. Conclusões

Hoje em dia está definitivamente excluído que se possa falar de unidade literária da *Metafísica*, e sobre este ponto os estudos modernos e contemporâneos não deixam mais qualquer tipo de dúvida.

Não se exclui, porém, que a coletânea dos catorze livros possa e deva ser lida na ordem em que nos foi transmitida. A sucessão dos vários tratados é a melhor possível e não lhe falta certa lógica interior, embora parcial.

Resumamos as conclusões às quais chegamos.

Os primeiros quatro livros, A ᾶ B Γ são dedicados à formulação do conceito de filosofia primeira, à determinação da problemática da mesma e à discussão e solução das aporias que se referem formalmente à ciência metafísica como tal.

O livro Δ oferece um esclarecimento preliminar do significado de vários termos que serão usados em seguida na discussão.

O livro E, depois de uma retomada esclarecedora do conceito de metafísica e do quadro epistemológico em que ela se situa, traça a tábua dos significados do ser e examina os dois significados mais fracos (ser como acidente e ser como verdadeiro).

---

59. Jaeger, *Aristotele*..., pp. 241 ss. Ver a correta crítica movida também por J. Annas, *Interpretazione dei libri M-N...* (1992), pp. 123-130.
60. E as relativas notas de comentário.

A partir do livro Z começa o exame do significado de ser segundo as figuras das categorias e, sobretudo, do ser como οὐσία, que é a primeira categoria, fundamento das outras e dos outros significados de ser.

O livro H é um complemento de Z.

O livro Ψ trata do quarto significado do ser, isto é, do ὂν δυνάμει καὶ ἐνεργείᾳ.

O livro I trata do Um e daquelas noções que, derivando do supremo par de opostos *um* e *muitos*, competem ao metafísico, enquanto o *um* é convertível com o *ser*, e portanto, sua consideração entra no âmbito da ciência do ser.

Os livros E (2-4) ZHΘI tratam do ser e da substância em sentido, por assim dizer, horizontal; Λ M e N tratam do ser e da substância em sentido vertical, quer dizer, do ser e da substância suprassensível. O livro Λ contém a positiva concepção aristotélica do suprassensível, M e N contêm a crítica às doutrinas erradas sobre o suprassensível.

O livro K, que divide os dois grupos de livros, resume ABΓE com muita propriedade e prepara a problemática da substância suprassensível, anunciando explicitamente sua consideração.

Ademais, indicamos paulatinamente outros vínculos precisos entre os vários livros. O livro ᾶ pode ser lido como apêndice de A. O livro B começa retomando a doutrina de A. O livro Γ se liga a B, resolvendo as quatro primeiras aporias. Os livros ZHΘ prosseguem logicamente E e o plano aí traçado, enquanto I se liga aos precedentes livros com base no plano formulado em Γ 2. O livro K representa uma pausa para oferecer um olhar sintético. O desenvolvimento de Λ é previsto em todos os livros. Enfim, M e N se ligam a Λ como exame crítico das doutrinas erradas sobre a transcendência.

Por que, então, não pode ter sido o próprio Aristóteles a dar, se não essa ordem definitiva, *pelo menos as bases que levam a essa ordem a seus escritos surgidos em diferentes momentos*, que foi conservada e, portanto, mantida constantemente como válida, ou seja, a ordem das suas lições de metafísica?

16. *O desenvolvimento que nos resta a fazer*

Depois do exame da *Metafísica* feito até este ponto, com método por assim dizer "indireto", ou seja, tentando interpretar o que foi dito por

Aristóteles sem sair do texto, queremos ampliar o raio da pesquisa. Consideramos particularmente instrutivo situar os pontos-chave estabelecidos com esse método sobre o pano de fundo das doutrinas de Platão e da Academia, e reexaminá-los à luz que, desse modo, se reflete sobre eles.

As páginas seguintes confirmam em larga medida o que verificamos até aqui, e o completam em numerosos aspectos.

Devemos esclarecer que, como os longos anos que dedicamos à *Metafísica* de Aristóteles nos ajudaram a compreender Platão, assim, analogamente, os mais recentes estudos aprofundados que fizemos, da metade dos anos 1970 ao início dos anos 1990, sobre Platão e sobre o platonismo, nos ajudaram a compreender até o fim a *Metafísica*.

Para não constranger o leitor a estudar nosso volume *Para uma nova interpretação de Platão*, retomaremos aqui todos os conceitos basilares necessários para compreender com certa facilidade tudo o que diremos.

Como o leitor poderá constatar, nossos estudos aprofundados sobre os escritos de Platão e sobre suas doutrinas não escritas não só não levaram a modificar nossa interpretação da *Metafísica*, mas, ao contrário, nos levaram a consolidá-la e a completá-la de modo perfeitamente coerente.

Capítulo oitavo

Como devem ser compreendidas as complexas posições assumidas por Aristóteles diante do pensamento dos predecessores, sobretudo de Platão e dos acadêmicos

1. A *distinção necessária entre o Aristóteles divulgador e o Aristóteles crítico*

A *Metafísica* de Aristóteles não é só uma mina de ideias teóricas e sistemáticas, mas também uma preciosíssima fonte de informações sobre as doutrinas de seus predecessores e de seus contemporâneos.

Todavia, como já observamos acima, as informações fornecidas por Aristóteles nunca são de caráter puramente doxográfico (a doxografia, rigorosamente falando, só nascerá com seu discípulo Teofrasto, e se desenvolverá depois amplamente nos séculos posteriores). Aristóteles evoca concepções dos predecessores e, sobretudo, dos contemporâneos somente por razões polêmicas e dialéticas, ou seja, *para justificar as próprias teses mediante a refutação das teses opostas dos outros filósofos*. É evidente, com efeito, que a demonstração da contraditoriedade ou, pelo menos, da insustentabilidade das teses opostas adquire, de vários modos, valor de confirmação das teses que ele sustenta.

É bem verdade que Aristóteles, justamente na abertura do livro M, que é o mais polêmico da *Metafísica*, para justificar o longo exame crítico que fará da doutrina dos platônicos sobre a questão da existência de substâncias suprassensíveis, esclarece o seguinte:

> E devemos fazê-lo com os seguintes objetivos: para que, se eles erraram em algo, não repitamos os mesmos erros, e, de nossa parte, não tenhamos de lamentar se alguma afirmação doutrinal se revelar comum a nós e a eles; devemos nos alegrar por raciocinar, sobre certos pontos, melhor do que os predecessores, enquanto, sobre outros pontos, devemos nos alegrar por não raciocinar pior[1].

---

1. *Metafísica*, M 1, 1076 a 13-16.

Mas, de fato, justamente no que concerne às doutrinas comuns entre ele e os platônicos (e em geral entre ele e os adversários), Aristóteles, com seu método polêmico, não só não lança luz, mas lança bastante obscuridade.

É preciso, portanto, afirmar que a importância, o papel e o valor de Aristóteles como divulgador se mostram bastante problemáticos, e são contestados sobretudo por muitos estudiosos contemporâneos, justamente por causa da estrutura teorética na qual se situam, que condicionaria, senão *in toto*, pelo menos em larga medida sua credibilidade.

Digamos logo que, em geral, certas posições assumidas pelos estudiosos diante do Aristóteles divulgador se revelam muito diversas e sob muitos aspectos até mesmo antitéticas.

Recordamos dois exemplos típicos, que podem muito bem explicar os extremos opostos alcançados (em cujo interior, naturalmente, situa-se toda uma série de variadas posições matizadas, que vão de um extremo ao outro, acentuando um ou outro aspecto), que encontramos nas obras de E. Zeller, de um lado, e de H. Cherniss, de outro.

Consideramos oportuno evocar aqui essas posições extremas, para que o leitor da *Metafísica* possa dar-se bem conta delas, em vista de assumir em justa medida uma posição crítica entre uma e outra, com o maior equilíbrio possível nesse caso.

Zeller encontrava, por várias razões, justamente em Aristóteles seu homem de confiança por excelência; e tudo o que o Estagirita dizia sobre os vários pensadores era tomado em consideração pelo estudioso, em muitos casos, *in primis et ante omnia*. Recorde-se que, para Zeller, toda a filosofia da era helenística e da era imperial seria, simplesmente, uma "nacharistotelische Philosophie". Esse é o subtítulo dos dois volumes da terceira parte de sua grande obra A *filosofia dos gregos no seu desenvolvimento histórico*, e compreende nessa ótica pelo menos oito séculos do pensamento grego (como se a grandeza do pensamento grego depois de Aristóteles tivesse sido, em grande medida, perdida).

Cherniss, ao contrário, vê em Aristóteles como divulgador o responsável por numerosos equívocos que se generalizaram nos intérpretes, que tomaram por verdadeiras muitas coisas que particularmente Platão não disse, apenas pelo fato de que Aristóteles as remete a ele, enquanto, na realidade, nos escritos de Platão não se encontram, e Aristóteles as atribui a ele de modo indevido, interpretando os diálogos segundo as próprias categorias teóricas e, portanto, *extraindo deles conceitos que não estão presentes neles*. Com efeito, diz Cherniss, os testemunhos de Aristóteles sobre Platão, onde podem ser controlados, se autodestroem e, consequentemente, onde não podem ser controlados tornam-se suspeitos, e, portanto, não são dignos de fé. Erra, portanto, quem dá um valor histórico ao que Aristóteles diz dos outros filósofos e considera seus testemunhos como objetivamente confiáveis[2].

Convém ler uma página na qual Cherniss resume seu pensamento, que foi bastante influente nos anos passados. Depois de ter evocado as teses centrais do célebre capítulo sexto do primeiro livro da *Metafísica* aristotélica, o estudioso americano escreve: "Dessa existência separada e intermediária dos objetos matemáticos, dessa identificação de ideias e números não matemáticos, como da derivação dessas ideias-números de dois princípios últimos, o Um e a díade do grande e do pequeno, os princípios que são ao mesmo tempo causas, respectivamente, do bem e do mal, *de tudo isso não existe uma só palavra nos diálogos platônicos*; e se não fosse por Aristóteles e pelos comentários posteriores às suas obras ou à de seus epígonos, *ninguém jamais teria sonhado que semelhantes conceitos poderiam ter algum lugar na teoria platônica das ideias*"[3].

Em suma, as assim chamadas "doutrinas não escritas" atribuídas por Aristóteles a Platão não seriam mais do que fruto de suas interpretações pessoais, e desvios de afirmações feitas por Platão em seus escritos. Particularmente, a dos dois princípios, e sobretudo a do princípio material da Díade de grande-e-pequeno e a das Ideias-números seriam, justamente, meras deduções extraídas por Aristóteles dos textos platônicos, com base no próprio sistema e de modo nenhum doutrinas professadas por Platão.

Convém ler outras duas passagens, particularmente iluminadoras, que exprimem muito bem as posições assumidas por Cherniss: "... o fio de uma específica referência de Aristóteles às 'opiniões não escritas' de Platão conduz bem *longe* da filosofia sistemática que se supõe ter sido ensinada oralmente por Platão na Academia; ele conduz, ao contrário, à conclusão de que um dos dois primeiros princípios daquele hipotético sistema [*i.é*: o princípio material da Díade de grande-e-pequeno] *Aristóteles*

---

2. H. Cherniss, *Aristotle's Criticism of Presocratic Philosophy*, Baltimore 1935 (Nova Iorque 1964); Idem, *Aristotle's Criticism of Plato and the Academy*, Baltimore 1944 (Nova Iorque 1962); Idem, *The Riddle of the Early Academy*, Berkeley-Los Angeles 1945 (1962²); esta última obra foi também traduzida em italiano por L. Ferrero: *L'enigma dell'accademia antica*, Florença 1974 (as citações serão extraídas dessa tradução).

3. Cherniss, *L'enigma...*, pp. 9 s. (grifo nosso).

o extraiu justamente dos diálogos, mediante sua interpretação pessoal e polêmica"[4].

Cherniss repete o mesmo também a propósito da teoria das Ideias-números.

A tese das doutrinas orais de Platão, segundo Cherniss, teria sido criada pelos estudiosos para salvar o testemunho de Aristóteles, que teria sido indevidamente considerado e tratado como um dado de fato a ser salvo, mas de modo ilógico e incoerente. Eis as explicações de Cherniss: "A história do pensamento humano conheceu muitas inversões desse tipo; neste caso, como em todos os outros semelhantes, o resultado foi o de descuidar, alterar ou negar nos dados os elementos que contradizem a hipótese. Ao contrário, o único modo válido e razoável é o de descartar esta hipótese e formular outra: *aceitar a parte do testemunho de Aristóteles que concorda com os escritos platônicos, e, dado que para a identificação de ideias e números esse acordo cessa, ver se essa identificação não tem sua origem e sua explicação antes na interpretação crítica aristotélica do pensamento acadêmico, do que numa hipotética exposição oral de Platão*"[5].

Hoje a tese de Cherniss está quase totalmente superada, e seus adeptos convictos são pouquíssimos. Evocamos essa posição porque é expressão de uma interpretação que foi um ponto de referência (nós mesmos estivemos por muito tempo impressionados por ela), e, se hoje é totalmente obsoleta, permanece um ponto de referência imprescindível para traçar o quadro global da interpretação de Platão e de Aristóteles.

Na realidade, essa posição é o resultado de uma mentalidade hiperpositivista (ou hiper-racionalista), que, aplicando cânones empírico-racionalistas levados ao extremo, chegam a não compreender justamente as diferenças "históricas", com as relativas consequências. No nosso caso, leva a não compreender quase totalmente a revolução cultural em ato na época de Platão, com o predomínio da escritura sobre a oralidade, e as consequentes defesas por parte de Platão das características típicas da comunicação das mensagens mediante a oralidade (que, a seu ver, deviam ser mantidas), com toda uma série de consequências que daí derivam.

Recordamos de passagem que Cherniss, para sustentar sua tese da não credibilidade das informações de Aristóteles sobre o pensamento de Platão, teve de negar a autenticidade da *Carta VII*, na qual, como é sa-

---

4. Cherniss, *L'enigma*..., pp. 29 s. (grifo nosso).
5. Cherniss, *L'enigma*..., p. 34 (grifo nosso).

bido, Platão diz claramente que um escrito seu sobre as coisas últimas (sobre os princípios primeiros e supremos) *não só não existia naquele momento, mas que não existiria nunca*. Todavia, a negação da autenticidade da *Carta VII* não resolve o problema, porque Platão nas páginas finais do *Fedro* diz as mesmas coisas, e Cherniss não soube fornecer uma adequada interpretação nem uma justificação desse autotestemunho de Platão. Portanto, a tese de Cherniss só poderia se sustentar negando também a autenticidade do *Fedro*[6].

Na realidade, como dizíamos no início, o fato de a *Metafísica* de Aristóteles ser uma mina de informações se revela a um simples passar de olhos nos índices que apresentamos no final deste volume, onde se pode ver em que medida são reconstruídas as filosofias dos predecessores e dos contemporâneos de Aristóteles, justamente nas edições críticas e sistemáticas feitas pelos estudiosos modernos e contemporâneos, baseando-se nos testemunhos extraídos da *Metafísica* do Estagirita.

Por outro lado, existe um critério válido para distinguir o que deve ser atribuído a Aristóteles como informador e o que deve, ao invés, ser posto na conta do Aristóteles crítico. Quando ele fala de um autor, de Platão em particular, existem certamente muitas coisas que só se explicam referindo-se às categorias teoréticas do próprio Aristóteles e a toda uma série de consequências que elas comportam, mas existem numerosos elementos que não são de modo algum redutíveis exclusivamente às suas deduções teoréticas, e que, portanto, só podem ser explicados com base nos dados de fato aos quais se refere o Estagirita, ou seja, com base nas coisas ditas efetivamente por Platão e, em geral, pelos próprios autores objeto de crítica.

Particularmente, *não se pode de modo algum afirmar que Aristóteles tenha inventado dados*; deve-se antes reconhecer que, *baseando-se em dados de fato, ou seja, em coisas efetivamente ditas pelos filósofos que pretende refutar, procede na interpretação e nas avaliações das mesmas em função de seus cânones teoréticos*.

É preciso observar que, no máximo, em vez de atribuir aos filósofos examinados e criticados coisas por eles não ditas de modo algum, Aristóteles pode ser inculpado de *não examinar e, portanto, de calar sobre certas coisas que esses filósofos disseram, ou de minimizá-las, enquanto lhe resultariam demasiado incômodas*, porque poriam em dúvida algumas de suas críticas e algumas de suas reservas.

---

6. Cf. *Fedro*, 274 B-278 E.

Mas isso entra justamente nos cânones de sua técnica de refutação, como veremos de modo pormenorizado adiante, neste mesmo capítulo[7].

2. **A Metafísica de Aristóteles se impõe como um ponto de referência irrenunciável para qualquer reconstrução e compreensão filosófica do pensamento dos pré-socráticos**

Antes de passar à complexa questão das relações entre Aristóteles e Platão, que são, sob muitos aspectos, as mais importantes para uma adequada compreensão da Metafísica, é importante chamar a atenção do leitor mais uma vez para as relações de Aristóteles com os pré-socráticos, completando o que já dissemos acima, no capítulo terceiro, para explicar a teoria da quatro causas.

O primeiro livro da Metafísica, como já observamos, é a primeira história da filosofia (em chave teorética) da literatura ocidental, com uma antecipação (embora parcial, se bem que bastante significativa) no Fédon de Platão, nas páginas centrais em que ele explica o que foi a "segunda navegação" (δεύτερος πλοῦς) e o que conquistou por meio dela[8]. Há tempo os estudiosos reconheceram que as páginas centrais do Fédon constituem a primeira descrição na literatura europeia de uma história do pensamento escrita em suas várias fases e a primeira demonstração da existência de uma realidade suprassensível. Mas Aristóteles envolve o problema num raio muito mais vasto, seguindo um plano muito mais articulado. Portanto, o que foi apresentado por Platão no Fédon se revela não mais que um esboço, embora verdadeiramente notável, enquanto o que foi traçado por Aristóteles é um quadro quase completo, até nos pormenores, segundo a teoria das quatro causas.

Pois bem, a respeito disso o que merece ser considerado é o seguinte: *não só no passado, mas até agora é justamente na ótica consagrada por Aristóteles no primeiro livro da Metafísica que se leem os pré-socráticos*. As tentativas de releitura segundo outras óticas fracassaram. De fato, Aristóteles apresenta o próprio nascimento do pensamento filosófico com os pré-socráticos como *um advento do logos que se substitui ao mito na explicação das coisas*. E, com efeito, é justamente esse o modo pelo qual a filosofia entendeu no passado e entende ainda hoje a própria identidade, sem exceção.

---

7. Cf. *infra*, § 4, *passim*.
8. Cf. *Fédon*, 96 A-102 A.

Vejamos o exemplo que, no nosso entendimento, se impõe como o mais significativo.

Os primeiros que filosofaram foram os que buscaram explicar todas as coisas com base nos princípios primeiros, entendendo esses princípios como materiais. Eis as considerações feitas por Aristóteles:

> Os que por primeiro filosofaram pensaram que os princípios de todas as coisas fossem exclusivamente materiais. De fato eles afirmam que aquilo de que todos os seres são constituídos e aquilo de que originariamente derivam e aquilo em que por último se dissolvem, é elemento e é princípio dos seres, na medida em que é uma realidade que permanece idêntica mesmo na mudança de suas afecções (...): de fato, deve haver alguma realidade natural (uma só ou mais de uma) da qual derivam todas as outras coisas, enquanto ela continua a existir sem mudança[9].

O iniciador desse tipo de filosofia, explica Aristóteles, fazendo uma afirmação que se tornou definitiva, foi Tales[10], o qual disse que o princípio ou elemento era *a água*. E logo depois Aristóteles refuta os que pensavam diferentemente e indicavam alguns que teriam sustentado esta concepção antes de Tales.

Leiamos antecipadamente uma passagem de importância incontestável:

> Há também quem acredite que os mais antigos, que por primeiro discorreram sobre os deuses, muito antes da presente geração, também tiveram essa mesma concepção da realidade natural. De fato, afirmaram *Oceano* e *Tétis* como autores da geração das coisas, e disseram que aquilo sobre o quê juram os deuses é a *água*, chamada por eles de *Estige*. Com efeito, o que é mais antigo é também mais digno de respeito, e aquilo sobre quê se jura é o que há de mais respeitável. Mas não é absolutamente claro que tal concepção da realidade tenha sido tão originária e tão antiga; ao contrário, afirma-se que Tales foi o primeiro a professar essa doutrina da causa primeira (...)[11].

---

9. Met. A 3, 983 b 6-18.
10. Cf. *Metafísica*, A 3, 983 b 20-27. Ver a segunda das passagens que apresentamos logo em seguida.
11. *Metafísica*, A 3, 983 b 27-984 a 3.

E eis como Aristóteles resume o pensamento de Tales e indica a natureza e o alcance do *logos* que o sustenta:

> Tales, *iniciador desse tipo de filosofia* [!], diz que o princípio é a água (por isso afirma também que a terra flutua sobre a água), certamente tirando esta convicção da constatação de que o alimento de todas as coisas é úmido, e da constatação de que até o calor se gera do úmido e vive no úmido. Ora, aquilo de que todas as coisas se geram é o princípio de tudo. Ele tirou, pois, esta convicção desse fato e também do fato de que todas as sementes de todas as coisas têm uma natureza úmida, sendo a água o princípio da natureza das coisas úmidas[12].

Portanto, é justamente o *impor-se do logos, ou seja, da razão, na explicação do princípio das coisas*, a fonte da qual nasce a filosofia. E, como dizíamos acima, *é justamente essa a identidade com que a filosofia se apresentou em todos os tempos: perguntar-se o por quê das coisas e buscar responder a essas perguntas em função do logos.*

Outro ponto merece ainda ser destacado.

Em todas as histórias do pensamento antigo, ao tratar do pensamento dos pré-socráticos, fala-se de "monistas" e de "pluralistas", incluindo no grupo dos monistas todos os filósofos que admitiram um princípio único do qual derivam todas as coisas, e, no grupo dos pluralistas os filósofos que admitiram mais princípios (limitados em número ou infinitos). Mas essas categorias hermenêuticas foram criadas justamente por Aristóteles, e foram expressas pela primeira vez de modo sistemático no primeiro livro da *Metafísica*[13].

Poderíamos dar outros exemplos significativos e mostrar como são particularmente instrutivas até mesmo as dificuldades experimentadas por Aristóteles ao expor e criticar as doutrinas dos eleatas, e mostrar como essas dificuldades têm razões históricas e objetivas bem precisas[14]. Entretanto, aqui basta o que já indicamos para recordar ao leitor também a importância extraordinária que tem a *Metafísica* para a compreensão do pensamento dos pré-socráticos e, portanto, da própria gênese da filosofia, por razões de caráter tanto histórico como teorético.

---

12. *Metafísica*, A 3, 983 b 20-27.
13. Cf. *Metafísica*, A 3-5; 7-8 e 10.
14. Ver, a respeito, o nosso ensaio: *Melisso e la storia della filosofia greca*, contido no volume: Melisso, *Testimonianze e frammenti*, La Nuova Italia, Florença 1970, *passim* e, especialmente, pp. 25 ss.

3. *As razões pelas quais muitos estudiosos acreditaram em Aristóteles mais pelo que diz sobre os outros filósofos do que sobre Platão*

Um fato pode provocar espanto, pelo menos à primeira vista: muitos estudiosos que contestam totalmente ou em parte certos testemunhos de Aristóteles sobre Platão, acolhem, ao contrário, muitas coisas que ele diz sobre outros filósofos, particularmente sobre os acadêmicos, ou seja, sobre os discípulos de Platão, sobretudo sobre Espeusipo e sobre Xenócrates. Com efeito, muitas objeções feitas aos testemunhos de Aristóteles sobre as doutrinas não escritas platônicas deveriam valer também para os testemunhos sobre Espeusipo e sobre Xenócrates e, em geral, sobre os acadêmicos.

Na realidade, existe uma explicação para esse comportamento anômalo dos intérpretes. Trata-se, porém, de um motivo que não é aceitável do ponto de vista epistemológico, mesmo que do ponto de vista psicológico se mostre muito relevante. Dos outros filósofos, particularmente de Espeusipo, de Xenócrates e dos antigos acadêmicos não nos chegaram escritos, e seu pensamento é recuperado somente ou prevalentemente dos testemunhos indiretos. Ao contrário, de Platão nos chegaram todos os escritos, e o que Aristóteles refere é comparado justamente com o que o próprio Platão diz expressamente em seus diálogos e de acordo com isso avaliado.

À primeira vista, isso pareceria bastante correto; entretanto leva a engano. De fato, muitos foram e são ainda vítimas de um raciocínio que outras vezes já referimos em nossos escritos[15], mas que também aqui é oportuno reafirmar porque, para dizê-lo com uma metáfora, trata-se de um "cadafalso" verdadeiro e perigoso. O meio mais idôneo para a comunicação de um pensamento é o escrito, tanto mais se quem escreve possui dotes específicos e habilidade na escritura. Ora, de Platão, como os estudiosos estabeleceram, chegaram-nos todos os escritos, e os dotes de Platão como escritor são excepcionais. Portanto, de todos os escritos de Platão, compostos em sua maioria de modo excepcional, pode-se e deve-se extrair tudo o que Platão pensou.

O grave pressuposto que desvirtua pela base esse raciocínio e o torna um verdadeiro "cadafalso" está *na convicção da autarquia, ou seja, da autossuficiência do escrito*, sobretudo do modo como este se impôs no mundo moderno e na convicção de que isso vale para os escritos compostos por todos os escritores de todos os tempos.

---

15. Ver sobretudo G. Reale, *Para uma nova interpretação de Platão* (1997), *passim*.

Mas os autotestemunhos de Platão desmentem (de modo sistemático e muito preciso) justamente essa concepção da "autarquia" do escrito. Segundo nosso filósofo, o escrito precisa sempre da defesa de seu autor, realizada na dimensão da oralidade dialética, para não ser malentendido. Ademais, não só na *Carta VII* (como já recordamos acima), Platão diz que um escrito seu sobre certas coisas não existia e jamais existiria, mas também no *Fedro* ele reafirma um conceito análogo, até mesmo aplicando-o em geral a qualquer filósofo. Com efeito, diz Platão, se alguém põe tudo o que pensa em seus escritos, será poeta, logógrafo, legislador, mas não filósofo. Só é filósofo aquele que *não põe por escrito as coisas que, para ele, são "de maior valor", e que, numa defesa de seus escritos, é capaz de mostrar a fraqueza dos próprios escritos*[16].

Portanto, Platão nos disse sem meios-termos que *em seus escritos não estava todo o seu pensamento*, e que não estava justamente o que se referia às coisas supremas, os princípios primeiros, que, para ele, eram as coisas "de maior valor". Os próprios escritos de Platão têm uma estrutura centrada inteiramente no "levar socorro": socorro que, na medida em que o escrito permite, no próprio desenvolvimento do diálogo é progressivamente levado (por Sócrates, ou por Parmênides e pelo Estrangeiro de Eleia nos diálogos dialéticos) aos vários pontos paulatinamente alcançados na dinâmica do escrito, mas que, no que se refere ao *socorro definitivo*, que só seria alcançado evocando os princípios primeiros, Platão sistematicamente remete a "outra vez". Mas essa "outra vez" não se encontra nos diálogos confrontados entre si, justamente porque se trata do "socorro" que só pode ter lugar no âmbito da oralidade dialética, como recentes estudos sobre Platão evidenciaram muitíssimo bem[17].

Portanto, o *plus* que caracteriza o pensamento platônico *não pode ser conhecido senão mediante os testemunhos dos discípulos que no-lo transmitiram*; e justamente Aristóteles é sua fonte principal, precisamente na *Metafísica*, que, portanto, também desse ponto de vista, *se impõe como um texto de importância verdadeiramente excepcional*.

---

16. *Carta VII*, 341 C; *Fedro*, 278 C-E.
17. Ver particularmente: Th. A. Szlezák, *Platone e la scrittura della filosofia. Analisi di struttura dei dialoghi della giovinezza e della maturità alla luce di un nuovo paradigma ermeneutico*, Introduzione e traduzione di G. Reale, Vita e Pensiero, Milão 1988 (1989²; 1992³); a edição original *Platon und die Schriftlichkeit der Philosophie*, foi publicada em Berlim em 1985. De Szlezák ver também o volume sintético: *Come leggere Platone*. Presentazione di G. Reale, Rusconi, Milão 1991^{1-2}.

Mas, voltamos a dizer, trata-se de um ponto extremamente delicado, que só recentemente se conquistou e que deve ser bem recebido, caso se queira entender adequadamente o texto que estamos apresentando.

4. *O critério seguido por Aristóteles, em suas polêmicas com Platão, de calar sobre as doutrinas que o constrangeriam e não reconhecer vantagem às posições do adversário*

Com base no que demonstramos, estão totalmente equivocados os estudiosos que interpretam as passagens da *Metafísica* nas quais se fala de outros filósofos, particularmente de Platão, como mal-entendidos, distorções, indevidas atribuições a eles de coisas não ditas por eles.

No caso de Platão temos até mesmo a possibilidade de encontrar significativas confirmações nos próprios diálogos, lendo-os numa ótica nova, e historicamente mais adequada, como logo explicaremos[18].

Em todo caso, é evidente que quem acusa um pensador da inteligência filosófica de Aristóteles, tendo vivido por duas décadas ao lado de Platão e atuado com ele no âmbito da Academia, de ter feito o mestre dizer coisas que ele absolutamente não disse, e de tê-lo sistematicamente mal-entendido e desviado, *acusa, obviamente, não Aristóteles, mas a si mesmo de ser péssimo intérprete*, ou seja, denuncia a inadequação do método com o qual o relê e o reinterpreta.

Mas o que é oportuno destacar aqui é um fato poucas vezes considerado pelos intérpretes, e que, ao contrário, deve ser bem compreendido, particularmente no que se refere justamente à *Metafísica*.

Mais do que a reprovação de atribuir aos predecessores, sobretudo a Platão, coisas por eles não ditas, Aristóteles merece antes a reprovação oposta, como já dissemos. Com efeito, ele *não destaca e não discute criticamente alguns conceitos-chave expressos por eles.*

Nesses casos, trata-se justamente de conceitos que, em certa medida, se fossem levados seriamente em consideração e discutidos, reduziriam justamente a sua originalidade e daria aos adversários muito mais razão do que Aristóteles está disposto a admitir.

Por mais que isso possa perturbar, por ser totalmente inconveniente, é, contudo, bem compreensível, se não por razões objetivas, pelo menos por

---

18. Cf. *infra*, pp. 175-176.

razões psicológicas subjetivas. Particularmente, é preciso destacar que em alguns casos trata-se de conceitos expressos pelos adversários, especialmente por Platão, mas de maneira um tanto diferente, de modo que, do ponto de vista subjetivo, se Aristóteles tivesse sido acusado de não falar sobre algum conceito expresso pelos adversários, ele poderia objetar: considero que, *dito daquele modo em que o adversário o apresenta, o conceito em questão não tem, absolutamente, adequada consistência e não é teoreticamente significativo*.

Mas trata-se de típicas tomadas de posição polêmicas de escola, explicáveis somente ou prevalentemente do modo como dissemos. Por isso, nesses casos, é preciso distanciar-se cuidadosamente de certas conclusões tiradas por alguns, particularmente da afirmação de que, dado que Aristóteles não atribuiu certas coisas a Platão, daí se segue que Platão verdadeiramente não as disse, ou que não as disse seriamente, embora apareçam de certo modo nos diálogos, e que, portanto, devem ser entendidas como mitos ou jogos de ironia.

Vejamos dois exemplos que, a nosso ver, sob muitos aspectos são os mais significativos, justamente por compreender e avaliar bem alguns pontos-chave da *Metafísica*.

Recordamos, em primeiro lugar, o discurso de Aristóteles sobre as contribuições dadas pelos predecessores e pelos contemporâneos à teoria das quatro causas. Concluindo o discurso sobre Platão no capítulo sexto do primeiro livro da *Metafísica*, ele escreve expressamente:

> Do que dissemos fica claro que ele recorreu a apenas
> *duas causas*: a *formal* e a *material*[19].

Portanto, segundo essas palavras, Platão não teria falado nem da causa *eficiente*, nem da *final*.

Contudo, como já acenamos acima e aqui devemos pormenorizar e documentar, o contrário é que é verdade. Platão pôs no centro de todo o seu pensamento, seja escrito seja oral, justamente a causa do Bem, que, enquanto tal, é *aquilo de que tudo deriva e a que tudo tende*, e portanto, é *fim* em sentido inequívoco.

Mas, nesse caso, Aristóteles revela *expressis verbis*, o que dizíamos acima: de fato, ele silencia sobre o que Platão disse a respeito da causa final para não correr o risco de ter de lhe conceder muito mais do que lhe concede, mas *de iure* se defende antecipadamente de eventuais críticas,

---

19. *Metafísica*, A 6, 988 a 8-10.

ao negar que o discurso de Platão sobre este ponto possa ter uma consistência e, portanto, relevância teorética.

Eis suas palavras:

> (...) Também os que afirmam que o Um e o Ser são *bem* por sua natureza, dizem que são causa da substância, mas *não dizem que são o fim pelo qual algo é ou se gera. De modo que, em certo sentido, eles dizem e não dizem que o Bem é causa.* Eles, de fato, *não afirmam de modo definitivo que o Bem é causa absoluta, mas o afirmam acidentalmente*[20].

Nesse ponto convém ler, para documentar a tese que estamos sustentando, mais do que a célebre passagem central da *República*[21], que por si já bastaria, sobretudo a passagem decisiva e indiscutível do *Timeu*, que explica de modo bastante eloquente nossa tese:

> Digamos então por que *causa* compôs a geração e este universo Aquele que os formou. Ele era bom e em quem é bom não nasce nunca nenhuma inveja por qualquer coisa. Sendo, portanto, isento de inveja, Ele quis que todas as coisas se tornassem o mais possível semelhante a Ele. E quem admitisse *este princípio da geração do mundo* como principal, aceitando-o de homens sábios, o admitiria retamente. De fato, Deus, *querendo que todas as coisas fossem boas*, e que nada, na medida do possível, fosse mau, tomando o que era visível e desprovido de repouso, mas que se movia confusa e desordenadamente, *levou-o da desordem à ordem*, julgando isso melhor do que aquilo. De fato, só é lícito a quem é ótimo fazer o que é belíssimo[22].

Mas neste sentido Platão começara a falar já a partir do *Fédon*, no qual ele põe justamente o Bem e o Ótimo em primeiríssimo plano para explicar a gênese e o ser de todas as coisas. E negar que para Platão o Bem e o Ótimo são causa final é, do ponto de vista objetivo, verdadeiramente impossível[23].

---

20. *Metafísica*, A 7, 988 b 11-16.
21. *República*, VI 507 A-509 C.
22. *Timeu*, 29 D-30 A.
23. Ver a documentação e a explicação em Reale, *Para uma nova interpretação de Platão* (1997), pp. 378-385.

Não menos significativo é o silêncio de Aristóteles sobre a causa eficiente no pensamento de Platão, que, ao contrário, como já observamos há tempo, justamente sobre este ponto alcançou uma posição mais avançada do que a do Estagirita.

Deixando de lato as teses do *Fédon*, ademais muito significativas, convém chamar a atenção para as passagens do *Filebo* e do *Timeu*, nas quais é dado à temática da causa eficiente um destaque teorético não só muito claro, mas *mais consistente, mais incisivo e mais avançado do que o que foi dado por Aristóteles a essa causa.*

No *Filebo*, é desnecessário recordar, Platão fala de quatro supremos gêneros do ser: o *indeterminado*, o *limite determinante*, o *misto de limite e ilimite* (que é a característica de todo tipo de ser) e a *"causa"* dessa *mistura*, para todas as coisas que são geradas.

Leiamos algumas significativas afirmações de Platão:

Sócrates — Antes dizíamos que, além desses três, havia um quarto gênero a examinar. Examinemo-lo em comum. Considera, com efeito, *se não te parece necessário que todas as coisas que se geram gerem-se por certa causa.*

Protarco — Parece-me que sim. De fato, sem ela, como poderiam gerar-se?

Sócrates — E a natureza do que produz, exceto no nome, não é em nada diferente da causa, antes, *o que produz e o que é causa não podem ser justamente ditos a mesma coisa?*

Protarco — Justamente.

Sócrates — E o que é produzido e o que é gerado, exceto no nome, assim como no caso precedente, não os encontraremos em nada diferentes? Ou não?

Protarco — Justamente.

Sócrates — E então, *por sua natureza, o que produz é sempre precedente, enquanto o que é produzido segue aquele, enquanto é gerado.*

Protarco — Certamente.

Sócrates — Portanto, são diferentes e não são a mesma coisa a causa e o que está a serviço da causa com relação à geração.

Protarco — E daí?

Sócrates — Pois bem, as coisas que se geram e as de que se geram nos forneceram três gêneros?

Protarco — Certamente.

Sócrates — Mas o que é artífice de todas essas coisas o dizemos quarto gênero, ou seja, a causa, enquanto se mostrou suficientemente diferente daqueles?
Protarco — De fato, é verdadeiramente diferente.
Sócrates — Então é justo, já que os quatro gêneros foram distinguidos, enumerá-los um a um, para recordá-los.
Protarco — Certamente.
Sócrates — Portanto, o primeiro é o ilimitado, o segundo é o limite, depois como terceiro derivado desses dois, a substância mista e gerada; e se dissesse que a quarta é *a causa da mistura e da geração* erraria em alguma coisa?
Protarco — E como poderias errar?[24]

E no *Timeu*, justamente no prelúdio teórico ao discurso cosmológico (que mesmo os autores que leem este diálogo prevalentemente em chave mítica consideram uma passagem que exprime axiomas teóricos com grande precisão), depois de ter distinguido a realidade em duas esferas, a do ser eterno e a do ser que se gera, precisa:

> (...) Tudo o que se gera é necessariamente gerado por alguma coisa. De fato, *é impossível que as coisas sejam geradas sem ter uma causa*[25].

Como se terá notado, o conceito já claramente expresso no *Filebo* é reafirmado intensamente. E aqui no *Timeu* Platão expõe com toda a clareza o conceito do "demiurgo", ou seja, do Artífice divino de todo o universo, *causa eficiente* por excelência, que para ele coincide com a Inteligência:

> E quando o Artífice de alguma coisa, olhando sempre para o que é do mesmo modo e servindo-se dele como modelo, leva ao ato sua ideia e sua potência, é necessário que, desse modo, ela se realize inteiramente bela (...)[26].

E justamente referindo-se a todo o cosmo, Platão apresenta seu Artífice como *causa eficiente em sentido global*:

> Ora, no que se refere ao céu e ao mundo, ou caso se encontre outro nome adequado, que se o chame com ele, é pre-

---

24. *Filebo*, 26 E-27 C.
25. *Timeu*, 28 A.
26. *Timeu*, 18 A-B.

ciso considerar o que desde o princípio se deve examinar com relação a todas as coisas, ou seja, se existiu sempre, não tendo nunca qualquer princípio de geração, ou se foi gerado, tendo começado de algum princípio. Ele foi gerado. De fato, é visível e tangível e tem um corpo; mas todas as coisas desse tipo são sensíveis, e são apreendidas com a opinião mediante a sensação, e resulta serem geradas e submetidas ao devir. *E do que é gerado dissemos ser necessário que seja gerado por uma causa. Mas é difícil encontrar o Autor e Pai desse universo e é impossível falar dele a todos*[27].

Aristóteles, no *De caelo*, critica esta concepção do universo gerado; e os acadêmicos antigos para defender (inadequadamente) Platão, interpretaram a exposição do *Timeu* como narração de caráter *didático*, que não deve ser tomada literalmente[28]. A respeito disso, haveria muito a dizer; mas, independentemente de como se interprete tudo isso, é incontestável que aqui Platão *fala de causa eficiente até mesmo na dimensão cósmica*. Na *Metafísica*, Aristóteles evita tocar essa questão porque desmentiria totalmente suas afirmações, lidas acima. O Deus aristotélico não é, com efeito, causa eficiente do cosmo, mas é causa final dele, enquanto move os céus atraindo-os com sua perfeição, como o amado atrai o amante, e, portanto, produz movimento (e a consequente estrutura de todo o cosmo) justamente enquanto causa final (ou, se quisermos, eficiente-final no sentido de que é a própria finalidade que produz o movimento).

Outra doutrina de Platão sobre a qual Aristóteles silencia e que devemos evocar é a que se refere à *Inteligência cósmica*, em seu grau supremo identificada com o próprio Demiurgo, e sua função em sentido global.

Também as razões desse silêncio são muito claras. Trata-se de uma temática que toca justamente o coração do sistema da metafísica de Aristóteles e, portanto, é extremamente delicada.

Como vimos, e como reafirmaremos, Aristóteles *substitui* o mundo do suprassensível, entendido por Platão como mundo do Inteligível, *pelo mundo do suprassensível entendido como mundo da Inteligência*: a Inteligência suprema, que é Deus, as cinquenta e cinco Inteligências moventes dos céus, às quais devem ser acrescentadas também as inteligências das almas dos homens.

---

27. *Timeu*, 28 B-C.
28. Cf. *De caelo*, I 9, 279 b 32 ss. = Xenócrates, fr. 54 Heize = fr. 153 Isnardi Parente; cf. também os frs. 154-158 Isnardi Parente.

Para Platão a Inteligência, mesmo em seu mais alto grau, pensa o Inteligível como ser distinto dela (como a partir do *Fédon* emerge com toda clareza). Trata-se de uma consequência que derivava da concepção introduzida na filosofia grega por Parmênides, segundo a qual o pensamento é sempre e somente pensamento do ser. Aristóteles, ao invés, move-se em nova direção. No vértice não está o Inteligível, em cujo pensamento se atua a Inteligência, mas no vértice absoluto do ser está a Inteligência e, enquanto tal ela não pode pensar algo que esteja ainda acima de si: o pensamento da Inteligência suprema deve ter como objeto a si próprio:

> Se, portanto, a Inteligência divina é o que há de mais excelente, ela pensa a si mesma e seu pensamento é pensamento de pensamento[29].

> Portanto, não sendo diferentes o pensamento e o objeto de pensamento, nas coisas que não têm matéria serão o mesmo, *e a Inteligência divina coincidirá com o objeto do seu pensamento*[30].

Pois bem, *essa revolução das relações ontológicas e axiológicas entre Inteligência e Inteligível é de alcance incomensurável.* Falaremos disso adiante; aqui, porém, devemos logo destacar o seguinte: o fato de pôr a Inteligência acima do Inteligível não implica absolutamente que tudo o que disse Platão sobre a Inteligência não tenha grandíssima importância, para todos os efeitos, mesmo que Aristóteles evite reconhecê-lo.

Recordamos que a Inteligência, segundo Platão, está presente seja no cosmo seja acima do cosmo, em diferentes níveis: particularmente, ele dá grande destaque à Inteligência suprema do Demiurgo, além da Inteligência da alma do mundo, gerada pela Inteligência do Demiurgo. Tanto uma como a outra têm uma função de primeira ordem.

Eis uma das passagens mais significativas, que extraímos do *Filebo*:

> Sócrates — Então, se isso não tem sentido, seguindo o outro raciocínio será melhor que afirmemos, como já dissemos outras vezes, que no universo há muito de ilimitado e suficiente limite, *e acima deles uma causa de valor*, a qual, ordenando e organizando os anos e as estações e os meses, *com toda a razão pode ser chamada de sapiência e intelecto.*

---

29. *Metafísica*, Λ 9, 1074 b 33-35.
30. *Metafísica*, Λ 9, 1075 a 3-5.

Protarco — Com toda a razão, certamente.
Sócrates — E certamente sapiência e intelecto jamais se produziriam sem alma.
Protarco — Certamente.
Sócrates — Então dirás que na natureza de Zeus encontram-se uma alma régia e um intelecto régio em razão do poder da causa, e nos outros Deuses outras coisas belas, segundo as quais cada um deles prefere ser denominado.
Protarco — Certamente.
Sócrates — E não pense, caro Protarco, que fizemos esse raciocínio sem motivo, mas ele é aliado dos que no passado declararam que *a inteligência sempre governa o universo*.
Protarco — Efetivamente o é.
Sócrates — E ele ofereceu uma resposta à minha indagação, a saber, que *a inteligência é do governo do que foi dito causa de todas as coisas (e isso era para nós um dos quatro gêneros)*. Portanto, agora tens a nossa resposta.
Protarco — Tenho, e muito adequada; e me esquecia de que estivesses dando-me uma resposta.
Sócrates — De fato, caro Protarco, o jogo é às vezes um descanso para a seriedade.
Protarco — Disseste bem.
Sócrates — Portanto, caro amigo, *demonstrou-se suficientemente a que gênero pertence a inteligência e o poder que ela tem*[31].

Escolhemos esta passagem porque resume o pensamento de Platão no que se refere à *Inteligência nos seus vários níveis*; ademais, nela Platão reafirma de modo claríssimo *a coincidência da causa eficiente no mais alto grau justamente com a Inteligência*. E teríamos muitas passagens a evocar, a partir do *Fédon* até o *Timeu*, que por razões de espaço não podemos reproduzir e explicar; mas o leitor interessado poderá encontrá-las, com a relativa exegese, em nosso livro sobre Platão, ao qual remetemos[32].

O conceito do Deus aristotélico deriva, em linha direta, justamente do conceito de Inteligência suprema do Demiurgo platônico, com as modificações estruturais que comporta a revolução do nexo entre Inteligência e Inteligível operada pelo Estagirita[33].

---

31. *Filebo*, 30 C-31 A.
32. Cf. Reale, *Para uma nova interpretação de Platão* (1997), pp. 373-530.
33. Cf. *infra* Cap. onze, *passim*.

O que acabamos de explicar parece ser suficiente para compreender o *silêncio de Aristóteles sobre as coisas ditas por Platão a respeito disso*, as suas implicações e as suas consequências, sobretudo do ponto de vista hermenêutico.

5. *Significativas confirmações das coisas atribuídas na* Metafísica *de Aristóteles a Platão numa série de mensagens alusivas que se encontram nos próprios escritos platônicos relidos em nova ótica histórico-hermenêutica*

Um último ponto de grande importância deve ainda ser posto em evidência.

Platão, como já observamos acima, disse na *Carta VII* que um escrito seu sobre as coisas que reservara à oralidade não só não existia, como nunca existiria[34]. E no autotestemunho do *Fedro* tinha afirmado que só é filósofo quem possui "coisas de maior valor" relativamente às que confia aos escritos[35].

Mas pode-se verdadeiramente pensar que um escritor dotado de habilidade e capacidade de expressão extraordinárias como Platão pudesse na verdade não dizer absolutamente nada em seus escritos justamente sobre as coisas que para ele eram de maior valor? Ou *devemos admitir que, se relidos devidamente, descobre-se que Platão incluiu também nos seus escritos certas mensagens alusivas que forneciam indicações precisas e acenos a certas doutrinas, não passíveis de recepção pelos leitores comuns e reservadas de maneira programática aos leitores que as tinham aprendido por outra via, ou seja, mediante a oralidade dialética?*

É justamente esta a verdade que está emergindo há algum tempo nos estudos mais avançados sobre o pensamento de Platão: em seus escritos, Platão usou *duas formas diferentes de linguagem*, ou seja, uma explícita e clara, para comunicar todas as coisas que podiam de certo modo ser compreendidas até pelos mais comuns da multidão; outra, ao contrário, alusiva, com ampla exploração de jogos de máscara, de movimentos aporéticos, de posicionamentos irônicos, de acenos, de alusões e indicações baseadas sobre o dizer-e-não dizer, com que fazia evocações precisas justamente das coi-

---

34. *Carta VII*, 341 C.
35. *Fedro*, 278 D-E.

sas *reservadas só às pessoas que, mediante a oralidade dialética, tinham aprendido o que era preciso para entendê-las*, e portanto, eram capazes de captar de modo conveniente aquelas mensagens cifradas[36].

Na verdade Platão, para muitas das coisas que escreveu sob essa forma de mensagens alusivas, poderia dizer o que Ésquilo afirma num verso do *Agamênon*:
De bom grado

falo aos que sabem, dos que não sabem me escondo[37].

E o leitor que saiba situar-se nessa ótica, ao reler em paralelo os diálogos platônicos e a *Metafísica* de Aristóteles, se defrontará com grandes novidades. Particularmente, dar-se-á conta de que devem ser revolucionados justamente os cânones redutivos de Cherniss e dos que raciocinam de modo análogo com base nos critérios que, como já destacamos acima, valem para entender os escritos de hoje, mas não os escritos da época de Platão.

Com efeito, amplas confirmações da verdade de muitas coisas que Aristóteles diz de Platão podem ser encontradas nos diálogos, desde que se saiba entrar no círculo hermenêutico centrado no momento histórico em que Platão vivia, *ou seja, no momento de extraordinária importância histórico-cultural caracterizado pela passagem da oralidade à escritura*, que comportava um modo de escrever e comunicar as mensagens definitivas de um modo muito diferente relativamente ao que hoje consideramos o único possível.

Particularmente, o leitor deverá compreender que nessa revolução cultural, *Platão e Aristóteles situam-se em frentes opostas*: Platão toma a defesa da supremacia axiológica da oralidade; Aristóteles, ao contrário, nesse ponto não segue o mestre e toma posições que são, *sob todos os aspectos, em favor da escritura*, e por isso escreve sem problemas, inclusive sobre as coisas a respeito das quais Platão não queria escrever[38].

No capítulo seguinte indicaremos alguns exemplos que esclarecerão adequadamente o que foi dito e, portanto, nos permitirão compreender, melhor do que no passado, muitos pontos-chave da *Metafísica*.

---

36. Cf. Reale, *Para uma nova interpretação de Platão* (1997), *passim* e a literatura aí citada.
37. Ésquilo, *Agamênon*, 38 s.
38. Cf. *infra*, Cap. nove, *passim*.

Capítulo nono

As informações fornecidas por Aristóteles na Metafísica sobre as "doutrinas não escritas" platônicas, sua credibilidade e seus influxos teoréticos

1. *Aristóteles nos transmitiu, além da fórmula "doutrinas não escritas" com a qual são designados os ensinamentos orais de Platão, também seus conteúdos de base*

Na *Física*, Aristóteles disse que os ensinamentos orais de Platão eram chamados com a fórmula "doutrinas não escritas" (ἄγραφα δόγματα). Não se trata de uma expressão pessoal, mas de uma qualificação consagrada pela *communis opinio*. Tanto é verdade que Aristóteles fala delas justamente como as "que são chamadas" (ou seja, as que "têm a comum denominação") de "doutrinas não escritas": Πλάτων... ἐν τοῖς λεγομένοις ἀγράφοις δόγμασιν...[1].

Na *Metafísica*, depois, oferece-nos muito mais, enquanto nos apresenta o que de melhor nos chegou (ainda que em forma de síntese expressa de modo fortemente abreviado e também num contexto de polêmica muito forte), sobre os conteúdos de tais "doutrinas não escritas" (ἄγραφα δόγματα). E muitas explicações complementares nos chegaram pelos comentadores de Aristóteles, principalmente por Alexandre, que extraiu sobretudo da obra *Sobre o Bem*, na qual Aristóteles especificamente discutia sobre os princípios primeiros de que falava Platão nas suas lições na Academia.

Mas há ainda outro ponto essencial que devemos ter bem presente. De fato, muitas polêmicas com Platão e também muitas tomadas de posição teóricas de Aristóteles, que se leem na *Metafísica*, tornam-se muito mais claras se nos referirmos não aos escritos de Platão, mas *justamente a suas doutrinas não escritas, às discussões e aos desenvolvimentos que elas suscitaram e desencadearam na Academia*.

O primeiro que se deu conta disso e o escreveu foi Werner Jaeger em seu livro juvenil sobre Aristóteles, onde afirmava que a filosofia de Platão

---

1. *Fís.*, IV 2, 209 b 11-17.

visada pelo Estagirita era justamente a do ensinamento oral[2]. E, com efeito, só situando-se nessa ótica é possível explicar histórica e teoricamente as relações de Aristóteles com Platão e entender, com consciência hermenêutica madura, muitas páginas da Metafísica. Infelizmente Jaeger não prosseguiu nessa via, e só nos últimos decênios do século XX (malgrado as notáveis contribuições dadas nesse sentido por L. Robin no início do século[3]) estão amadurecendo os frutos que derivam dessas premissas[4].

Tentemos, portanto, distinguir, embora sinteticamente, os pontos-chave das doutrinas não escritas que Aristóteles evoca de maneira sistemática e com muita insistência na Metafísica, para extrair posteriormente as consequências que daí derivam para uma releitura desta obra.

2. **As *razões pelas quais* Aristóteles, *contra a vontade de Platão*, julgou que devia escrever sobre as doutrinas não escritas e porque pôde fazê-lo de modo correto e coerente**

Para reler a Metafísica na nova ótica que estamos propondo o leitor deve libertar-se de outro erro hermenêutico no qual muitos ainda incorrem.

Com efeito, alguns continuam a levantar as mais fortes dúvidas sobre a liceidade de escrever livros sobre as coisas que Platão não queria que fossem escritas *nos rolos de papel, mas somente nas almas dos homens*. Escrever sobre as doutrinas não escritas seria ilícito não só para seus discípulos, que teriam desobedecido a Platão de modo bastante incorreto, mas ainda mais para o estudioso moderno, que faria algo duplamente proibido, justamente fazendo algo proibido com base em documentos proibidos.

---

2. W. Jaeger, *Studien zur Entstehungsgeschichte der Metaphysik des Aristoteles*, cit., pp. 140 ss.

3. L. Robin, *La théorie platonicienne des Idées et des Nombres d'après Aristote*, Paris 1908 (Hildesheim 1963).

4. Recordamos, entre as mais recentes publicações, particularmente: H. Krämer, *Platone e i fondamenti della metafisica. Saggio sulla teoria dei principî e sulle dottrine non scritte di Platone con una raccolta dei documenti fondamentali in edizione bilingue. Introduzione e traduzione di* G. Reale, Vita e Pensiero, Milão 1982 (1987²; 1989³; a obra foi composta pelo autor a nosso convite e a edição italiana é a de referência; aí o leitor encontrará todas as indicações dos trabalhos de Krämer sobre Platão); K. Gaiser, *La metafisica della storia in Platone* (op. cit., *supra*, p. 2, nota 5); aí o leitor encontrará todos os escritos de Gaiser sobre Platão, pp. 33 ss.; ver também as obras de Th. Szlezák citadas *supra*, p. 166 e nota 17, a obra de Erler citada *infra*, na nota 7, além da nossa, já citada várias vezes.

Na realidade, trata-se de *preconceitos a serem estruturalmente corrigidos*, porque baseiam-se em erros de caráter histórico-hermenêutico. A proibição de Platão de escrever não se baseava numa convicção precisa de que se tratasse de coisas sobre as quais *não era possível escrever*, ou seja, de coisas *inefáveis*, mas antes, na convicção de se tratar de coisas que era prejudicial pôr à disposição da maioria, que as repetiriam sem tê-las recebido adequadamente, ou até mesmo as desprezariam sem tê-las compreendido absolutamente, porque, uma vez compreendidas na dimensão da oralidade dialética, essas coisas não se esquecem mais por serem, ademais, breves e essenciais e, portanto, exprimíveis em poucas palavras[5].

Mas os discípulos de Platão não foram dessa opinião e tomaram posição nítida em favor da escritura, derrubando as reservas de Platão. A revolução cultural terminava, de fato, com os discípulos de Platão, com o predomínio irreversível da escritura sobre a oralidade. E justamente Aristóteles, com suas ideias e seus comportamentos, como recentemente foi destacado pelos estudiosos, *impunha de modo sistemático os modos de proceder daquele tipo de cultura não mais fundada no predomínio da oralidade mas no da escritura, que dominará em seguida*.

Eis como Erler resume a questão:

Depois de ter destacado que, se em grande parte é verdade, como R. Harder afirma, que Tucídides e os sofistas tiveram um papel muito importante na vitória definitiva da escrita[6], deve ser observado também o seguinte: "... do mesmo modo, como pedra angular desse desenvolvimento deve ser visto o discípulo de Platão, Aristóteles. Sua relação com o livro e com a escrita, totalmente diferente da de seu mestre, é desprovida de qualquer problema. Para ele o livro e a escrita são meios úteis para aprender (...). Diferentemente de Platão, ele aprecia a meditação solitária e o silêncio, enquanto para Platão é determinante o fato de estar juntos na conversação. Também é característico o fato de Aristóteles exigir que as tragédias ofereçam clareza também na leitura. Na mentalidade de Aristóteles, pode-se ver muito bem o início do helenismo, centrado na palavra escrita"[7].

---

5. *Carta VII*, espec. 341 C ss.; 344 A ss.; cf. Reale, *Per una nuova interpret. di Plat.*[10] (1991), pp. 94-108.

6. R. Harder, *Bemerkungen zur griechischen Schriftlichkeit*, "Antike", 19 (1943), pp. 96-108.

7. M. Erler, *Il senso delle aporie nei dialoghi platonici. Esercizi di avviamento ao pensiero filosofico*. Introduzione di G. Reale, traduzione di C. Marrarelli, Vita e Pensiero, Milão 1991, pp. 118 (o volume foi publicado no original: *Der Sinn der Aporien in den Dialogen Platons*, em Berlim em 1987); os textos de Aristóteles citados pelo autor, como prova das suas afirmações, são: *Tópicos*, 105 b 12, 169 a 38; *ibid.*, 175 a 9; *Poética*, 1462 a 17 s.; *Protrético*, fr. 56 Düring.

Como se pode compreender muito bem a partir do que se disse, escrever as doutrinas, que, não tanto por motivos teoréticos mas socioculturais, para Platão deviam permanecer na dimensão da oralidade, para Aristóteles, que nessa revolução toma posições opostas às do mestre, alinhando-se sem reservas em favor da escrita, torna-se coisa totalmente natural e até mesmo necessária.

3. A *teoria platônica dos dois princípios primeiros e supremos: o Uno como princípio do Bem e a Díade de grande-e-pequeno como princípio do Mal*

Entre as informações que Aristóteles nos fornece na *Metafísica* sobre as doutrinas não escritas de Platão, a que mais perturbou muitos intérpretes de Platão, e produziu as extremas consequências tiradas por Chernisss, é justamente a que nos refere que *no vértice do seu sistema Platão punha, não as Ideias, mas os Princípios primeiros e supremos, dos quais derivava as próprias Ideias.*

Esses Princípios primeiros e supremos são o *Uno*, que Aristóteles aproxima ao que ele próprio entende como causa formal, e a *díade de grande-e-pequeno*, que Aristóteles aproxima à causa material. O Uno é a causa formal das próprias Ideias, assim como as Ideias são a causa formal das coisas sensíveis (seria ainda melhor dizer que o próprio Uno, justamente mediante as Ideias, que são formas de unidade determinada, é causa determinante também no nível dos sensíveis). A Díade de grande-e-pequeno no nível inteligível era a matéria sobre a qual agia o Uno e, justamente por participação no Uno, dava origem às Ideias e aos Números, assim como, por sua vez, a Díade de grande-e-pequeno, no nível do sensível, participando das Ideias, dava origem às várias coisas físicas[8].

Mas o que desconcertou sobremaneira muitos intérpretes, foi *a conexão do Uno com o Bem e da Díade de grande-e-pequeno com o mal:*

> Platão (...) atribuiu a causa do bem ao primeiro de seus elementos e atribuiu a do mal ao outro[9].

Estas são meras deduções de Aristóteles, de que não há traços nos diálogos de Platão, como pensaram Cherniss e muitos outros com ele?

---

8. Cf. Reale, *Para uma nova interpretação de Platão* (1997), pp. 167-205, 463-471.
9. *Metafísica*, A 6, 988 a 14-15.

A resposta a esse problema é fundamental para uma adequada releitura e compreensão hermenêutica dos textos aristotélicos e para uma correta interpretação não só das críticas que dirige a Platão, mas também para a interpretação de alguns aspectos essenciais de uma série de pontos-chave da *Metafísica*.

Portanto, devemos concluir que esses Princípios, particularmente o segundo, não se leem verdadeiramente nos diálogos, mas que Aristóteles simplesmente os extraiu deles "mediante uma polêmica interpretação pessoal"[10], de maneira indevida?

Para responder a esse problema e, portanto, para facilitar o máximo possível ao leitor introduzir-se no círculo hermenêutico que deve ser reconquistado para reler e entender a *Metafísica* em ótica histórica adequada, *queremos assumir como cânon justamente o mesmo que Cherniss apresentava de modo provocador*, convencido de assim reduzir a zero a credibilidade de Aristóteles. O único meio válido para levar a sério as afirmações feitas por Aristóteles a respeito, segundo Cherniss, é o seguinte: "Aceitar a parte do testemunho de Aristóteles *que concorda com os escritos platônicos*"[11]. E, particularmente, no que se refere à teoria dos Princípios e à das Ideias-números estreitamente ligada com a teoria dos Princípios primeiros (da qual logo falaremos), quando não se encontra acordo com os diálogos seria preciso ver se o que Aristóteles diz — reafirma Cherniss — "não tem sua origem e sua explicação sobretudo na interpretação crítica aristotélica do pensamento acadêmico, mais que numa hipotética exposição oral de Platão"[12].

Pois bem, *este cânon, a nosso ver, permanece válido, mas com uma restruturação hermenêutica que inverte as conclusões extraídas por Cherniss.*

De fato, o grave erro a ser evitado (e que não só Cherniss cometeu, mas muitos estudiosos continuam cometendo) consiste em considerar que *Platão escrevia com os mesmos critérios utilizados pelo homem de hoje*, ou seja, *pondo em seus livros tudo o que pensava, e na medida em que o pensava.* Ao contrário, como já observamos outras vezes e é necessário reafirmar aqui, naquele preciso momento histórico de evolução cultural no qual se passava do predomínio da oralidade ao predomínio da escrita, a tomada de posição de Platão em favor da oralidade e a subordinação da escrita ao oral comportava consequências de notável alcance relativamente ao que o

---

10. Cherniss, *L'enigma...*, p. 30.
11. Cherniss, *L'enigma...*, p. 34.
12. *Ibidem*.

próprio Platão confiava à escrita e ao modo como o confiava. Não escrevia as coisas para ele mais importantes (poucas, mas essenciais), e orientava progressivamente seus escritos em função não só do argumento escolhido, mas também, e sobretudo, em função dos personagens chamados em causa, e de suas capacidades morais e culturais, como diz expressamente no *Fedro*[13].

Não obstante isso, como já dissemos, Platão usava em seus escritos diferentes linguagens, e, por alusões, lançava mensagens comunicativas também aos que conheciam suas doutrinas orais, por tê-las aprendido dele no âmbito da Academia. E, portanto, *são justamente essas mensagens cifradas e alusivas que devem ser recuperadas, porque são elas que, em larga medida, confirmam muitas das coisas que Aristóteles nos diz*. Ou, se preferirmos, ao mesmo tempo *confirmam* e *são confirmadas* pelas informações fornecidas por Aristóteles, mediante uma fecundíssima operação de "endosmose" e de "exosmose", para usar uma eficaz e esclarecedora metáfora.

Mas, antes de aduzir alguns eloquentes exemplos, queremos evocar aqui uma passagem de Hegel, muito significativa e estimulante.

Polemizando contra certa interpretação de Platão de seu tempo, a qual sustentava que o esotérico em Platão se refere não só à forma da exposição dos conteúdos, mas aos próprios conteúdos, Hegel escreve: "Tolices! Pareceria quase que o filósofo possui seus pensamentos como coisas exteriores: ao contrário, a ideia filosófica é algo muito diferente, ela é que possui o homem. Quando os filósofos falam de temas filosóficos, devem exprimir-se segundo suas ideias e não podem guardá-las no bolso. Se, como alguns, falam de maneira extrínseca, todavia em seus discursos está sempre contida a ideia, por pouco que a matéria tratada tenha conteúdo. Para entregar um objeto externo não é preciso muito, mas para comunicar ideias é necessário capacidade e essa permanece sempre de alguma maneira esotérica, de modo que não há nunca o puramente exotérico nos filósofos"[14].

A interpretação esotérica de Platão proposta por Tennemann, com quem Hegel polemiza, era, obviamente, inadequada porque então se estava muito longe de ter conquistado o sentido e o alcance da revolução cultural em ação na época de Platão, com todas as consequências que daí derivam[15]. Nós mesmos fomos por longo tempo impressionados por essa

---

13. Cf. *Fedro*, 271 D-272 B.
14. G. W. F. Hegel, *Vorlesungen über die Geschichte der Philosophie*, in *Sämtliche Werke*, herausgegeben von H. Glockner. Vierte Auflage, vol. 18, Stuttgart-Bad Cannstatt 1965, pp. 179 s.; trad. ital. de E. Codignola e G. Sanna, La Nuova Italia, Florença, vol. II, pp. 161 s.
15. W. Tennemann, *System der platonischen Philosophie*, 2 vols., Leipzig 1792-1794.

passagem e a consideramos probatória. Mas hoje a consideramos até mesmo divinatória, se invertermos o sentido que Hegel lhe dava polemizando contra Tennemann, e se a situarmos no contexto dos atuais estudos sobre Platão e se a interpretarmos consequentemente.

É plenamente verdade que as ideias filosóficas não podem ser *ad libitum* tratadas como coisas e postas de lado quando e como se queira, porque *são na verdade elas que possuem o homem*, quando são verdadeiras ideias filosóficas, globais e últimas, ou seja, profundas convicções espirituais; *e não vice-versa*. E é plenamente verdade que, quando um verdadeiro filósofo fala de coisas referentes à filosofia, por menores que sejam, de algum modo elas, não só implicitamente, *contêm suas ideias de fundo*. Enfim, é também plenamente verdade que *o autêntico filósofo não pode, ainda que de diferentes modos, não exprimi-las*.

Mas este é o ponto essencial ao qual pretendemos chegar: há diferentes modos de se exprimir. E nessa diversidade de modos Platão foi um mestre sem igual. *Suas concepções fundamentais* (as coisas que para ele eram de maior valor) *foram verdadeiramente expressas, embora apenas por acenos, por remissões de diferentes gêneros, justamente porque "possuído" por elas como por verdades últimas*. E nós, homens de hoje, devemos justamente recuperar tudo o que é necessário para compreender seus modos de comunicação, que têm suas raízes naquele momento histórico único em seu gênero.

Vejamos, pois, alguns exemplos significativos, que comprovam como o próprio Platão em seus escritos, com oportunas indicações, faz compreender ao leitor preparado inclusive aquilo que dizia em suas doutrinas não escritas, e como isso *confirma de modo preciso o que Aristóteles nos refere e, portanto, confirma sua credibilidade*, particularmente no que diz respeito aos princípios primeiros e supremos do Uno, entendido como fonte do Bem, e da Díade de grande-e-pequeno (princípio fonte de multiplicidade), entendida como fonte do Mal (e, portanto, no que se refere à *estrutura bipolar do real*).

Já no *Fédon*, Platão, apresentando o modo como se deu seu encontro com Anaxágoras, e as esperanças que teve de encontrar em sua obra a explicação da verdadeira causa pela qual cada coisa nasce, se desenvolve, existe e perece, que é, precisamente, a causa que deve explicar a melhor condição do ser de cada coisa, escreve o seguinte:

> Com base nesse raciocínio, pensava que ao homem não seria conveniente considerar, a respeito de si mesmo e das outras coisas, senão aquilo que é *o perfeito e o ótimo*;

e, naturalmente, o homem deveria conhecer também o *pior*, porque *a ciência do melhor e do pior*, relativamente às mesmas coisas, é a mesma[16].

E pouco adiante acrescenta:

E não renunciaria a essa esperança por nada no mundo! Tomei seus livros com a maior solicitude, e os li o mais depressa possível, para poder conhecer o quanto antes *o melhor e o pior*[17].

Como bem se vê, já nesse texto se acena com grande clareza, embora de maneira alusiva, como observamos acima, à estrutura bipolar do *melhor* e do *pior*, ou seja, justamente àquilo de que depende o bem e o mal. Mas com clareza que chega aos extremos, para um Platão que impunha limites precisos à escritura, na *República*, em passagens infelizmente amplamente descuidadas e, portanto, não compreendidas de modo adequado pela maioria dos intérpretes, lemos:

— Então o Bem *não é causa de tudo, mas é causa das coisas boas, enquanto não é causa dos males.*

— Absolutamente, respondeu.

— Portanto, disse, uma vez que Deus é bom, *não poderia ser causa de tudo, como diz a maioria; mas para os homens é causa de poucas coisas, enquanto não é causa de muitas.* De fato, para nós são muito menores os bens com relação aos males; e *dos bens não se deve atribuir a causa a nenhum outro, enquanto dos males se deverá buscar alguma outra causa, mas não Deus*[18].

E comparando a Cidade ideal com as comuns, indica justamente no *uno* e na *divisão diádica* e na consequente multiplicidade (recorde-se que a díade é, justamente, fonte de multiplicidade) o *mal*:

É preciso chamar as outras com um nome maior: de fato, cada uma das outras Cidades é *muitíssimas* Cidades e não *uma* Cidade (...). Em primeiro lugar, são *duas* [note-se a evocação emblemática da Díade!], em todo caso, inimigas

---

16. *Fédon*, 97 D.
17. *Fédon*, 98 B.
18. *República*, II 379 B-C.

uma da outra, uma dos pobres e outra dos ricos. *E em cada uma dessas duas* (!) existem depois *muitíssimas*, e se as tratas como se fossem *uma* erras completamente; se, ao contrário, as tratas como *muitas*, dando a umas as coisas das outras, as riquezas e as potências e até as próprias pessoas, conseguirás muitos aliados e poucos inimigos (...)[19].

A passagem continua jogando com os conceitos de uno e de muitos de modo assaz significativo; mas no livro seguinte Platão diz ainda mais, explicando que o máximo bem é o que *torna unida* a cidade e o máximo mal é o que a *divide* (a divisão *diádica*!) e faz dela muitas:

> — Não é este, então, o ponto do qual devemos começar para chegar a um acordo, ou seja, perguntar qual podemos dizer que seja o *máximo Bem para o ordenamento da Cidade, ao qual o legislador deve mirar ao pôr as leis, e qual o máximo Mal*, e, portanto, ver se aquilo de que agora se tratou concorde com *o rastro do Bem* e não concorde *com o do mal?*
> — Precisamente, disse.
> — E poderemos ter *um mal maior na Cidade do que o que a divide, e que de uma faz muitas? Um Bem maior do que o que a ligue e a torne una?*[20].

E no *Teeteto*, depois, lemos:

> Não é possível que os males pereçam, caro Teodoro, mas *é necessário que exista sempre algo de contrário ao Bem*[21].

É desnecessário recordar que o *Parmênides* está todo estruturado teoricamente justamente sobre os dois princípios supremos do "Uno" e do "Outro do Uno", e que os diálogos dialéticos não deixam dúvida a respeito disso, particularmente o *Filebo*, no qual o "limite" e o "ilimite" são uma função precisa dos dois princípios supremos do Uno e da Díade[22].

Sem falar, enfim, das grandes páginas do *Timeu* que explicam pormenorizadamente em que consiste o princípio material, que nas doutri-

---

19. *República*, IV 422 E-423 B.
20. *República*, V 462 A-B.
21. *Teeteto*, 176 A-B.
22. Sobre o *Parmênides* ver: M. Migliori, *Dialettia e Verità. Commentario filosofico al "Parmenide" di Platone*. Prefazione di H. Krämer, introduzione di G. Reale, Vita e Pensiero, Milão 1990; sobre o *Filebo* ver: Reale, *Para uma nova interpretação de Platão* (1997), pp. 329-342 e 409-436.

nas não escritas era a Díade, e como a passagem do caos material à ordem operada pelo Demiurgo ocorre justamente em função do Uno — em cuja base domina, estruturando-o, o princípio material —, como demonstramos exaustivamente no volume sobre Platão[23].

Portanto, se lido com cânones hermenêuticos historicamente adequados, o confronto entre o que diz Aristóteles e o que Platão indica por alusões sobre as próprias doutrinas não escritas permite um acerto de contas bastante satisfatório, e — ousamos dizer — quase perfeito. E trata-se de um "acerto de contas" que permite compreender muito melhor não só Platão, mas o próprio pensamento metafísico de Aristóteles.

4. O Bem como Uno, medida suprema de todas as coisas

Como já recordamos, Platão, justamente no diálogo em que deveria necessariamente fornecer a definição da essência do Bem (de acordo com os cânones pelos quais julgamos a escrita), ou seja, na *República*, não a fornece e *oferece apenas uma imagem, quer dizer, em vez do pai, mostra o filho, paga os "juros" em lugar do principal*[24].

Como é bem sabido, além das lições no interior da Academia, Platão aceitou dar a conhecer "o pai" (e, portanto, pagar não só os juros) numa conferência pública (ou num ciclo de conferências) na qual falou diante de muitas pessoas e revelou alguns pontos-chave de suas doutrinas não escritas. Nessa conferência pública revelou explicitamente que, para ele, *a essência do Bem era o Uno*; e isso desagradou a muitas pessoas, que o criticaram e desprezaram.

De fato, muitos dos que acorreram à conferência platônica *Sobre o Bem* esperavam ouvir falar do que todos consideram bens, como por exemplo, riqueza, saúde, força e felicidade. Ao contrário, foram tomados de grande surpresa ao ouvir falar de coisas totalmente inesperadas.

Aristóxeno nos refere (e também aqui, note-se, a partir de testemunhos aristotélicos):

> Mas quando se viu que os discursos versavam sobre coisas matemáticas, números, geometria e astronomia, e, por último, sustentava-se que existe *um Bem, um Uno*, creio

---

23. Cf. Reale, *Para uma nova interpretação de Platão* (1997), pp. 445-471.
24. Cf. *República*, VI 506 D-507 A e 509 C.

> que isso tenha parecido algo paradoxal. Consequentemente,
> alguns desprezaram a coisa, outros a lastimaram[25].

Pois bem, na *República* Platão evoca expressamente esse evento (ou, pelo menos, certos efeitos produzidos pela apresentação pública do que ele considerava ser a essência do Bem). Ao pedido feito por Glauco a Sócrates de dar a definição do Bem, Platão o faz responder o seguinte:

> (...) Temo não ser capaz disso e que *meu zelo despropositado me torne ridículo* [justamente como tinha ocorrido na conferência]. Mas, caríssimos, deixemos de lado por ora tratar do que seja o Bem em si; chegar ao que penso a respeito parece-me empreendimento superior à tentativa que podemos fazer agora. Mas se é de vosso agrado desejo falar do que me parece ser o filho do Bem, e a ele muito semelhante; se não, deixemo-lo de lado[26].

E a tais afirmações de Sócrates, Platão faz Glauco dizer:

> Fala, outra vez pagarás a explicação do que seja o pai.

Ao que Sócrates, concluindo, responde:

> Gostaríamos muito de poder pagá-la a vós e de ser cobrado por vós e não nos *limitar, como fazemos agora, somente aos juros*. Mas, por enquanto, tomai esses juros e esse filho do Bem. Mas ficai atentos para que involuntariamente eu não vos engane prestando-vos uma conta errada dos juros[27].

A célebre conferência, da qual já naquele tempo muito se falou, elimina qualquer possibilidade de excluir que a essência do Bem para Platão fosse verdadeiramente o Uno, como também os intérpretes mais ligados à interpretação tradicional de Platão são forçados a admitir.

Mas eis como, com formidável jogo alusivo, feito mediante uma imagem, com extraordinária habilidade poética, justamente no termo da ilustração da imagem (ou seja, do filho do Bem e, portanto, justamente no momento em que conclui o pagamento dos "juros" da dívida) Platão introduz uma verdadeira quebra, *rompendo a imagem com um conceito de extraordinário poder, que se tornou celebérrimo*:

---

25. Aristóxeno, *Harm. elem.*, II 39-40 Da Rios.
26. *República*, VI 506 D-E.
27. *República*, VI 506 D-507 A.

Assim, dos objetos cognoscíveis dirás que procede do Bem não apenas o ser cognoscíveis, mas dele igualmente recebem ser e essência, não sendo ele uma essência, mas estando acima da essência em dignidade e poder[28].

E logo após estas afirmações Platão escreve (e justamente nisso está o extraordinário golpe de inventividade poética e dramatúrgica):

> E Glauco exclamou muito comicamente: *"Apolo! que divina superioridade!"*[29].

Ora, note-se que em todos os escritos de Platão "Apolo", termo que ocorre uma dezena de vezes, nunca aparece no exclamativo[30]. Portanto o uso do termo "Apolo!" feito desse modo é como *unicum* no *corpus platonicum*.

Existe uma razão para isso, mas infelizmente é muito pouco conhecida. Os pitagóricos chamavam o Uno simbolicamente com o nome de "Apolo", provavelmente jogando com o sentido do termo, entendendo o *alfa* com o qual o termo Apolo começa como privativo, que, unido ao *pollon* dá como significado "privação" ou "supressão" do múltiplo e, portanto, *exprime justamente o Uno e a Unidade*[31]. E o "muito comicamente" com que é caracterizada a atitude de Glauco ao referir "a divina superioridade", nitidamente acentuada, é justamente uma esplêndida alusão, com magnífico jogo irônico alusivo, à superioridade extraordinária do Uno, que podia ser compreendida e apreciada pelos que o conheciam por outra via.

De resto, as passagens da *República* lidas acima e outras que poderão ser encontradas no nosso volume sobre Platão, excluem qualquer dúvida sobre isso[32].

Mas, para concluir sobre este ponto, evoquemos aqui justamente uma passagem do *Filebo*[33], que mostra como Platão, *fingindo ironicamente retirar-se, se lança aos limites extremos alcançados em seus escritos*, justamente ao fazer ver, desta vez de modo mais do que alusivo, esse ponto-chave de suas doutrinas não escritas.

---

28. *República*, VI 509 B.
29. *República*, VI 509 C.
30. Apresentamos todas as passagens nas quais Platão usa o termo "apolo" no ensaio G. Reale, *L'henologia nella "Repubblica" di Platone: suoi presupposti e sue conseguenze*, in AA.VV., *L'Uno e i Molti*, a cura di V. Malchiorre, Vita e Pensiero, Milão 1990, particularmente pp. 136-159.
31. Plotino, *Enéadas*, V 5,6.
32. Cf. Reale, *Para uma nova...*, pp. 247-274.
33. *Filebo*, 64 A-65 A.

O Bem é o Uno, e o Uno, nas doutrinas não escritas, é a *medida suprema*, que é razão de ser de toda proporção entre o muito e o muito pouco. E apelando para esses conceitos no *Filebo*, Platão nos indica por escrito *o que lhe é mais caro, ou seja, a essência do Bem como Uno e Medida suprema*, fingindo, com refinada ironia, dizer o oposto.

Como é sabido, para o grego o Belo coincide com o Bem, e para Platão, particularmente, *o Belo é a maior manifestação do Bem*. Mas nessa passagem do *Filebo* ele finge tratar-se de coisas diferentes. Depois de ter alcançado o que ele expressamente chama de "vestíbulo do Bem", justamente fazendo emergir os conceitos de *medida* e de *proporção*, diz-nos que *o Bem nos fugiu no Belo*. Mas o Belo, longe de *velar* o Bem, o *revela*; e, portanto, *a fuga do Bem no Belo exprime sua manifestação suprema por meio de um jogo irônico*, esplêndido a olhos helênicos.

Portanto, Platão diz o contrário justamente com a intenção de comunicar o contrário do que diz. E ademais, na conclusão do diálogo, que tinha como tema de base a questão se para os homens o prazer é um verdadeiro bem, explica:

> Então por toda parte, Protarco, dirás, mandando mensageiros a proclamá-lo e dizendo-o aos presentes, que o prazer não é a primeira nem a segunda coisa a ser possuída, mas que *o primeiro posto está junto da Medida e do que é medido e conveniente*[34].

A definição do Bem dada por Platão nas doutrinas não escritas era a seguinte: *o Bem é o Uno, Medida suprema de todas as coisas*. E é muito interessante recordar que o próprio Aristóteles em seu diálogo intitulado *Político*, do qual só nos chegaram pouquíssimos fragmentos, fornecia essa magnífica definição, de caráter fortemente platônico:

> *O Bem é a Medida exatíssima de todas as coisas*[35].

Isso que dissemos brevemente, para cuja documentação pormenorizada remetemos as nosso volume sobre Platão, esclarece muitas páginas da *Metafísica*, nas quais Aristóteles discute sobre o uno e sobre a medida, e em grande parte a temática do décimo livro.

Sobretudo esclarecerá a novidade de seu paradigma metafísico, com a substituição da doutrina do Uno (ou seja a *henologia*) que é o coração

---

34. *Filebo*, 66 A.
35. Aristóteles, *O Político*, fr. 2 Ross.

do sistema de Platão e do platonismo, com a *ontologia*, da qual falaremos adiante; e, naturalmente, fará compreender muito bem a contínua evocação da temática do *uno* com as relativas polêmicas, mesmo onde não a esperaríamos, com toda uma série de implicações e também com muitas consequências hermenêuticas[36].

5. A *complexa questão da Díade indefinida de grande-e-pequeno*

Outro conceito das doutrinas não escritas de Platão a desempenhar um papel de grande importância na *Metafísica* de Aristóteles, sobretudo no nível polêmico, e que, se não for bem entendido, condiciona grandemente a compreensão de muitas passagens, é o da Díade, *princípio antitético ao Uno*.

Enquanto no passado tivemos dúvidas de que a fórmula "Díade indefinida de grande-e-pequeno" pudesse ser do próprio Platão, depois de uma série de estudos sobre essa problemática estamos convencidos de sua efetiva autenticidade.

Em A 6, Aristóteles diz que é uma peculiaridade de Platão ter posto o ἄπειρον, ou seja, o infinito (ou ilimitado ou indefinido) não como uma *unidade* como o entendiam os pitagóricos, mas como uma *díade* e, portanto, "ter concebido o *apeiron* como derivado do grande e pequeno"[37]. E em M 7 fala expressamente de "díade indefinida" (ἀόριστος δυάς), expressão depois repetida. Mas que o próprio Platão tenha ligado a Díade, ou seja, o princípio material com o *apeiron* e com o *Aoriston*, emerge não só do *Filebo*, até mesmo de maneira temática, mas também do *Timeu*. Para as análises das passagens desses diálogos e para a demonstração do que afirmamos, remetemos ao nosso volume sobre Platão[38].

Aqui, por razões de espaço, limitamo-nos a evocar uma passagem do *Político*, muito pouco observada, e que, no entanto, é muito indicativa.

Platão está falando do mundo, que, distanciando-se pouco a pouco de seu criador, deixa crescer paulatinamente nele *"o estado de antiga desordem"* (o estado da matéria e, portanto, da Díade, da qual o mundo foi extraído), com a consequente "grande combinação de contrários" e o risco de dissolução. Portanto, conclui Platão, Deus quis intervir mais uma vez diretamente para salvar o mundo da dissolução:

---

36. Cf. *infra*, Cap. doze, *passim*.
37. *Metafísica*, A 6, 987 b 25-27.
38. Cf. Reale, *Para uma nova interpretação de Platão* (1997), pp. 412-416, 445-470.

Por isso, mesmo nesse momento, Deus, que já ordenara, vendo-o em dificuldade, e cuidando dele, para que *sob a tempestade produzida pela desordem* não se dissolva imerso *no mar infinito da desigualdade* (τὸν τῆς ἀνομοιότητος ἄπειρον ὄντα πόντον), retoma o timão, recompondo as partes das coisas que no período precedente tombaram em dissolução e desordem, as ordena, e, restaurando-o, o torna imune ao envelhecimento e à morte[39].

E esta expressão, "mar infinito da desigualdade", apresenta uma imagem que indica de modo esplêndido a concepção esotérica expressa pela difícil fórmula *Díade infinita (ou indefinida) de grande-e-pequeno*[40].

Mas, dado que esse conceito é muito mais complexo e difícil de compreender do que o conceito do Uno, convém evocar alguns testemunhos antigos que poderão ajudar a compreender algumas coisas que em muitas páginas da *Metafísica* Aristóteles nos oferecerá em suas intensíssimas e bastante complexas polêmicas dirigidas a desmantelá-lo.

Porfírio, num testemunho transmitido por Simplício, nos diz:

> Platão sustenta que o mais e o menos, o forte e o fraco pertencem à natureza do indefinido. De fato, onde eles estão presentes e aumentam sua intensidade ou a reduzem, não está nem termina o que deles participa, mas procede para o indeterminado da ilimitação. E o mesmo acontece também para o maior e para o menor ou para os correspondentes destes, denominados por Platão o grande e o pequeno[41].

E para ilustrar bem esses difíceis conceitos, apresenta um magnífico exemplo (a nosso ver talvez o mais belo), muito esclarecedor:

> Com efeito, ponha-se uma grandeza limitada como, por exemplo, o côvado. Se, dividindo-o em duas partes, deixamos um dos dois semicôvados indiviso, e cortando o outro, pouco a pouco o acrescentamos ao semicôvado indiviso, teríamos duas parte do côvado, uma indo na direção do menor e a outra na direção do maior, sem termo. De fato, jamais poderemos alcançar um indivisível, continuando a cortar, porque o côvado é um contínuo. Mas o contínuo se

---

39. *Político*, 273 D-E.
40. Reale, *Para uma nova interpretação de Platão* (1997), pp. 401 ss.
41. Simplício, *In Arist. Phys.*, 453, 31-36 Diels.

divide em partes que são sempre ulteriormente divisíveis. Esse incessante cortar revela uma natureza do ilimitado que se encerra no côvado, antes, revela mais de uma natureza, uma procedendo para o grande e a outra procedendo para o pequeno. Nessas coisas se pode ver a dualidade indeterminada que é constituída pela unidade que procede na direção do grande e pela que procede na direção do pequeno[42].

Dificilmente se poderia dar um exemplo mais esclarecedor do que esse: a Díade indefinida (ou ilimitada) de grande-e-pequeno exprime justamente a própria natureza do princípio material, de qualquer parte e de qualquer modo que se a considere, que é justamente uma *tendência ilimitada, como foi explicado, ao sempre-maior e ao sempre-menor, e por isso ao mais e ao menos, ao maior e ao menor* e, portanto, é fonte de multiplicidade e de diferenciação.

E eis um texto de Hermodoro (que foi amigo de Platão), transmitido (pelo médio-platônico Dercílides) por Simplício:

> As coisas que são ditas grandes em relação ao pequeno têm todas o mais e o menos: de fato, é possível ser em medida sempre crescente maior e menor procedendo ao infinito; e, do mesmo modo, também mais largo e mais estreito, mais pesado e mais leve, e de todas as coisas que se dizem desse modo se poderá pensar num procedimento ao infinito. Ao contrário, as coisas que se dizem como o igual, o estável e o proporcionado, não têm o mais e o menos, enquanto têm as coisas opostas a estas. Com efeito, uma coisa desigual pode ser mais desigual do que outra desigual e uma coisa movida, mais movida do que outra coisa movida, e uma desproporcionada mais desproporcionada do que outra desproporcionada, de modo que todos os membros daqueles pares acolhem o mais e o menos, exceto o membro unitário da primeira série. Assim, tal coisa é chamada instável, informe, indefinida e não-ser em virtude da negação do ser. Com ela não tem nada a ver o princípio nem a essência, mas move-se numa situação de desordem[43].

---

42. Simplício, *In Arist. Phys.*, 453, 36-454, 9 Diels.
43. Simplício, *In Arist. Phys.*, 248, 5-15 Diels.

Enfim, eis um fragmento exatamente de Eudemo, também reportado por Simplício:

> Eudemo, antes de Alexandre, examinando a opinião de Platão sobre o movimento, e opondo-se a ela, escreve: Platão diz que o movimento é o grande-e-pequeno, o não-ser, o anômalo e tudo o que conduz ao mesmo com relação a estes. (...) Os pitagóricos e Platão reconduzem, por boa razão, o indefinido ao movimento (de fato, ninguém mais falou disso)[44].

Esses testemunhos, se meditados, como dizíamos, *tornarão muito mais compreensíveis, vivos e interessantes, numerosos posicionamentos polêmicos de Aristóteles encontrados em muitas páginas da Metafísica*, mas que, se não são situados sobre esse pano de fundo, quase sempre se revelam pouco compreensíveis.

Este conceito, porém, é muito mais complexo do que se pode pensar se não se o estuda a fundo. De fato, a Díade de grande-e-pequeno, ou seja, o princípio "material", não desempenha um papel determinante só em relação ao mundo sensível, mas também relativamente a tudo o que concerne ao mundo inteligível, justamente na estrutura do grande-e-pequeno, do mais-e-menos em geral, ao infinito. Há, pois, uma Díade como *princípio material "sensível"*, e uma Díade como *princípio material "inteligível"*. Para Platão, noutros termos, há uma "matéria" inteligível que explica a multiplicidade e a diferença das Ideias, e há também uma "matéria" inteligível que explica os entes matemáticos, dos quais falaremos abaixo, assim como há a matéria "sensível" na dimensão física do cosmo, de que fala amplamente sobretudo no *Timeu*[45].

Essa concepção exerceu notável influxo sobre Aristóteles, embora tenham permanecido as várias e complexas polêmicas e as fortes diferenças entre o discípulo e o mestre a respeito de tudo o que ela implicava.

Aqui recordamos, particularmente, a destacada dificuldade que Aristóteles demonstra diante da "matéria inteligível", *justamente no que concerne a explicação dos entes matemáticos*, as suas notáveis incertezas e as suas tendências a admiti-la, embora a seu modo.

Eis algumas afirmações muito significativas que lemos na *Metafísica*:

---

44. Simplício, *In Arist. Phys.*, 431, 6-14 Diels.
45. Cf. Reale, *Para uma nova interpretação de Platão* (1997), pp. 447-471.

> (...) Existe uma matéria sensível e uma inteligível: a sensível é, por exemplo, o bronze ou a madeira ou tudo o que é suscetível de movimento; *a inteligível é, ao contrário, a que está presente nos seres sensíveis, mas não enquanto sensíveis, como os entes matemáticos*[46].

E ainda:

> Existem dois tipos de matéria: uma inteligível e a outra sensível, e uma parte da definição é sempre matéria e a outra ato: por exemplo, o círculo é definido como figura plana[47].

Perguntando-se, depois, a que ciência compete a tarefa de ocupar-se da matéria dos entes matemáticos, responde que não é tarefa da física, mas da metafísica:

> E, em geral, poder-se-ia ainda levantar o seguinte problema: a que ciência compete a tarefa de ocupar-se da matéria dos entes matemáticos? Certamente não à física, porque a pesquisa do físico versa inteiramente sobre as coisas que têm em si mesmas o princípio do movimento e do repouso; e nem à ciência que estuda a demonstração e a ciência, porque esta investiga justamente esse gênero particular de objetos. Resta, portanto, que daquela questão deva se ocupar a filosofia que é objeto desse nosso raciocínio[48].

Confessamos que na primeira edição desta obra não conseguimos perceber bem essa posição de Aristóteles porque, permanecendo só no âmbito das categorias de seu sistema entendidas rigorosamente, não se conclui nada, e essa admissão da matéria inteligível não pode ser adequadamente explicada, assim como não se podem explicar outras posições assumidas por ele em relação à matemática e aos entes matemáticos, de que falaremos adiante. Ao contrário, as coisas se tornam claríssimas, justamente se nos damos bem conta do *choque de Aristóteles com as doutrinas não escritas de Platão, e do enorme influxo que sobre ele tiveram*, particularmente da relevância essencial que o conceito de que estamos falando teve em Platão e no âmbito das discussões por ele suscitadas dentro da Academia.

---

46. *Metafísica*, Z 10, 1036 a 9-12.
47. *Metafísica*, H 6, 1045 a 33-35.
48. *Metafísica*, K 1, 1059 b 14-21.

6. Estrutura bipolar de todo o real em todos os níveis

Outro conceito importantíssimo explicitado nas doutrinas não escritas (largamente presente nos diálogos, mas de modo não facilmente aceitável ou até mesmo incompreensível, se lemos os escritos platônicos segundo a velha ótica), que Aristóteles põe muito bem em evidência do ponto de vista informativo, embora depois o desfoque quase inteiramente na fase da crítica, é o que se refere à *estrutura bipolar de todo o real*, em todos os níveis, seja no mundo inteligível seja no mundo sensível.

No sexto capítulo do primeiro livro, de modo seco e extremamente sintético, porém preciso, Aristóteles diz:

> Portanto, posto que as Formas são causas das outras coisas, Platão considerou os elementos constitutivos das Formas como os elementos de todos os seres. Como elemento material das Formas ele punha o Grande-e-pequeno, e como causa formal o Um[49].

O mesmo é reafirmado no final do capítulo.

Portanto, em todos os níveis, e não só no nível sensível, a realidade tem uma *estrutura bipolar* (que implica o que Aristóteles chama justamente de elemento material e elemento formal), e portanto, *o ser enquanto tal deve ser concebido como síntese de elementos opostos*.

Dito de outro modo, as Ideias não são os princípios últimos das coisas, mas são elas mesmas, por assim dizer, *principiadas*, que, por sua vez, servem de princípios.

Sexto Empírico, num texto extraído de pitagóricos tardios que se apropriaram das doutrinas não escritas platônicas (difundindo-as como próprias, como faziam também com outras doutrinas), refere-nos o seguinte:

> (...) Os princípios dos corpos captáveis só com o pensamento devem ser incorpóreos. Se, portanto, existem entes incorpóreos que preexistem aos corpos, *nem por isso eles são sem mais, necessariamente, elementos das coisas existentes e princípios primeiros*. Consideremos, por exemplo, como as Ideias, que segundo Platão são incorpóreas, preexistam aos corpos, e como tudo o que se gera gere-se com base nas relações com elas. Ora, *não obstante isso, elas não são os princípios primeiros das coisas*, uma vez que cada Ideia consi-

---
49. *Metafísica*, A 6, 987 b 18-21.

derada individualmente é dita una, mas considerada junto com outra ou outras é dita duas, três, quatro, de modo que deve existir o que está acima de sua realidade, ou seja, o número, em cuja participação o um, o dois, o três ou um número maior se predica delas. (...) Os princípios dos seres são dois, a primeira unidade, em cuja participação todas as unidades que se contam são concebidas justamente como unidas, e a dualidade indeterminada, em cuja participação todas as dualidades determinadas são, justamente, dualidades[50].

E Alexandre de Afrodísia confirma:

As Ideias são princípios das outras coisas, enquanto os princípios das Ideias, que são números, são os princípios dos números; e os princípios dos números eram a unidade e a dualidade[51].

Deixemos de lado, no momento, a questão das relações das Ideias com os números, de que falaremos abaixo, e tiremos as conclusões sobre essa questão da *estrutura bipolar* das próprias Ideias, que tanto escandalizou muitos intérpretes (e que nós mesmos, antes de ter estudado Platão a fundo, não conseguíamos compreender bem), chegando a acusar Aristóteles de falsificação.

As próprias Ideias (como toda forma de realidade) são "geradas" pela ação do Uno sobre a Díade. O Uno opera uma espécie de de-limitação, de-terminação e de-finição do ilimitado ou indefinido ou infinito da Díade (uma espécie de igualização do desigual, como parece que o próprio Platão teria dito). As Ideias (e todos os outros seres) são, portanto, uma espécie de síntese, que se manifesta como unidade-na-multiplicidade, que é uma de-finição e de-terminação do indeterminado.

Krämer, no livro sobre Platão composto a nosso convite, dá uma explicação de exemplar clareza dessa teoria platônica. Numa página, que já outras vezes evocamos em outros trabalhos, mas que merece ser citada também aqui, porque ajuda a compreender também certas páginas intrincadas da *Metafísica* de Aristóteles, escreve: "Essa 'geração', naturalmente, não se deve entender como um processo de caráter temporal, mas como uma metáfora para ilustrar uma análise de estrutura ontológica: ela

---

50. Sexto Empírico, *Contra os matemáticos*, X 258-262.
51. Alexandre, *In Arist. Metaph.*, 56, 5-8 Hayduck.

tem a finalidade de tornar compreensível ao conhecimento, que se desenvolve de maneira discursiva, o ordenamento do ser que é aprocessual e atemporal. Tudo o que é, é na medida em que é delimitado, determinado, distinto, idêntico, permanente, e enquanto tal participa da unidade originária, que é princípio de toda determinação. Nada é *algo*, se não é de algum modo *um* algo. Mas ele só pode ser, justamente, algo e um e participar da unidade porque, ao mesmo tempo, participa do princípio oposto da multiplicidade ilimitada e, por isso, é outro com relação à própria unidade. O ser, por isso, é essencialmente *unidade na multiplicidade*. A função dos dois princípios se mostra análoga à que emerge da distinção aristotélica de princípio formal e princípio material. O ser é definido como o que é gerado a partir dos dois princípios mediante delimitação e determinação do princípio material por parte do princípio formal, sendo de certo modo um *misto*. Esse é o núcleo da *concepção ontológica fundamental* de Platão"[52].

Sobre esse ponto, como dizíamos, o próprio Platão é explícito, se lido na ótica correta. Deixando de lado toda uma série de documentos, que o leitor poderá encontrar no nosso livro sobre Platão, limitamo-nos a evocar uma passagem do *Filebo* de extraordinária importância:

> Um dom dos deuses aos homens, parece-me, de algum lugar divino foi lançado, por obra de algum Prometeu, junto com luminosíssimo fogo. E os antigos, que eram melhores do que nós e que estavam mais próximos dos deuses, nos transmitiram esse oráculo: *que as coisas que dizemos que sempre são* [note-se que são aqui evocados justamente os seres eternos, ou seja, o próprio mundo ideal] *são constituídas por um e por muitos, e têm em si mesmas por natureza limite e ilimitação*[53].

Portanto, *Aristóteles é plenamente fidedigno naquilo que nos diz a respeito disso*.

Ao contrário, ele decepciona, e bastante, nas críticas que levanta como, por exemplo, quando evoca a "geração" dos entes inteligíveis[54], interpretando-a (falsamente) em sentido físico e não ideal e metafórico. Ou quando contesta a tese de que entes eternos possam ser constituídos de elementos, dando uma função e um peso de caráter físico ao elemento ma-

---

52. Krämer, *Platone...*, p. 156.
53. *Filebo*, 16 C 5-10.
54. Cf., particularmente, *Metafísica*, N 2, 1088 b 14 ss.

terial, que no sistema platônico não poderia ter no âmbito dos entes ideais, e fingindo esquecer justamente a *matéria inteligível* de que falamos acima (e que o próprio Aristóteles não exclui)[55]: uma vez que o que é material é potencial, diz o Estagirita, o elemento material, por ser potencial, poderia não ser e, portanto, comprometeria justamente a eternidade daqueles entes, que, enquanto tais, não podem absolutamente *não ser*.

Mas esses procedimentos entram na técnica com que Aristóteles conduz as próprias polêmicas, como veremos sobretudo no livro M. Em todo caso, não comprometem sua credibilidade quando refere notícias sobre coisas ditas por Platão em suas doutrinas não escritas. Antes, tais procedimentos devem levar o leitor a bem distinguir as coisas ditas por Platão do modo como são interpretadas e criticadas e do modo como são reduzidas e compreendidas mediante a grade teorética pela qual Aristóteles as filtra.

Para concluir, consideramos oportuno destacar ainda um ponto essencial.

A doutrina platônica da estrutura bipolar do real é fortemente reduzida por Aristóteles em função da própria tese dos contrários. Indubitavelmente, os princípios primeiros e supremos de Platão podem ser entendidos como contrários: o Uno e a Díade são entre si contrários assim como o uno e o múltiplo, o limite e o ilimite, o determinante e o indeterminado; mas esses pares de contrários devem ser entendidos justamente em sentido polar, como explicamos. E o sentido "polar" implica um condicionamento estrutural de sua oposição, da qual depende não só sua função, mas sua própria identidade. Eliminando um desses contrários, eliminar-se-ia *eo ipso* também o outro: o Uno sem a Díade perderia sentido, e vice-versa, a Díade perderia sentido (e com maior razão) sem o Uno.

Não se trata absolutamente de um "dualismo" em sentido vulgar, mas de uma *estrutura de relação sinteticamente mediada em sentido dinâmico*. Como mostramos no nosso volume sobre Platão, essa concepção abarca o pensamento grego em todos os seus aspectos, e Platão oferece dele uma esplêndida formulação metafísica[56], que o próprio Aristóteles (para além de suas críticas) recebe, como logo em seguida explicaremos.

Pois bem, filtrando essa concepção através das próprias categorias teoréticas, segundo as quais os pares de contrários são sempre e somente afecções (modos de ser) de um substrato, Aristóteles destaca que os contrá-

---

55. Cf. *supra*, notas 46-48.
56. Cf. Reale, *Para uma nova interpretação de Platão* (1997), pp. 195-205 com as ilustrações pp. 207-238.

rios não podem subsistir por si, justamente porque, tendo necessidade de um substrato, não podem existir independentemente dele. Portanto, os contrários não podem absolutamente ser princípios, mas carecem de princípios. Ademais, só as substâncias podem ser princípios; mas os contrários não podem ser substâncias, porque nada é contrário à substância, e portanto os princípios como substâncias contrárias são impensáveis. Por isso a posição assumida por Aristóteles é categórica:

> Nenhum dos contrários, em sentido absoluto, é princípio de todas as coisas, mas esse princípio será diferente deles[57].

Com isso, evidentemente, *não nos situamos num plano totalmente diferente do plano do pensamento criticado*, e o leitor deve levar em conta as nuanças teoréticas que esses deslocamentos comportam, com todas as consequências que deles derivam.

Mas justamente este é um dos casos típicos (a nosso ver até mesmo paradigmáticos) que mostram muito bem como Aristóteles vai além de qualquer limite ao deformar teoreticamente com sua máquina refutatória essas doutrinas platônicas, das quais absolutamente não admite depender radicalmente algumas de suas doutrinas. De fato, *a estrutura hilemórfica* de todas as realidades sensíveis (tanto as corruptíveis como as eternas, isto é, as celestes) e o próprio *conceito de sínolo* são um esplêndido exemplo de recepção e de adequado repensamento por Aristóteles da *estrutura bipolar do real*, à qual Platão dá a máxima importância em todos os níveis. Mas a tomada de posição crítica por Aristóteles, com o consequente deslocamento do plano da discussão, confunde bastante as ideias do leitor.

7. Os entes matemáticos "intermediários" (μεταξύ)

Outra doutrina de Platão, muito discutida com diferentes resultados, tratada especificamente no âmbito da oralidade, é a dos entes matemáticos, "intermediários" entre os entes ideais constituídos pelas ideias e os sensíveis, da qual Aristóteles nos oferece o testemunho mais claro na *Metafísica*.

Em A 6 se lê:

> Platão afirma que, além dos sensíveis e das Formas [= Ideias], *existem os entes matemáticos intermediários entre uns e as*

---

57. *Metafísica*, N 1, 1087 b 3-4.

outras, que diferem dos sensíveis por serem imóveis e eternos, e das Formas por existirem muitos semelhantes, enquanto cada Forma é apenas uma e individual[58].

E em Z 2 se confirma:

Platão considera que as Formas e os entes matemáticos são duas classes de substâncias e que uma terceira é a substância dos corpos sensíveis[59].

Aristóteles evoca diversas vezes essa teoria e a discute de diferentes modos. É necessário compreendê-la muito bem, porque, também neste caso, Aristóteles foi acusado de não ter compreendido o mestre. Na verdade, *trata-se de uma doutrina genuinamente platônica, e que, ademais, possibilita compreender melhor certas posições fundamentais assumidas por Aristóteles,* que foi — repitamo-lo mais uma vez — por ela condicionado de vários modos, muito mais do que comumente se acredita.

Os "entes matemáticos" são "intermediários", porque, diz muito bem Aristóteles, de um lado são *imóveis e eternos* (justamente como são as Ideias) e, de outro lado, são *múltiplos* (como são os vários entes sensíveis).

Por que motivo Platão introduziu esses entes?

Os números de que trata a aritmética, assim como as figuras e as grandezas de que trata a geometria, como demonstram exatamente as ciências que deles se ocupam, não são sensíveis, mas têm as características dos inteligíveis. Mas esses entes matemáticos não podem ser como as Ideias, cada uma delas sendo única no seu gênero, enquanto as matemáticas tratam de muitos números iguais (muitos 1, muitos 2, muitos 3, e assim por diante) e de muitas figuras iguais (muitos triângulos de diferentes tipos, muitos quadrados, e assim por diante). Se cada número fosse um só (ou seja, se se reduzisse exclusivamente à sua substância, que como tal só pode ser única), evidentemente não se poderia fazer nenhuma operação aritmética e, analogamente, a geometria seria inconcebível, se fosse pensável só uma essência de triângulo, ou de qualquer outra figura (e não uma multiplicidade de triângulos e de qualquer uma das figuras).

Pois bem, côm base no pressuposto, de origem eleática, segundo o qual *a cada forma e nível de conhecimento corresponde determinada forma e nível de ser,* Platão concluiu que seria necessário que existissem os entes

---

58. *Metafísica,* A 6, 987 b 14-18.
59. *Metafísica,* Z 2, 1028 b 19-21.

implicados no tipo específico de conhecimento matemático e geométrico. O nível cognoscitivo das matemáticas é superior aos conhecimentos sensíveis pelo seu alcance de verdade, mas inferior aos conhecimentos dialéticos, justamente por tratar dos muitos números semelhantes exigidos pelas várias operações e das muitas figuras geométricas necessárias para tornar possíveis as várias operações geométricas. Portanto, além das puras Ideias dos números e das puras Ideias das figuras geométricas (e das Ideias em geral) (e além das realidades sensíveis) devem existir também *entes matemáticos e geométricos intermediários*, do contrário não existiriam conhecimentos matemáticos e geométricos, mas só existiriam conhecimentos empíricos de coisas sensíveis e conhecimentos dialéticos de puras Ideias[60].

Na medida em que as matemáticas refletem, ao mesmo tempo, algumas características dos sensíveis, e algumas características das Ideias, *refletem, em certo sentido, as características de toda a realidade*, e, portanto, segundo Platão, oferecem um ótimo caminho para o conhecimento de toda a realidade. E isso explica perfeitamente o grande papel formativo atribuído por Platão às matemáticas na Academia, em vista de preparar as mentes para a dialética. Mas explica também o quanto Aristóteles sentiu-se condicionado por isso, e o quanto, por um lado, tentou redimensionar a grande importância dada pelos acadêmicos às matemáticas e polemizar contra toda uma série de consequências que disso derivam, e, por outro lado, *o quanto se sentiu constrangido a inserir as matemáticas em segundo lugar entre as ciências teoréticas* (entre a metafísica e a física), de um modo contrastante com os seus próprios princípios ontológicos, como já recordamos acima e como veremos melhor adiante[61].

Que a informação precisa fornecida por Aristóteles sobre esses "entes intermediários" de que falava Platão seja verdadeiramente confiável, o prova não só o *Timeu*, mas também a própria *República* de maneira inequívoca, quando a lemos a partir do correto círculo hermenêutico. De fato, o conhecimento dos inteligíveis é dividido por Platão nas bem conhecidas duas partes da *dianoia* e da *noésis*: divisão que só se justificaria *supondo a existência de diferentes objetos correlativos*, justamente os entes matemáticos e as Ideias.

E Platão, como costuma fazer nesses casos, adverte "seus" leitores, evocando as complexas questões ontológicas de fundo que isso comporta,

---

60. Cf. Reale, *Para uma nova interpretação de Platão* (1997), pp. 169-176.
61. Cf. *infra*, pp. 218-222; 239-243.

e dizendo expressamente que as questões das relações desses conhecimentos com seus objetos devem ser deixadas de lado pelo seguinte motivo:

> (...) Para não termos de suportar raciocínios muito maiores do que os já feitos (...)[62].

Mas, surpreendentemente, antes mesmo dessas afirmações, Platão evoca os "intermediários", usando justamente o termo μεταξύ para indicar a forma de conhecimento das matemáticas, ou seja, a *dianoia*. Com efeito, como os "entes matemáticos" estão "no meio" (μεταξύ) entre as Ideias e os sensíveis, assim a *dianoia*, como respectivo gnosiológico dos entes matemáticos, deve estar "no meio" (μεταξύ) entre o conhecimento das Ideias e o conhecimento das coisas sensíveis.

Eis o texto:

> E parece-me que chamas *dianoia* e não inteligência a condição [= o tipo de conhecimento] própria dos geômetras e a dos que a eles se assemelham, como se a *dianoia* fosse algo de *intermediário* (μεταξύ) entre a opinião e a inteligência[63].

Mas mesmo quem não aceitasse (contra toda evidência) que a *República* aluda a essa doutrina, não poderia de modo algum negar que o Demiurgo no *Timeu* constrói os elementos físicos e o cosmo físico justamente em função de números e figuras, que só poderiam ser entendidos como *entes intermediários*[64].

O leitor da *Metafísica*, portanto, deverá meditar muito bem essa doutrina para compreender adequadamente muitos pontos essenciais dessa obra, e não só as críticas (e as consequentes polêmicas), expressas de maneira perfeita nessa afirmação:

> (...) Para os filósofos de hoje, as matemáticas se tornaram filosofia, mesmo que eles proclamem que é preciso ocupar-se delas só em função de outras coisas[65].

Mas também as concessões que Aristóteles faz à importância cognoscitiva das matemáticas e a sua situação em segundo lugar dentre as ciências

---

62. *República*, VII 534 A.
63. *República*, VI 511 D.
64. Cf. Reale, *Para uma nova interpretação de Platão* (1997), pp. 473-480.489-500, 501-516.
65. *Metafísica*, A 9, 992 a 32-b 1.

teoréticas (pouco coerente com base nos seus pressupostos metafísicos) no âmbito do quadro epistemológico (que, ademais, se tornou celebérrimo) apresentado no livro sexto, sobre o qual voltaremos a discutir adiante, não se explicariam de modo algum se não fossem situadas contra o pano de fundo da doutrina platônica dos entes matemáticos intermediários[66].

Passemos agora à questão que, junto com a dos dois princípios primeiros e supremos, é justamente considerada uma das mais complexas e problemáticas.

8. A *concepção dos Números ideais e das Ideias-número e sua importância*

Sem meios-termos, Cherniss tentou eliminar esta questão, sustentando, como já dissemos acima, que "a teoria das Ideias-número não foi de modo algum teoria de Platão, mas apenas uma interpretação de Aristóteles"[67].

Essa posição é *totalmente insustentável, e só fazendo violência aos textos de Platão pode-se negar que exista neles toda uma série de alusões, e que Aristóteles não seja confiável em seus testemunhos a respeito*. Com efeito, são verdadeiramente poucos os que hoje sustentam isso com convicção e de maneira convincente.

Nesse caso, ademais, Aristóteles nos informa até mesmo que "os que por primeiro sustentaram a existência de Ideias", ou seja, Platão, não as apresentaram "no início" (ἐξ ἀρχῆς) em conexão com "a questão da natureza dos números"[68].

Muitos no passado pensaram, alguns continuam pensando ainda hoje, que essa informação de Aristóteles significa que a teoria dos Números ideais e das Ideias-número remeta à velhice, ou pelo menos à última fase do pensamento de Platão. Mas isso não é exato. De fato, Aristóteles diz apenas que "no início" Platão não pôs a doutrina das Ideias em conexão com a doutrina dos números. Mas dizer "não no início" não significa dizer "portanto no fim", porque entre início e fim há toda uma série de momentos intermediários[69].

---

66. Cf. *infra*, Cap. onze, § 4.
67. Cherniss, *L'enigma*..., p. 34.
68. *Metafísica*, M 4, 1078 b 10-12.
69. Krämer, *Platone*..., p. 107, nota 81 e Reale, *Para uma nova interpretação de Platão* (1997), pp. 167-169.

E os diálogos começam de fato a evocar os números, de maneira abundante, já a partir do *Ménon*. É praticamente certo que Platão ligou a problemática das Ideias e a dos Números *pelo menos a partir da época da fundação da Academia*.

Os Números ideais se distinguem nitidamente dos números matemáticos, *enquanto exprimem a própria essência dos números*, e justamente enquanto tais não são "operáveis" (termo com o qual Aristóteles jogará muito em suas polêmicas nos livros finais), ou seja, não são passíveis de ser submetidos a operações matemáticas. Seu *status* metafísico é bem diferente do dos números matemáticos, justamente porque os Números ideais não são simplesmente números, mas, precisamente, *a própria essência dos números*[70].

Se é assim, não tem nenhum sentido "operar" sobre Números ideais, enquanto *não tem sentido somar a essência do dois e a essência do três, ou subtrair a essência do dois da essência do três, e assim por diante*. É evidente, portanto, que os números ideais constituem *modelos ideais*.

Os Números ideais representam de forma paradigmática a estrutura sintética originária de unidade-na-multiplicidade que caracteriza todos os diferentes planos do real, em todos os níveis. A essência do número ideal consiste numa *determinação* e numa *delimitação específica* produzida pelo Uno sobre a Díade, que é uma multiplicidade indeterminada e ilimitada[71].

Provavelmente, como nos diz Aristóteles, Platão na "geração" dos números ideais "chegava até a dezena"[72]. E à dezena subordinava todos os processos dedutivos dos números e das relações numéricas. Isso não nos deixa perplexos, dada a importância paradigmática e emblemática que os pitagóricos deram à dezena, considerada fonte de todos os números[73].

Mais difícil, ao contrário, é a compreensão das relações subsistentes, segundo Platão, entre os Números e as Ideias.

Aristóteles pode levar a engano de vários modos, porque *joga com suas armas polêmicas de modo a reduzir os espaços de distinção e, amiúde, passa das Ideias aos números, e também dos números matemáticos aos números ideais*. Mas se procedermos de modo cuidadoso, fazendo um recorte crítico oportuno e, portanto, uma distinção precisa entre o que Aristóteles diz e

---

70. Cf. Reale, *Para uma nova interpretação de Platão* (1997), pp. 241-246.
71. Cf. Reale, *Para uma nova interpretação de Platão* (1997), pp. 167-169.
72. *Metafísica*, M 8, 1084 a 12-b 2.
73. Cf. Reale, *Para uma nova interpretação de Platão* (1997), pp. 171-172.

o modo como o diz, poderemos ver muito bem que os Números-ideais não coincidem de modo algum com as Ideias-número. *Platão pensava que as Ideias tivessem uma estrutura numérica, mas não que fossem números, e menos ainda que se pudesse identificar cada Ideia com um número específico particular*[74].

Quem quisesse compreender bem Platão (e compreender que Aristóteles, em suas críticas sistemáticas o distorce, às vezes até mesmo com pouca habilidade) deveria ter bem presente o fato de que o número era pensado pelo grego não tanto como número inteiro, quase como uma grandeza compacta, mas como *uma relação articulada de grandezas e de frações de grandezas*, de *logoi* e de *analogoi*. O *logos* grego está essencialmente ligado à dimensão numérica, e significa portanto "relação". Por este motivo, para os gregos é totalmente natural traduzir as "relações" em "números" e, portanto, indicar as relações com os números, dado justamente esse nexo estrutural entre número e relação (*logos*)[75].

Eis, portanto, como a posição de Platão deve ser corretamente entendida; o que se deve ter presente quando Aristóteles a submete a ataques cruzados, nem sempre dirigidos com justiça, *e sobretudo para compreender as reduções sistemáticas a que ele submete essa doutrina, justamente para poder refutá-la com facilidade*.

Cada Ideia, na trama dialética, segundo Platão, tem uma posição determinada no mundo inteligível, de acordo com sua maior ou menor universalidade e com relações mais ou menos complexas que mantém com as outras Ideias acima ou abaixo dela. Pois bem, essa complexa *trama de relações*, que pode ser bem reconstruída e determinada mediante os procedimentos dialéticos, pode ser entendida e expressa "numericamente", na medida em que o "número" para o grego exprime uma "relação".

Justamente esta concepção do número como "relação" (*logos*) oferece a chave para entender este ponto delicadíssimo das doutrinas não escritas de Platão, e para ver como sobre um ponto tão delicado, ele é nitidamente superior e, em todo caso, teoreticamente muito mais refinado do que Aristóteles que o critica.

Em todo caso, Aristóteles, malgrado suas forçadas e, amiúde, decepcionantes refutações dessa doutrina das Ideias-número, *está bem longe de tê-la inventado e de atribuí-la a Platão só por razões polêmicas*; ao contrá-

---

74. Cf. Reale, *Para uma nova interpretação de Platão* (1997), pp. 169-170.
75. Cf. Reale, *Para uma nova interpretação de Platão* (1997), pp. 171-172.

rio, como já observamos outras vezes, são suas as várias nuanças teoréticas a que a submete justamente para criticá-la.

Entre os vários textos de Platão que poderíamos apresentar para comprovar a credibilidade de Aristóteles como informante e, ao mesmo tempo, seus frequentes e, não raro, inconvenientes excessos de crítico, evocaremos apenas um, que, a nosso ver, diz exatamente aquilo que acima explicamos, ou seja, que as Ideias têm relação com os números, enquanto a trama dialética em que entram e as relações que mantêm com as outras são exprimíveis em números (*logoi*). Depois de ter dito que todas as coisas que sempre são revelam-se constituídas de uno e muitos, de limite e ilimite, Platão precisa no *Filebo*:

> Portanto, dado que essas coisas são ordenadas desse modo, é preciso que busquemos todas as coisas, depois de ter posto a cada vez sempre uma única Ideia para cada coisa — de fato, nós a encontraremos no interior de cada uma —; se a captamos, devemos examinar se depois de *uma* existem *duas, ou três ou algum outro número*, e novamente, do mesmo modo, para cada uma daquelas *unidades, até que se veja não só que o uno inicial é uno e muitos e ilimitados, mas também quantos são*. E não se deve referir a ideia do ilimitado à multiplicidade, *antes de se ter individuado o número dela, o que está no meio entre o ilimitado e o uno*, e é só então que se pode abandonar cada unidade de todas as coisas no ilimitado. Os deuses, portanto, como disse, nos impuseram indagar, aprender e ensinar uns aos outros desse modo. Hoje, ao invés, os sábios entre os homens tratam o uno de qualquer jeito, e a maioria mais apressadamente ou mais lentamente do que se deve, passando imediatamente do uno ao ilimitado, enquanto lhes escapam as coisas intermediárias. Entretanto, é por essas coisas que se distinguem os raciocínios realizados entre nós de modo dialético ou, ao contrário, de modo erístico[76].

O leitor deve ter presente essas explicações, para poder orientar-se sobretudo na leitura dos dois últimos livros da *Metafísica*, particularmente para poder entender (e também avaliar adequadamente) as obstinadas tomadas de posição de Aristóteles, e também o fato de perder, nesse

---

76. *Filebo*, 16 D-17 A.

caso, muitas vezes, o justo equilíbrio que, ao contrário, noutros casos é a sua marca distintiva.

9. *A questão das relações entre os vários planos da realidade e a solução dada por Platão nas suas doutrinas não escritas e aceita por Aristóteles*

Sem entrar na complexa distinção dos vários planos da realidade feita por Platão e limitando-nos aos três, que outras vezes já evocamos, ou seja, o plano do mundo ideal, o plano dos entes "intermediários" e o plano da realidade sensível, perguntemo-nos o seguinte: que relação estrutural têm entre si esses diferentes planos do ser?

Dos diálogos platônicos se extraem várias respostas, mas não se encontra nenhuma afirmação sintética global expressamente apresentada de modo direto. Ao contrário, Platão deve ter-se ocupado a fundo do problema justamente em suas doutrinas não escritas, dando uma resposta muito precisa e de grande coerência e consistência teórica.

É justamente Aristóteles quem no-la transmite no quinto livro da *Metafísica*.

A relação subsistente entre os vários planos do ser é a de dependência ontológica *unilateral e não biunívoca*. O plano inferior não pode ser, nem ser pensado, sem o plano superior, enquanto o plano posterior, pode ser, e ser pensado, sem o inferior. Esta é a relação de "anterioridade" e "posterioridade" *segundo a natureza e segundo a substância*, como nos diz Aristóteles expressamente nessa passagem de grande importância:

> Além disso, anteriores se dizem as propriedades das coisas que são anteriores; o reto, por exemplo, é anterior ao plano; de fato, o primeiro é propriedade da linha, enquanto o segundo é propriedade da superfície. Ademais algumas coisas se dizem anteriores e posteriores no sentido visto, enquanto *outras se dizem anteriores e posteriores segundo a natureza e segundo a substância: são assim todas as coisas que podem existir independentemente de outras, enquanto essas outras não podem existir sem aquelas: dessa distinção se valia Platão*[77].

Portanto, o que depende pode ser tirado sem que seja tirado aquilo de que depende.

---

77. *Metafísica*, Δ 11, 1018 b 37-1019 a 4.

Note-se que nos encontramos diante de um tipo de dependência metafísica dos sucessivos planos do ser uns dos outros, da qual decorre o seguinte: a causação desempenhada pelo plano mais elevado é necessária, mas não suficiente, porque explica formalmente o plano sucessivo, mas não a diferenciação e a *novidade* aí implicada quanto ao conteúdo. Em Platão era a Díade que dava razão disso, ou seja, o Princípio material. Mas algo semelhante ocorre com Aristóteles, que estabelece de modo totalmente análogo as relações entre a esfera do ser suprassensível (Deus e as Inteligências motoras dos céus), a dos céus (diferenciada da matéria pelo quinto elemento, o éter) e a esfera do sensível corruptível (diferenciada pelos quatro elementos materiais).

Isto explica *ad abundantiam* a importância de tal doutrina não escrita de Platão e as suas notáveis influências sobre Aristóteles.

No capítulo seguinte[78] falaremos de outro ponto fundamental relativo aos dois momentos do método dialético das doutrinas não escritas de Platão, desenvolvidos particularmente pelos platônicos, o da "geração" e o da "elementarização". Procederemos desse modo porque este ponto está intimamente ligado à conquista aristotélica da "abstração", entendida de maneira nova.

---

78. Esses dois momentos do método dialético foram bem evidenciados e estudados sobretudo por H. Krämer nas suas obras; ver particularmente, *Platone*..., p. 164, onde o autor apresenta os resultados das suas pesquisas de modo sintético, além da sua primeira obra monumental: *Arete bei Platon und Aristoteles. Zum Wesen und zur Geschichte der platonischen Ontologie*, Heidelberg 1959; Amsterdã 1967².

Capítulo décimo

Papel determinante das polêmicas com Platão e com os platônicos na construção e na estrutura da *Metafísica* de Aristóteles

1. Como se deve ler e entender o Aristóteles polemista

Ao ler a *Metafísica* de Aristóteles, ficamos impressionados pela maciça presença das discussões e das críticas ao pensamento de outros filósofos, particularmente de Platão e dos platônicos, como já observamos. Se fizéssemos um levantamento quantitativo, deveríamos dizer que em mais da metade dos textos Aristóteles move-se nesse sentido.

O livro A, a partir do terceiro capítulo, é inteiramente dedicado à exposição e à crítica do pensamento dos predecessores, tendo Platão como centro. O libro B enfoca a esmagadora maioria das aporias que aponta e desenvolve, jogando inteiramente com a antítese entre o pensamento dos filósofos naturalistas e o de Platão e dos platônicos (que, quantitativamente e qualitativamente se destacam sobre os outros). O livro Γ, a partir do capítulo quatro, é dedicado à refutação do pensamento de todos os filósofos dos quais emerge a negação do princípio de não contradição. O livro Δ é um léxico geral. É preciso, portanto, chegar ao livro E, que é muito breve, para ler páginas nas quais Aristóteles fala prevalentemente em primeira pessoa. No livro Z, que é uma notável reflexão sobre a substância, volta a polêmica com os platônicos, embora em medida correta. Nos livros H Θ e I os traços polêmicos são poucos. K é um resumo dos livros precedentes. Λ é prevalentemente construtivo, mas não faltam nem mesmo nele traços polêmicos. Justamente os dois livros conclusivos, M e N, voltam a ser violentamente polêmicos. No livro M, particularmente, Aristóteles exprime o próprio pensamento num único capítulo, ou seja em M 3, com alguns acenos esparsos aqui e ali, de maneira muito vaga e prevalentemente alusiva.

Confessamos que, quando começamos a traduzir e a comentar as páginas polêmicas de Aristóteles, ficamos não só surpresos com seu tom violento, mas quase sempre nos sentimos chocados, pressionados e quase sufocados. Aristóteles procede, com efeito, como uma espécie de *máqui-*

na refutatória que destroça os adversários de modo fulminante e em muitos aspectos desconcertante.

Digamos logo que, a nosso ver, esse Aristóteles é o menos agradável e menos estimulante. E não é de admirar que muitos leitores (sobretudo se enfrentam a *Metafísica* no nível prevalentemente teorético e não histórico) descuidem, em larga medida (se não até mesmo completamente), as partes polêmicas e que muitos concluam sua leitura com o livro Λ, desconsiderando os livros M e N.

Para nós foi muito agradável ler no livro de Julia Annas, dedicado justamente aos livros M e N, afirmações como estas: "Aristóteles, muito frequentemente, dá o melhor de si, do ponto de vista filosófico, quando é polêmico"[1]; convicção ulteriormente reafirmada também num ensaio posterior: "Penso ainda que Aristóteles, como me expressei anteriormente, dá frequentemente o melhor de si, do ponto de vista filosófico, quando é polêmico"[2].

Não é que a ideia de Annas nos convença, mas constitui uma antítese que tempera corretamente nossa opinião, que é a seguinte: *Aristóteles, quando polemiza, sobretudo com Platão e com os platônicos, costuma perder, como já observamos, o sentido da justa medida, do equilíbrio grego, do gosto refinado e muitas vezes perde também a correção.*

Diremos até mais que isso: quando Aristóteles destroça com sua máquina polêmica os adversários, torna menos compreensíveis, objetivamente, não só os adversários, mas até a si mesmo, porque, justamente no desejo de cortar os adversários pela raiz, acaba por ocultar todos os traços das tangências com eles, como logo mostraremos.

Excluímos dessa avaliação, nalguma medida, parte do livro A, mas sobretudo do livro Γ, onde a polêmica, embora ocorra de maneira maciça, assume uma importância teorética de primeiro plano, até mesmo com a teorização do método do ἔλεγχος, para a defesa do princípio de não contradição. Enquanto princípio supremo, o princípio de não contradição não pode ser "demonstrado" no sentido técnico da palavra, porque qualquer demonstração implica a referência a um princípio mais elevado, e acima do princípio de não contradição não existem outros. Se fosse possível uma

---

1. Annas, *Interpretazione dei libri M-N della "Metafisica"*..., p. 118.
2. Annas, *Interpretazione dei libri M-N della "Metafisica"*..., p. 132. Na edição italiana é publicado como apêndice o ensaio no qual Annas reafiram esta ideia: *Die Gegenstände der Mathematik bei Aristoteles*, in AA.VV., *Mathematik und Metaphysik bei Aristoteles. Akten des XIII. Symposium Aristotelicum Sigriwill, 6-12 Sept. 1984*, a cura di A. Graeser, Bern-Stuttgart 1987, pp. 131-147.

demonstração de tudo, então se procederia ao infinito; e isso significa que, desse modo, não existiria demonstração de nada. Dos primeiros princípios, portanto, não há demonstração, mas uma *mostração refutatória* de sua validez, ou seja, *uma defesa feita pela via da refutação dos que os negam.*

Leiamos antecipadamente o texto basilar, que representa um dos grandes vértices da *Metafísica* aristotélica:

> (...) Também para esse princípio, pode-se demonstrar, por via de refutação, a impossibilidade em palavra [*i.é.* que é impossível que a mesma coisa seja e não seja ao mesmo tempo] desde que o adversário diga algo. Se o adversário não diz nada, então é ridículo buscar uma argumentação para opor a quem não diz nada, justamente enquanto não diz nada: ele, rigorosamente falando, seria semelhante a uma planta. E a diferença entre a demonstração por refutação e a demonstração propriamente dita consiste em que se alguém quisesse demonstrar, cairia claramente numa petição de princípio; ao contrário, se a causa da demonstração fosse uma afirmação de outro, *então teríamos refutação e não demonstração.* O ponto de partida, em todos esses casos, não consiste em exigir que o adversário diga que algo é ou que *não é* (ele, de fato, poderia logo objetar que isso já é admitir o que se quer provar), mas que diga algo e que tenha um significado para ele e para os outros; e isso é necessário se ele pretende dizer algo. Se ele não fizesse isso, não poderia de modo algum discorrer, nem consigo mesmo nem com os outros; mas se o adversário concede isso, então será possível uma demonstração. De fato, nesse caso, já haverá algo determinado. E não responderá pela petição de princípio quem demonstra, mas quem provoca a demonstração: com efeito, ele se vale de um raciocínio justamente para destruir o raciocínio. Ademais, quem concedeu isso, concedeu que existe algo verdadeiro também independentemente da demonstração[3].

Toda a parte do livro quatro que se segue representa justamente a aplicação desse cânon metodológico, e as intensas polêmicas são fortemente construtivas, justamente em função da *mostração refutatória* do princípio

---

3. *Metafísica*, Γ 4, 1006 a 11-28.

de não contradição. E no que se refere a essas páginas polêmicas (mas limitando-nos a elas), podemos afirmar, juntamente com Annas, que nelas (como em outras construtivas) Aristóteles dá o melhor de si. Com efeito, nessas páginas da *mostração refutatória* Aristóteles alcança, a nosso ver, um dos vértices do pensamento antigo: as supremas verdades são aquelas de que alguém, no momento mesmo em que as nega, é constrangido a servir-se justamente para negá-las: desse modo o *elenchos mostra que é a própria verdade que refuta quem a nega.*

Ao contrário, no que se refere às páginas nas quais o Estagirita desencadeia as mais encarniçadas lutas polêmicas contra Platão e contra os platônicos, não pensamos encontrar o melhor do filósofo. Ele tira elementos particulares do contexto no qual deveriam ser postos, cala sobre o que lhe tiraria razão, transforma tudo o que discute em função das próprias categorias, torna pesado o que refuta de modo a mostrá-lo oportunamente grosseiro e, como dizíamos, é desprovido de fineza.

Contudo, essas polêmicas são essenciais, porque só compreendendo a fundo o que Aristóteles quer destruir, compreenderemos a fundo o que ele pretende apresentar como antítese. Tanto mais que, justamente o que ele constrói, o faz *com material em larga medida proveniente do pensamento com o qual polemiza.*

Justamente por isso, embora não agradem, as páginas polêmicas da *Metafísica* devem ser lidas com certa atenção.

Mas vejamos como Aristóteles tende a "deformar" justamente alguns pontos-chave do pensamento de Platão, que, contudo, são pontos de referência, com base nos quais Aristóteles constrói pontos-chave de seu próprio sistema.

2. A *propósito da crítica da teoria das Ideias de Platão*

As teorias platônicas que Aristóteles, em suas polêmicas, tende de modo mais desconcertante a "deformar" são as das *Ideias* e dos *princípios primeiros.*

Particularmente, a teoria das Ideias é apresentada, a nosso ver, da maneira mais decepcionante, porque Aristóteles, interpretando as Ideias como indevidas hipóstases dos universais, tende a "dar-lhes um caráter físico" e, portanto, a fazer com que se as entenda como duplicação das coisas, ou seja, como indevida introdução de coisas que não existem ao lado das coisas sensíveis que existem. Portanto, ele *as apresenta numa dimensão e com conotações bem diferentes relativamente às que são próprias das Ideias como "verdadeira causa" metafísica, de que Platão fala expressamente no Fédon*[4].

Leiamos algumas passagens significativas, advertido o leitor do fato de que muitos estudiosos, mesmo nos tempos modernos, tomaram seriamente essas críticas de Aristóteles, entendendo-as como absolutamente válidas do ponto de vista teorético, sem dar-se conta das falsificações que operam.

Em A 9, referindo-se justamente a Platão e aos platônicos, Aristóteles escreve:

> Em primeiro lugar, eles, tentando apreender as causas dos seres sensíveis, introduziram entidades suprassensíveis em número igual aos sensíveis: como se alguém, querendo contar os objetos, considerasse não poder fazê-lo por serem os objetos muito pouco numerosos, e, ao invés, considerasse poder contá-los depois de ter aumentado seu número. As *Formas, de fato, são em número praticamente igual — ou pelo menos não inferior — aos objetos dos quais esses filósofos, com a intenção de buscar suas causas, partiram para chegar a elas*. Com efeito, para cada coisa individual existe uma entidade com o mesmo nome; e isso vale tanto para as substâncias como para todas as outras coisas cuja multiplicidade é redutível à unidade: tanto no âmbito das coisas terrenas, quanto no âmbito das coisas eternas[5].

Ademais, no mesmo capítulo lemos:

> Mas a dificuldade mais grave que se poderia levantar é a seguinte: que vantagem trazem as Formas aos seres sensíveis, seja aos sensíveis eternos, seja aos que estão sujeitos à geração e à corrupção? De fato, com relação a esses seres as Formas, não são causa nem de movimento nem de alguma mudança. Ademais, as *Ideias não servem ao conhecimento das coisas sensíveis (de fato, não constituem a substância das coisas sensíveis, caso contrário seriam imanentes a elas), nem ao ser das coisas sensíveis, enquanto não são imanentes às coisas sensíveis que delas participam*[6].

---

4. Cf. Reale, *Para uma nova interpretação de Platão* (1997), pp. 101-116.
5. *Metafísica*, A 9, 990 b 1-8.
6. *Metafísica*, A 9, 991 a 8-14.

Mas a passagem mais irreverente com relação à teoria das Ideias de Platão é a que se lê no libro B:

> Entre os muitos absurdos dessa doutrina, o maior consiste em afirmar, por um lado, que existem outras realidades além das existentes neste mundo e afirmar, por outro lado, que são iguais às sensíveis, com a única diferença de que umas são eternas e as outras corruptíveis. Eles afirmam, de fato, que existe um "homem em si", um "cavalo em si", uma "saúde em si", sem acrescentar nada além, *comportando-se, aproximadamente, como os que afirmam a existência de deuses, mas que eles têm forma humana. Com efeito, os deuses que eles admitem não são mais que homens eternos, enquanto as Formas que eles postulam não são mais que sensíveis eternos*[7].

Tenha-se presente que essas críticas de Aristóteles, como dizíamos acima, foram por muitos tomadas a sério muito mais do que o devido, pelo fato de a metafísica de Platão ter sido e continuar sendo interpretada como "realismo exagerado", e até mesmo como o protótipo paradigmático dele. Mas muito amiúde não se dá nem o verdadeiro significado nem a justa medida histórica e teorética ao assim chamado "realismo exagerado" de Platão, e ele é considerado apenas na ótica polêmica.

A respeito disso, Ph. Merlan, em seu livro *Dal Platonismo al Neoplatonismo*, escreveu uma página excelente e sob muitos aspectos exemplar, embora tenha escapado a muitos: "Este livro foi composto em atitude de total simpatia, embora sem total aprovação, para com o realismo exagerado. Para explicar essa simpatia, poder-se-ia avançar a seguinte tese: a única relação que pode ser compreendida é a relação de implicação e de explicação (no sentido em que Nicolau de Cusa usou este último termo). Uma explicação de tipo causal, ou seja, uma ação de uma coisa sobre outra no espaço e no tempo, não é absolutamente uma explicação, é, no máximo, uma tentativa de explicação. Substituir, à maneira neopositivista, a explicação causal pela descrição significa simplesmente abandonar até mesmo aquela tentativa. Se existem coisas 'na realidade' que não podem ser explicadas mediante implicações e explicações (mediante dedução ou derivação lógica, *Ableitung*) ou se a realidade na sua totalidade não pode ser explicada mediante implicação e explicação, então elas não podem ser absolutamente

---

7. *Metafísica*, B 2, 997 b 5-12.

compreendidas. O realismo exagerado, antes de ser caracterizado por hipostasiar os conceitos, deveria ser indicado como a doutrina que admite que só 'o racional' (mente ou espírito) é real. O ato de compreender (o conhecimento) não é a única forma de atividade mental do homem dotada de significado. Nós também podemos gozar algo do ponto de vista estético; podemos entrar em simpatia com um animal ou com um nosso semelhante; todo estado de ânimo é uma espécie de atividade mental. Mas nenhuma dessas atividades pertence à mesma ordem do compreender; são atitudes, reações, modos de ser. Todas as filosofias que insistem no caráter não inteligível do ser se reduzem ao não-ser das explicações da realidade, mas com apelos a certo modo de ser. Mas talvez poderia ser verdade que a tarefa exclusiva da filosofia seria a de lançar apelos. O realismo exagerado consiste justamente nisso: insistir no fato de que a filosofia não deveria ser um apelo, nem deveria abdicar em favor das ciências positivas seus direitos de compreender a realidade; insistir no fato de que é tarefa da filosofia compreender e que só o que pode ser explicado em termos de implicação e explicação 'lógica' é autenticamente compreendido"[8].

Se tirarmos certos destaques e nuanças de sabor idealístico hegeliano (um pouco obsoletos) e se mantivermos o sentido metafísico desta página, até nós nos sentiremos refletidos amplamente nela. Particularmente, também nós podemos dizer que não aceitamos *in toto* o que é chamado de "realismo exagerado", mas temos com relação a ele uma atitude de forte simpatia, como muito bem o demonstra nosso livro sobre Platão.

Mas o problema específico que queremos resolver é o seguinte: Aristóteles (como essas críticas levam a crer à primeira vista), não compreendeu absolutamente a mensagem platônica contida na teoria das Ideias, *ou, ao contrário, a compreendeu muito bem e a recebeu e expressou num modo específico seu, justamente num plano de "realismo moderado"?* As fortes críticas a Platão não seriam talvez a tentativa de diferenciar-se ao máximo dele, *para poder defender a originalidade da própria posição e separá-la nitidamente, além da de Platão, também da posição dos acadêmicos?*

Nossa resposta se depreende muito bem do próprio enfoque que demos a essa pergunta, além do que já explicitamos anteriormente.

O ponto-chave está no seguinte: *ao mundo das Ideias transcendentes ao sensível Aristóteles substitui o mundo das formas concebido como estrutura inteligível do próprio sensível.*

---

8. Merlan, *Dal Platonismo...* (1990), p. 52, nota 3.

Com efeito, é preciso dar-se conta de um fato, na maioria das vezes descuidado e desconhecido: sem a descoberta do Hiperurânio platônico a doutrina aristotélica das formas seria impensável, porque ela não é mais que a imanentização da descoberta feita por Platão no nível da transcendência.

Ademais, não só não se explicaria a escala das formas em sentido vertical, que o Estagirita recebe do mestre e reafirma de maneira inequívoca, mas tampouco seu princípio geral da *prioridade da forma*:

> Se a forma é anterior e mais ser do que a matéria, pela mesma razão ela também será anterior ao composto[9].

Esta é uma das cifras emblemáticas da ontologia aristotélica, como demonstramos acima.

Essa "anterioridade" estrutural do ponto de vista ontológico e axiológico da forma é o que de mais tipicamente platônico Aristóteles extrai justamente da doutrina das Ideias. Mas voltaremos a isso adiante.

3. A questão das relações entre as Ideias e as coisas segundo Platão e o significado das críticas de Aristóteles

Já a partir da exposição da teoria das Ideias no capítulo sexto do primeiro livro da *Metafísica*, Aristóteles, a queima-roupa, critica e contesta a explicação, antes, a não explicação de Platão sobre o nexo subsistente entre as Ideias e as coisas sensíveis, evocando a terminologia que ele usava, mas que teria deixado sem explicação.

Escreve Aristóteles:

> De fato, os pitagóricos dizem que os seres subsistem por "imitação" dos números; Platão, ao invés, diz "por participação", mudando apenas o nome. De todo modo, tanto uns como o outro descuidaram igualmente de indicar o que significa "participação" e "imitação" das Formas[10].

No capítulo nono, retomando a questão, o Estagirita acrescenta:

> E, certamente, as coisas sensíveis não podem derivar das Formas em nenhum daqueles modos que de costume são

---

9. *Metafísica*, Z 3, 1029 a 5-7.
10. *Metafísica*, A 6, 987 b 11-14.

indicados. Dizer que as Formas são "modelos" e que as coisas sensíveis "participam" delas significa falar sem dizer nada e recorrer a meras imagens poéticas. De fato, o que é que age com os olhos postos nas Ideias?[11]

E um pouco adiante, retomando o problema em outra ótica, escreve:

> E mais, parece impossível que a substância exista separadamente daquilo de que é substância; consequentemente, se são substâncias das coisas, como podem as Ideias existir separadamente das coisas? Mas no *Fédon* é afirmado justamente isso: que as Formas são causa do ser e do devir das coisas. Contudo, mesmo concedendo que as Formas existam, as coisas que delas participam não se produziriam se não existisse a causa motora[12].

Mas para nos darmos conta do alcance redutor dos jogos polêmicos feitos por Aristóteles, leiamos a passagem em que Platão, justamente no *Fédon*, fala expressamente das relações entre Ideias e coisas, sem se preocupar no escrito com seu aprofundamento programático, pelo menos naquele momento:

> Sendo assim, não compreendo mais e não posso conhecer as outras causas, as causas dos sábios; e se alguém me diz que uma coisa é bela em razão de sua cor viva, ou por causa de sua figura ou por qualquer coisa dessas, eu as cumprimento e as deixo partir, pois em todas elas acabo me confundindo. Tenho para mim, com singeleza, sem artifício e talvez ingenuamente, que nenhuma outra razão faz bela tal coisa a não ser *a presença do Belo em si ou a comunhão com ele ou qualquer outra maneira de estabelecer essa relação. Com efeito, sobre o modo dessa relação não é hora de insistir, mas afirmo simplesmente que todas as coisas belas são belas em razão da Beleza*[13].

E descuidando a evocação das explicações que Platão dava no âmbito das doutrinas não escritas, e também a evocação da explicação que ele fornece sobre a causa eficiente e motora, de que já falamos, evocamos

---

11. *Metafísica*, A 9, 991 a 19-23.
12. *Metafísica*, A 9, 991 b 1-5.
13. *Fédon*, 100 C-D.

aqui um ponto essencial posto em destaque por Platão no *Timeu*, e programaticamente esquecido por Aristóteles.

Falando das relações do princípio material com as Ideias e com o mundo inteligível, Platão diz expressamente o seguinte do princípio material:

> Participa de modo muito complexo do inteligível e é difícil de conceber[14].

E, com efeito, quando explica, sempre no *Timeu*, essa relação evoca justamente os números matemáticos e as figuras geométricas (os "intermediários"), e explica como, por exemplo, os quatro elementos derivam justamente de uma operação extremamente complexa que o Demiurgo (a Inteligência cósmica) realiza "informando" a matéria sensível (a *chora*) com os triângulos e os sólidos geométricos regulares, e desse modo produzindo as coisas em função das Ideias. A relação entre as Ideias e as coisas sensíveis, segundo Platão, *é realizada justamente com base nos entes intermediários-mediadores por obra da Inteligência*. As coisas sensíveis são imagens dos modelos inteligíveis tornadas possíveis pelo *intrincamento da matéria nas relações numéricas e nas figuras geométricas por obra da Inteligência*. O leitor que desejar poderá encontrar no nosso livro sobre Platão uma explicação pormenorizada, com esquemas e ilustrações justamente dessas relações[15].

Para concluir este ponto, com vistas a refutar a crítica de Aristóteles sobre a impossibilidade de participação das coisas sensíveis nas inteligíveis sem uma causa motora — que Platão não teria explicitado —, recordemos, referindo-nos à passagem já lida, que o mundo sensível participa do modelo do mundo inteligível justamente pela mediação do *Demiurgo como causa eficiente*:

> Mas é evidente para todos que Ele contemplou o exemplar eterno: de fato, o universo é a mais bela das coisas geradas, e o Artífice é a melhor das causas[16].

4. A crítica de Aristóteles aos entes matemáticos entendidos como entes por si subsistentes e a alternativa por ele apresentada

Relativamente aos entes matemáticos, como já dissemos e voltaremos a dizer, Aristóteles tem atitudes muito ambíguas. Todavia, nega

---

14. *Timeu*, 51 A-B.
15. Cf. Reale, *Para uma nova interpretação de Platão* (1997), pp. 501-516.
16. *Timeu*, 29 A.

absolutamente que eles existam em si e por si, como afirmam Platão e os platônicos:

> Por que devem existir entes intermediários entre as coisas daqui de baixo e as realidades em si?[17]

Para não entrar nas cerradas críticas que se leem nos dois últimos livros, de que nos ocuparemos no comentário, aqui evocamos as objeções metafísicas fundamentais apresentadas por Aristóteles no livro B, que revelam muito bem o alcance de sua operação de multiplicação de todas as incoerências que podem ser extraídas da doutrina dos intermediários, ampliando-as oportunamente, como um complexo jogo de espelhos de multiplicação de imagens.

Escreve Aristóteles:

> Ademais, se além das Formas e dos sensíveis postularmos também entes intermediários, surgirão numerosas dificuldades. De fato, é evidente que existirão outras linhas além das linhas-em-si e das linhas sensíveis, e do mesmo modo para cada um dos outros gêneros. Assim sendo, dado que a astronomia é uma dessas ciências matemáticas, deverá existir, consequentemente, também outro céu além do céu sensível, assim como outro sol e outra lua, e o mesmo para todos os outros corpos celestes. Mas como se pode crer nisso? De fato, não é razoável admitir que esse céu intermediário seja imóvel, e por outro lado, é absolutamente impossível que seja móvel. O mesmo se deve dizer das coisas que são objeto da pesquisa ótica e dos objetos da pesquisa da harmônica matemática. Com efeito, é impossível que eles existam além dos sensíveis, pelas mesmas razões. De fato, se existem seres sensíveis intermediários, existirão também sensações intermediárias, e é evidente que existirão também animais intermediários entre os animais em si e os animais corruptíveis. E também é difícil de estabelecer para que gêneros de realidades deve-se procurar essas ciências intermediárias. De fato, se a geometria só difere da geodésia porque esta última versa sobre as coisas sensíveis, enquanto a primeira versa sobre as coisas não sensíveis, é evidente que deverá ocorrer o mesmo com a medicina e

---

17. *Metafísica*, A 9, 991 b 30-31.

com cada uma das ciências, e deverá haver uma medicina intermediária entre a medicina em si e a medicina sensível. Mas como isso é possível? De fato, nesse caso deveriam existir, além das coisas sadias sensíveis e além do sadio em si, outras coisas sadias. Entretanto, nem sequer é verdade que a geodésia trate de grandezas sensíveis e corruptíveis; pois corrompendo-se essas grandezas, ela também deveria corromper-se[18].

Transcrevemos esta passagem porque, se não for situada no lugar certo e discutida no momento certo, no interior de um discurso bem preciso como o que agora estamos fazendo, não se entende seu significado exato nem seu alcance. Aqui Aristóteles se apresenta no seu pior aspecto como polemista, porque imputa como podendo ser criticamente extraído da teoria dos intermediários uma multiplicação dos entes intermediários, que Platão nem de longe teria sonhado sustentar. Aristóteles não atribui a Platão e aos platônicos essa multiplicação dos entes intermediários como se eles a tivessem expressamente sustentado, mas a extrai justamente como consequência implícita em sua doutrina e sobre essa consequência concentra sua crítica.

Particularmente, é preciso levar em conta o fato de que (como já destacamos acima, mas é oportuno reafirmar) a *admissão por parte de Platão dos entes intermediários matemáticos tem uma relevância e um alcance teóricos de estatura bem diferente do que a que emerge dessas críticas construídas.*

Platão queria dizer o seguinte: os números e os entes matemáticos em geral não se encontram nas coisas sensíveis e não se percebem com os sentidos, contudo existem. E como são múltiplos, cada um deles em sua espécie, à diferença das Ideias, que são únicas, então se deve supor que tenham um *status* ontológico justamente "intermediário" (são inteligíveis como as Ideias e múltiplos como os sensíveis)[19].

J. Annas evoca muito oportunamente uma passagem de Russel, que diz: "A aritmética deve ser descoberta justamente no mesmo sentido em que Colombo descobriu os índios do Oeste, e *nós não criamos os números, do mesmo modo que ele não criou os Índios*"[20]. Platão subscreveria plena-

---

18. *Metafísica*, B 2, 997 b 12-34.
19. Cf. Reale, *Para uma nova interpretação de Platão* (1997), pp. 173-176.
20. B. Russel, *Is Position in Space and Time Absolute or Relative?*, "Mind", 10 (1901), pp. 293-317; a passagem lidxa está na p. 312, apresentado por Annas, *Interpretazione...*, p. 36.

mente uma passagem desse tipo, inclusive com os típicos traços irônico-maiêuticos que apresenta.

Portanto, para Platão os entes matemáticos têm uma subsistência precisa, e, para dizer com sua linguagem, subsistem em si e por si, têm um *status* ontológico autônomo.

Então, como Aristóteles tenta justificar a existência deles, uma vez negado que tenham aquele *status* ontológico intermediário, como sustenta Platão?

Comumente se diz que Aristóteles considera os objetos matemáticos como "abstrações" operadas pelo pensamento humano, que, justamente com esse procedimento, os entende como separados das coisas sensíveis, embora existindo no sensível. Annas contestou e justamente evidenciou o abuso do termo "abstração" ao interpretar esse aspecto do pensamento de Aristóteles. Mas se em larga medida ela tem razão, em outro sentido excede nessa crítica, porque tende a interpretar o termo "abstração" no sentido que ele adquiriu não só com a escolástica, mas sobretudo a partir do empirismo. No âmbito da Academia e do platonismo, "abstração" significa "isolamento" e "separação" de uma coisa das outras, uma espécie de "subtração" lógico-ontológica de certas coisas de outras[21]. Essa operação de "abstração" não implica absolutamente uma espécie de criação pelo pensamento humano da coisa abstraída, de modo que a coisa abstraída, justamente enquanto tal, existiria só por obra do pensamento (reduzir-se-ia a um puro *ens rationis*). *Implica, ao contrário, a existência da coisa, que, com a operação da abstração (ou seja, da "separação" das outras cosias), é evidenciada e torna-se objeto de investigação (se uma coisa não existisse, não poderia ser abstraída, separada das outras).*

Eis a bela e clara explicação que Annas dá do núcleo de M 3, ou seja, da célebre página em que Aristóteles expõe sua interpretação dos objetos matemáticos, ademais não usando, nesse contexto, o termo "abstração", mas esclarecendo muito bem o que se deve entender quando se usa esse termo nesses contextos: "Que nos explica Aristóteles em M 3? Dentro da matemática, os teoremas matemáticos são aplicados às grandezas espa-

---

21. Cf. H. Krämer, *Dialettica e definizione del Bene in Platone. Interpretazione e commentario storico-filosofico di "Repubblica"* VII 534 B 3-D 2, Introduzione di G. Reale, traduzione di E. Peroli, Vita e Pensiero, Milão 1989, pp. 49-50 (o original: *Über den Zusammenhang von Prinzipienlehre und Dialektik bei Platon. Zur Definition des Dialektikers. Politeia 534 B-C*, foi publicado em 1966 e em 1972). A respeito disso são também interessantes as páginas de Merlan, *Dal Platonismo*... (1990), pp. 251 ss.

ciais assim como aos números, sem que por isso se dê uma terceira espécie de objetos, distinta de uns e de outros; antes, os teoremas se referem a umas e às outras, simplesmente em virtude de determinadas propriedades que têm em comum. Do mesmo modo, no caso da matemática em geral, e também no das ciências, ocorre o seguinte: elas determinam o próprio objeto, isolando certas propriedades e prescindindo das que não são relevantes. Aqui não há nenhum enigma: o modo de proceder do matemático é o mesmo em comparação com o do médico e o do físico. — *Longe de ser abstracionismo, isso é uma forma ingênua de realismo.* O matemático considera um objeto que se encontra no mundo, por exemplo um homem como eu, e o considera como algo extenso e indivisível, etc. Portanto, ele prescinde de minhas propriedades que podem ser captadas por meio dos sentidos, para estudar mais de perto minhas propriedades geométricas e aritméticas. Com isso não se afirma absolutamente que essas propriedades na realidade não existam, nem que elas não me pertençam realmente, e nem mesmo que elas sejam de algum modo subordinadas às propriedades que podem ser captadas por meio dos sentidos. E mais ainda, isso não implica que essas propriedades tornem-se para mim realidade, no máximo, só num segundo momento, quando o matemático se ocupa delas". As conclusões extraídas por J. Annas são também nossas: "Hoje, parece-nos insuficiente uma teoria segundo a qual as propriedades matemáticas pertençam, sem mediação, às substâncias de nosso mundo da vida tridimensional. A *nossos olhos, Platão chega mais perto da verdade, não só quando determina o pensamento matemático independentemente de nossa compreensão fundada na experiência sensível, mas também quando o torna capaz de corrigir essa última*"[22].

Recorde-se, a respeito disso, um dito atribuído a Platão: "Deus sempre geometriza"[23]. O que demonstra que Platão atribuía às matemáticas uma estatura de alcance bem diferente com relação ao que lhe atribuía Aristóteles, que, ademais, como vimos, não chegou a libertar-se do peso teorético dado a elas por Platão, a ponto de continuar a levantar na *Metafísica* o problema da matéria inteligível, justamente para explicar os entes matemáticos. Mas isso não concorda com o que nos diz em M 3, assim como não concorda com o que é dito nesse texto o lugar que, no quadro das ciências, Aristóteles atribui expressamente às matemáticas, como já recordamos outras vezes e como veremos adiante de modo mais pormenorizado.

---
22. Annas, *Interpretazione...*, pp. 145 s. e 148.
23. Plutarco, *Quaest. conv.*, VIII 2.

5. A questão das Ideias dos "artefacta"

Logo em seguida a uma das passagens acima transcritas, Aristóteles escreve:

> Há também muitas outras coisas produzidas, por exemplo uma casa ou um anel, das quais não admitimos a existência de Ideias. Portanto, é claro que também todas as outras coisas podem ser e gerar-se por obra de causas semelhantes às que produzem os objetos acima mencionados[24].

Note-se que esse diálogo é a continuação da crítica das teses sustentadas por Platão no *Fédon*, que é expressamente citado. E aqui ele não se refere mais diretamente a Platão, mas usa uma primeira pessoa do plural, como para dizer "nós não admitimos que existam Ideias dessas coisas", no sentido do plural majestático: "nós, platônicos, não admitimos...", e portanto, para dizer: "nós, platônicos, que sustentamos a teoria das Ideias em geral, não admitimos que existam Ideias de objetos artificiais".

Tenha-se presente, para bem se orientar nesse problema, o fato de que para o próprio Aristóteles *só* são substâncias propriamente ditas *as naturais*, como veremos de modo particular na leitura do livro H, e também o fato de que, para ele, *a natureza* (φύσις) *é superior à arte* (τέχνη)[25].

Naturalmente, o modo em que Aristóteles procede na discussão da questão das Ideias naturais e das Ideias dos *artefacta* envolve o próprio Platão, não fazendo distinção entre ele e os discípulos.

Mas Platão nos diálogos — e não só nos juvenis de transição, mas também nos da maturidade e da velhice — admitiu expressamente a existência de Ideias dos *artefacta*. De fato, não só num diálogo como o *Crátilo* fala das Ideias de *artefacta* (por exemplo da Ideia da *lançadeira*); mas até na *República* diz sem meios-termos que "a cama por natureza", vale dizer, a "Ideia de cama", é produzida por Deus (pelo Demiurgo)[26]. Das três camas que existem, ou seja, da que está na natureza, da que vemos feita de madeira e da que é reproduzida num quadro, os artífices são três bem distintos: Deus, o marceneiro e o pintor. A cama feita por Deus é uma e única (justamente como cada Ideia é uma e única), a que é feita pelos marceneiros e pelos pintores são múltiplas.

---

24. *Metafísica*, A 9, 991 b 6-9.
25. Cf. *Fis.*, II 8, 199 a 8-20.
26. Cf. *Crátilo*, 399 A 5 - D 3; *República*, X 596 A-597 D.

Leiamos o texto basilar:

— Deus, seja porque não quis, seja porque era necessário que não fizesse mais do que uma cama natural, fez apenas uma, a cama que verdadeiramente é: mas Deus não criou duas ou mais destas, nem criará.
— E por quê?
— Porque — respondeu — se tivesse feito apenas duas, apareceria uma terceira, da qual aquelas duas possuiriam a Ideia; e esta seria a verdadeira cama que é, e não as outras duas.
— Certo — disse.
— E Deus, sabendo disso, creio, e querendo ser o criador da cama que verdadeiramente é e não de uma cama qualquer, e nem querendo ser um marceneiro, criou-a única por natureza.
— Parece.
— Portanto, queres que o chamemos artífice da natureza da cama, ou algo parecido?
— É justo — disse — a vez que foi ele quem criou esta e as outras coisas segundo a natureza[27].

Deve ser excluído categoricamente que Platão tenha posteriormente mudado sua opinião a respeito disso porque, como já observamos acima, ele evoca explicitamente as Ideias dos *artefacta* inclusive em obras da velhice como na *Carta VII*[28], assim como nas *Leis*[29].

A negação da existência de Ideias de *artefacta* pode ser a opinião de alguns acadêmicos, que, baseando-se no fato de que as Ideias de coisas naturais não são criadas enquanto as Ideias dos *artefacta* são criadas pelo Demiurgo, negaram que a elas possa ser atribuído o *status* ontológico de Ideias propriamente ditas. Mas aqui Aristóteles liga essa concepção com o que nos disse de Platão. Todavia é preciso destacar bem que o próprio Platão não punha as Ideias dos *artefacta*, às quais reconhecia um *status* ontológico ideal, no mesmo plano das Ideias das coisas naturais, justamente porque estas não são criadas pelo Demiurgo, *mas as punha na esfera dos intermediários, na qual entram as almas, que também são criadas pelo Demiurgo*. Ver a documentação que fornecemos disso no nosso volume sobre Platão[30].

---

27. *República*, X 597 C-D.
28. *Carta VII*, 342 D 5.
29. *Leis*, XII 965 B-C.
30. Cf. Reale, *Para uma nova interpretação de Platão* (1997), pp. 391-396 e 405-408.

Em todo caso, o fato de Aristóteles "calar" aqui sobre essas explícitas e inequívocas afirmações de Platão, ligando-o com os que não admitiam Ideias de *artefacta*, ou, pior ainda, o fato de jogar com o dado de que, se não são Ideias naturais, não devem ser consideradas Ideias em nenhum sentido, faz compreender bem as posições extremamente ambíguas que Aristóteles continua a assumir diante do mestre.

6. Algumas observações sobre a crítica dirigida por Aristóteles ao Princípio primeiro do Uno-Bem de Platão

A questão da crítica de Aristóteles às concepções do Uno e do Bem sustentadas por Platão e pelos platônicos exigiria por si um amplo e pormenorizado estudo, porque é muito complexa, e, tratando-se justamente do princípio primeiro e supremo dos acadêmicos, Aristóteles o evoca explicitamente muito amiúde, e também implicitamente de diferentes modos.

Aqui nos limitaremos ao ponto-chave de suas críticas.

Para os platônicos o Uno era um conceito generalíssimo e substância por excelência. Ao contrário, para Aristóteles é um conceito polívoco, que, justamente enquanto geral, não pode ser substância, mas deve sempre referir-se a outro.

No livro dez se lê:

> (...) Se nenhum dos universais pode ser substância, como dissemos ao tratar da substância e do ser, e se o próprio ser não pode ser uma substância no sentido de algo uno e determinado, existindo separado da multiplicidade das coisas, enquanto ele é comum a todas e é apenas um predicado, então é evidente que tampouco o um pode ser substância, justamente porque o ser e o um são os predicados mais universais[31].

Como veremos melhor adiante, Aristóteles reduz o *um* ao *ser* e, consequentemente, como o ser tem diferentes significados segundo as diferentes categorias, o mesmo deve valer também para o um.

Sempre no livro dez se lê:

> O um tem os mesmos significados que tem o ser; portanto, dado que na esfera das qualidades o um é algo determinado, e do mesmo modo no âmbito da quantidade, é

---

31. *Metafísica*, I 2, 1053 b 16-21.

evidente que se deve investigar o que é o um na esfera de todas as categorias, assim como se investiga o que é o ser, porque não é suficiente dizer que a natureza do ser e do um consiste justamente em ser o ser e o um[32].

Idêntico raciocínio Aristóteles repete também para o Bem (que, para Platão, coincide com o Uno), justamente na passagem da *Ética a Nicômaco* que se tornou celebérrima pela famosa afirmação que contém e que foi sintetizada na proposição: *amicus Plato, sed magis amica veritas*[33].

Pois bem, nessa passagem, Aristóteles volta a repetir que o Bem não é uma realidade substancial universal, mas que tem tantos significados quantos tem o ser nas várias categorias: na categoria da substância o Bem é, por exemplo, Deus ou a Inteligência, na da qualidade é, por exemplo, a virtude, na da quantidade é a medida, na da relação é o útil, na do tempo é o momento oportuno, na do lugar é o ambiente apto, e assim por diante.

O método dialético seguido por Platão, e largamente desenvolvido pelos acadêmicos, implicava dois momentos: o que procedia do particular ao universal (procedimento *universalizante*) e o que procedia na busca dos constitutivos mais simples e mais elementares no mundo das Ideias e, portanto, dos elementos primeiros (procedimento *elementarizante*).

Eis como Krämer resume esse delicadíssimo ponto da metodologia acadêmica: "Trata-se, substancialmente, de duas diferentes formas de pensamento, que, em geral, se completam mutuamente, mas que às vezes se encontram em oposição, ou melhor, em concorrência uma com a outra; *a*) a *elementarizante* orientada pelo modelo da matemática, que reconduz todas as coisas, pela decomposição em partes cada vez menores, a seus elementos últimos e mais simples: essa forma de pensamento refere-se sobretudo à redução da série dos números e das dimensões; *b*) a *generalizante*, de origem socrática, que sobe do particular ao sempre mais geral: essa forma de pensamento se refere à esfera dos universais em sentido estrito e, sobretudo, às (...) Meta-ideias de identidade, igualdade, semelhança e de seus contrários (...) É preciso, portanto, dar-se conta de que subsiste um pluralismo metodológico de Platão, em consequência do qual os princípios assumem o duplo *status* seja de *elementa prima*, seja, também, de *genera generalissima* (unidade significa, portanto, o mais simples e o mais universal). Platão, evidentemente, tentou captar através

---

32. *Metafísica*, I 2, 1053 b 25-29.
33. *Et. Nicom.*, I 6, 1096 a.

de múltiplas tentativas convergentes a totalidade do ser, na medida do possível sem lacunas e de maneira completa, e tentou garantir assim a maior universalidade possível aos princípios"³⁴.

E baseando-se justamente nas consequências que podem derivar dessa duplicidade de métodos *universalizante* e *elementarizante*, Aristóteles objeta que, enquanto o primeiro método leva à evidência do que é *forma*, o segundo leva à evidência do que é *matéria*, porque os elementos são, justamente, materiais. De modo que o Uno dos platônicos seria (de modo contraditório) *seja forma, seja matéria*.

Eis a passagem mais significativa de Aristóteles a este respeito:

> Em que sentido, portanto, o Um é princípio? Eles dizem que é princípio enquanto indivisível. Mas é indivisível tanto o universal, como o particular e o elemento; evidentemente, eles são indivisíveis diferentemente: o primeiro é indivisível na ordem da noção, enquanto os outros dois o são na ordem do tempo. *Em qual desses dois modos o Um será princípio?* De fato, como se disse, também o ângulo reto é, num sentido, anterior ao agudo, assim como este, noutro sentido, é anterior àquele, e cada um dos dois é um. *Eles, portanto, consideram o um como princípio em ambos os sentidos*. Mas isso não é possível: de fato, no primeiro sentido, o um seria forma e substância, enquanto no segundo sentido o Um seria elemento e matéria³⁵.

Aqui Aristóteles joga com suas duas categorias de *matéria* e *forma*, e nega a convergência que têm os dois métodos em Platão, enquanto, como vimos e voltaremos a ver, ele mesmo se vale desse duplo procedimento, quando se faz necessário.

Mas, como ocorre frequentemente, para além das polêmicas, o núcleo das descobertas platônicas (e justamente o núcleo de algumas das mais destacadas, como já observamos outras vezes) passa para Aristóteles. No que se refere à doutrina do Bem, que, como dissemos, permitiria fazer toda uma série de observações, limitamo-nos a evocar, como confirmação da tese sustentada, uma belíssima passagem. No livro doze Aristóteles se apropria da concepção de Platão do Bem de modo até mesmo

---
34. Krämer, *Platone...*, p. 161.
35. *Metafísica*, M 8, 1084 b 13-23.

surpreendente, justamente nos nexos bem-unidade, em sentido transcendente e em sentido imanente, sem se preocupar com toda uma série de implicações.

Eis a passagem:

> Devemos também considerar de que modo a realidade do universo possua o bem e o ótimo, se como *algo separado e em si e por si*, ou como *a ordem*, ou ainda *em ambos os modos*, como acontece com um exército. De fato, *o bem do exército está na ordem, mas também está no general; antes, mais neste do que naquela, porque o general não existe em virtude da ordem, mas a ordem em virtude do general*. Todas as coisas estão de certo modo ordenadas em conjunto, mas nem todas do mesmo modo: peixes, aves, plantas; e o ordenamento não ocorre de modo que uma coisa não tenha relação com a outra, mas de modo a haver algo de comum. De fato, todas as coisas são coordenadas a um único fim. Assim, numa casa, aos homens livres não cabe agir ao acaso, pelo contrário, todas ou quase todas as suas ações são ordenadas, enquanto a ação dos escravos e dos animais, que agem ao acaso, pouco contribui para o bem comum, pois este é o princípio que constitui a natureza de cada um. Quero dizer que todas as coisas, necessariamente, tendem a distinguir-se; mas sob outros aspectos, *todas tendem para o todo*[36].

Parece que nessa passagem estamos lendo um resumo de algumas das ideias fundamentais do *Timeu* expressas em termos originais, *mas em espírito totalmente platônico, como, provavelmente*, nesse nível e desse modo preciso, *nenhum dos acadêmicos soube fazer*.

Essa é uma daquelas passagens que levam a dizer o que já na antiguidade se dizia, como refere Diógenes Laércio, que *Aristóteles foi o mais genuíno e o mais legítimo dos discípulos de Platão*[37]. E isso é verdade, malgrado as pesadas e, não raro, incorretas críticas que Aristóteles move ao mestre, com todas as suas consequências.

Mas disso falaremos de modo pormenorizado mais adiante.

---

36. *Metafísica*, Λ 10, 1075 a 11-25.
37. Diógenes Laércio, V 1.

7. A *separação da Inteligência dos Inteligíveis e suas principais consequências*

O ponto mais delicado e mais importante a ser entendido está na adequada compreensão das relações entre os vértices do sistema metafísico platônico e do sistema aristotélico e nas consequências (positivas e negativas) que eles comportam. Tanto mais que, como já destacamos acima, sobre o vértice da Inteligência cósmica de que fala Platão, Aristóteles se cala totalmente, enquanto a atitude que assume diante do mundo inteligível hiperurânico, como vimos neste capítulo, é hipercrítica, até mesmo além da medida.

Para orientar-se bem nessa complexa questão, convém partir do texto-base no qual Platão pela primeira vez põe o problema, o *Fédon*.

Nas páginas centrais, justamente nas que narra como ocorreu sua "segunda navegação" (δεύτερος πλοῦς), que o levou à descoberta do mundo inteligível, Platão começa pela explicação do efeito produzido pelo encontro que teve com Anaxágoras[38], cuja intenção teria sido a de apresentar a Inteligência como causa de todas as coisas, da estrutura do cosmo e dos vários fenômenos cosmológicos. Mas, de fato, ele não soube ser coerente: em vez de utilizar estruturalmente a Inteligência, Anaxágoras continuou a utilizar elementos físicos e, portanto, a utilizar só em certos casos a Inteligência e de maneira inadequada:

> (...) À medida que procedia na leitura do livro, via que nosso homem não se servia absolutamente da Inteligência e não lhe atribuía qualquer papel de causa na explicação do ordenamento das coisas e, ao contrário, atribuía o papel de causa ao ar, ao éter, à água e a muitas outras coisas estranhas à Inteligência[39].

Com efeito, para Platão a Inteligência *tem função de causa em relação ao Bem e a seu contrário* (ao melhor e ao pior), e age justamente buscando ao máximo realizar o melhor em todas as coisas:

> (...) A Inteligência ordenadora deveria ordenar todas as coisas e dispor cada uma delas da melhor maneira possível[40].

Se tivesse feito isso, Anaxágoras

---
38. Cf. Reale, *Para uma nova interpretação de Platão* (1997), pp. 106 ss., 379 ss.
39. *Fédon*, 98 B-C.
40. *Fédon*, 97 C.

(...) Teria explicado o que é melhor para cada uma delas e o que é o melhor comum a todas[41].

Em suma, para Platão *a Inteligência só age em relação com o inteligível*, que, aqui, é entendido como o princípio supremo, ou seja, como o próprio Bem e implicitamente como o mundo ideal em geral, como em outros diálogos, sobretudo no *Timeu*, é bem explicitado. *O mundo das Ideias tendo no vértice o Bem constitui o modelo, em geral e nos particulares, a que se refere a Inteligência demiúrgica em sua ação.*

Por uma série de razões de caráter histórico e teorético, ilustradas em nosso livro sobre Platão, a Inteligência é concebida por ele como *dependente*, e nesse sentido *subordinada ao Inteligível*, porque age e opera justamente em função dele.

Como já observamos acima e como observaremos adiante, *Aristóteles elimina justamente essa dependência*[42]. E essa sua posição se impunha como necessária, em consequência da crítica do mundo das Ideias e de sua imanentização como *forma do sensível*.

A afirmação de que a verdadeira substância transcendente ao sensível é justamente a Inteligência e não o Inteligível devia comportar *a separação entre o cosmo inteligível e a Inteligência suprema que pensa*. E devia também comportar a compreensão da tese de que o objeto de pensamento da Inteligência suprema só pode ser ela mesma, dado que justamente ela é a realidade mais perfeita.

Leiamos o texto basilar:

> Ora, o pensamento que é pensamento por si, tem como objeto o que por si é mais excelente, e o pensamento que é assim maximamente tem como objeto o que é excelente em máximo grau. A *inteligência pensa a si mesma, captando-se como inteligível: de fato, ela é inteligível ao intuir e ao pensar a si mesma, de modo a coincidirem inteligência e inteligível*. A inteligência é, com efeito, o que é capaz de captar o inteligível e a substância, e é em ato quando os possui. Portanto, muito mais do que aquela capacidade, o que de divino há na inteligência é essa posse; e a atividade contemplativa é o que há de mais prazeroso e mais excelente[43].

---

41. *Fédon*, 98 B.
42. Cf. *supra*, § 6.
43. *Metafísica*, Λ 7, 1072 b 18-24.

A admissão do mundo das Ideias como aquilo a que a Inteligência se refere como modelo comportaria sua superioridade hierárquica: mas isso, segundo Aristóteles, é absurdo:

> Ademais, é evidente que *alguma outra coisa seria mais digna de honra do que a Inteligência, a saber, o Inteligível*. De fato, a capacidade de pensar e a atividade de pensamento também pertencem a quem pensa a coisa mais indigna: de modo que, se isso deve ser evitado (de fato, é melhor não ver certas coisas do que vê-las), o que há de mais excelente não pode ser o pensamento. *Se, portanto, a Inteligência divina é o que há de mais excelente, ela pensa a si mesma e seu pensamento é pensamento de pensamento*[44].

É desnecessário observar que o autopensar-se da Inteligência suprema (um dos vértices de Aristóteles, a que não só a metafísica e a teologia medieval, mas o próprio Hegel[45], darão o máximo destaque) *alcançaria na verdade vértices absolutos se justamente esse autopensar-se desse origem ao cosmo noético na sua totalidade* ou, em todo caso, o implicasse estruturalmente.

Embora havendo na doutrina aristotélica implicações de diferentes gêneros, parece que Aristóteles operou uma nítida cisão: *o cosmo inteligível não se torna o cosmo noético da Inteligência suprema*, justamente porque o âmbito das formas em sua totalidade se torna a *trama inteligível imanente ao mundo sensível*.

Mas o leitor da *Metafísica* não encontrará em lugar algum uma *fundação última* desse mundo inteligível imanente ao sensível. Aristóteles mantém algumas características das Ideias platônicas, que só podem ser entendidas com base nas conquistas teoréticas de Platão, porque não são fundadas por Aristóteles de um modo novo, que se imponha por si, quer dizer, de maneira completamente autônoma.

A tese de que *as ideias são os pensamentos de Deus* ainda exigirá muito esforço para ser aceita na filosofia ocidental, a partir de algumas intuições acadêmicas até Filo de Alexandria e Albino (ou Alcinoo, como se prefira chamá-lo). Mas será sobretudo Plotino quem fundará metafisicamente do modo mais articulado essa doutrina com a hipóstase do *Nous*, que é a unidade do ser e do pensar em sua globalidade.

---

44. *Metafísica*, Λ 9, 1074 b 30-35.
45. Recordamos que Hegel conclui a sua *Enciclopédia das ciências filosóficas em compêndio* transcrevendo em grego a passagem de *Metafísica*, Λ 7 relativa ao conceito de pensamento de pensamento.

E a afirmação feita por Aristóteles em referência à Inteligência suprema, ou seja, que o pensar e *a atividade contemplativa* é o que há de mais prazeroso e mais excelente, é emblemática, porque Plotino se concentrará justamente na *contemplação como atividade criadora por excelência*, dando-lhe uma dimensão ontogônica em sentido global (tudo, para ele, é contemplação), e resolvendo, desse modo, no mais alto nível alcançado pelos Gregos, a relação estrutural entre o inteligível e a Inteligência, o ser e o pensar[46].

Tenha-se presente o fato de que, pondo no vértice da escala dos seres (ou seja, como primeiro e supremo dos seres, como substância primeira) justamente a Inteligência autopensante (a *suprema forma de vida*), a metafísica de Aristóteles leva a concepção da estrutura da realidade ao grau mais elevado alcançado pelos gregos na era pré-cristã, indo inclusive além de Platão no sentido acima indicado, embora com as limitações que observamos.

---

46. Cf. Reale, *História da Filosofia Antiga*, vol. IV, trad. de M. Perine e H. C. de Lima Vaz, Edições Loyola, São Paulo 1994, pp. 530-533.

Capítulo décimo primeiro

Tangências estruturais, apesar das inegáveis diferenças, entre o sistema metafísico aristotélico e o platônico

1. *Marca platônica das sistemáticas e essenciais reafirmações da existência de uma realidade suprassensível e transcendente na* Metafísica *de Aristóteles*

   Se tivéssemos de responder à pergunta sobre qual é o primeiro livro de metafísica da literatura filosófica ocidental, entendendo o termo em sentido forte, deveríamos dizer, sem sombra de dúvida, que é o *Fédon*; em sentido mais geral, pode-se dizer, ao contrário, que é o poema de Parmênides *Sobre a natureza*. Mas se o poema de Parmênides trata da problemática do "todo" em sentido "físico" e, portanto, numa dimensão (para usar um termo técnico) *imanente*, o *Fédon* pela primeira vez descobre (com a que Platão chama de "segunda navegação", δεύτερος πλοῦς)[1] que *o tratamento exaustivo da problemática do todo implica justamente a descoberta da dimensão da transcendência.*

   Só depois da "segunda navegação" platônica, com as descobertas que se lhe seguem, nascem as categorias metafísicas do "sensível" e "suprassensível", "corpóreo" e "incorpóreo", "físico" e "suprafísico". E é justamente à luz dessa descoberta que os precedentes filósofos da natureza se revelam "materialistas" (e assim os interpreta Aristóteles), e a natureza e o cosmo físico não se mostram como a totalidade das coisas que são, ou seja o "todo", mas só a totalidade das coisas que aparecem. Só com a descoberta do mundo inteligível, ou seja, das realidades que não são captáveis com os sentidos mas só com o pensamento, pode-se ganhar o "todo" do ser e, portanto, *uma visão metafísica do real em sentido global.*

   O primeiro tratado de metafísica nesse sentido global, portanto, é o *Fédon* de Platão.

   Mas justamente contra alguns pontos-chave das conquistas de Platão com sua "segunda navegação", Aristóteles na *Metafísica* desfecha suas crí-

---
1. *Fédon,* 99 C-D.

ticas, daquele modo agudo de que falamos no capítulo precedente. E então, qualquer um que negue, como faz Aristóteles, as Ideias e os Princípios primeiros e supremos de que fala Platão, não estaria em nítida e total antítese sistemática com Platão?

Com efeito, muitos estudiosos caíram nesse erro, e muitos ainda hoje continuam sendo vítimas dele, *na convicção de que aquelas críticas reduzem a zero as conquistas da "segunda navegação" platônica*, e que, portanto, em grande medida põe-se em crise a problemática da transcendência em favor da problemática da imanência.

E por outro lado, se as críticas tão pesadas e frequentes que Aristóteles dirige contra a teoria das Ideias e dos Princípios não são compreendidas adequadamente, seja no contexto da *Metafísica* seja fora do novo paradigma do "realismo" ontológico que é proposto, e portanto, se não são entendidas no âmbito da complexa trama dos nexos históricos que as sustentam, levam inevitavelmente a esses equívocos e a uma série de mal-entendidos.

A *Metafísica* representa uma "luta de gigantes" (uma γιγαντομαχία), para usar uma expressão muito eficaz que Platão utiliza no *Sofista*[2]. Mas, justamente servindo-nos dessa bela imagem para resolver a questão que estamos discutindo, podemos dizer que a luta dos gigantes de que fala Platão no *Sofista* ocorre entre homens que creem só nas realidades sensíveis, de um lado, e os que dirigem toda a sua atenção para as realidades suprassensíveis, de outro, e portanto, ocorre entre homens que se situam em planos opostos; ao invés, como já observamos acima, a luta dos dois gigantes na *Metafísica* não ocorre em planos opostos análogos, mas *no mesmo plano*, e a oposição se decide inteiramente no mesmo plano.

Dito de outro modo, como muitas vezes já tivemos ocasião de afirmar (particularmente no segundo volume de nossa *História da filosofia antiga*), *Aristóteles não pretendeu de modo algum negar que existam realidades suprassensíveis*. A *Metafísica* gira inteiramente em torno dos problemas que, em última instância, *levam à demonstração da existência de uma realidade suprassensível*. Ele lutou contra Platão para demonstrar o seguinte: *a realidade suprassensível existe verdadeiramente, mas não é como Platão (e os platônicos) pensava que fosse*.

É desnecessário recordar que quem não aceita esse ponto essencial não compreende a autêntica mensagem da *Metafísica*: Aristóteles, para a compreensão do todo do ser, *tende justamente a alcançar a dimensão da transcendência como ponto de chegada* conclusivo para todos os efeitos.

---

2. *Sofista*, 246 A 4.

2. Sentido platônico da afirmação de que sem a existência de uma realidade suprassensível e transcendente a "física" se tornaria "filosofia primeira" e, portanto, a metafísica se reduziria à física

Nossa interpretação de base é, portanto, a seguinte: a Metafísica de Aristóteles representa o que podemos chamar de continuação da "segunda navegação" platônica, alcançando êxitos que coincidem com os de Platão, ou seja, com a confirmação de que *verdadeiramente existe o suprassensível*, mas abandonando certas praias alcançadas por Platão, com a conquista de outras praias, ou seja, com a nova (pelo menos em parte) descoberta de que *o suprassensível no mais alto grau é a Inteligência que pensa a si mesma* (e as Inteligências ligadas a ela), e não os entes inteligíveis (Princípios, Ideias, Números e entes matemáticos entendidos como realidades em si) como sustentavam Platão e os platônicos.

Mas justamente a definição de que "a filosofia primeira refere-se a realidades separadas e imóveis"[3] e a própria qualificação que Aristóteles lhe dá de "teologia", são o que de mais profundamente "platônico" se possa pensar.

Recorde-se que justamente Platão é o criador do termo, além do conceito, de "teologia" em sentido metafísico[4].

As duas passagens aristotélicas a seguir, que já conhecemos bem, mas que convém reler, são a confirmação mais inequívoca disso:

> Com efeito, se existe o divino, não há dúvida de que ele existe numa realidade daquele tipo. E também não há dúvida de que a ciência mais elevada deve ter por objeto o gênero mais elevado de realidade. E enquanto as ciências teoréticas são preferíveis às outras ciências, esta, por sua vez, é preferível às outras duas ciências teoréticas[5].

> Ora, *se não existisse outra substância além das que constituem a natureza, a física seria a ciência primeira; se, ao contrário, existe uma substância imóvel, a ciência desta será anterior às outras ciências e será filosofia primeira*[6].

---

3. Metafísica, E 1, 1026 a 16.
4. O termo grego θεολογία aparece pela primeira vez em República, II 379 A 5.
5. Metafísica, E 1, 1026 a 19-21.
6. Metafísica, E 1, 1026 a 26-29.

A tese de que a ciência que trata dessas realidades suprassensíveis é a verdadeira ciência, isto é, a ciência que se refere não só ao provável e ao plausível (isto é, ao ser sensível), mas ao necessário (isto é, ao ser no mais alto grau) é profundamente platônica, recebida e reafirmada integralmente por Aristóteles.

Como mais uma prova, para concluir sobre este ponto, evocamos um texto, que Jaeger e muitos com ele consideram do último Aristóteles, o qual, então interessado apenas nos fenômenos particulares e em seu tratamento científico, teria rebaixado a metafísica ao nível do "provável", "razoável", portanto, reduzindo-a a um discurso *não mais necessário*.

Referimo-nos ao célebre capítulo oitavo do livro doze, no qual Aristóteles introduz as cinquenta e cinco Inteligências moventes dos céus, além da Inteligência, Movente primeiro e imóvel. Aqui, com efeito, Aristóteles afirma tratar certas questões "em vista de uma ideia geral" (ἐννοίας χάριν)[7] e afirma falar de tais questões não com a força apodítica da demonstração do necessário (ἀναγκαῖον), mas só com argumentos que tocam o "verossímil" ou o "razoável" (εὔλογον)[8]. Mas *Aristóteles não refere absolutamente essas expressões à temática metafísica, e sim à científica.* É justamente a ciência astronômica, que no cálculo do número das esferas permanece na dimensão do verossímil e do razoável, enquanto a metafísica não.

E por um erro notável, Jaeger não se dá conta de que em muitas outras ocasiões Aristóteles diz com toda clareza que *os discursos metafísicos referem-se justamente ao necessário*[9], e que razoáveis (no máximo) serão certas conclusões a serem extraídas com base em cálculos dos astrônomos, *porque justamente esses permanecem prováveis*[10], como tivemos ocasião de demonstrar em outra parte, com uma documentação precisa e pormenorizada[11].

Portanto, seja ao centrar sobre a *transcendência*, seja ao considerar *necessário* justamente o discurso sobre a transcendência, a *Metafísica* de Aristóteles apresenta tangências verdadeiramente inegáveis com o pensamento de Platão.

---

7. *Metafísica*, Λ 8, 1073 b 12.
8. *Metafísica*, Λ 8, 1074 a 16, 24.
9. *Metafísica*, Λ 8, 1073 a 26, 32, 36; 1073 b 38; 1074 a 17, 21.
10. *Metafísica*, Λ 8, 1074 a 14-17.
11. Cf. Reale, *Teofrasto...*, pp. 105-134; *Il conc. di filos. prima*[5] (1993), pp. 296-317.

3. As *relações estruturais entre teologia e ontologia na* Metafísica *de Aristóteles e seus nexos com o platonismo*

O final do primeiro capítulo do livro seis tornou-se célebre no século XX por causa das críticas que a seu tempo fez Jaeger, porque nessa passagem Aristóteles apresentaria, caindo em aporias insuperáveis, o modo pelo qual, a seu ver, a teologia (ou seja, a ciência do ser suprassensível) e a ontologia (ou seja, a ciência de todo o ser) coincidem.

Releiamos a passagem (incluindo um texto já citado acima), que é fundamental para o que estamos demonstrando:

> Poder-se-ia agora perguntar se a filosofia primeira é universal ou se refere-se a um gênero determinado e a uma realidade particular. De fato, a respeito disso, mesmo no âmbito das matemáticas existe diversidade: a geometria e a astronomia referem-se a determinada realidade, enquanto a matemática geral é comum a todas. Ora, se não existisse outra substância além das que constituem a natureza, a física seria a ciência primeira; se, ao contrário, existe uma substância imóvel, a ciência desta será anterior às outras ciências e será filosofia primeira, e, desse modo, ou seja, enquanto primeira, ela será universal e a ela caberá a tarefa de estudar o ser enquanto ser, vale dizer, o que é o ser e os atributos que lhe pertencem enquanto ser[12].

Jaeger (e muitos outros estudiosos com ele) considerava essa passagem como uma anotação marginal fora de contexto, acrescentada por Aristóteles na tentativa de conciliar sua "primeira" concepção da metafísica como teologia (platônica), com a "posterior", muito diferente e propriamente aristotélica e, portanto, não mais platônica. Mas a nota marginal não só não eliminaria a contradição, mas até mesmo acentuaria a divergência subsistente entre as duas concepções da metafísica que ela pretenderia mediar. No livro quatro, assim como no início desse capítulo do livro seis, universal seria o que se refere a todos os seres e não, portanto, o que se refere a um *ser particular*, mesmo que esse ser seja *o mais elevado*[13].

Já em nosso livro *Il concetto di filosofia prima e l'unità della Metafisica di Aristotele*, com base numa série de documentos extraídos da críti-

---

12. *Metafísica*, E 1, 1026 a 23-32.
13. *Metafísica*, Γ 2, 1004 a 2-9, a ser confrontado com *Metafísica*, E 1, 1026 a 13-27.

ca interna da própria *Metafísica* de Aristóteles, demonstramos a perfeita conciliação das duas definições.

Já o dissemos abreviadamente acima, mas aqui voltamos a explicitá-lo.

As causas e os princípios supremos são identificados por Aristóteles com os universais supremos. Esse tipo de "universal", porém, deve ser entendido não como "abstrato" no sentido moderno do termo, ou seja, como algo comum a várias realidades, um conceito universal que os abrace a todos. Referido aos princípios supremos, o "universal" exprime *a capacidade que eles têm de estender-se a toda a realidade*, justamente *em sentido metafísico*: as causas e os princípios supremos são, para Aristóteles, "universais supremos", *enquanto dão razão de toda a realidade*. Assim sendo, quando o Estagirita afirma que a filosofia primeira é assim porque se ocupa da substância primeira, e é "universal" justamente porque é primeira, já deu, dizendo exatamente isso, a razão de sua afirmação. De fato, a substância primeira, enquanto primeira, é a razão primeira, ou seja, *a razão suprema de toda a realidade e*, *portanto, universal no sentido acima explicado* (ou seja, seu influxo ontológico e causativo se estende *a toda a realidade*); consequentemente, é universal também a ciência que dela se ocupa[14].

Mas aqui, em vez de evocar os vários documentos internos à obra de Aristóteles, queremos evidenciar algumas tangências convergentes com o platonismo, que só recentemente emergiram.

Como já vimos no capítulo precedente, Platão e os platônicos agiam em função de um pluralismo metodológico[15]: um de derivação matemática, procedendo com base num tipo de análise que conduzia aos elementos últimos e mais simples; outro de derivação socrática, que procedia subindo do particular ao que é sempre mais geral. Em Platão, esses métodos eram convergentes e não entravam em conflito entre si (como se pôde verificar em consequência dos desenvolvimentos ocorridos no interior da Academia): *os elementos primeiros e mais simples são também os mais universais, no sentido de que são condições de ser de uma esfera sempre mais vasta de coisas*. E justamente nesse sentido se move Aristóteles nessa passagem de E 1: a substância primeira, enquanto princípio primeiro e mais simples, é a realidade mais universal, ou seja, é *universal condição dos seres, condição de todos os seres*.

---

14. Cf. Reale, *Il conc. di filos. prima*[5] (1993), pp. 145-154 e 165-171. Ver também Merlan, *Dal Platonismo...*, (1990), pp. 244-250.

15. Cf. *supra*, Cap. dez, § 6.

E para eliminar qualquer dúvida acerca da ascendência platônica, inclusive do ponto de vista do método com que se chega a essa conclusão (além de todas as outras implicações, que não evocamos aqui por razões de espaço, mas que o leitor poderá ver no nosso livro acima citado[16]), *deve-se prestar atenção à referência expressa que Aristóteles faz às matemáticas*: as ciências matemáticas particulares como a geometria e a astronomia, referem-se a realidades determinadas. Já a matemática geral é comum a todas, porque, justamente, os elementos de que trata são os elementos mais simples que condicionam também as realidades particulares de que se ocupam as ciências matemáticas particulares, e justamente nesse sentido os elementos tratados pela matemática geral são "universais". Isso, obviamente, não impede Aristóteles, como já explicamos, de polemizar contra os desenvolvimentos dos métodos elementarizante e universalizante, e denunciar a incompatibilidade que, consequentemente, a seu ver daí resulta.

4. *Fundamentos platônicos da distinção das ciências apresentada por Aristóteles no livro seis da* Metafísica

Uma das doutrinas mais famosas, que influenciou por muitíssimo tempo e que ainda hoje é considerada um ponto de referência sob muitos aspectos, é aquela em que Aristóteles apresenta uma subdivisão sistemática das ciências, contida no primeiro capítulo do livro seis[17].

No vértice cognoscitivo estão as ciências teoréticas, às quais se seguem as práticas (morais) e depois as *poiéticas* (produtivas). O primeiro grupo de ciências (o único que nos interessa), divide-se, como já vimos acima, em teologia (metafísica), matemática e física.

Ora, é justamente essa tripartição que, no interior da distinção dos diferentes gêneros do ser proposta por Aristóteles contra Platão e os platônicos, não se sustenta, sobretudo no que se refere à inclusão da matemática, como recordamos acima e agora devemos explicar. Esse é dos casos mais típicos (e até mesmo paradigmático) de como Aristóteles rejeita, sob certos aspectos, alguns fundamentos platônicos, e depois, por outro lado, os retoma sob outros aspectos ou, pelo menos, aceita algumas consequências derivadas deles, até mesmo nalguns pontos que ele deveria rejeitar por coerência.

---

16. Cf. *supra*, nota 14 e Reale, *Para uma nova interpretação de Platão* (1997), pp. 189-193.
17. *Metafísica*, E 1, *passim*.

Mas, justamente por esse motivo, trata-se de um daqueles exemplos que mostram a incompreensibilidade do sistema de Aristóteles em todas as suas complexas implicações, se ele não for lido e interpretado contra o pano de fundo do platonismo.

No livro quatro o Estagirita nos diz:

> Existem tantas partes da filosofia quantas são as substâncias; consequentemente, é necessário que entre as partes da filosofia exista uma que seja primeira e uma que seja segunda. De fato, *originariamente o ser é dividido em gêneros, e por esta razão as ciências se distinguem segundo a distinção desses gêneros*[18].

E isso significa que a cada ciência corresponde um gênero preciso de ser; que a distinção das ciências implica estruturalmente distinção de diferentes gêneros de ser, e que, *para traçar o quadro das ciências, é preciso traçar o correspondente quadro dos gêneros em que o ser é originalmente dividido*.

Ora, a divisão das ciências teoréticas em "teologia", "matemática" e "física" *implicaria a existência de três tipos diferentes de substâncias*: as imóveis eternas (transcendentes), as matemáticas, e as físicas, que subsistem por si e são móveis. Mas sabemos muito bem que, enquanto no sistema aristotélico existem afirmações precisas sobre a existência de substâncias imóveis e transcendentes e, naturalmente, sobre a existência das substâncias sensíveis e móveis, existem igualmente precisas negações sobre a existência de substâncias matemáticas separadas subsistentes em si e por si. Paradigmático, a respeito disso, é o terceiro capítulo do livro treze, do qual já falamos acima, no qual Aristóteles toma posições definidas a respeito da questão.

Releiamos as decisivas afirmações de E 1:

> Mas, se existe algo eterno, imóvel e separado, é evidente que o conhecimento dele caberá a uma ciência teorética, porém não à física, porque a física se ocupa de seres em movimento, nem à matemática, mas a uma ciência anterior a uma e à outra. De fato, a física refere-se às realidades separadas, mas não imóveis; algumas das ciências matemáticas referem-se a realidades imóveis, porém não separadas, mas imanentes à matéria; ao contrário, a filosofia

---

18. *Metafísica*, Γ 2, 1004 a 2-6.

primeira refere-se às realidades separadas e imóveis. (...)
Consequentemente, três são os ramos da filosofia teorética: a matemática, a física e a teologia[19].

E na passagem do livro K que retoma essa parte de E 1, se diz:

Dado que existe uma ciência do ser enquanto ser e enquanto separado, é preciso examinar se ela deve ser considerada como idêntica à física, ou como diversa. Mas a física estuda as coisas que têm em si mesmas o princípio do movimento; a matemática é a ciência teorética que estuda os entes não sujeitos ao devir, mas não separados. Existe, portanto, outra ciência diferente seja da física seja da matemática, que estuda o ser enquanto separado e imóvel (...). É claro, portanto, que existem três gêneros de ciências teoréticas: física, matemática e teologia[20].

Recorde-se que o termo "separado" é polivalente e significa não só a separação da transcendência, mas justamente também a subsistência em si e por si, autonomamente.

Pois bem, se os objetos da matemática não são "separados", então eles não têm não só uma realidade transcendente, mas nem sequer em geral uma subsistência em si e por si, ou seja, não têm um *status* ontológico autônomo e, portanto, *não são um dos gêneros nos quais o ser originalmente se divide.*

Mas, então, justamente com base no que é dito na passagem do livro quatro acima transcrita, não se poderia sustentar a distinção de uma ciência correlativa. Dito de outro modo, *para sustentar-se adequadamente essa divisão das ciências, exigiria a divisão dos três gêneros do ser análogos aos que apresenta Platão*, e particularmente exigiria a subsistência dos entes matemáticos "intermediários" entre os sensíveis e os inteligíveis, contestada por Aristóteles.

O primeiro estudioso que evidenciou isso foi Philip Merlan, com cujas conclusões concordamos. Queremos aqui apenas corrigir as seguintes afirmações: "O próprio Aristóteles no final negou a existência separada dos entes matemáticos, mas, evidentemente, por uma espécie de inércia, conservou os três ramos do conhecimento (...), quer tenha tentado ou não substituir essa tripartição por outra mais coerente com seu sistema

---

19. *Metafísica*, E 1, 1026 a 10-19.
20. *Metafísica*, K 7, 1064 a 28-b 3.

filosófico pessoal. Poder-se-ia duvidar da sabedoria desse conservadorismo. Uma vez eliminada a correspondência das três esferas do ser, não havia nenhuma razão para conservar a matemática como um ramo do conhecimento entre a teologia e a física. Consequentemente, mesmo no próprio Aristóteles a tripartição é incoerente consigo mesma"[21].

Não se trata de *conservadorismo insipiente*. Trata-se antes de um *maciço influxo do peso dado por Platão e pela Academia às matemáticas em todos os níveis, e da relevância cognoscitiva a elas atribuída*. Recorde-se que a máxima que a tardia antiguidade nos transmitiu como estando escrita no pórtico da Academia "não entre quem não for geômetra"[22] — mesmo que fosse uma invenção — refletiria perfeitamente as convicções de Platão e os critérios seguidos por ele, como a *República* demonstra *ad abundantiam*.

Os acadêmicos tinham inclusive dado maior peso do que o mestre às matemáticas, como sabemos. *Nos vinte anos passados por Aristóteles na Academia, alguns conceitos platônicos se substancializaram em seu pensamento e se tornaram inelimináveis*. Assim, não obstante as críticas movidas à tripartição do ser de Platão, Aristóteles manteve a tripartição platônica das ciências justamente pelo peso, pela função e pelo alcance gnosiológico das matemáticas que absorvera de Platão e dos platônicos, como algo que se tornou para ele quase irreversível.

Perguntemo-nos, para concluir, qual deveria ter sido a tripartição das ciências a ser proposta por Aristóteles, de maneira coerente, ou seja, de acordo com sua ontologia.

Dado que Aristóteles substituiu ao ser intermediário de Platão outro ser, vale dizer, o ser dos corpos celestes, que são móveis como os seres sensíveis, mas eternos como os suprassensíveis, *a ciência intermediária entre a física e a teologia ou metafísica deveria ser a astronomia*.

Justamente, Merlan observa a esse respeito: "Na *Física* II 7, 198 a 29-31, as três esferas do ser são descritas como a teológica, a astronômica e a física. Os objetos da teologia são eternos e imóveis, os objetos da astronomia são eternos e móveis, os objetos da física são corruptíveis e móveis. Essa tripartição, evidentemente, está mais de acordo com a interpretação não realista que Aristóteles dá dos entes matemáticos, e é particularmente

---

21. Merlan, *Dal Platonismo...* (1990), p. 122.

22. Para uma documentação sobre este mote e uma discussão sobre ele ver: H. D. Saffrey, ΑΓΕΩΜΕΤΡΗΤΟΣ ΜΗΔΕΙΣ ΕΙΣΙΤΩ. *Une inscription légendaire*, "Revue des Études Grecques", 81 (1968), pp. 67-87.

recomendada por sua tripartição expressa pela *Metafísica*, Λ 1, 1069 a 30; 6, 1071 b 3. Aqui as três esferas do ser são descritas como: a da substância eterna e imóvel; a da substância eterna em movimento; e a da substância corruptível em movimento, o que implica uma divisão da filosofia em teologia, astronomia e física"²³.

E, para concluir queremos evocar uma passagem de Λ 8 na qual Aristóteles nos diz que justamente *a astronomia é a ciência matemática mais afim à filosofia*:

> O número dos movimentos, depois, deve ser estabelecido com base em pesquisas da *ciência matemática que é mais afim à filosofia, ou seja, da astronomia*: de fato, esta dirige sua investigação em torno de uma substância que é sensível, mas eterna, enquanto as outras, como a aritmética e a geometria, não têm nenhuma substância como objeto de investigação²⁴.

Como se vê, Aristóteles movia-se justamente nessa direção, embora, pelas razões acima indicadas, a posição platônica tenha constituído para ele um vínculo obrigatório.

5. A *prioridade ontológica da forma na* Metafísica *de Aristóteles*

Vimos que Aristóteles põe as Inteligências em lugar das Ideias e dos entes inteligíveis como realidades suprassensíveis subsistentes em si e por si. O Bem primeiro e supremo é o Movente imóvel como Inteligência que pensa a si mesma. Todavia, Aristóteles não elimina o mundo das Ideias *in toto*, ou seja, não nega a existência das formas. Modifica estruturalmente seu *status* ontológico e também sua função e seu alcance, mas lhe dá uma extraordinária importância na nova ótica de sua ontologia.

Posto que isso constitui um dado não reconhecido pelos estudiosos e, em todo caso, a meu ver, não adequadamente, é oportuno explicitar algumas coisas.

O platônico mundo das Ideias na *Metafísica* de Aristóteles *torna-se o fundamento estrutural e a trama inteligível do sensível*. A própria matéria, que é uma aspiração potencial ao inteligível, dá origem às várias rea-

---
23. Merlan, *Dal Platonismo*... (1990), p. 121.
24. *Metafísica*, Λ 8, 1073 b 3-8.

lidades sensíveis, justamente adquirindo a forma e em função da forma. Portanto, as próprias realidades sensíveis, das mais baixas às mais elevadas, passam da potência ao ato e se realizam *em virtude da forma imanente*. Todo o universo se apresenta como uma escala grandiosa que, a partir das formas ancoradas na matéria de diferentes modos, sobe progressivamente, segundo planos hierarquicamente superiores um ao outro, até a mais pura das formas imateriais, que é a Inteligência suprema.

Como já explicamos[25] (e aqui consideramos oportuno reafirmar, porque se trata de um ponto a nosso ver pouco compreendido), poder-se-ia dizer que *em Aristóteles, do ponto de vista teorético, revela-se operante um platonismo mais robusto e mais fecundo (no sentido das conquistas inovadoras) do que nos outros acadêmicos*. Eudoxo, por exemplo, para resolver os problemas levantados pela transcendência das Ideias platônicas, propôs a hipótese da mistura das Ideias com as coisas (tese contra a qual Aristóteles reagiu violentamente). Espeusipo eliminou as Ideias, mantendo apenas as realidades matemáticas. Xenócrates tentou recuperar o que estava se perdendo, mas assumindo uma posição típica de epígono[26].

Portanto, Aristóteles revela-se tipicamente mais "platônico" do que os outros acadêmicos.

Mesmo negando a existência de um Princípio primeiro entendido como Uno-Bem impessoal, reafirma-o como Inteligência suprema, que não é senão, em última análise, a Inteligência do Demiurgo platônico reinterpretada de maneira nova (com a conquista de vértices especulativos relativamente aos quais os acadêmicos ficam nitidamente abaixo).

Mas a própria teoria das formas imanentes ao sensível tem um timbre muito mais platônico em comparação com algumas doutrinas correlativas dos acadêmicos. De fato, como já destacamos, enquanto nega a transcendência das Ideias, Aristóteles mantém o *teorema platônico da prioridade metafísica da forma*, mesmo fazendo da forma a trama inteligível do sensível. Em substância, fazendo isso, Aristóteles mantém a concepção *eidética* fundamental, gravemente comprometida na Academia sobretudo por Espeusipo, com o processo da matematização da metafísica.

---

25. Reale, *História da Filosofia Antiga*, vol. II, trad. de M. Perine e H. C. de Lima Vaz, Edições Loyola, São Paulo 1994, pp. 323-328.

26. Reale, *História da Filosofia Antiga*, vol. III, trad. de M. Perine, Edições Loyola, São Paulo, pp. 75-107.

No capítulo em que tratamos da concepção aristotélica da substância[27], mostramos em que sentido para Aristóteles *a substância, no mais alto grau, é justamente a forma, mesmo no nível sensível.*

Sobre isso já insistimos há tempos, indo contra a corrente em muitos sentidos, enquanto a *communis opinio*, dando prioridade seletiva a alguns textos (e sobretudo não da *Metafísica*), acreditava (e muitos continuam a acreditar) que a substância para Aristóteles seja *o sínolo de matéria e forma*, justamente como individualidade empírica. Portanto, nos é muito agradável constatar que M. Frede e G. Patzig sustentem agora, no seu comentário ao livro Z da *Metafísica*[28], uma tese muito próxima, sob certo aspecto, à que nós sustentamos há tempos, ou seja, a prioridade ontológica que o *eidos* aristotélico exprime seja como espécie (do ponto de vista lógico e gnosiológico), seja como forma. E enquanto do ponto de vista lógico o *eidos* é algo *comum*, mas não enquanto universal em sentido propriamente dito (ou seja, o universal contra o qual Aristóteles polemiza referindo-se aos platônicos), no sentido ontológico é algo, de certo modo, *individual* (diremos em sentido estruturalmente metafísico, enquanto Frede e Patzig parece que se movem noutra direção).

A forma aristotélica, portanto, muitas vezes significa τόδε τι, no sentido de determinação justamente formal. E, particularmente, a "substância primeira", como muitas vezes pudemos reafirmar, na *Metafísica* de Aristóteles, é justamente a forma.

Frede e Patzig concluem: "(...) não podemos concordar com a opinião segundo a qual aqui Aristóteles oscila entre duas concepções da forma. E, sobretudo, não podemos ver que o texto ofereça uma concepção segundo a qual as formas são tanto individuais como universais. Se as formas devem ser as substâncias primeiras, que existem antes de tudo e de que tudo depende na sua existência, então não podem ser momentos ou fatores universais referidos aos objetos, que não subsistiriam absolutamente sem esses objetos ou que só poderiam ser entendidos como esses momentos, mas devem ser indivíduos, que constituem a base para toda a ontologia dos objetos da experiência"[29].

Mesmo referindo-se a bases relativamente opostas às nossas sobre as quais trabalham, Frede e Patzig e, portanto, não obstante as diferenças

---

27. Cf. *supra*, particularmente pp. 102-106.
28. M. Frede - G. Patzig, Aristoteles, "Metaphysik Z", *Übersetzung und Kommentar*, 2 vols., Munique 1988.
29. M. Frede - G. Patzig, Aristoteles, "Metaphysik Z"..., vol. I, p. 57.

entre nosso enfoque e o enfoque redutivo no sentido da filosofia analítica dos dois autores (e especialmente o fato de os autores insistirem sobre a *particularidade* da primeira), as consequências são significativas, e alegra-nos constatar justamente que, mesmo de posições opostas, se está chegando a conclusões muito próximas às nossas.

Mas *essa prioridade da forma é uma cifra teorética emblemática de Platão, repensada a fundo de modo totalmente novo por Aristóteles*, que pôde fazê-lo justamente porque Platão a criou.

6. A *estrutura hierárquica do real* que Aristóteles herdou de Platão e a sua relevância

Um dos conceitos metafísicos verdadeiramente essenciais de Platão e dos platônicos é o da *estrutura hierárquica do real*, ao qual já nos referimos outras vezes. Pouquíssimos estudiosos se deram conta de que *esse conceito desempenha um papel essencial também em Aristóteles*, justamente no sentido da estrutura hierárquica concebida em dimensão ontológica vertical. A maioria dos estudiosos dirigiu a atenção *prioritariamente para a diferenciação dos significados do ser operada por* Aristóteles *em dimensão horizontal*, ou seja, para os diferentes significados do ser que se referem à substância como seus modos de ser (os vários significados do ser que são apresentados como τὰ πρὸς ἓν λεγόμενα).

Na realidade, a concepção da *estrutura hierárquica* domina do início ao fim da Metafísica, e se não se entende ou não se compreende sua derivação, corre-se o risco de apresentar um *Aristoteles dimidiatus*, isto é, pela metade.

A estrutura hierárquica fundamental, para a qual já chamamos a atenção outras vezes, consiste na tripartição das substâncias em:

1) suprassensíveis, imóveis, eternas,

2) sensíveis, móveis, eternas,

3) sensíveis, móveis, corruptíveis.

Esta tripartição, como já dissemos, substitui a tripartição platônica, particularmente ao pôr como "intermediários" em lugar dos entes matemáticos, os céus, que são realidades sensíveis e móveis, porém eternas. Já vimos acima como isso se explica, e por tratar-se de um ponto aceito inclusive pela *communis opinio*, não insistiremos especificamente sobre ele.

Também a hierarquia das Inteligências suprassensíveis é bem conhecida, porque é discutida por Aristóteles em Λ 8; mas não é conhecida a *coerência dessa temática*.

Com efeito, mesmo depois do declínio das teses jaegerianas e histórico-genéticas, muitos continuam a sustentar que nesse ponto Aristóteles é incoerente.

Recordamos que Jaeger, referindo-se às célebres críticas de Plotino, que contestava a Aristóteles a possibilidade de admitir numerosos Moventes imateriais, sustentava o seguinte: "Se a matéria é o princípio individuante, de acordo com a teoria professada por Aristóteles aqui e alhures, ou os moventes das esferas não podem ser imateriais, enquanto constituem uma multiplicidade de exemplares da mesma espécie ou, se Aristóteles mantém a asserção da imaterialidade, ele se contradiz, porque exclui a multiplicidade individual. Em ambos os casos, ele entra em choque com os pressupostos de sua filosofia"[30]. E muitos continuam pensando assim, mesmo depois do ocaso do paradigma histórico-genético.

Mas é justamente por não aceitar a característica da *estrutura hierárquica dos seres*, herdada por Aristóteles de Platão, que se chega a essas conclusões indevidas.

Com efeito, os Moventes imóveis *não estão no mesmo plano do primeiro Movente*. Aliás, não só não estão no mesmo plano do Movente imóvel, mas nem sequer são idênticos entre si e, portanto, *não se situam no mesmo plano, porque entre eles há uma ordem precisa, justamente uma hierarquia e, portanto, uma diferenciação de planos*. Referindo-se aos Moventes diz Aristóteles:

> Portanto, é evidente que existem essas substâncias e que, destas, *uma vem primeiro e a outra depois na mesma ordem hierárquica dos movimentos dos astros*[31].

Portanto, os Moventes não são de modo algum muitos exemplares de uma mesma espécie (como queria Jaeger e também outros com ele), mas são *especificamente diferentes um do outro*: são, cada um deles, formas puras e individuais, inferiores uma à outra, que constituem uma *série análoga à série das esferas que movem*.

Mas, a respeito disso, Aristóteles evoca explicitamente um conceito platônico (que muitos continuam a ignorar ou a silenciar), justamente no segundo capítulo do livro quatro, no qual apresenta a célebre doutrina da unidade dos significados do ser referidos a uma unidade de vários modos (τὰ πρὸς ἓν λεγόμενα). De fato, além desse nexo estrutural, como

---

30. Jaegr, *Aristotele*..., p. 481.
31. *Metafísica*, Λ 8, 1073 b 1-3.

já observamos, ele chama em causa também o de *unidade serial*, ou seja, de *unidade* das realidades que vêm uma depois da outra e, portanto, formam uma série ordenada.

Eis as duas passagens essenciais:

> *Existem tantas partes da filosofia quantas são as substâncias*; consequentemente, é necessário que, entre as partes da filosofia, exista uma que seja primeira e uma que seja segunda. De fato, *o ser originariamente é dividido em gêneros e por esta razão as ciências se distinguem segundo a distinção desses gêneros*. O filósofo é como o matemático: de fato, também a matemática tem partes e, destas, uma é primeira e a outra é segunda, e as restantes seguem em série (ἐφεξῆς) uma depois da outra[32].

E no final do capítulo, de modo ainda mais claro, Aristóteles escreve:

> (...) Algumas coisas são ditas seres ou um *por referência a um único termo, outras por serem consecutivas uma à outra*[33].

Há tempos destacáramos a não contraditoriedade dos dois métodos de que se serve Aristóteles para fundar a unidade da metafísica, afirmando que os vários significados do ser são unificáveis justamente de dois diferentes modos, quer dizer, o do πρὸς ἕν e do τῷ ἐφεξῆς[34].

E aqui convém recordar as coisas já ditas, porque se revelam esclarecedoras do tema que estamos tratando.

O critério de *referência a um único ser* vale para reduzir à unidade todos os vários significados do ser que não são a substância, que são justamente seres por referência e em relação à substância. Mas também a substância, no contexto da *Metafísica* aristotélica, não tem absolutamente um significado unívoco, como vimos acima, porque não só se divide em substância suprassensível, substância sensível eterna e substância sensível e corruptível, mas tem diferenciações *inclusive no interior de cada um desses âmbitos*.

As substâncias, como Aristóteles as concebe, formam *uma escala hierárquica bem precisa, na qual cada grau inferior depende do superior e todos do primeiro*, tal como acima indicamos. No primeiro caso, portanto, trata-se de uma *unidade de referência dos significados do ser não substan-

---

32. *Metafísica*, Γ 2, 1004 a 2-6.
33. *Metafísica*, Γ 2, 1005 a 10-11.
34. Cf. Reale, *Il conc. di filos. prima*[5] (1993), pp. 104-121.

ciais à unidade da substância; no segundo caso, ao invés, trata-se de *unidade da série hierárquica das próprias substâncias, na qual, justamente, cada uma depende da superior e todas da primeira.*
Mas não é tudo.

Pelo *De caelo* sabemos que Aristóteles admitia a animação das esferas celestes (também nesse caso por influência de Platão) e, portanto, devia admitir uma alma para o primeiro céu e uma alma para cada esfera individual[35]. Sem essas almas não se poderia explicar como os Moventes poderiam mover "por atração" (como objeto de amor) os céus e as esferas celestes.

Isso é admirável apenas para quem lê Aristóteles de maneira a-histórica.

Já Ross traçava o seguinte quadro da hierarquia das substâncias suprassensíveis e sensíveis eternas[36]:

(1) O Movente imóvel primeiro;
(2) as cinquenta e cinco Inteligências moventes das esferas celestes;
(3) a Alma do primeiro céu;
(4) as cinquenta e cinco almas das cinquenta e cinco esferas celestes movidas pelas cinquenta e cinco Inteligências;
(5) o primeiro céu (sensível eterno);
(6) as cinquenta e cinco esferas celestes (sensíveis eternas).

Ross não nomeia as almas humanas. Mas, a nosso ver, deveriam ser situadas logo depois das Inteligências supremas, porquanto Aristóteles afirma claramente na *Metafísica* que a alma racional é incorruptível[37] (e só por influência de posteriores interpretações, que vão de Alexandre aos aristotélicos do Renascimento, muitos passaram a acreditar que Aristóteles sustenta que a alma seja mortal[38]).

Mas convém também levar em consideração o fato de que o conceito da estrutura hierárquica do ser, mesmo que não no sentido acima, mas num sentido derivado, porém implicando sempre diferenciações estruturais de grau ontológico, *é utilizado por Aristóteles também na explicação da própria estrutura da substância*, como demonstramos acima. Do ponto de vista da graduação ontológica, de fato, é substância em primeiro lugar a *forma*; em segundo lugar (subordinadamente) o *sínolo* de matéria e forma; em sentido muito fraco (e, portanto, totalmente impróprio) *a matéria*.

---

35. Cf. *De caelo*, II 2, 285 a 17-21; 284 b 30-34; 12, 992 a 20-21; 992 b 1-2 e 28-29.
36. W. D. Ross, *Aristotle's Metaphysics*..., vol. I, p. CXXXVI.
37. *Metafísica*, Λ 3, 1070 a 24-26.
38. Cf. Reale, *Hist. da Filos. Antiga*, vol. II, pp. 397-398.

E poder-se-ia também levar em consideração a hierarquia ontológica dos quatro grupos de significados do ser (categorias, ato e potência, acidente, verdadeiro e falso), e até mesmo a graduação do ser no interior da própria tábua de categorias. Mas essas questões têm um interesse colateral, enquanto permanece central o nexo estrutural hierárquico que em Aristóteles explica a relação entre as várias substâncias, e sem o qual o raciocínio ficaria deficiente e aporético.

Acreditamos que quem nos seguiu não terá dificuldade em tirar as conclusões do complexo raciocínio que estamos fazendo: não se compreende a *Metafísica* de Aristóteles, do ponto de vista histórico-hermenêutico, quando se separa Aristóteles de Platão e do platonismo, e quando se põe um com relação ao outro em planos opostos. Ao contrário, como já destacamos outras vezes, eles se situam histórica e teoreticamente *em pontos opostos um com relação ao outro*, não em planos opostos, mas *permanecem no mesmo plano* embora em lugares opostos.

Capítulo décimo segundo
Novidade paradigmática do conceito aristotélico de metafísica e sua dimensão epocal

1. *Porque é necessário distinguir adequadamente "metafísica do um" (henologia) e "metafísica do ser" (ontologia) para entender corretamente* Aristóteles

Emerge cada vez mais fortemente dos estudos modernos que o paradigma metafísico de base em torno do qual nasceu e se desenvolveu o pensamento grego é o *henológico* (metafísica do um)[1], ao lado do qual se desenvolveu o *ontológico* (metafísica do ser), que alcança seu vértice justamente com Aristóteles, mas que, posteriormente, só se desenvolveu muito mais tarde, primeiro com os árabes, depois sobretudo com a escolástica medieval e na idade moderna, enquanto na Grécia permaneceu predominante o pensamento *henológico*.

O problema do Um-Muitos foi levantado e desenvolvido de modo notável já pelos pré-socráticos. Bastaria recordar alguns emblemáticos fragmentos de Heráclito, a começar pelo que afirma:

(...) de todas as coisas o Um e do Um todas as coisas[2].

Muito indicativos são, depois, alguns fragmentos de Xenófanes nos quais se levanta a problemática do Deus-uno. E particularmente devem ser lembrados os fragmentos dos eleatas, sobretudo dos segundos eleatas, de Zenão e de Melisso, que puseram a problemático do Um no vértice[3]. Mas a problemática henológica (coisa pouco destacada pelos estudiosos e, contudo, muito significativa) mostra-se central na própria filosofia de Sócrates, que concentrou suas reflexões justamente sobre o problema se

---

[1]. Sobre isto ver, particularmente, o volume de W. Beierwaltes, *Pensare l'Uno. Studi sulla filosofia neoplatonica e sulla storia dei suoi influssi*. Introduzione di G. Reale, traduzione di M. L. Gatti, Vita e Pensiero, Milão 1991 (1992²).

[2]. 22 B 10 Diels-Kranz.

[3]. Cf. Reale, *Melisso...*, *passim*; cf. também M. C. Stockes, *One and Many in Presocratic Philosophy*, Washington-Cambridge (Mas.) 1971.

as virtudes são *múltiplas* ou *uma só,* chegando à demonstração da tese (que para os gregos de então era totalmente paradoxal) de que as *muitas* virtudes são *uma unidade,* ou seja, são a suprema e autêntica ciência da qual tudo depende. E justamente como *ciência* (do Bem) a virtude é uma *unidade,* que se desdobra numa multiplicidade de modos.

Sobre a centralidade da problemática do Um em Platão já falamos acima o suficiente e voltaremos sobre isso a seguir. E as discussões metafísicas na Academia centram-se justamente sobre a problemática do Um e dos conceitos estritamente ligados a ele.

Enfim, com os neopitagóricos e, sobretudo, com os neoplatônicos a problemática do Um tornou-se absolutamente central em todos os níveis[4].

Pois bem, sendo assim, mesmo o paradigma metafísico henológico tendo uma estatura teorética e histórica tão notável, em tempos modernos foi pouco reconhecido e pouco estudado.

A *causa disso deve ser buscada justamente em Aristóteles* e, sobretudo, *na história das influências e das consequências de seu pensamento.* Aristóteles, de fato, absorveu inteiramente a problemática do Um relativamente à do Ser; negou a transcendência do Um com relação ao Ser, e *construiu, fundou e desenvolveu a metafísica como ciência do ser enquanto ser,* da qual derivou o paradigma ontológico em sua estrutura típica.

Naturalmente, Aristóteles no curso da *Metafísica* discute amplamente e de maneira exaustiva a problemática do Um-Muitos, sem meios-termos. Mas *a inversão teorética que ele faz dessa problemática com base no novo paradigma proposto por ele, acaba por fazer com que a problemática do Um perca a originária dimensão e sua estatura própria e seja inteiramente relativizada.*

Particularmente, deve-se destacar o seguinte: os leitores que encaram a leitura da *Metafísica* com pré-conceitos (entendemos esse conceito justamente no sentido hermenêutico proposto por Gadamer), ou seja, com pressupostos e pré-conhecimentos derivados de uma metafísica de caráter ontológico, inevitavelmente deixam de lado as questões sobre o Um, enquanto não percebem do ponto de vista hermenêutico justamente essa temática, que constitui, por assim dizer, uma espécie de "alteridade" conceitual, muito dificilmente compreensível e aceitável relativamente ao paradigma alternativo proposto por Aristóteles, sobretudo com os desenvolvimentos e as consequências históricas que teve e com seus efeitos.

---

4. Cf. *supra,* nota 1.

Nós mesmos, ao preparar a primeira edição desta obra, tivemos muita dificuldade para recuperar o paradigma henológico e seus nexos com o ontológico, e só depois de uma série de estudos sobre Platão e sobre o neoplatonismo conseguimos resolver a questão de modo satisfatório.

Mas, ao fazer isso, compreendemos muito melhor a *originalidade do paradigma alternativo proposto por Aristóteles*, sobre o quê queremos chamar a atenção adequadamente.

2. Protologia henológica e protologia ontológica

No nível ontológico, o discurso metafísico funda-se sobre os conceitos de ser e sobre os outros conceitos estritamente ligados a ele, ou seja: *ser, não-ser e devir*. No nível henológico, ao invés, implicitamente já em Platão, mas explicitamente nos neoplatônicos, o discurso se põe num plano que podemos chamar de metaontológico, ou seja, acima do ser. O discurso protológico conduzido nesse plano funda-se sobre os conceitos de *unidade* e *multiplicidade* (*um-e-muitos*), enquanto *o conceito de ser se revela derivado e sucessivo* (obviamente, não no sentido cronológico, mas em sentido metafísico).

O discurso protológico no plano henológico, portanto, centra-se em determinar em que consiste o princípio primeiro absoluto (ou os princípios primeiros absolutos) do qual tudo depende.

Tomemos como exemplo a posição do problema nos grandes neoplatônicos, por exemplo, Proclo em seus *Elementos de teologia* (recorde-se que Proclo usa o termo *teologia* justamente no sentido de *metafísica*)[5].

Nos primeiros teoremas desse tratado, Proclo parte dos conceitos de *um* e de *muitos*, tomando-os justamente como conceitos originários, ou seja, não ulteriormente dedutíveis de outros e sistematizáveis somente em relação recíproca de um para com o outro.

Qual é, então, o princípio originário? É a unidade ou a multiplicidade?

A resposta é a seguinte. O princípio originário é a unidade, porque nenhum tipo de multiplicidade seria pensável sem pressupor uma participação estrutural da própria multiplicidade na unidade. De fato, a multiplici-

---

5. Sobre Proclo publicamos uma monografia com o título: *L'estremo messaggio spirituale del mondo antigo nel pensiero metafisico e teurgico di Proclo*, no volume: Proclo, *I Manuali*, Rusconi, Milão 1985, pp. V-CCXXIII; para o problema que estamos tratando cf. pp. LXXXXIII ss.; ver também G. Reale, *Introduzione a Proclo*, Laterza, Roma-Bari 1989. De Proclo devem ser lidos particularmente os seis primeiros teoremas dos *Elementos de teologia*.

dade é *um* em seu complexo (falar de *uma* multiplicidade significa concebê-la e exprimi-la justamente como *unidade em seu conjunto*). Ademais, é *um* cada um dos muitos, ou seja, cada um dos membros que constituem a multiplicidade. De fato, se não fosse um, cada um desses muitos seria nada, ou seria constituído, por sua vez, de membros infinitos ao infinito, o que é absurdo.

Portanto, a unidade é anterior e a multiplicidade é posterior e dependente da unidade. O que significa que a determinação e a compreensão de toda multiplicidade deriva da unidade em si.

A Unidade é, portanto, o princípio primeiro.

Mas o Um é aquilo de que tudo deriva e a que tudo tende, enquanto faz ser e salvaguarda todas as coisas justamente unificando-as, e assim tornando-as boas e perfeitas.

Mas Proclo, no âmbito do mundo antigo, apenas completa o círculo aberto precisamente por Platão de maneira sistemática. Krämer resume muito bem o pensamento do Platão esotérico a respeito disso, do seguinte modo: "A equação igualitária de unidade e de bem torna-se clara pelo desdobramento da unidade no ordenamento do ser: a unidade como princípio produz ordem e estabilidade nos principiados (...) O caráter da ordem que é próprio do bem singular funda-se, assim, sobre a delimitação da multiplicidade por obra da unidade: a ordem é multiplicidade determinada, e é, por assim dizer, unidade na multiplicidade"[6].

A diferença substancial entre a henologia platônica e a neoplatônica é a seguinte: Platão considerava o Princípio antitético ao Um (a Díade, fonte de multiplicidade) como princípio originário e coeterno, mesmo se o punha axiologicamente abaixo e em estrutural dependência do Um. Trata-se, portanto, de uma henologia com *estrutura bipolar radical*; os neoplatônicos, a partir de Plotino, fizeram o próprio princípio da Díade derivar do Um. Mantiveram a estrutura bipolar em larga medida, mas deduzindo-a do próprio Um e, portanto, repensando-a a fundo com um *vértice em sentido monopolar* (trata-se de uma estrutura bipolar derivada radicalmente do Um).

Se se compreende bem tudo isso, então se entende melhor a originalidade essencial da concepção aristotélica da metafísica, e em que medida se separa da platônica, justamente *criando um paradigma teorético alternativo*, como dizíamos acima, que entra em concorrência com o paradigma henológico.

---

6. Krämer, *Platone*..., pp. 168 s.

Portanto, *uma recuperação histórica (e também histórico-teorética) do paradigma henológico faz compreender melhor justamente a grandeza do novo paradigma ontológico de Aristóteles em todos os níveis*. (E o leitor tenha presente que dizemos isso justamente no nível histórico-hermenêutico, porque, do ponto de vista teorético, temos maior simpatia pelo paradigma metafísico henológico relativamente ao ontológico).

Porém, dado que existem passagens precisas na *Metafísica* que ilustram o modo pelo qual Aristóteles tenta inverter o paradigma henológico e absorvê-lo inteiramente no ontológico, devemos aqui evocá-las para depois extrair as conclusões desse nosso *Ensaio introdutório*.

Os textos essenciais referentes ao problema que levantamos estão contidos justamente no segundo capítulo do livro quatro, que exprime alguns dos conceitos-chave da *Metafísica* aristotélica.

Escreve Aristóteles:

> O ser e o um são a mesma coisa e uma realidade única, enquanto se implicam reciprocamente um ao outro (assim como se implicam reciprocamente princípio e causa), ainda que não sejam passíveis de expressão com uma única noção. (Mas não mudaria nada se os considerássemos idênticos também na noção, o que seria até uma vantagem). De fato, as expressões "homem" e "um homem" significam a mesma coisa, do mesmo modo que "homem" e "é homem"; e não se diz nada de diferente quando se duplica a expressão "um homem" e se diz "é um homem" (com efeito, é evidente que o ser do homem não se separa da unidade do homem nem na geração nem na corrupção; e o mesmo também vale para o um). Por conseguinte, é evidente que o acréscimo, nesses casos, apenas repete a mesma coisa e que o um não é algo diferente do ser[7].

Um texto mais explícito e mais significativo do que esse é verdadeiramente impensável.

O *Um* está longe de se situar *acima do próprio ser* (ἐπέκεινα τῆς οὐσίας) como dizia Platão[8], ou seja, como algo do qual deriva o próprio ser e, portanto, como princípio primeiro, porque *um* e *ser* são *a mesma coisa e uma única realidade* (τὸ ὂν καὶ τὸ ἓν ταυτὸν καὶ μία φύσις)[9]. Ser e um se implicam

---

7. *Metafísica*, Γ 2, 1003 b 22-32.
8. *República*, VI 509 b 9.
9. *Metafísica*, Γ 2, 1003 b 22-23.

reciprocamente, a ponto de Aristóteles afirmar não só que eles só se distinguem pela noção, *mas que também poderiam ser considerados idênticos na noção*, e afirma até mesmo que essa identidade na noção seria uma vantagem!

Cremos que *essa radical negação da diferença essencial (e, no limite, até mesmo conceitual) do Um e do Ser, impõe-se como a cifra emblemática do novo paradigma ontológico que Aristóteles apresenta como alternativo ao platônico*.

A segunda parte da passagem, se lida somente na tradução, perde muito de sua força, porque o jogo semântico ser-um, fica muito atenuado na tradução, na medida em que "um" em português soa também como artigo indeterminado, enquanto, nesse contexto, se acentua justamente o um em sentido forte; por isso convém reproduzir o esquema com os termos gregos, para evitar possíveis equívocos.

Eis o esquema esclarecedor:
homem = *um* (εἷς) homem
homem = *é* (ὤν) homem
um (εἷς) homem = é um (εἷς ὤν) homem.

Do que se conclui que não há nenhuma diferença entre *um* e *ser*, e o um não é outra coisa além do ser; e a frase final da passagem é, mais uma vez, emblemática: *o um não é algo diferente além do ser*, οὐδὲν ἕτερον τὸ παρὰ τὸ ὄν.

Outra afirmação de Aristóteles é muito significativa. Como sabemos bem, o principal significado do ser, ao qual se reduzem, por referência estrutural, todos os outros, é o de substância. E a própria substância, como já observamos, tem como caráter essencial a unidade. E aqui Aristóteles reafirma claramente o seguinte:

> A substância de cada coisa é uma *unidade* e não de maneira acidental; do mesmo modo, ela também é essencialmente um *ser*[10].

Portanto, o um não é ἐπέκεινα τῆς οὐσίας, mas é justamente a *própria ousia*: noutros termos, *o um se dissolve totalmente no ser*.

O discurso sobre *o ser enquanto ser* será, portanto, o próprio discurso relativo ao *um enquanto um* (dada, justamente, a identidade de ser e um), e Aristóteles usa as duas expressões como sinônimos:

---

10. *Metafísica*, Γ 2, 1003 b 32-33.

(...) Essas coisas [i.é. identidade e diferença, semelhante e dessemelhante, e outros pares de conceitos como esses] são propriedades essenciais do *um enquanto um* e do *ser enquanto ser*[11].

Tenha-se presente que, no texto lido acima, as duas expressões são dadas quase como uma duplicação, ou seja, como *um dizer a mesma coisa com duas expressões diferentes*.

Naturalmente, poderíamos apresentar outros exemplos. Mas as passagens evocadas demonstram *ad abundantiam* que o paradigma ontológico aristotélico absorve completamente o paradigma henológico, esvaziando-o quase inteiramente do ponto de vista teorético, e, consequentemente, anulando de fato todas as suas implicações e todas as suas consequências na sua originária e autônoma natureza.

Uma ilustração dessa operação feita por Aristóteles, que faz os conceitos ligados estruturalmente à henologia platônica perder a sua relevância e o seu alcance originário, seria de grande utilidade, embora aqui só possa ser feita de maneira sintética.

3. *Redução operada por Aristóteles das categorias platônicas ligadas à doutrina do Uno a conceitos dependentes da doutrina do ser*

Para demonstrar que todos os seres são redutíveis aos dois princípios supremos do Um e da Díade, enquanto derivam de sua mistura, Platão apresentava, nas doutrinas não escritas, uma divisão categorial sistemática da realidade. Uma descrição precisa dessa divisão categorial é referida sobretudo por Sexto Empírico de modo claro[12].

Os seres se subdividem em seres *por si* (como por exemplo homem, cavalo, planta, etc.) e em seres que são *em relação a outro*, e esses se subdividem, por sua vez, em *opostos contrários* (como por exemplo igual-desigual, imóvel-movido, inconveniente-conveniente etc.) e em *correlativos* (como por exemplo grande-pequeno, alto-baixo, direita-esquerda etc.). Os contrários e correlativos são sempre seres em relação a outro, mas se distinguem entre si enquanto os contrários não podem subsistir juntos e o desaparecimento de um dos contrários coincide com o produzir-se do outro (pense-

---

11. *Metafísica*, Γ 2, 1004 b 5-6.
12. Sexto Empírico, *Contra os matemáticos*, X 262-268.

se na vida e na morte, no móvel e no imóvel); ao invés, os correlativos são caracterizados pela coexistência e pelo desaparecimento conjunto (não existe alto se não existe baixo, não existe direita se não existe esquerda, e assim por diante). Ademais, os primeiros não admitem um termo intermediário (por exemplo entre a vida e a morte não há termo intermediário), enquanto os segundos o admitem (entre grande e pequeno existe o *igual*, entre o mais e o menos existe o *suficiente*, entre o agudo e o grave existe o *harmônico*, e assim por diante).

Essa distinção categorial ajuda a remeter todos os seres aos princípios primeiros e supremos do seguinte modo. Os seres que são por si encontram-se prevalentemente na esfera da unidade, no sentido de que prevalece neles a unidade, enquanto são bem diferenciados, definidos, determinados. Nos seres contrários, os opostos positivos implicam uma predominância da unidade, os negativos uma predominância da díade. Os seres que constituem pares de correlativos implicam um nexo mais acentuado com a díade de modo dinâmico, porque nas correlações prevalecem o mais e o menos e a indeterminação.

Está fora de dúvida que essa doutrina constitua um antecedente das categorias aristotélicas, e isso foi destacado há tempo. Aqui apenas acenamos a isso, porque este não é o tema que nos interessa.

Muito poucos estudiosos reconheceram o nexo dessa problemática com a temática que o próprio Aristóteles tratou expressamente num livro perdido, que se intitulava A *divisão dos contrários*[13]. Dada sua universalidade e generalidade, as Ideias que entram nos pares de contrários tinham grande importância e deviam estar no centro dos debates da Academia.

Pois bem, justamente no segundo capítulo do livro quatro, Aristóteles chama em causa esses conceitos supremos, tentando absorvê-los *in toto* em sua ontologia, separando-os completamente da henologia platônica e, portanto, da função que tinham no âmbito dela[14].

A metafísica, por estudar o ser enquanto ser e as propriedades que lhe competem, dado que ser e um coincidem, estudará também todas as propriedades que competem ao um, sem exceção.

---

13. Cf. E. Berti, La *"Riduzione dei contrari" in Aristotele*, que se encontra na coletânea de Berti, *Studi aristotelici*, L'Aquila 1975, pp. 209-231 (este ensaio foi publicado pelo autor, primeiro em AA.VV., *Zetesis* (o volume em honra de E. de Strijcker), Antuérpia-Utrecht 1973, pp. 122-146.

14. *Metafísica*, Γ 2, 1003 b 22-1005 a 18.

Aristóteles diz expressamente que *dado que o ser tem múltiplos significados*, analogamente, sempre de acordo com a coincidência do ser e do um, *também o um terá múltiplos significados. E como os termos que se referem ao ser têm múltiplos significados, assim também os termos que se referem ao um terão múltiplos significados.*

Em suma: a grande temática da Academia conexa com o problema do Um *é totalmente absorvida por Aristóteles em sua ontologia*, perdendo, desse modo, o significado e a consistência que ela tinha no paradigma henológico. Consequentemente, *transferida para o novo paradigma acaba perdendo quase completamente a importância teorética original*, tanto é verdade, que as páginas em que Aristóteles trata disso são justamente aquelas que a maior parte dos aristotélicos modernos mais descuidaram, se não esqueceram completamente.

Leiamos aqui antecipadamente duas passagens do segundo capítulo do livro quatro, importantíssimas para compreender as coisas que estamos dizendo, porque mostram muito bem o alcance da revolução que Aristóteles está realizando.

Depois de ter dito que a uma única ciência compete o estudo dos gêneros nos quais se divide o ser, o Estagirita define:

> E dado que à mesma ciência compete o estudo dos contrários, e porque ao um se opõe o múltiplo, e, ainda, porque à mesma ciência compete o estudo da negação e da privação, dado que, em ambos os casos se estuda o um, do qual se dá negação e privação (...), segue-se que também os contrários das noções acima mencionados, como: o diverso, o dessemelhante e o desigual, e todos os outros que deles derivam, ou do múltiplo e do um, entram no âmbito investigação da ciência da qual falamos. Dentre estas deve ser incluída também a contrariedade, porque esta é uma certa diferença e a diferença é uma diversidade[15].

E logo depois, justamente aplicando também ao um o princípio do πολλαχῶς λεγόμενον, que antes aplicou ao ser, Aristóteles afirma:

> E, *dado que o um se diz em múltiplos significados*, também esses termos, por sua vez, se dirão em múltiplos significados; todavia, todos serão objeto de conhecimento de uma mes-

---

15. *Metafísica*, Γ 2, 1004 a 9-22.

ma ciência. De fato, os termos não entram no âmbito de ciências diferentes por terem múltiplos significados, mas porque suas definições não são unívocas ou por não poderem ser referidas a algo uno[16].

Mas ainda mais definitivo é o englobamento de toda a discussão dos contrários (feita não só pelos platônicos, mas por todos os predecessores em geral) na ontologia:

> Ademais, uma das duas séries de contrários é privação, e todos os contrários podem ser reduzidos ao ser e ao não-ser, e ao um e ao múltiplo: por exemplo o repouso ao um e o movimento ao múltiplo. Ora, quase todos os filósofos estão de acordo em sustentar que os seres e a substância são constituídos por contrários: de fato todos põem como princípios os contrários (...)[17].

Por isso as conclusões do capítulo são programáticas:

> É evidente, portanto, que a uma mesma ciência pertence o estudo do ser enquanto ser e das propriedades que a ele se referem, e que a mesma ciência deve estudar não só as substâncias, mas também suas propriedades, *os contrários de que se falou* (...)[18].

Tudo o que Aristóteles diz, porém, perde seu significado teorético e seu alcance histórico se o leitor moderno não se der conta de que a identificação do um com o ser implica, de fato, uma nítida e categórica subordinação do um ao ser: *uma coisa, enquanto é, consequentemente é uma* (Platão dizia, ao invés, exatamente o contrário: *uma coisa, enquanto é uma, consequentemente é*).

Esta é a cifra verdadeiramente emblemática do novo paradigma metafísico ontológico.

4. *Ampliação estrutural do raio da esfera do ser com a inclusão de todo aspecto do real*

Uma completa caracterização da cifra do paradigma ontológico, proposto como alternativa ao paradigma henológico do platonismo, exige ainda

---

16. *Metafísica*, Γ 2, 1004 a 23-25.
17. *Metafísica*, Γ 2, 1004 b 27-31.
18. *Metafísica*, Γ 2, 1005 a 14-18.

algumas explicações sobre as ampliações do raio da esfera do ser operada por Aristóteles *até incluir nela todo aspecto do real, sem nenhuma exceção*.

Platão, como é bem sabido e como de vários modos reafirmamos, considerava que a qualificação de "ser" competia, em sentido próprio, somente ao mundo ideal (incluindo também os entes matemáticos "intermediários", que são inteligíveis e não sensíveis). O princípio primeiro do Uno-Bem era considerado, como vimos, "acima do ser" (na *República* fala-se inclusive de "fulgor máximo do ser", mas para exprimir o mesmo conceito), enquanto, em certo sentido, o princípio material da Díade era concebido como "abaixo do ser"[19]. Recorde-se também que, para Platão, o ser implica sempre um *misto* (uma mediação sintética) dos dois princípios supremos.

Mas a estrutura do ser como misto, para Platão, comporta uma nítida e radical diferenciação no nível do mundo inteligível e no nível do mundo sensível. De fato, enquanto a mediação sintética dos princípios do limite e do ilimite no nível do mundo inteligível não comporta de modo algum geração e corrupção, na medida em que o próprio princípio material do ilimite é de caráter inteligível (uma espécie de matéria inteligível, como vimos), no nível do mundo físico, no qual a Díade adquire uma espécie de mudança de natureza, comporta, ao invés, geração, bem como a intervenção de uma causa eficiente e, também, uma consequente corrupção. Portanto, ele comporta também uma mutação de seu caráter fundamental. "Ser" propriamente dito, para Platão, é somente o que não nasce e não se corrompe; o que se gera, se desenvolve e depois se corrompe, nunca é "verdadeiro ser". Podemos dizer que é algo "próximo do ser" e que, de algum modo (mas provisoriamente ou, pelo menos, parcialmente), o adquire, mas não possui para sempre, e nunca plenamente.

Eis uma bela explicação de Platão a respeito disso, que podemos ler no *Timeu*:

> O que é sempre e não tem geração? E o que se gera perenemente e não é nunca ser? O primeiro é o que é concebível com a inteligência mediante raciocínio, porque é sempre nas mesmas condições. O segundo, ao contrário, é o que é opinável mediante a percepção sensorial irracional, *porque nasce e morre, e nunca é plenamente ser*. Ademais, tudo o que se gera é necessariamente gerado por alguma causa. De fato, é impossível que as coisas sejam geradas sem ter uma causa[20].

---

19. Cf. Reale, *Para uma nova interpretação de Platão* (1997), pp. 165 ss.
20. *Timeu*, 27 D-28 A.

Outra passagem particularmente significativa encontra-se na *República*, onde, até mesmo a esfera do sensível, objeto de opinião e não de ciência, pois esta só é possível para o ser imutável e eterno, é apresentada como situada *no meio entre o ser e o não-ser* (um intermediário entre ser e não-ser, que é bem diferente do intermediário entre o mundo das Ideias e o mundo sensível, cujo ser, como vimos, tem as mesmas características da imutabilidade e eternidade das Ideias).

Em suma, o ser sensível é um ser *de algum modo unido ao não ser* (negado pelo não-ser), isto é, um ser a meio caminho entre o que verdadeiramente é e o que não é.

Leiamos também essa passagem (tenha-se presente que a temática tratada aqui por Platão é de caráter prevalentemente gnosiológico, mas são evidenciadas também as precisas implicações ontológicas das formas de conhecimento):

— (...) Quem conhece, conhece alguma coisa ou nada? Responde lá tu por ele.

— Responderei que conhece alguma coisa.

— Que existe ou que não existe?

— Que existe. Pois como é que havia de conhecer-se alguma coisa que não existe?

— Temos então esse fato suficientemente seguro, ainda que nos coloquemos noutros pontos de vista, de que o que existe absolutamente é absolutamente cognoscível, e o que não existe de modo algum é totalmente incognoscível?

— Mais que suficientemente.

— Seja. *Mas se houver uma coisa que seja de tal maneira, que existe e não existe, não ficaria em posição intermédia entre o Ser absoluto e o Não-ser absoluto?*

— Ficaria.

— Portanto, se o conhecimento respeitava, como vimos, ao Ser, e o desconhecimento forçosamente ao Não-ser, relativamente a essa posição intermédia, deve procurar-se algo de intermédio entre a ignorância e a ciência, se acaso existe alguma coisa nessas condições.

— Absolutamente[21].

---

21. *República*, V 476 E-477 B.

E qual é, então, a novidade trazida por Aristóteles?

A novidade consiste em que *ele recupera como verdadeiro ser também o sensível.* Antes, não só as substâncias sensíveis (além das meta-sensíveis) são consideradas ser a título pleno, mas *também tudo o que se refere às substâncias sensíveis (justamente no nível "horizontal") é entendido por Aristóteles como "ser", ainda que de vários modos e em graus diferentes.*

Consequentemente, o principal problema na reflexão sobre o ser, para Aristóteles, não se põe apenas como problema do número das *substâncias* que existem; e, portanto, não se esgota em buscar como o ser seja múltiplas substâncias (sobretudo no nível da transcendência), mas *em buscar a distinção das categorias do ser em sentido horizontal antes mesmo e além da dimensão vertical* (e, portanto, em buscar estabelecer quais são os vários significados do ser).

Uma passagem essencial da *Metafísica*, pouco conhecida porque incluída no livro N (que, pelo seu caráter polêmico de que falamos acima, é quase totalmente descuidado), lança muita luz justamente sobre o problema de que estamos tratando, mostrando muito bem que Aristóteles tinha plena consciência da revolução que estava operando no âmbito da ontologia.

Convém ler essa passagem, verdadeiramente fundamental. Discutindo a questão relativa aos princípios primeiros e supremos de Platão e dos platônicos, e as razões pelas quais eles foram introduzidos, ou seja, para explicar a multiplicidade das coisas que são, Aristóteles explica o seguinte:

> São numerosas as razões que desviaram esses pensadores, levando-os a admitir essas causas; mas a razão principal está no fato de terem posto os problemas em termos antiquados. De fato, eles sustentaram que todas as coisas deveriam ser reduzidas à unidade, isto é, ao ser em si, se não fosse resolvida e refutada a afirmação de Parmênides: "jamais conseguirás fazer com que o não-ser seja", e consideraram que seria necessário mostrar que o não-ser é: nesse caso, com efeito, os seres derivariam do ser e de algo diferente do ser se, justamente, são muitos. Mas, em primeiro lugar, se o ser se entende em múltiplos significados — num significa substância, noutro a qualidade, noutro ainda a quantidade e todas as outras categorias —, em qual desses significados todos os seres se reduziriam à unidade, se o não-ser não existe? Reduzir-se-ão à unidade as substâncias, ou as qualidades e, do mesmo modo, as outras categorias? Ou todas elas: a substância, a qualidade, a quantidade e tudo o que exprime um significado do ser consti-

tuiriam uma única realidade? Mas é absurdo e, até mesmo, impossível que um único tipo de realidade seja a causa pela qual o ser é num sentido substância, noutro quantidade, e noutro qualidade e noutro ainda lugar. Ademais, de que não-ser e de que ser derivariam as múltiplas coisas que são? De fato, também o não-ser tem múltiplos significados, assim como o ser: o não-ser homem significa não-ser essa substância determinada, o não-ser reto significa não ser essa qualidade determinada, o não-ser três côvados significa não ser essa quantidade determinada. Então, de que gêneros de ser e de não-ser derivaria a multiplicidade das coisas que são? (...) Na verdade existem muitos tipos de não-ser: em primeiro lugar, existem tantos significados de não-ser quantas são as categorias; ademais, existe o não-ser no significado de falso e existe o não ser no significado de potência. É do não-ser nesse último significado que a geração procede: o homem se gera do que não é homem, mas é homem em potência; o branco deriva do que não é branco, mas é branco em potência; e isso vale quer se gere uma só coisa, quer muitas sejam geradas. *Fica claro que a investigação do problema de como o ser é múltiplo foi limitada por esses filósofos ao âmbito da substância*: as realidades derivadas em seus princípios são, de fato, números, linhas e corpos. Mas *é absurdo investigar como o ser é múltiplas substâncias e não investigar, como é múltiplas qualidades e múltiplas quantidades*. Certamente não a díade indefinida, nem o pequeno e o grande são as causas pelas quais existem dois brancos, ou múltiplas cores, múltiplos sabores ou múltiplas figuras: de fato, se fosse assim, também essas coisas seriam números e unidade. E se tivessem aprofundado esse problema, teriam visto qual é a causa da multiplicidade também nas substâncias: de fato, a causa é a mesma ou é análoga.[22]

Em suma: é justamente a proclamação dos "múltiplos significados do ser" (πολλαχῶς λέγεται τὸ ὄν) e a respectiva proclamação dos "múltiplos significados do não-ser" (πολλαχῶς λέγεται τὸ μὴ ὄν) que permite a Aristóteles *ampliar ao máximo o raio da esfera do ser que caracteriza perfeitamente seu "realismo"*.

---

22. *Metafísica*, N 2, 1088 b 35-1089 b 4.

E, portanto, compreende-se também a razão pela qual os intérpretes deram prioridade praticamente absoluta à unidade dos significados do ser em função do princípio τὰ πρὸς ἓν λεγόμενα, ou seja, à referência horizontal dos vários significados do ser à substância, esquecendo em larga medida a relevância que mantém em Aristóteles *também a unidade vertical de consecução* (τὰ τῷ ἐφεξῆς), da qual falamos.

Mas a descoberta da multiplicidade dos significados do ser e do não-ser é só uma descoberta aristotélica? Ou o Estagirita, como faz frequentemente, não reconhece aos adversários seu mérito (ainda que nesse caso tenha em parte razão)?

A resposta é fácil: o descobridor do núcleo teorético do qual Aristóteles extrai sua revolução ontológica ou, se se prefere, o criador da semente da qual nasce a árvore aristotélica é, mais uma vez, Platão, particularmente com o *Sofista*, ou seja, com o célebre "parricídio de Parmênides", e com a admissão do não-ser, justamente num significado diferente relativamente ao nada, ou seja, como "diverso" e, portanto, a justificação teorética da multiplicidade dos seres, com todas as consequências que daí derivam[23].

O princípio da multiplicidade dos significados do ser e do não-ser proclamado por Aristóteles tem, portanto, suas raízes no *Sofista*, texto que constitui um dos pontos de referência irrenunciáveis da ontologia ocidental.

Poder-se-ia até mesmo dizer que *em sua ampliação sistemática do raio da esfera do ser, Aristóteles prossegue na operação do "parricídio de Parmênides", levando-a às suas extremas consequências*[24].

Este é um ponto essencial, que, contudo, a *communis opinio* dos estudiosos não parece ter acolhido adequadamente.

5. A *relevância e a dimensão histórica do paradigma metafísico aristotélico*

Muito frequentemente se esquece o que já destacamos acima, mas que deve ser sublinhado de modo preciso. Se a concepção aristotélica da metafísica teve uma dimensão, uma estatura e uma importância verdadeiramente definitivas, como dizíamos, teve-as não no âmbito do mundo antigo, nem pagão nem cristão.

---

23. Para uma nova releitura do diálogo platônico a seguinte obra: G. Movia, *Apparenze, Essere e Verità. Commentario storico-filosofico al "Sofista" di Platone*, Prefazione di H. Krämer, introduzione di G. Reale, Vita e Pensiero, Milão 1991; ver particularmente pp. 475-480.

24. Cf. o que dizemos no ensaio: *L'impossibilità di intendere univocamente l'essere*, agora publicado em *Il conc. di filos. prima*[5] (193), pp. 407-446.

Já com os sucessores de Aristóteles, ou seja, com Teofrasto[25], a metafísica aristotélica é problematizada. E com Estratão de Lâmpsaco, sucessor de Teofrasto, a metafísica é deixada de lado e a física se torna ciência primeira.

A metafísica aristotélica não teve influências de destaque no mundo antigo nem sequer com o neoaristotelismo, malgrado as contribuições de primeira ordem de Alexandre de Afrodísia.

A recuperação feita pelos neoplatônicos é muito significativa: Aristóteles era considerado a porta de ingresso (como uma antecâmara) para alcançar Platão ou, para dizer com a linguagem deles, como a fruição dos "pequenos mistérios", que são uma preparação aos "grandes mistérios", ou seja, à mistagogia metafísica platônica[26].

Foi o renascimento de Aristóteles na Idade Média, primeiro junto aos árabes, depois junto aos pensadores do Ocidente latino, tendo no vértice Tomás de Aquino, que, como já destacamos, impôs o paradigma metafísico aristotélico (embora repensando-o a fundo e reformando-o) como um ponto de referência determinante e decisivo.

E foram depois, particularmente, a história do tomismo e os derivados da ontologia moderna que consolidaram progressivamente aquele paradigma, naturalmente com uma série de variantes e redimensionamentos de diferentes gêneros, e o impuseram como o paradigma por excelência da metafísica.

Compreende-se, portanto, como se pôde *considerar a ontologia como a única forma de metafísica*. Heidegger, por exemplo, pôde julgar como envolvida no "esquecimento do ser" toda a metafísica ocidental, porque considerava que justamente o paradigma ontológico de origem aristotélica fosse o único paradigma metafísico atuante na história da filosofia.

Como dizíamos antes, historicamente isso não é verdade, *e o paradigma henológico deve ser recuperado para reconstruir com exatidão a história espiritual do Ocidente*. Mas justamente essa recuperação, do ponto de vista hermenêutico, faz compreender ainda melhor a originalidade e a relevância teorética da concepção aristotélica, quer se concorde com ela do ponto de vista teórico, quer não.

A *Metafísica* de Aristóteles se impõe, portanto, como *uma pedra miliar na história do pensamento ocidental, que, sob certos aspectos, não possui igual*.

---

25. Cf. particularmente Reale, *Teofrasto...*, *passim*.
26. Cf. Marino, *Vida de Proclo*, 13.

Conclusões

Por que o pensamento humano não pode dispensar a metafísica

As afirmações que fizemos na conclusão do capítulo precedente exigem algumas explicitações, que nos levam diretamente às conclusões deste *Ensaio introdutório*.

Alguns leitores poderão imediatamente objetar: como é que um texto antigo como esse pode ser uma pedra miliar e um ponto de referência irrenunciável? Não seria, antes, um monumento, sem dúvida venerável, mas pertencente, em certo sentido, à "arqueologia" do pensamento humano? Ou, até mesmo, não seria talvez uma forma de "mitologia", de ilusão do pensamento, que sonha ser forte a ponto de poder dominar toda a realidade, enquanto a ciência moderna demonstrou que as capacidades do pensamento humano são, de fato, muito mais limitadas?

A essas objeções, de raízes teóricas precisas, somam-se outras por muito tempo consideradas como tendo raízes histórico-filológicas, mas que são, também elas, de caráter teórico, embora revestidas com esplêndidas roupagens da história e da filologia. Aludimos à tese criada por Werner Jaeger, que teve tanto sucesso, contra a qual nos batemos desde o início, e que, agora que está quase totalmente esgotada (em si e por si, mas não em toda a série de consequências que produziu), podemos considerar e julgar com objetividade histórica.

Como é sabido, essa obra-prima do pensamento metafísico de Aristóteles era desmembrada por Jaeger, como uma espécie de borrão (embora no mais alto nível), contendo concepções da metafísica irreconciliáveis entre si, por razões teóricas estruturais. O próprio criador do modelo da metafísica dominante na história do pensamento se revelava, na reconstrução de Jaeger, aporético e contraditório. *E a muitos antimetafísicos essa tese agradou muitíssimo*, porque, para eles confirmava, justamente com bases consideradas genuinamente histórico-filológicas (a grandeza de Jaeger como filólogo foi, sem dúvida, notável), a incoerência e inconsistência das construções metafísicas, exatamente naquele que sempre foi considerado um vértice de extraordinária altura.

Na realidade, como muitas vezes sustentamos em nossas conferências e debates, e apenas de passagem por escrito, e justamente por isso queremos esclarecer aqui, a interpretação de Jaeger tem raízes fortemente positivistas e, portanto, teoréticas, enquanto é histórico-filológica apenas nos instrumentos com que se apresenta, com grande estilo e habilidade[1].

Para Jaeger, com efeito, a primeira concepção da metafísica sustentada por Aristóteles era de caráter fortemente *teológico* e, portanto, platônico; a segunda, ao invés, era de caráter propriamente *ontológico* (a teoria do ser enquanto ser). A mediação dessas duas concepções não foi possível a Aristóteles, porque seriam concepções irreconciliáveis, porquanto a teologia seria ciência de um particular tipo de ser, enquanto a ontologia seria ciência universal do ser. Há mais, porém: o último Aristóteles teria se voltado para *o estudo dos fenômenos com o método da análise empírica dos próprios fenômenos*.

É demasiado evidente que o conceito de evolução aqui atribuído a Aristóteles não é senão o conceito que Comte atribuía à história dos conhecimentos humanos em geral: da *teologia* passa à *ontologia*, e dessa à *ciência empírica*. Naturalmente esse conceito é apresentado por Jaeger com retoques e características extremamente refinados.

Vale a pena, nas nossas conclusões, transcrever duas páginas que resumem o pensamento de Jaeger a respeito.

Eis como apresenta as relações entre metafísica como *teologia* e metafísica como *ontologia*: "Sem dúvida as duas deduções do conceito da metafísica não são resultado de um único ato de criação espiritual. Dois processos de pensamento essencialmente diversos encontram-se aqui intrincados um no outro. Vê-se imediatamente que o mais originário e antigo é o teológico-platônico, não só por considerações históricas, mas também porque é o menos desenvolvido e mais esquemático. Ele deriva da tendência do platônico a distinguir nitidamente os reinos do sensível e do suprassensível, enquanto a definição do ὂν ᾗ ὄν compreende todo ente num grande e unitário edifício hierárquico. Entre as duas, contudo, a última é a mais aristotélica, em conformidade com a última e mais original fase evolutiva do pensamento do Estagirita. Na origem, Aristóteles manteve-se rigorosamente no âmbito platônico, mantendo, segundo o que mostra o escrito programático Περὶ φιλοσοφίας, o mundo suprassensível como

---

1. Ver também o que dissemos no nosso volume *Il conc. di filos. prima*[5] (1993), *Prefácio geral, passim.*

objeto da suprema filosofia e apenas substituindo as ideias transcendentais pelo Primeiro Movente, concebido com as características de imobilidade, eternidade e transcendência próprias do ser platônico. Essa metafísica mais antiga era exclusivamente ciência do ser imóvel e transcendente, isto é, teologia, e não ciência do ente como tal"[2].

E eis como Jaeger, falando do capítulo oitavo do livro doze da *Metafísica*, resume a tendência que, a seu ver, teria sido a do último Aristóteles à rigorosa ciência empírica: "Na origem a ideia do movente imóvel tinha tomado forma de uma concepção unitária e isenta de contradições; e assim também a posterior aplicação desse princípio às outras esferas nasceu organicamente, de um só golpe. Mas ela não se enquadrava com o velho sistema. Portanto, entende-se que depois disso surgissem para Aristóteles, por força das premissas que estiveram na origem e no fundamento da ideia do único movente imóvel, dúvidas a respeito da nova forma da doutrina. Ora, vemos que exatamente esta parte, isto é, a teoria dos princípios materiais, falta na última redação da *Metafísica*, e que, no lugar dela, possuímos apenas um substituto, isto é, a antiga conferência que constitui o livro Λ e um único trecho da redação nova, isto é, o oitavo capítulo, o qual nos mostra claramente como Aristóteles, justamente no último período de sua vida, se debruçava novamente sobre esses problemas, sem conseguir resolvê-los definitivamente. Esse estado da tradição manuscrita conhecida por nós não deverá mais ser considerada como simples resultado ocasional dos eventos históricos, ficando agora claro que a crescente tendência a um tratamento estritamente científico dos problemas filosóficos, unido com o fermento de novas ideias cosmológicas encontradas por nós em Teofrasto, *abalou a confiança especulativa da teologia ainda semiplatônica de Aristóteles e levou este último a ater-se sempre mais rigorosamente à ciência empírica. A entrega total da metafísica nas mãos da pesquisa empírica significava, ademais, o início de uma nova era. A vontade de ser coerente do lado experimental o conduzia a ser incoerente com relação a seus princípios especulativos. Essa contradição de seu pensamento, que ele não tinha mais força para superar, não era mais que a consequência da profunda e inexorável lógica da sua complexiva evolução espiritual: o que era, ao mesmo tempo, a sua justificação*"[3].

Evocamos aqui essas passagens, já por nós amplamente refutadas não só no nosso volume *Il concetto di filosofia prima*, mas também no curso

---

2. Jaeger, *Aristotele...*, p. 294.
3. Jaeger, *Aristotele...*, p. 483.

deste *Ensaio introdutório*, justamente para evocar os pré-conceitos (em sentido hermenêutico) teoréticos que estão na base de certas tomadas de posição diante da metafísica aristotélica, até mesmo nos filólogos.

De resto, note-se que na edição crítica que Jaeger apresentou da *Metafísica*, embora muito bela sob certos aspectos, ele assinalou com duplos colchetes as passagens acrescentadas por Aristóteles na redação final da obra[4], justamente em função dessa sua exegese teorética, sem nenhuma base de referência extraída dos manuscritos e, portanto, *de modo "acrítico" numa edição crítica*: dados cronológicos não podem ser extraídos de interpretações conceituais, mas deve ocorrer justamente o contrário; e, em todo caso, uma edição crítica não pode trazer no corpo do texto intervenções desse gênero, que não são absolutamente *dados factuais comprovados ou comprováveis*, mas, no máximo, podem ser indicados em notas como meras conjecturas.

Mas os preconceitos antimetafísicos do século XX, que vão muito além daqueles em que se inspirava Jaeger, são múltiplos e todos têm origem, se não em formas de positivismo, em formas de hiper-racionalismo ou de empirismo e neoempirismo ou neopositivismo.

Queremos recordar o modo pelo qual no círculo dos neopositivistas de Viena era tratada a metafísica: era considerada como *um paradigmático modo de raciocinar não científico*. É sabido que, em suas discussões, para bloquear certas passagens do raciocínio ou certas conclusões a que progressivamente alguém chegava, consideradas não "científicas" ou "não adequadamente científicas" (com base em seus métodos), exclamava-se justamente: "Metafísica!". E para não honrar demasiadamente essa palavra, que assim era continuamente pronunciada, estabeleceu-se pronunciá-la apenas com a abreviação "M". Enfim, dado que mesmo abreviada desse modo sua evocação era muito frequente, decidiu-se escolher a expressão "não M" para indicar as partes dos raciocínios ou as conclusões que eram reconhecidas como "científicas", e essas se revelavam muito menos frequentes.

Mas, justamente em conexão com isso, queremos recordar que, no curso dos desenvolvimentos do neopositivismo e das pesquisas da epistemologia, os termos dessas questão estão se invertendo.

Compreende-se cada vez melhor que na evolução da ciência, justamente ideias metafísicas mostram-se influentes de maneira determinante. Impõe-se cada vez mais o fato de que, quando ocorrem mudanças de paradigmas

---

4. W. Jaeger, *Aristotelis Metaphysica*, Oxford 1957. Os colchetes utilizados por Jaeger para indicar as passagens a seu ver acrescentadas por Aristóteles na redação final da obra são estes [[ ]].

científicos alternativos aos que entram em crise, os cientistas baseiam-se sobre conceitos extraídos justamente da metafísica, que, se não é considerada por eles como "ciência" em seu sentido técnico, é considerada como irrenunciável núcleo conceitual para construir conhecimentos científicos.

E, portanto, na própria evolução das ciências a metafísica, como os mais avançados epistemólogos reconhecem, tem seu papel preciso, que não é pouco significativo.

A mesma coisa podemos repetir para as teologias que tentaram deshelenizar o pensamento cristão, buscando eliminar todas as influências não só aristotélicas mas também platônicas.

Os resultados a que chegaram são bem conhecidos.

Com efeito, as teologias não podem se fundar sobre as assim chamadas "ciências humanas" ou sobre paradigmas derivados das ciências naturais, mas, se querem exprimir racionalmente os conteúdos da fé, necessitam de conceitos extraídos do pensamento metafísico. Recordemos que, por seus próprios fundadores, a metafísica foi chamada de "teologia", e justamente com Aristóteles no vértice.

Para concluir, queremos aqui evocar o texto do primeiro capítulo do livro quatro da *Metafísica*, no qual Aristóteles define perfeitamente em que consiste a diferença entre a metafísica e as ciências particulares, e que, a nosso ver, é talvez o que de melhor até agora se disse sobre esse problema.

Escreve Aristóteles:

> Existe uma ciência que considera o ser enquanto ser, e as propriedades que lhe competem enquanto tal. Ela não se identifica com nenhuma das ciências particulares: de fato, nenhuma das outras ciências considera universalmente o ser enquanto ser, mas, delimitando uma parte dele, cada uma estuda as características dessa parte. Assim o fazem, por exemplo, as matemáticas[5].

A diferença, portanto, é esta: a metafísica considera o "todo" do ser, as ciências particulares consideram apenas algumas de suas "partes".

Ora, as categorias gerais e a lógica que valem para o todo não são, obviamente, idênticas às que valem para as partes. As categorias e a lógica que valem para as partes não podem, com base no fato de valerem para as partes, ser estendidas *eo ipso* ao todo. Quando se faz isso, faz-se

---

5. *Metafísica*, Γ 1, 1003 a 20-25.

pseudo ou criptometafísica. E esse é o erro que, frequentemente, sobretudo no passado, cometeram alguns cientistas, e que certas formas de filosofia contemporânea continuam a cometer, sustentando justamente que os métodos das ciências modernas devem ser também os da filosofia e *tertium non datur*.

Mas é justamente isso que o discurso metafísico ensina: *a lógica das partes não pode ser estendida ao todo*.

O que não significa que, então, vale o oposto, ou seja, que a lógica do todo deva valer, *eo ipso*, também para as partes. Quem diz isso ou age desse modo comete o erro oposto ao dos cientistas, que estendem suas lógicas ao todo. Esse último erro metódico dá origem ao *cientismo*, com todas as consequências que dele derivam; o outro erro, ao invés, dá origem ao *metafisismo* dogmático verdadeiramente acientífico, de que no passado não faltaram significativos exemplos.

Uma fecunda fruição da metafísica não pode ocorrer nos modos que explicitamente ou, pelo menos, implicitamente tendem a um "conhecimento absoluto do absoluto", para usar uma expressão hegeliana, mas deve realizar-se, antes, *mediante um confronto com a problemática do absoluto* e, portanto, mediante uma consideração sistemática da *problemática do todo*, de maneira dinâmica e sempre aberta.

E os epistemólogos contemporâneos podem ser uma advertência para os céticos, porque mostram muito bem que na verdade o *homem não pode prescindir desse tipo de conhecimento*, na medida em que, para a construção de novos paradigmas, os cientistas devem atingir ideias de matrizes metafísicas.

Particularmente, o homem que faz filosofia não pode verdadeiramente prescindir da metafísica porque, se renuncia a ela, perde irreversivelmente a própria identidade.

Com Platão e, também, com Aristóteles podemos dizer que só *quem é capaz de ver o todo é filósofo, quem não, não é*.

Fazer metafísica significa justamente isso.

E retomando a afirmação que escolhemos como epígrafe no início desse volume e que retomamos aqui na conclusão de nosso *Ensaio introdutório*, podemos dizer com Aristóteles, mesmo diluindo a afirmação e atenuando-a de vários modos, justamente isso:

> Todas as outras ciências serão mais necessárias do que esta, mas nenhuma lhe será superior.

E isso é verdade, justamente porque a metafísica como problemática do todo não é nem arqueologia do pensamento humano, nem mitologia, mas enraíza-se na própria estrutura do pensar humano, que, ao afrontar problemas de base, *não pode absolutamente não se defrontar com o problema do todo e, portanto, não pode prescindir da metafísica.*

Justamente por isso, a *Metafísica* de Aristóteles apresentada aqui impõe-se como um verdadeiro κτῆμα ἐς ἀιεί, ou seja, *uma daquelas aquisições permanentes, que os gregos nos deixaram como um ponto de referência irrenunciável em qualquer forma fecunda de cultura.*

Índices sistemáticos particulares e gerais

I. Tábua cronológica referente a Aristóteles

384. Aristóteles nasce em Estagira. O pai, Nicômaco, era médico. Também a mãe, Festide, provinha de uma família de médicos. É provável que, tendo Nicômaco se tornado médico da corte dos macedônios, Aristóteles tenha vivido, pelo menos por certo período, em Pela, onde a corte tinha sede.
367. Platão viaja à Itália Meridional e a Siracusa a convite de Dionísio; a Academia, nesse ínterim, foi dirigida por Eudoxo.
367/366. Aristóteles chega a Atenas e ingressa na Academia, justamente no momento em que Platão estava ausente.
347. Morre Platão, e na direção da Academia lhe sucede o sobrinho Espeusipo. Aristóteles deixa Atenas e se dirige, provavelmente, primeiro a Atarneu, convidado pelo tirano Hérmias, e em seguida a Assos, cidade que fora doada pelo tirano aos platônicos Erasto e Corisco, pelas boas leis que lhe haviam preparado e que obtiveram grande sucesso.
347/345. Aristóteles dirige uma escola em Assos, junto com Xenócrates, Erasto e Corisco.
345/344. Aristóteles dirige uma escola em Mitilene, em Lesbos, onde conhece Teofrasto e começa uma estável colaboração com ele.
343/342. Filipe da Macedônia escolhe Aristóteles como educador do filho Alexandre, por intercessão de Hérmias.
341/340. Hérmias é aprisionado e morto pelos persas.
340/339. Alexandre assume a regência e, consequentemente, interrompe os estudos. A educação de Alexandre com Aristóteles dura, portanto, cerca de três anos.
339/338. Morre Espeusipo, que sucedera Platão na direção da Academia. A Espeusipo sucede Xenócrates. Aristóteles já interrompera as relações com ele, que se tinham tornado sempre mais polêmicas.
336. Alexandre sucede ao pai, Filipe.
335. Alexandre destrói Tebas e consolida a própria influência sobre Atenas.
335/334. Aristóteles, valendo-se da situação política, que lhe era favorável, retorna a Atenas e funda sua nova Escola, o Liceu, em contraposição

com a Academia. Do ponto de vista jurídico só com o sucessor Teofrasto o Liceu será formalmente reconhecido, mas de fato a escola já funciona regularmente com Aristóteles.
323. Morre Alexandre Magno e em Atenas começa uma forte reação antimacedônica.
322. Por causa de sua ligação com Alexandre, Aristóteles foge de Atenas e se dirige a Cálcides, onde sua mãe tinha uma casa. Parece que os adversários o ameaçaram com um processo (ocultando motivos políticos sob a máscara de motivos religiosos) por "impiedade" (análogo ao que moveram contra Sócrates).
322. (outubro). Aristóteles morre em Cálcides, poucos meses depois de sua chegada, aos 62 anos.

Quanto à cronologia das obras de Aristóteles, não é possível dizer nada com segurança. É possível que algumas partes das obras esotéricas (de escola) tenham sido compostas já a partir do período de Assos. As hipóteses levantadas não só se revelaram meras conjeturas, mas em grande medida decepcionantes.

Até mesmo as obras exotéricas publicadas por Aristóteles, que se considerava situarem-se no período acadêmico, na realidade são problemáticas do ponto de vista cronológico. Em todo caso, é certo que Aristóteles sempre as citou e sempre se reconheceu nelas, sem exceção, o que põe em dúvida a tese que pretende considerá-las todas como obras juvenis.

Quanto à *Metafísica*, só uma passagem com certeza fornece elementos que podem indicar a data de composição: trata-se do capítulo oitavo do livro doze, onde se fala não só de Eudoxo, mas também de Calipo, no imperfeito, como se também ele estivesse morto. O que situa essa passagem nos últimos anos da vida de Aristóteles. E esta passagem do livro doze não é certamente uma inserção tardia, mas está bem ligada com o resto do livro, como demonstro em *Il concetto di filosofia prima*[5] (1993), pp. 296-317.

A sistematização definitiva dada por Aristóteles a seus tratados de *Metafísica* (sobre a qual devem ter trabalhado os editores) é certamente obra do último Aristóteles, qualquer que seja o período ao qual se remetam os diferentes trechos, que, obviamente, sendo materiais de escola, devem ter sido modificados de vários modos.

Hoje é difícil sustentar que a forma precisa em que Aristóteles deixou seus tratados metafísicos, com os exatos nexos que eles possuem (como demonstramos), não espelhe, de algum modo, o pensamento definitivo do Estagirita, que, portanto, se reconhece em todos os textos que neles inseriu.

II. Índice analítico dos nomes de pessoas citados por Aristóteles no texto da *Metafísica*

Alcméon: A 5, 986 a 27.
Anaxágoras: A 3, 984 a 11, 984 b 18; 4, 985 a 18; 6, 988 a 17; 7, 988 a 28; 8, 989 a 30; 9, 991 a 16 s.; Γ 4, 1007 b 25; 5, 1009 a 27; 1009 b 26; 7, 1012 a 26; I 6, 1056 b 28; K 6, 1063 b 25; Δ 2, 1069 b 21; 6, 1072 a 5; 10, 1075 b 8; M 5, 1079 b 20; N 4, 1091 b 11.
Anaximandro: Λ 2, 1069 b 22.
Anaxímenes: A 3, 984 a 5.
Antístenes: Δ 29, 1024 b 32.
Antístenes, seguidores de: H 3, 1043 b 24.
Aristipo: B 2, 996 a 32.
Arquita: H 2, 1043 a 21.
Atlas: Δ 23, 1023 a 20.

Cálias: A 1, 981 8 e outras vezes como exemplo.
Calipo: Δ 8, 1073 b 32.
Corisco: Δ 6, 1015 b 17 e amiúde como exemplo.
Crátilo: A 6, 987 a 32; Γ 5, 1010 a 12.

Demócrito: A 4, 985 b 5; Δ 5, 1009 a 27; 5, 1009 b 11; 5, 1009 b 15; Z 13, 1039 a 9; H 2, 1042 b 11; Λ 2, 1069 b 22 s.; M 4, 1078 b 20.
Diógenes: A 3, 984 a 5.

Empédocles: A 3, 984 a 8; A 4, 985 a 5, 8, 21 s., 29; A 6, 988 a 16, 27; A 8, 989 a 20; A 10, 993 a 17; B 1, 996 a 8; B 3, 998 a 30; B 5, 1000 a 25; B 4, 1001 a 12 s.; Γ 5, 1009 b 15, 17; Δ 4, 1014 b 37; Λ 2, 1069 b 21 s.; 6, 1072 a 6; 10, 1075 b 2; N 4, 1091 b 11.
Espêusipo: Z 2, 1028 b 21; Λ 7, 1072 b 31 (são referidas as doutrinas sem nomeá-lo. Cf. Índice VIII).
Eudoxo: A 9, 991 a 17; Γ 8, 1073 b 17; M 5, 1079 b 21.
Eurito: N 5, 1092 b 10.
Eveno: Δ 5, 1015 a 29.

Ferécides: N 4, 1091 b 9.
Frini: ᾶ 1, 993 b 16.

Heitor: Γ 5, 1009 b 29.
Heleno: Δ 28, 1024 a 33.
Heráclito: A 3, 984 a 7; Γ 3, 1005 b 25; 5, 1010 a 13; 7, 1012 a 24; 8, 1012 a 34; K 5, 1062 a 32; 6, 1063 b 24; cf. A 6, 987 a 33; Γ 5, 1010 a 11; M 4, 1078 b 14.
Hermes: B 5, 1002 a 22; Δ 7, 1017 b 7; Θ 6, 1048 a 33; 8, 1050 a 20; (Λ 8, 1073 b 32).
Hermótimo: A 3, 984 b 19-20.
Hesíodo: A 4, 984 b 23, 27; A 8, 989 a 10; B 4, 1000 a 9.
Hípaso: A 3, 984 a 7.
Hípon: A 3, 984 a 3.
Homero: Γ 5, 1009 b 28; cf. Λ 10, 1076 a 4 (N 6, 1093 a 27).

Íon: Δ 28, 1024 a 34.
Itálicos: A 5, 987 a 10, 31; 6, 988 a 26.

Leucipo: A 4, 985 b 4; Λ 6, 1071 b 32; Λ 6, 1072 a 7.
Licofronte: H 6, 1045 b 10.

Magos: N 4, 1091 b 10.
Megáricos: Θ 3, 1046 b 29.
Melisso: A 5, 986 b 19, 27.

Parmênides: A 3, 984 b 3; 4, 984 b 25; 5, 986 b 18, 22, 27; B 4, 1001 a 32; Γ 5, 1009 b 21; N 2, 1089 a 3 s.
Pauson: Θ 8, 1050 a 20.
Pitágoras: A 5, 986 a 30.
Pitagóricos: A 5, 985 b 23; 5, 986 b 1; 5, 987 a 13; 6, 987 b 11, 23 s., 31; 8, 989 b 29; 9, 990 a 33; B 1, 996 a 6; 4, 1001 a 10; Z 11, 1036 b 18 s.; I 2, 1053 b 12; Λ 7, 1072 b 31; M 4, 1078 b 21; 6, 1080 b 16, 31; 8, 1083 b 8; N 3, 1090 a 20 s., N 3, 1091 a 13 s.
Platão: A 6, 987 a 29; 6, 987 b 12; 6, 988 a 7 s.; 7, 988 a 26; 8, 990 a 30; 9, 992 a 21; B 1, 996 a 6; 4, 1001 a 9; Γ 6, 1010 b 12; Δ 11, 1019 a 4; E 2, 1026 b 14; Z 2, 1028 b 19 s.; I 2, 1053 b 13; K 8, 1064 b 29; Δ 6, 1071 b 32, 37; M 8, 1083 a 32.
Policleto: Δ 2, 1013 b 35 s.; 2, 1014 b 1, 3, 6, 14, 15.
Polo: A 1, 981 a 4.

Protágoras: B 2, 998 a 3 s.; Γ 4, 1007 b 22 s.; Γ 5, 1009 a 6; Θ 3, 1047 a 6; I 1, 1053 a 35; K 6, 1062 b 13.

Simônides: A 2, 982 b 30; N 3, 1091 a 7.
Sócrates, o Jovem: Z 11, 1036 b 25.
Sócrates: A 6, 987 b 1; M 4, 1078 b 17, 28, 30; M 9, 1086 b 3 (e, depois, frequentemente como exemplo: A 1, 981 a 19; 3, 983 b 13 etc.).
Sófocles: Δ 5, 1015 a 30.

Tales: A 3, 983 b 20; 3, 984 a 2.
Timóteo: ᾶ 1, 993 b 15, 16.

Xenócrates: são referidas apenas as suas doutrinas, sem nomeá-lo (cf. Índice IX).

Zenão: B 4, 1001 b 7.
Zeus: N 4, 1091 b 6.

III. Índice das citações textuais de versos de poetas ou de fragmentos de filósofos pré-socráticos contidas na *Metafísica*

Hesíodo
A 4, 984 b 27-29 = *Teogonia* 116-120.

Homero
Λ 10, 1076 a 4 = *Ilíada*, II 204.

Parmênides
A 4, 984 b 26 s. = 28 B 13 Diels-Kranz
Γ 5, 1009 b 20 ss. = 28 B 16 Diels-Kranz
N 2, 1089 a 4 = 28 B 7, 1 Diels-Kranz

Empédocles
B 4, 1000 a 29-32 = 31 B 21 Diels-Kranz
B 4, 1000 b 2-3 = 31 B 36 Diels-Kranz
B 4, 1000 b 6-9 = 31 B 109 Diels-Kranz
B 4, 1000 b 14-16 = 31 B 30 Diels-Kranz
Γ 5, 1009 b 18-19 = 31 B 106 Diels-Kranz
Γ 5, 1009 b 20-21 = 31 B 108 Diels-Kranz
Δ 4, 1015 a 1-3 = 31 B 8 Diels-Kranz

Anaxágoras
Γ 4, 1007 b 36 = 59 B 1 Diels-Kranz
I 6, 1056 b 28-29 = 59 B 1 Diels-Kranz

IV. Índice das passagens da *Metafísica* acolhidas como testemunhos sobre o pensamento dos pré-socráticos na coletânea Diels-Kranz

N.B. — Limitamo-nos aqui unicamente à edição dos Pré-socráticos preparada por H. Diels e W. Kranz (*Die Fragmente der Vorsokratiker*, 3 vols., Berlim 1958[8], reimpressa muitas vezes) porque, no momento, é a única completa. As edições dos Pré-socráticos individuais, que algumas vezes incluem também outras passagens da *Metafísica*, para o nosso escopo são de limitado interesse.

Orfeu
Λ 6, 1017 b 26-28 => 1 B 9, I, p. 9, 16-18 Diels-Kranz.
N 4, 1091 b 4-6 => 1 B 9, I, p. 9, 18-20 Diels-Kranz.

Ferécides
N 4, 1091 b 8-10 => 7 A 7, I, p. 46, 1-3 Diels-Kranz.

Tales
A 3, 983 b 6-13, 17-33 => 11 A 12, I, p. 76, 34-77, 12 Diels-Kranz.

Anaximandro
Λ 2, 1069 b 19 => 12 A 16, I, p. 86, 3 Diels-Kranz.

Anaxímenes
A 3, 984 a 5-7 => 13 A 4, I, p. 91, 10 s. Diels-Kranz.

Pitágoras
A 5, 986 a 29 s. => 14 A 7, I, p. 98, 25 s. Diels-Kranz.

Hipaso
A 3, 984 a 7 s. => 18 A 7, I, p. 109, 5 s. Diels-Kranz.

Xenófanes
A 5, 986 b 18-27 => 21 A 30, I, p. 121, 13-19 s. Diels-Kranz.

(A 8, 989 a 5)   => 21 A 36, I, p. 124, 25 Diels-Kranz.
Γ 5, 1010 a 5-7   => 21 A 15, I, p. 115, 22 s. Diels-Kranz.

Heráclito

A 3, 984 a 7   => 22 A 5, I, p. 145, 10 Diels-Kranz.
Γ 3, 1005 b 23-25   => 22 A 7, I, p. 145, 32 s. Diels-Kranz.

Epicarmo

M 9, 1086 a 16-18   => 23 B 14, I, p. 201, 3-5 Diels-Kranz.

Alcméon

A 5, 986 a 22 - 986 b 3 => 24 A 3, I, p. 211, 11-23 Diels-Kranz.

Parmênides

A 4, 984 b 23-27   => 28 B 13, I, p. 243, 7-10 Diels-Kranz.
A 5, 986 b 18 s.   => 28 A 24, I, p. 221, 39 s. Diels-Kranz.
A 5, 986 b 22   => 28 A 6, I, p. 219, 27 s Diels-Kranz.
A 5, 986 b 27 - 987 a 2 => 28 A 24, I, pp. 221, 39 - 222, 3 Diels-Kranz.
Γ 5, 1009 b 21-25   => 28 B 16, I, p. 244, 7 ss. Diels-Kranz.
Γ 5, 1010 a 1-3   => 28 A 24, I, p. 222, 3 s. Diels-Kranz.

Zenão

B 4, 1001 b 7-13   => 29 A 21, I, p. 252, 4-9 Diels-Kranz.

Melisso

A 5, 986 b 18   => 30 A 11, I, p. 267, 26 Diels-Kranz.
A 5, 986 b 25 ss.   => 30 A 7, I, p. 266, 13-15 Diels-Kranz.

Empédocles

A 3, 984 a 11-13   => 31 A 6, I, p. 283, 23-25 Diels-Kranz.
A 4, 984 b 32 - 985 a 10 => 31 A 39, I, p. 290, 30-38 Diels-Kranz.
A 4, 985 a 21 - b 3   => 31 A 37, I, p. 290, 16-26 Diels-Kranz.
A 10, 993 a 15   => 31 A 78, I, p. 299, 23 Diels-Kranz.
B 4, 1000 b 1 s.   => 31 B 36, I, p. 328, 5 s. Diels-Kranz.
B 4, 1000 b 5 ss.   => 31 B 109, I, p. 351, 18 s. Diels-Kranz.
B 4, 1000 b 12 ss.   => 31 B 30, I, p. 325, 6 ss. Diels-Kranz.
B 4, 1000 b 18-20   => 31 A 52, I, p. 293, 21-23 Diels-Kranz.
Γ 5, 1009 b 17 ss.   => 31 B 106, I, p. 350, 18 ss. Diels-Kranz.
Γ 5, 1009 b 18 ss.   => 31 B 108, I, 351, 4 s. Diels-Kranz.

Hípon

A 3, 984 a 3-5 => 38 A 7, I, p. 385, 30 s. Diels-Kranz.

Eurito

N 5, 1092 b 8-13 => 45 A 3, I, p. 420, 12-16 Diels-Kranz.

Arquita

H 2, 1043 a 19-26 => 47 A 22, I, p. 430, 23-28 Diels-Kranz.

Pitagóricos anônimos

A 5, 985 b 23 - 986 a 13 => 58 B 4, I, p. 451, 36 - 452, 16 Diels-Kranz.
A 5, 986 a 15 - b 17 => 58 B 5, I, p. 452, 30 - 453, 19 Diels-Kranz.
A 5, 987 a 9-27 => 58 B 8, I, p. 453, 24-38 Diels-Kranz.
A 6, 987 b 10-14 => 58 B 12, I, p. 454, 14-17 Diels-Kranz.
A 6, 987 b 22-33 => 58 B 13, I, p. 454, 18-26 Diels-Kranz.
A 8, 989 b 29 - 990 a 29 => 58 B 22, I, p. 456, 15-41 Diels-Kranz.
B 5, 1002 a 8 => 58 B 8, I, p. 453, 38 Diels-Kranz.
Z 2, 1028 b 16-20 => 58 B 23, I, p. 457, 1-4 Diels-Kranz.
Z 11, 1036 b 8-13 => 58 B 25, I, p. 457, 8-12 Diels-Kranz.
Λ 7, 1072 b 30-34 => 58 B 11, I, p. 454, 10-13 Diels-Kranz.
M 4, 1078 b 21-25 => 58 B 4, I, p. 452, 23-26 Diels-Kranz.
M 6, 1080 b 16-21 => 58 B 9, I, p. 453, 39-43 Diels-Kranz.
M 8, 1083 b 8-19 => 58 B 10, I, p. 454, 1-9 Diels-Kranz.
M 8, 1083 b 28 => 58 B 2, I, p. 451, 31 Diels-Kranz.
N 3, 1090 a 20 => 58 B 22, I, p. 456, 41 Diels-Kranz.
N 3, 1090 b 5-7 => 58 B 24, I, p. 457, 5-7 Diels-Kranz.
N 3, 1091 a 13-24 => 58 B 24, I, p. 457, 13-19 Diels-Kranz.
N 6, 1092 b 26 - 1093 b 21 => 58 B 27, I, pp. 457, 20 - 459, 9 Diels-Kranz.

Anaxágoras

A 3, 984 a 11-16 => 59 A 43, II, p. 17, 12-16 Diels-Kranz.
A 3, 984 b 15-20 => 59 A 58, II, p. 20, 40 - 21, 3 Diels-Kranz.
A 3, 985 a 18-21 => 59 A 47, II, p. 19, 29-31 Diels-Kranz.
A 8, 989 a 30-32 => 59 A 61, II, p. 21, 17 s Diels-Kranz.
A 8, 989 b 4 s. => 59 A 61, II, p. 21, 19 s. Diels-Kranz.
A 8, 989 b 16-19 => 59 A 61, II, p. 21, 20-23 Diels-Kranz.
Γ 5, 1009 b 25-28 => 59 A 28, II, p. 13, 7-9 Diels-Kranz.
I 6, 1056 b 28-32 => 59 A 60, II, p. 21, 11-14 Diels-Kranz.
Λ 2, 1069 b 19-22 => 59 A 61, II, p. 21, 15-20

Ideu de Imera
A 7, 988 a 23-31   => 63, II, p. 51, 5-8 Diels-Kranz.

Crátilo
A 6, 987 a 29 - b 1   => 65 A 3, II, p. 69, 21-26 Diels-Kranz.
Γ 5, 1010 a 7-15   => 65 A 4, II, p. 69, 30-36 Diels-Kranz.

Leucipo
A 4, 985 b 4-20   => 67 A 6, II, p. 72, 13-25 Diels-Kranz.
Λ 6, 1071 b 31-34   => 67 A 18, II, p. 76, 14-16 Diels-Kranz.

Demócrito
Γ 5, 1009 b 7-15   => 68 A 112, II, p. 110, 33-39 Diels-Kranz.
Z 13, 1039 a 9-11   => 68 A 42, II, p. 95, 4 s. Diels-Kranz.
Λ 2, 1069 b 22 s.   => 68 A 57, II, p. 99, 4 s. Diels-Kranz.
M 4, 1078 b 19-21   => 68 A 36, II, p. 93, 18 s. Diels-Kranz.

Protágoras
B 2, 997 b 32 - 998 a 4   => 80 B 7, II, p. 266, 18-24 Diels-Kranz.
Γ 4, 1007 b 18-25   => 80 A 19, II, p. 259, 28-33 Diels-Kranz.
Γ 4, 1009 a 6   => 80 A 19, II, p. 259, 33 Diels-Kranz.
Θ 3, 1046 b 29 - 1047 a 8 => 80 A 17, II, p. 259, 8-20 Diels-Kranz.
K 6, 1062 b 13-19   => 80 A 19, II, p. 259, 34-39 Diels-Kranz.

Licofronte
H 6, 1045 b 8-11   => 83 A 1, II, p. 307, 12-14 Diels-Kranz.

V. Índice das passagens da *Metafísica* acolhidas como testemunhos sobre Sócrates e sobre os Socráticos menores nas modernas edições críticas

N.B. — As edições a que nos referimos aqui são as de G. Giannantoni, *Socratis et Socraticorum Reliquiae*, 4 vols., Nápoles 1990-1991 e as seguintes: K. Döring, *Die Megariker*. *Kommentierte Sammlung der Testimonien*, Amsterdã 1972 e F. Decleva Caizzi, *Antisthenis Fragmenta*, Milão-Varese 1966.

Sócrates

A 6, 987 b 1-6	=> I B 24, vol. I, p. 26 Giannantoni
M 4, 1078 b 17-32	=> I B 26, vol. I, p. 27 Giannantoni
M 9, 1086 a 47 - b 5	=> I B 25, vol. I, p. 26 Giannantoni

Sobre essas passagens ainda é útil: Th. Deman, *Le témoignage d'Aristote sur Socrate*, Paris 1942.

Megáricos[1]

Θ 3, 1046 b 29-33	=> II B 15, vol. I, p. 393 Giannantoni = 130 A, p. 38 Döring.
Θ 3, 1047 a 4-7	=> II B 15, vol. I, p. 393 Giannantoni
Θ 3, 1047 a 24-26	=> II B 15, vol. I, p. 394 Giannantoni
Θ 4, 1047 b 3-9	=> II B 15, vol. I, p. 394 Giannantoni

Aristipo

B 2, 996 a 32 - b 1	=> IV A 170, vol. II, p. 71 Giannantoni
M 3, 1078 a 31-34	=> IV A 171, vol. II, p. 72 Giannantoni

Antístenes

Γ 3, 1005 b 2-4	=> V A 157, vol. II, p. 198 Giannantoni
Γ 4, 1006 a 3-6	=> V A 157, vol. II, p. 198 Giannantoni
Δ 29, 1024 b 26-34	=> Fr. 47 A, p. 40 Decleva-Caizzi = V A 152, vol. II, p. 195 s. Giannantoni
H 3, 1043 b 25-32	=> Fr. 44 A, p. 38 Decleva-Caizzi = V A 150, vol. II, pp. 193 s. Giannantoni

---

1. Giannantoni refere estes testemunhos ao megárico Eubúlides; Döring, ao contrário, refere o primeiro testemunho a Deodoro.

VI. Índice das passagens da *Metafísica* sobre Eudoxo de Cnido, sobre Sócrates, o Jovem, e sobre elementos de geometria, desenvolvidas no âmbito da Academia, recolhidas por Lasserre

N.B. — Referimo-nos a essas duas obras: F. Lasserre, *Die Fragmente des Eudoxos von Knidos*, Berlim 1966 e Idem, *De Léodamas de Thasos à Philippe d'Oponte. Témoignage et fragments*, Nápoles 1987.

Eudoxo de Cnido

A 9, 991 a 14-19	=> D 1, p. 12 Lasserre.
Λ 8, 1073 b 17-35	=> D 6, p. 15 Lasserre.
M 2, 1077 a 9-12	=> D 34, p. 22 Lasserre.
M 5, 1079 a 18-23	=> D 1, p. 12 Lasserre.

Sócrates, o Jovem

Z 11, 1036 a 31 - b 7	=> 4 D 1a, p. 71 Lasserre.
Z 11, 1036 b 21-32	=> 4 D 1b, p. 72 Lasserre.

Elementos geométricos acadêmicos a que se refere Aristóteles

A 5, 986 a 25	=> 21 F 5a, p. 192 Lasserre.
A 5, 986 a 26	=> 21 F 18, p. 195 Lasserre.
A 9, 992 a 19-22	=> 21 F 2a, p. 191 Lasserre.
B 2, 996 b 20-21	=> 21 F 46, 62, pp. 202 e 206 Lasserre.
B 2, 996 b 26-31	=> 21 F 20-21, p. 196 Lasserre.
B 3, 1005 a 20	=> 21 F 19, p. 196 Lasserre.
Δ 6, 1016 a 2	=> 21 F 7, p. 192 Lasserre.
Δ 6, 1016 a 12-13	=> 21 F 7, p. 192 Lasserre.
Δ 6, 1016 a 31	=> 21 F 17, p. 195 Lasserre.
Δ 6, 1016 b 25	=> 21 F 1a-b, p. 191 Lasserre.
Δ 6, 1016 b 27-28	=> 21 F 86, p. 212 Lasserre.
Δ 13, 1020 a 10-11	=> 21 F 66b, p. 206 Lasserre.
Δ 13, 1020 a 13-14	=> 21 F 3, 10, 66 b, p. 192, 193 e 206 Lasserre.
Δ 13, 1020 a 14	=> 21 F 86, p. 212 Lasserre.
Δ 14, 1020 b 3-4	=> 21 F 70, p. 207 Lasserre.
Δ 14, 1020 b 4-5	=> 21 F 71, p. 208 Lasserre.

Δ 14, 1020 b 5-6 => 21 F 72, p. 208 Lasserre.
Δ 25, 1023 b 12-16 => 21 F 53, p. 203 s. Lasserre.
Z 10, 1035 b 6-7 => 21 F 12b, p. 193 Lasserre.
Z 10, 1035 b 7-8 => 21 F 14, p. 194 Lasserre.
Z 13, 1039 a 12-13 => 21 F 66a, p. 206 Lasserre.
Θ 9, 1051 a 24-25 => 21 F 31, 39. p. 198 e 200 Lasserre.
Θ 9, 1051 a 26-29 => 21 F 52, p. 203 Lasserre.
I 1, 1053 a 30 => 21 F 66a, p. 206 Lasserre.
I 3, 1054 b 1-2 => 21 F 18, p. 195 Lasserre.
I 6, 1057 a 2-4 => 21 F 66c, p. 207 Lasserre.
K 6, 1061 b 17-21 => 21 F 22, p. 196 Lasserre.
K 10, 1066 b 23 => 21 F 87, p. 212 Lasserre.
M 9, 1085 a 9-12 => 21 F 3 e 10, p. 192 Lasserre.
M 9, 1085 a 11 => 21 F 86, p. 212 Lasserre.
M 9, 1085 b 22 => 21 F 66 a, p. 206 Lasserre.
N 1, 1088 a 4-6 => 21 F 66c, p. 207 Lasserre.
N 2, 1089 b 34 => 21 F 66d, p. 207 Lasserre.
N 2, 1089 b 35-38 => 21 F 65, p. 206 Lasserre.

VII. Índice das passagens da *Metafísica* acolhidas como testemunhos sobre a "Doutrina não escrita" de Platão nos *Testimonia Platonica* de Konrad Gaiser e em outras edições modernas[1]

N.B. — As coletâneas a que nos referimos são: K. Gaiser, *Testimonia Platonica. Quellentexte zur Schule und mündlichen Lehre Platons*, in: *Platons ungeschriebene Lehre*, Stuttgart 1963 (1968[2]), pp. 441-557; H. Krämer, *Platone e i fondamenti della metafisica. Saggio sulla teoria dei principi e sulle dottrine non scritte di Platone con una raccolta dei documenti fondamentali in edizione bilingue*, Introduzione e traduzione di G. Reale, Milão 1982 (1989[3]), pp. 370-417; M. D. Richard, *L'enseignement oral de Platon*, Paris 1986, pp. 243-381.

A 6, 987 a 29 - 988 a 17	=> Nr. 22 A, pp. 476-478 Gaiser = 9, pp. 378 ss. Krämer = 34, p. 286 Richard
A 9, 990 a 15-22	=> Nr. 48 A, pp. 526 s. Gaiser = 35, p. 290 Richard
A 9, 992 a 10 - 992 b 18	=> Nr. 26 A, pp. 486-488 Gaiser = 36, pp. 290 ss. Richard
Γ 2, 1003 b 33 - 1004 a 2	=> Nr. 39 A, p. 516 Gaiser = 14, p. 402 ss. Krämer = 37, p. 294 Richard
Δ 6, 1016 b 24 - 1017 a 3	=> Nr. 35 a, p. 506-507 Gaiser = 38, pp. 294 ss. Richard
Δ 8, 1017 b 17-21	=> Nr. 33 b, p. 505 Gaiser = 39, p. 296 Richard
Δ 11, 1018 b 37 - 1019 a 4	=> Nr. 33 a, p. 504 Gaiser = 41, p. 298 Richard
Δ 15, 1020 b 26 - 1021 a 14	=> Nr. 35 b, p. 507-508 Gaiser = 41, p. 298 Richard
Z 2, 1028 b 16-32	=> Nr. 28 a, pp. 489-490 Gaiser = 42, p. 298 Richard
Z 11, 1036 b 12-17	=> Nr. 42, p. 300 Richard

---

1. Uma consistente coletânea dos testemunhos da tradição indireta sobre as doutrinas não escritas de Platão foi publicada também por J. Findlay, no seu livro: *Plato. The Writter and Unwritter Doctrines*, Londres-Nova Iorque 1974. Findlay não apresenta o texto grego, mas só a tradução, e, por isso, a sua não pode ser considerada uma coletânea de referência, mas, predominantemente, uma documentação que confirma a sua exegese do ponto de vista histórico.

I 3, 1054 a 20-32	=> Nr. 41 A, p. 518 Gaiser = 18, p. 404 Krämer = 44, pp. 300 ss. Richard
K 3, 1061 a 19-15	=> Nr. 42 A, p. 518 Gaiser = 20, p. 406 Krämer = 45, p. 302 Richard
Λ 3, 1070 a 13-19	=> Nr. 64, p. 543 Gaiser = 46, p. 302 Richard
Λ 7, 1072 a 30 - b 3	=> Nr. 47 A, p. 525 Gaiser = 47, p. 304 Richard
Λ 8, 1073 a 18-22	=> Nr. 62, p. 543 Gaiser = 48, p. 304 Richard
M 6, 1080 a 12 - b 33	=> Nr. 59, pp. 539-540 Gaiser = 49-50, pp. 304-306 Richard
M 7, 1081 a 12 - 1082 a 15	=> Nr. 60, p. 541 Gaiser = 51-54, pp. 308-310 Richard
M 8, 1083 a 20 - b 19	=> Nr. 56, pp. 537-538 Gaiser = 55, p. 310 Richard
M 8, 1084 a 7-10	=> Nr. 63, -. 543 Gaiser = 56, p. 314 Richard
M 8, 1084 a 12 - b 2	=> Nr. 61, p. 542 Gaiser = 57-58, p. 314-316 Richard
M 9, 1085 a 7-14	=> Nr. 27 A, pp. 488-489 Gaiser = 59, p. 316 Richard
M 9, 1086 a 2-13	=> Nr. 57, pp. 538-539 Gaiser = 60, pp. 316-318 Richard
N 1, 1087 b 4-12	=> Nr. 49, p. 530 Gaiser = 61, p. 318 Richard
N 2, 1089 a 31 - b 15	=> Nr. 29, pp. 492-493 Gaiser = 62, pp. 318-320 Richard
N 3, 1090 b 5 - 4, 1091 a 29	=> Nr. 28 b, pp. 490-492 Gaiser = 63, pp. 320-324 Richard
N 4, 1091 b 13-15; 26-35	=> Nr. 51, pp. 531-532 Gaiser = 24, p. 408 Krämer = 65, p. 327 Richard

VIII. Índice das passagens da *Metafísica* consideradas fragmentos de Espeusipo nas coletâneas modernas

N.B. — As coletâneas a que nos referimos são: a clássica de P. Lang, *De Speusippi Academici scriptis. Accedunt fragmenta*, Bon 1911 (reimpr. Frankfurt am Main 1964); a de M. Isnardi Parente, *Speusippo, Frammenti. Edizione, traduzione e commento*, Nápoles 1980; e a de L. Tarán, *Speusippus of Athens. A critical study with a collection of related texts and commentary*, Leiden 1981. Tenha-se presente que apresentamos as citações com a indicação sobretudo do corte dado por Lang, sem indicar as variações de algumas linhas a mais ou a menos que podem ter em Isnardi Parente ou em Tarán, porque isso complicaria as citações sem apresentar grandes vantagens (as variações são, na maioria das vezes, verdadeiramente mínimas) para os objetivos do nosso índice.

Z 2, 1028 b 18-24   => Fr. 33 a, p. 67 Lang = 48, p. 87 Isnardi Parente = 29 a, p. 142 Tarán
H 3, 1044 a 5-9   => Fr. 66 a, p. 160 Tarán
H 3, 1045 a 12-14   => Fr. 66 b, p. 160 Tarán
I 3, 1054 a 20-32   => Fr. 68, p. 93 Isnardi Parente
I 6, 1056 a 30-35   => Fr. 110, p. 108 Isnardi Parente
Λ 1, 1069 a 33-36   => Fr. 42 a, p. 72 Lang = 73, p. 96 Isnardi Parente = 31, p. 143 Tarán
Λ 7, 1072 b 30 - 1073 a 3   => Fr. 34 a, p. 68 Lang = 53, p. 89 Isnardi Parente = 42 a, p. 148 Tarán
Λ 10, 1075 a 32-37   => Fr. 35 d, p. 70 Lang = 66, p. 92 Isnardi Parente = 46 a, p. 151 Tarán
Λ 10, 1075 b 37 - 1076 a 4   => Fr. 33 e, p. 68 Lang = 52, p. 88 Isnardi Parente = 30, p. 143 Tarán
M 1, 1076 a 19-22   => Fr. 42 b, p. 72 Lang = 74, p. 96 Isnardi Parente = 32, p. 144 Tarán
M 1, 1076 a 32-35   => Fr. 42 b, p. 73 Lang = 74, p. 96 Isnardi Parente = 32, p. 144 Tarán

M 6, 1080 b 11-17	=> Fr. 42 c, p. 73 Lang = 75, p. 96 Isnardi Parente = 33, p. 144 Tarán
M 6, 1080 b 23-29	=> Fr. 42 c, p. 73 Lang = 75, p. 96 Isnardi Parente = 33, p. 144 Tarán
M 8, 1083 a 20-35	=> Fr. 42 d, p. 73 Lang = 34, p. 144 Tarán
M 9, 1085 a 31-35	=> Fr. 49, p. 78 Lang = 84, p. 100 s. Isnardi Parente = 51, p. 153 Tarán
M 9, 1085 b 4-12	=> Fr. 48 c, p. 77 Lang = 83, p. 100 s. Isnardi Parente = 40, p. 147 Tarán
M 9, 1085 b 5-27	=> Fr. 83, p. 100 Isnardi Parente = 40, p. 147 Tarán
M 9, 1085 b 27-34	=> Fr. 51, p. 153 Tarán
M 9, 1085 b 36 - 1086 a 5	=> Fr. 35, p. 145 Tarán
M 9, 1086 a 2-5	=> Fr. 42 e, p. 74 Lang = 77, p. 97 Isnardi Parente = incluído em 35, p. 145 Tarán
N 1, 1087 b 4-9	=> Fr. 48 b, p. 77 Lang = 82a, p. 99 Isnardi Parente = 39, p. 147 Tarán
N 1, 1087 b 26-33	=> Fr. 48 b, p. 77 Lang = 39, p. 147 Tarán
N 2, 1090 a 2-15	=> Fr. 43, pp. 74 ss. Lang = 80, p. 98 Isnardi Parente = 36, p. 145 Tarán
N 3, 1090 a 16 - b 5	=> Fr. 43, p. 75 Lang = 80, p. 99 Isnardi Parente = 36, p. 145 Tarán
N 3, 1090 b 5-13	=> Fr. 44 (duvidoso), p. 75 Lang = 81, p. 99 Isnardi Parente = 50, p. 153 Tarán
N 3, 1090 b 13-20	=> Fr. 50, p. 78 Lang = 86, p. 101 Isnardi Parente = 37, p. 146 Tarán
N 3, 1091 a 12 - 4, 1091 a 29	=> Fr. 45, pp. 75 s. Lang = 41, p. 148 Tarán
N 4, 1091 a 29 - b 3	=> Fr. 34 f, p. 69 Lang = 58, p. 90 Isnardi Parente = 44, p. 150 Tarán
N 4, 1091 b 16-26	=> Fr. 42 g, p. 74 Lang = 79, p. 98 Isnardi Parente = 45 a, p. 150 Tarán
N 4, 1091 b 30-35	=> Fr. 35 a, pp. 69 s. Lang = 64, p. 92 Isnardi Parente = 45, p. 150 Tarán
N 5, 1092 a 9-17	=> Fr. 34 e, p. 69 s. Lang = 57, p. 90 Isnardi Parente = 43, pp. 149 s. Tarán
N 5, 1092 a 17-21	=> Fr. 52, p. 79 Lang = 92, pp. 103 s. Isnardi Parente = 53, p. 154 Tarán
N 5, 1092 a 35 - b 2	=> Fr. 48 a, p. 77 Lang = 82, p. 99 Isnardi Parente = 38, p. 147 Tarán

IX. Índice das passagens da *Metafísica* consideradas fragmentos de Xenócrates nas coletâneas modernas

N.B. — As coletâneas a que nos referimos são as clássicas de G. R. Heinze, *Xenokrates. Darstellung der Lehre und Sammlung der Fragmente*, Leipzig 1892 (reimpr. Hildesheim 1965) e a nova de M. Isnardi Parente, *Senocrate-Ermodoro, Frammenti. Edizione, traduzione e commento*, Nápoles 1982[1].

A 9, 990 b 10-31	=> Fr. 93, p. 88 Isnardi Parente
B 3, 998 b 30 - 999 a 12	=> Fr. 122, p. 100 Isnardi Parente
Z 2, 1028 b 24-27	=> Fr. 34, p. 171, 1-4 Heinze = 103, p. 92 IP
Z 11, 1036 b 12-17	=> Fr. 105, p. 93 Isnardi Parente
Λ 1, 1069 a 33-35	=> Fr. 34, p. 171, 11-13 Heinze = 106, p. 93 Isnardi Parente
M 1, 1076 a 19-21	=> Fr. 34, p. 171, 14 s. Heinze = 107, p. 93 Isnardi Parente
M 6, 1080 b 21-23	=> Fr. 34, p. 171, 16 s. Heinze = 108, p. 93 Isnardi Parente
M 6, 1080 b 23-30	=> Fr. 37, p. 171, 24-30 Heinze = 118, p. 97 Isnardi Parente
M 8, 1083 b 2-3	=> Fr. 34, p. 171, 18 s. Heinze = inserido no fr. 109, p. 94 Isnardi Parente
M 8, 1083 a 31 - b 8	=> Fr. 109, pp. 93 s. Isnardi Parente
M 8, 1084 a 37 - b 2	=> Fr. 41, p. 173, 33-35 Heinze = 126, p. 101 Isnardi Parente
M 9, 1086 a 5-9	=> Fr. 34, p. 171, 23 s Heinze = 110, p. 94 Isnardi Parente
N 1, 1087 b 4-31	=> Fr. 99, pp. 90 s. Isnardi Parente
N 2, 1088 b 28—35	=> Fr. 99, p. 91 Isnardi Parente
N 3, 1090 b 21-32	=> Fr. 38, p. 172, 31-35 Heinze = 117, pp. 96 s. Isnardi Parente

---

1. Recorde-se que Aristóteles, na Metafísica, nunca cita Xenócrates expressamente pelo nome (por razões óbvias de oposição), mas o menciona e refuta muitas vezes a sua doutrina.

X. Índice das passagens da *Metafísica* que contêm remissões internas livro a livro

N.B. — Deixamos de lado, obviamente, as referências que são internas ao mesmo capítulo ou também ao mesmo livro (que, ademais, indicamos progressivamente nas notas do Comentário) e nos limitamos às remissões de livro a livro, que são mais interessantes.

A 10, 993 a 25 s.	=> provável anuncio de ᾱ.
A 10, 993 a 27 s.	=> provável anúncio de B.
ᾱ 3, 995 a 19 s.	=> remete a B.
B 1, 995 b 5	=> remete ao livro A (ou a ᾱ, 3, 995 a 19 s.).
B 2, 996 b 8	=> remete a A 2.
B 2, 996 b 13	=> remete a A 2, 982 a 32 ss.
B 2, 997 b 4	=> remete a A 9.
Γ 2, 1004 a 34	=> remete a B 1, 995 b 18-27; 2, 997 a 25-34.
Δ 7, 1017 b 9	=> remete a Θ 7.
E 2, 1026 a 34	=> remete a Δ 7.
E 2, 1027 a 19	=> remete a Λ 6-8.
E 4, 1027 b 29	=> remete a Θ 10.
E 4, 1028 a 4 ss.	=> remete a Δ 7.
Z 1, 1028 a 10 s.	=> remete a Δ 7.
Z 2, *passim*	=> estruturalmente prevê Λ 6 ss.
Z 11, 1037 a 12 s.	=> remete a Λ 6 ss. e (M, N).
Z 17, 1041 a 7 ss.	=> implica remissão a Λ ss., remete a Z 2.
H 1, *passim*	=> assume grande parte de Z remetendo explicitamente a ele.
H 3, 1043 b 16	=> remete a A Z 8.
H 6. 1045 a 7	=> pode remeter a Z 12; mas, talvez, mais provavelmente, a A H 3, 1044 a 2-6.
Θ 1, 1045 b 32	=> remete a Z 1 (mas também a Γ 2).
Θ 1, 1046 a 5 s.	=> remete a Δ 12.
Θ 8, 1049 b 4 s.	=> remete a Δ 11.
Θ 8, 1049 b 27 s.	=> remete a Z 7-9.

I 1, 1052 a 15 s.	=> remete a Δ 6.
I 2, 1053 b 10	=> remete a B 4, 1001 a 4 - b 25.
I 3, 1055 a 2	=> remete a Δ 9, 10 e 28, 1024 b 9-16.
I 4, 1055 b 7	=> remete a Δ 22.
I 6, 1056 b 34 s.	=> remete a Δ 15.
K 1, 1059 a 18-20	=> remete a A.
K 7, 1064 a 36	=> remete a Λ 6 ss.
Λ 6, 1072 a 4	=> remete a Θ 8.
M 1, 1076 a 9 s.	=> remete a Z H Θ
M 2, 1076 a 36 ss.	=> remete a B 2, 998 a 7-19.
M 2, 1077 a 1	=> remete a B 2, 997 b 12-34.
M 9, 1086 a 34 s.	=> pode remeter a A 9; B 6, 1003 a 6-17; Z 13; M 4-5.
M 10, 1086 b 15 s.	=> remete a B 6, 1003 a 6 ss.
N 2, 1088 b 24	=> remete a Ψ 8.
N 2, 1090 a 15	=> remete a M 3 (especialmente 1077 b 17 ss.).
N 3, 1090 a 28 s.	=> remete a M 3.

XI. Índice das passagens da *Metafísica* que contêm citações de outros escritos aristotélicos ou remissões a eles

A 1, 981 b 25	=> citação de *Etic. Nicom.*, VI 3, 1139 b 14 ss.
A 3, 983 a 33 s.	=> citação de *Fis.*, II 3 (e 7), 194 b 16 ss.
A 4, 985 a 12 s	=> citação da mesma passagem de *Phis.* acima.
A 5, 986 a 12 s.	=> citação do perdido tratado *Sobre as doutrinas pitagóricas*.
A 5, 986 b 30 s.	=> citação de *Fis.* I.
A 7, 988 a 22	=> citação de *Fis.* II.
A 8, 989 a 24	=> citação de *Do céu*, III 7, 305 ss. e *Da ger. e da corr.*, II 6, 330 a 16 s.
A 10, 993 a 11	=> citação de *Fis.*, II 3 e 7.
Γ 2, 1004 a 2	=> citação provável do Περὶ ἐναντίων
Γ 2, 1004 b 34 - 1005 a 1	=> citação do mesmo escrito.
Δ 15, 1021 a 20	=> remete a uma obra não identificada
Δ 30, 1025 a 34	=> remete provavelmente a *An. post.*, I 7, 75 a 18 ss.; 10, 76 b 11 ss.
Z 12, 1037 b 8 s.	=> remete a *An. post.*, II 3-19 e 13.
H 1, 1042 b 8	=> remete a *Fis.*, V 1 e *Da ger. e da corr.*, I 2, 317 a 17 ss.
Θ 8, 1049 a 36 s.	=> remete a *Fis.*, VI 65, 236 b 32 ss.
I 3, 1054 a 30	=> citação provável do Περὶ ἐναντίων
K 1, 1059 a 34	=> remete a *Fis.*, II 3.
K 1, 1061 a 15	=> remete provavelmente ao Περὶ ἐναντίων
K 6, 1062 b 31	=> remete a *Fis.*, I 7-9 (cf. também *Da ger. e da cor.*, I 3, 317 b 14 ss.).
Λ 7, 1072 b 2	=> presumível citação do Περὶ φιλοσοφίας
Λ 7, 1073 a 5	=> talvez cita *Fis.*, VIII 8.
Λ 7, 1073 a 32	=> remete a *Fis.*, VIII 8-9 (cf. *Sobre o céu*, A 2; B 3, 8).
M 1, 1076 a 9	=> remete a *Fis.*, I.
M 9, 1086 a 23 s.	=> remete a *Fis.*, I 4-6 (Cf. também *Da ger. e da corr.*, I 1; *Do céu*, III 3-4).

XII. Índice das passagens da *Metafísica* nas quais são citados ou podem sê-lo escritos de Platão

A 6, *passim*	=> refere-se sobretudo às doutrinas não escritas e só parcialmente aos escritos
A 9, 991 a 22 ss.	=> pode referir-se à doutrina do *Timeu*?
A 9, 991 b 3	=> explícita citação do *Fédon* (100 B ss.).
A 9, 992 a 20 ss.	=> referência não aos escritos, mas às doutrinas não escritas.
A 9, 992 a 32 s.	=> poderia ser uma referência à *República* e ao *Timeu*; mas seguramente às doutrinas não escritas.
Γ 2, 1004 b 17 ss.	=> poderia referir-se a *Górgias*, 446 D, 465 C.
Γ 5, 1010 b 12	=> remete a *Teeteto*, 171 ss.
Δ 11, 1019 a 4	=> não se refere a nenhuma das obras escritas, mas certamente às doutrinas não escritas, e a um conceito cardeal das mesmas.
Δ 29, 1025 a 6	=> refere-se a *Hípias menor* (explícita citação).
E 2, 1026 b 14 s.	=> alude provavelmente ao *Sofista* (especialmente p. 235 A 240 C).
I 7, 1057 b 8 ss.	=> refere-se à doutrina do *Timeu*.
K 8, 1064 b 29	=> alude ao *Sofista* (como em E 2, 1026 b 14).
Λ 6, 1071 b 32	=> possível referência ao *Timeu* (30 A).
Λ 6, 1072 a 1 ss.	=> possível referência ao *Fedro*, 245 ou ao *Timeu*, 34 B ss.
M 5, 1080 a 2	=> explícita citação do *Fédon*.
N 2, 1089 a 2 ss.	=> possível referência ao *Sofista* (237 A, 256 E), porém mais verossimilmente às doutrinas não escritas.

XIII. Índice das obras expressamente citadas no primeiro e no terceiro volume

N.B. — Para uma bibliografia sobre a *Metafísica* de Aristóteles, além das indicadas na precedente edição dessa obra (vol. II, pp. 449-502) e da bibliografia comentada apresentada por mim em *Il concetto di filosofia prima* (pp. 321-376 da segunda à quarta edição), ver as atualizações em H. Flashar, *Die Philosophie der Antike*. Vol. 3, *Ältere Akademie, Aristoteles, Peripatos*, indicado abaixo, e também: R. Radice, *La "Metafisica" di Aristotele nel XX secolo. Bibliografia ragionata e sistematica*, Presentazione di G. Reale, Vita e Pensiero, Milão 1996.

ALBERT K., *Sul concetto di filosofia in Platone. Edizione italiana a cura di* P. Traverso, *Introduzione di* G. Reale, Vita e Pensiero, Milão 1991.
ALBERT K., *Über Platons Begriff der Philosophie*, Sankt Augustin 1989 (obra traduzida com o título abaixo citado).
ALCMÉON, ver: Pitagóricos.
ALEXANDRE DE AFRODÍSIA, ver: HAYDUCK M., *Alexandri Aphrodisiensis In Metaphysica*...; DOOLEY W. E., *Alexander of Aphrodisias, On Aristotle's Metaphysics 1*...; DOOLEY W. E.—MADIGAN A., *Alexander of Aphrodisias, On Aristotle's Metaphysics 2 & 3*...
ALFIERI V. E., *Atomos Idea. L'origine del concetto dell'atomo nel pensiero greco*, Florença 1953; Galatina 1979².
ALFIERI V. E., *Gli Atomisti, Frammenti e testimonianze*, Laterza, Bari 1936; reeditado em *I Presocratici, Testimonianze e frammenti*, 2 vols., Laterza, Bari 1969 (muitas vezes reeditado).
ANAXÁGORAS, ver; LANZA D., *Anassagora*...
ANAXIMANDRO, ver: MADDALENA A., *Ionici*...
ANAXÍMENES, ver: MADDALENA A., *Ionici*...
ANNAS J., *Aristotle's Metaphysics, Books M and N. Translated with introduction and notes*, Oxford 1976 (esta obra está traduzida em italiano com o título abaixo indicado).
ANNAS J., *Die Gegenstände der Mathematik bei Aristoteles*, in VV.AA. (A. Graeser organizador), *Mathematik und Metaphysik bei Aristoteles. Akten des XIII. Symposium Aristotelicum Sigriwil 6-12 Sept. 1984*, Berna-Stuttgart 1987 (este ensaio foi traduzido em italiano e publicado em apêndice ao volume logo abaixo citado, pp. 131-148).

ANNAS J., *Interpretazione dei libri M-N della "Metafisica" di Aristotele. La filosofia della matematica in Platone e Aristotele.* Traduzione di E. Cattanei, Introduzione e traduzione dei libri M-N della "Metafisica" di Aristotele di G. Reale, Vita e Pensiero, Milão 1992.

ANTÍSTENES, ver: DECLEVA CAIZZI F., *Antisthenis*...; GIANNANTONI G., *Socratis et Socraticorum*...

APELT O., *Beiträge zur Geschichte der griechischen Philosophie*, Leipzig 1891.

ARNIM, ver: VON ARNIM H.

ARPE C., *Das Argument* τρίτος ἄνθρωπος, "Hermes", 76 (1941), pp. 171-207.

ARQUITA, ver: PITAGÓRICOS.

ASCLÉPIO, ver: HEYDUCK M., *Asclepii In Aristotelis Metaphysicorum libros*...

AST F., *Lexicon Platonicum sive vocum Platonicarum index*, 3 vols., Bonn 1835-1838; reimpresso em 2 vols., Darmstadt 1956.

ATOMISTAS, ver: ALFIERI V.E., *Atomisti*...

AUBENQUE P., *Le problème de l'être chez Aristote. Essai sur la problèmatique aristotélicienne*, Paris 1962 (muitas vezes reeditado).

AUBENQUE P., *Sur la notion aristotélicienne d'aporie*, in VV.AA., *Aristote et les problèmes de méthode. Communications présentées au Symposium Aristotelicum tenu à Louvain du 24 août au 1er septembre 1960*, Lovaina-Paris 1961, pp. 3-19.

BADOLATI G. S., ver: IMBRAGUGLIA G.—BADOLATI G. S.—MORCHIO R..., *Index Empedocleus*.

BASSENGE F., *Aristoteles, Metaphysik. Aus dem Griechischen übersetzt*, Berlim 1960.

BATTEGAZZORE A. M., ver: IMBRAGUGLIA G.—BADOLATI G. S.—MORCHIO R..., *Index Empedocleus*.

BEIERWALTES W., *Denken des Einen. Studien zum Neuplatonismus und dessen Wirkungsgeschichte*, Frankfurt am Maim 1985 (esta obra está traduzida com o título indicado abaixo).

BEIERWALTES W., *Pensare l'Uno. Studi sulla filosofia neoplatonica e sulla storia dei suoi influssi. Introduzione di G. Reale, traduzione di M.L. Gatti*, Vita e Pensiero, Milão 1991, 1992².

BERNARDINELLO S., *Gli scolî alla "Metafisica" di Aristotele nel f. 234ʳ del Parisinus Graecus 1853 (e)*, "Elenchos", 3 (1982), pp. 39-54.

BERTI E., *Aristóteles no século XX*, Edições Loyola, São Paulo, 1997.

BERTI E., *Aristotele: dalla dialettica alla filosofia prima*, Pádua 1977.

Berti E., *La "Riduzione dei contrari" in Aristotele*, in VV.AA., *Zetesis. Bijdragen (...) aangeboden aan Prof. Dr. Émile de Strijcker*, Antuérpia-Utrecht 1973, pp. 122-146; reeditado in Berti, *Studi Aristotelici*... (ver abaixo), pp. 209-231.

BERTI E., *La filosofia del primo Aristotele*, Pádua 1962.
BERTI E., *La fonction de Métaph. alpha elatton dans la philosophie d'Aristote*, in VV.AA., *Zweifelhaftes im Corpus Aristotelicum* (ver Moraux P.—Wiesner J., *Zweifelhaftes...*), Berlim 1983, pp. 260-294.
BERTI E., *Note sulla tradizione dei primi due libri della "Metafisica" di Aristotele*, "Elenchos", 3 (1982), pp. 5-37.
BERTI E., *Studi Aristotelici*, L'Aquila 1975.
BERTI E., *As razões de Aristóteles*, Edições Loyola, São Paulo, 1998.
BONGHI R., *Metafisica d'Aristotele, volgarizzata e commentata*, livros I-VI, Turim 1854.
BONGHI R.—SCIACCA M. F., *Aristotele, La Metafisica, volgarizzata e commentata da R. Bonghi, completata e ristampata con la parte inedita, introduzione e appendice da M.F. Sciacca*, 3 vols., Milão 1942-1943-1945.
BONITZ H., *Aristotelis Metaphysica*, 2 vols., Bon 1848-1849.
BONITZ H., *Aristotelis Metaphysica. Commentarius*, Hildesheim 1960 (é a reedição do segundo volume da obra citada acima).
BONITZ H., *Index Aristotelicus*, Berlim 1874; Darmstadt 1955; Berlim 1961.
BONITZ H., *Observationes criticae in Aristotelis libros Metaphysicos*, Berlim 1842.
BONITZ H., *Ueber die Kategorien des Aristoteles*, "Sitzungsberichte der Kais. Akademie der Wissenschaften in Wien. Philos.-hist. Klasse", Bd. X, Heft 5. (1853), pp. 591-645.
BOS A., *Teologia cosmica e metacosmica. Per una nuova interpretazione dei dialoghi perduti di Aristotele. Introduzione di G. Reale, traduzione di E. Peroli*, Vita e Pensiero 1991.
BOS A., *Cosmic and Meta-Cosmic Theology in Aristotle's Lost Dialogues*, Leiden 1989 (obra traduzida em italiano com o título abaixo indicado).
BOWMAN A. A., *Aristotle, Metaphysics, X. (I) 6: 1056 B 27-32*, "The Classical Review", 30 (1916), pp. 42-44.
BRENTANO F., *Aristoteles und seine Weltanschauung*, Leipzig 1911; Darmstadt 1967.
BRENTANO F., *Die Psychologie des Aristoteles insbesondere seine Lehre vom ΝΟΥΣ ΠΟΙΗΤΙΚΟΣ. Nebst einer Beilage über das Wirken des Aristotelischen Gottes*, Mainz sobre o Reno 1867; Darmstadt 1967.
BRENTANO F., *Ueber den Creationismus des Aristoteles*, "Sitzungsberichte der Akademie der Wissenschaften in Wien. Philos.-hist. Klasse", Bd 101 (1882), pp. 95-126.
BRENTANO F., *Von der mannigfachen Bedeutung des Seienden nach Aristoteles*, Friburgo na Brigóvia 1862; Darmstadt 1960.
BURNET J., *Platonis Opera*, 5 vols., Oxford 1900-1907 (muitas vezes reeditada).

BURNYEAT M., *Notes on Book Eta of Aristotle's Metaphysics being the record by* M. Burnyeat *and others of a seminar held in London 1979-1982*, Sub-Faculty of Philosophy, Oxford 1984.
BURNYEAT M., *Notes on Book Zeta of Aristotle's Metaphysics being the record by* M. Burnyeat *and others of a seminar held in London 1975-1979*, Sub-Faculty of Philosophy, Oxford 1979.

CAIZZI F., *Antistene*, "Studi Urbinati", N.S.B. 1-2 (1964), pp. 48-99.
CAIZZI F., ver também, DECLEVA CAIZZI F., *Antisthenis*...
CAPIZZI A., *Protagora, Le testimonianze e i frammenti*, Florença 1955.
CARLINI A., *La Metafisica. Traduzione e commento*, Laterza, Bari 1928; edição revista 1949.
CASSIN B.—NARCY M., *La décision du sens. Le livre Gamma de la Métaphysique d'Aristote. Introduction, texte, traduction et commentaire*, Paris 1989.
CASSIN B., *Aristóteles e o logos*, Edições Loyola, São Paulo, 2000.
CATHALA M. R.—SPIAZZI R. M., *S. Thomae Aquinatis In duodecim libros Metaphysicorum Aristotelis expositio*, Turim 1950.
CHERNISS H., *Aristotle's Criticism of Plato and the Academy*, Baltimore 1944; Nova Iorque 1962.
CHERNISS H., *Aristotle's Criticism of Presocartic Philosophy*, Baltimore 1935; Nova Iorque 1964.
CHERNISS H., *L'enigma dell'Accademia antica* (traduzione di L. Ferrero), La Nuova Italia, Florença 1974 (é a tradução italiana do volume acima citado).
CHERNISS H., *The Ridle of the Early Academy*, Berkeley-Los Angeles 1945; 1962[2].
CHRIST W., *Aristotelis Metaphysica*, Leipzig 1886; 1895[2], muitas vezes reeditada.
CHRIST W., *Kritische Beiträge zur Metaphysik des Aristoteles*, "Sitzungsberichte der Beyerischen Akademie der Wissenschaften. Philos.-hist. Klasse", 1885, pp. 406-423.
CHRIST W., *Studia in Aristotelis libros Metaphysicos collata*, Berlim 1853.
COLLE G., *Aristote, La Métaphysique. Traduction et commentaire*. Livre I, Lovaina-Paris 1912; Livres II et III, Lovaina-Paris 1922; Livre IV, Lovaina-Paris 1931.
COLLI G., *La sapienza greca*, 3 vols., Milão 1977-1978.

DAL SASSO G., *La Metafisica di Aristotele tradotta dal latino dal cardinale Bessarione e recata in italiano con note a compendio del commento di S. Tommaso d'Aquino*, Pádua 1944.
DECLEVA CAIZZI F., *Antisthenis Fragmenta*, Milão-Varese 1966.
DE STRYCKER É., *La notion aristotélicienne de séparation dans son application aux Idées de Platon*, in VV.AA., *Autour d'Aristote. Recueil d'études*

de philosophie ancienne et médiévale offert à Monseigneur A. Mansion, Lovaina 1955, pp. 119-139.

DE VOGEL C., *Rethinking Plato and Platonism*, Leiden 1986 (este volume está traduzido com o título abaixo indicado).

DE VOGEL C., *Ripensando Platone e il Platonismo. Introduzione di* G. Reale, *traduzione di* E. Peroli, Vita e Pensiero, Milão 1990.

DEL GRANDE C., *Espressione musicale dei poeti greci*, Nápoles 1932.

DELATTE L.—Rutten Chr.—Govaerts S.—Denooz J., *Aristoteles, Metaphysica. Index verborum. Listes de fréquence*, Hildesheim-Zurique-Nova Iorque 1984.

DEMÓCRITO, ver: ALFIERI V.E., *Atomisti*...

DENOOZ J., *ver:* DELATTE L.—RUTTEN Chr.—GOVAERTS S.—DENOOZ J., *Aristoteles*...

DES PLACES É., *Platon, Lexique*, 2 vols., Les Belles Lettres, Paris 1964.

DIANO C. — SERRA G., *Eraclito, I frammenti e le testimonianze*, Fondazione Lorenzo Valla-Mondadori 1980; 1987².

DIANO C., *Aristotele, Metafisica, libro XII*, Bari 1949.

DIANO C., *Il concetto di storia nella filosofia dei Greci*, in VV.AA., *Grande Antologia Filosofica*, vol. II, Milão 1955, pp. 248-404.

DIELS H.—Kranz W., *Die Fragmente der Vorsokratiker. Griechisch und Deutsch*. Achte Auflage, 3 vols., Berlim 1956 (muitas vezes reeditado).

DIELS H., *Elementum*, Leipzig 1899.

DIELS H., *Simplicii In Aristotelis Physicorum libros quattuor posteriores commentaria*, Berlim 1895.

DIELS H., *Simplicii In Aristotelis Physicorum libros quattuor priores commentaria*, Berlim 1882.

DIÓGENES DE APOLÔNIA, ver: Maddalena A., *Ionici*...

DOOLEY W. E.—MADIGAN A., *Alexander of Aphrodisias, On Aristotle's Metaphysics 2&3. Translated by* W. E. D. & A. M., Londres 1992.

DOOLEY W. E., *Alexander of Aphrodisias, On Aristotle's Metaphysics 1. Translated by* W.E.D., Londres 1989.

DÖRING K., *Die Megariker. Kommentierte Sammlung der Testimonien*, Amsterdã 1982.

DROSSAART LULOFS H. J., *Nicolaus Damascenus. On The Philosophy of Aristotle. Fragments of the first five Books Translated from the Siriac with an Introduction and Commentary*, Leiden 1965; 1968².

DUMINIL L. P.—JAULIN A., *Aristote, Metaphysique. Livre Delta. Texte, trduciont et commentaire*, Toulouse 1991.

ELDERS L., *Aristotle's Theology. A Commentary on Book XII of the Metaphysics*, Assen 1972.

ELDERS L., *Aristotle's Theory of the One. A Commentary on Book X of the Metaphysics*, Assen 1961.

EMPÉDOCLES, ver: GALLAVOTTI C., *Empedocle*...; IMBRAGUGLIA G.—BADOLATI G. S.—MORCHIO M., *Index*...

ENRIQUES F.—MAZZIOTTI M., *Le dottrine di Democrito d'Abdera. Testi e commenti*, Bolonha 1948.

ERLER M., *Der Sinn der Aporien in den Dialogen Platons. Übungsstücke zur Einleitung im philosophishen Denken*, Berlim 1987 (obra traduzida com o título abaixo citado).

ERLER M., *Il senso delle aporie nei dialoghi di Platone. Esercizi di avviamento al pensiero filosofico. Introduzione di* G. Reale, *traduzione di* C. Mazzarelli, Vita e Pensiero, Milão 1991.

ESPEUSIPO, ver LANG P., *De Speusippi*...; ISNARDI PARENTE M., *Speusippo*...; TARÁN L., *Speusippus*...

EUDOXO DE CNIDO, ver: LASSERRE F., *Eudoxos*...

EUSEBIETTI P.—OGGIONI E., *Aristotele, La Metafisica, tradotta da* P. Eusebietti, *con una introduzione storica analitica e filosofica a cura di* E. Oggioni, Pádua 1950.

FILOLAU, ver: PITAGÓRICOS.

FLASHAR H., *Die Philosophie der Antike*. Vol. 3. *Ältere Akademie, Aristoteles, Peripatos*, Basileia-Stuttgart 1983 (faz parte da obra *Grundriss der Geschichte der Philosophie, begründet von* F. Ueberweg. *Völlig neubearbeitete Ausgabe*).

FRANK E., *Plato und die segenannten Pythagoreer*, Aia 1923.

FREDE M.—PATZIG G., *Aristoteles "Metaphysik Z". Text, und Übersetzung*; Zweiter Band: *Kommentar*, Munique 1988.

GAISER K., *L'oro della sapienza. Sulla preghiera del filosofo a conclusione del "Fedro" di Platone. Introduzione e traduzione di* G. Reale, Vita e Pensiero 1990; $1992^{2\text{-}3}$.

GAISER K., *La metafisica della storia in Platone. Con un saggio sulla teoria dei principi e una raccolta in edizione bilingue dei testi platonici sulla storia. Introduzione e traduzione di* G. Reale, Vita e Pensiero, Milão 1988; 1991^2; reimpr. 1992 (esta obra foi composta pelo autor a nosso convite e a edição italiana é a de referência).

GAISER K., *Platons ungeschriebene Lehre. Studien zur systematischen und geschichtlichen Begründung der Wissenschaften in der Platonischen Schule*, Stuttgart 1963; 1968^2.

GAISER K., *Testimonia Platonica. Quellentexte zur Schule und mündlichen Lehre Platons*, in *Platons ungeschriebene Lehre*, acima citada, pp. 441-557.

GALLAVOTTI C., *Empedocle, Poema fisico e lustrale*, Fondazione Lorenzo Valla-Mondadori 1975.

GIANNANTONI G., *Socratis et Socraticorum Reliquiae. Collegit, disposuit, apparatibus notisque instruxit*. G.G., 4 vols., Nápoles 1990-1991.
GOHLKE P., *Aristoteles, Metaphysik*, Paderborn 1951 (faz parte da coleção que contém as obras aristotélicas traduzidas pelo autor: "Aristoteles, *Die Lehrschriften herausgegeben, übertragen und in ihrer Entstehung erläutert von* Dr. P. Gohlke").
GOHLKE P., *Die Entstehung der aristotelischen Prinzipienlehre*, Tubinga 1954. GOMBOSI O. J., *Tonarten und Stimmungen der antiken Musik*, Copenhagen 1939.
GOVAERTS S., ver: DELATTE L.—RUTTEN CHR.—GOVAERTS S.—DENOOZ J., *Aristoteles...*

HAMELIN O., *Aristote, Physique II. Traduction et commentaire. Deuxième édition*, Paris 1931.
HAPP H., *Hyle. Studien zum aristotelischen Materie-Begriff*, Berlim-Nova Iorque 1971.
HARDER R., *Bemerkungen zur griechischen Schriftlichkeit*, "Antike", 19 (1943), pp. 86-108.
HARLFINGER D., ver: Leszl W., *Il "De Ideis" di Aristotele...*
HAYDUCK M., *Alexandri Aphrodisiensis In Aristotelis Metaphysica commentaria*, Berlim 1891.
HEATH T., *A History of Greek Mathematics*, 2 vols., Oxford 1921.
HEATH T., *Mathematics in Aristotle*, Oxford 1949.
HEGEL, G. W. F., *Vorlesungen über die Geschichte der Philosophie*, in *Sämtliche Werke, Jubiläumausgabe (...) herausgegeben von* H. Glockner, vol. 17-19, Stuttgart 1928. 4ª ed., 1965.
HEIDEGGER M., *Aristoteles, Metaphysik* Θ *1-3. Von Wesen und Wirklichkeit der Kraft*, Frankfurt an Main 1990.
HEINZE R., *Xenokrates. Darstellung der Lehre und Sammlung der Fragmente*, Leipzig 1892.; Hildesheim 1965.
HERÁCLITO, ver: DIANO C.—SERRA G., *Eraclito...*, MARCOVICH M., *Eraclito...*; MONDOLFO R.—TARÁN L., *Eraclito...*

IANNONE A., *I logoi di Aristotele*, "Atti dell"Istituto Veneto di Scienze, Lettere e Arti", 113 (1954-1955), pp. 249-279.
IMBRAGUGLIA G.—BADOLATI G. S.—MORCHIO R.—BATTEGAZZORE A. M.—MESSINA G., *Index Empedocleus*, 2 vols., Gênova 1991.
IRWIN T. H., *Aristotle's First Principles*, Oxford 1988: reimpr. 1990.
ISNARDI PARENTE M., *Senocrate-Ermodoro, Frammenti. Edizione, traduzione e commento*, Nápoles 1982.

ISNARDI PARENTE M., *Speusippo, Frammenti. Edizione, traduzione e commento*, Nápoles 1980.

JAEGER W., *Aristotele. Prime linee di una storia della sua evoluzione spirituale. Versione autorizzata di* G. Calogero, *con aggiunte e appendice dell'autore*, La Nuova Italia, Florença 1935.

JAEGER W., *Aristoteles. Grundlegung einer Geschichte seiner Entwicklung*, Berlim 1923.

JAEGER W., *Aristotelis Metaphysica*, Oxford 1957.

JAEGER W., *Emendationem zur aristotelischen Metatphysik*, "Sitzungsberichte der Preussischen Akademie der Wissenschaften zu Berlin. Philos.-hist.-Klasse", 1923, pp. 262-279; agora em *Scripta minora* (ver abaixo), I, pp. 257-280 (segunda parte).

JAEGER W., *Emendationen zur aristotelischen Metaphysik* A-Δ, "Hermes", 52 (1917), pp. 481-459; agora em *Scripta minora* (ver abaixo), I, pp. 213-251 (primeira parte).

JAEGER W., *Paideia. A formação do homem grego*, Martins Fontes, São Paulo, 4ª ed., 2001.

JAEGER W., *Scripta minora*, 2 vols., Roma 1960.

JAEGER W., *Studien zur Entstehungsgeschichte der Metaphysik des Aristoteles*, Berlim 1912.

JAULIN A., ver: DUMINIL M. P.—JAULIN A., *Aristotele, Metaphysique*...

KIRWAN Ch., *Aristotle's Metaphysics books* Γ, Δ *and* E. *Translated with notes*, Oxford 1971; 1980², 1984³.

KRÄMER H., *Arete bei Platon und Aristoteles. Zum Wesen und zur Geschichte der platonischen Ontologie*, Heidelberg 1959; segunda edição Amsterdã 1967.

KRÄMER H., *Dialettica e definizione del Bene in Platone. Interpretazione e commentario storico-filosofico di "Repubblica"* VII 534 B 3-D 2. *Introduzione di* G. Reale, *traduzione di* E. Peroli, Vita e Pensiero, Milão 1989; 1992².

KRÄMER H., *Über den Zusammenhang von Prinzipienlehre und Dialektik bei Platon. Zur Definition des Dilaektikers. Politeia* 534 B-C, "Philologus", 110 (1966), pp. 35-70. reimpresso em Wippern J. (org.), *Das Problem der ungeschriebenen Lehre Platons*, Darmstadt 1972, pp. 394-448 (este ensaio de Krämer, com ampliações e modificações estruturais, está traduzido na obra abaixo citada com o título *Dialettica e definizione del Bene*...).

KREMER K., *Der Metaphysikbegriff in den Aristoteles-Kommentaren der Ammonius-Schule*, Münster 1961.

KROLL W., *Syriani In Metaphysica commentaria*, Berlim 1902.

LANDAUER S., *Themistii In Aristotelis Metaphysicorum librum Λ paraphrasis Hebraice et Latine*, Berlim 1903.
LANG P., *De Speusippi Academici scriptis. Accedunt fragmenta*, Bonn 1911; Frankfurt am Main 1964.
LANZA D., *Anassagora, Testimonianze e frammenti*, Florença 1966.
LASSERRE F., *De Léodamas de Thasos à Philippe d'Oponte. Témoignages et fragments. Edition, traduction et commentaire*, Nápoles 1987.
LASSERRE F., *Eudoxos von Knidos. Herausgegeben, übersetzt und kommentiert*, Berlim 1966.
LEBLOND G.M., *Logique et méthode chez Aristote*, Paris 1939.
LEE H. D. P., *Zeno of Elea. A text with translation and notes.* Cambridge 1936.
LESZL W., *Aristotele: un filosofo analista?* "Giornale di Metafisica", 24 (1969), pp. 279-311.
LESZL W., *Il "De ideis" di Aristotele e la teoria platonica delle idee. Edizione critica del testo a cura di* D. Harlfinger, Florença 1971.
LEUCIPO, ver: ALFIERI V.E., *Atomisti*...
LEUTSCH E. L.—SCHNEIDEWIN F. G., *Corpus paroemiographorum Graecorum*, 2 vols., 1839-1851: reimpr. Hildesheim 1958.
LICOFRONTE, ver: SOFISTAS
LONGO O., *Aristotele, De caelo. Introduzione, testo critico, traduzione e note*, Florença 1961.
LUGARINI A., *Aristotele e l'idea della filosofia*, Florença 1961.
LUGARINI A., *L'argomento del terzo uomo e la critica di Aristotele a Platone*, "Acme", 7 (1954), pp. 3-72.

MADDALENA A., *I Pitagorici*, Bari 1954 (agora também em *I Presocratici*, Bari 1969, muitas vezes reeditado).
MADDALENA A., *Ionici. Testimonianze e frammenti*, La Nuova Italia, Florença 1963 (contém: Tales, Anaximandro, Anaxímenes, Hípon e Diógenes de Apolônia).
MADIGAN A., ver: DOOLEY W. E.—MADIGAN A., *Alexander of Aphrodisias, On Aristotle's Metaphysics*...
MAIER H., *Die Syllogistik des Aristoteles*, 3 vols., Tubinga 1869-1900; Leipzig 1936.
MANSION A., *Introduction à la Physique Aristotélicienne. Deuxième édition, revue et augmentée*, Lovaina-Paris 1946.
MANSION A., *L'object de la science philosophique suprême d'après Aristote, Métaphysique, E, 1*, in VV.AA., *Mélanges de philosophie grecque offerts à Mgr. Diès*, Paris 1956, pp. 151-168.

MANSION S., *Les apories de la Métaphysique aristotélicienne*, in VV.AA., *Autour d'Aristote. Recueil d'études de philosophie ancienne et médiévale offert às monseigneur A. Mansion*, Lovaina 1955, pp. 141-179.

MARCOVICH M., *Eraclito. Frammenti*, La Nuova Italia, Florença 1978.

MAURO S., *Aristotelis Opera omnia quae extant brevi paraphrasi et literae perpetuo inhaerente expositione illustrata*, Roma 1668; Paris 1887.

MAZZIOTTI M., ver: ENRIQUES F.—MAZZIOTTI M., *Le dottrine di Democrito...*

MEGÁRICOS, ver: DÖRING K., *Die Megariker...*; GIANNANTONI G., *Socratis et Socraticorum...*, MONTONERI L., *I Megarici...*

MELISSO, ver: REALE G., *Melisso...*

MERLAN Ph., *Aristotle's Unmoved Movers*, "Traditio", 4 (1946), pp. 1-30 (reeditado in Merlan, *Kleine Schriften...*, abaixo citado, pp. 195-224).

MERLAN Ph., *Dal Platonismo al Neoplatonismo*. Introduzione di G. Reale, traduzione di E. Peroli, Vita e Pensiero, Milão 1989.

MERLAN Ph., *From Platonism to Neoplatonism*, Aia 1953; 1960²; 1968³; reimpr. 1975 (tradução italiana abaixo citada).

MERLAN Ph., *Kleine philosophische Schriften. Herausgegeben von* Franciszka Merlan *mit einem Begleitwort von* H. Wagner, Hildesheim 1976.

MERLAN Ph., *Metaphysik: Name und Gegenstand*, "The Journal of Hellenic Studies", 77 (1957), pp. 87-92 (reeditado in Merlan, *Kleine philos. Schriften...*, abaixo citado, pp. 189-194).

MERLAN Ph., ὂν ᾗ ὂν und πρώτη οὐσία, "Philosophische Rundschau", 7 (1959), pp. 148-153 (reeditado também no volume Merlan, *Kleine philos. Schriften...*, abaixo citado, pp. 225-230).

MIGLIORI M., *Aristotele, La generazione e la corruzione. Traduzione, introduzione e commento*, Nápoles 1976.

MIGLIORI M., *Dialettica e Verità. Commentario filosofico al "Parmenide" di Platone*. Prefazione di H. Krämer, Introduzione di G. Reale, Vita e Pensiero, Milão 1990.

MIGNUCCI M., *L'argomento dominatore e la teoria dell'implicazione in Diodoro Crono*, "Vichiana", 3 (1960), pp. 3-28.

MONDOLFO R.—TARÁN L., *Eraclito, Testimonianze e imitazioni*, La Nuova Italia, Florença 1972.

MONTONERI L., *I Megarici. Studio storico-critico e traduzione delle testimonianze antiche*, Catania 1984.

MORAUX P.—WIESENER J., *Zweifelhaftes im Corpus Aristotelicum. Studien zu einigen Dubia. Aktes des 9. Symposium Aristotelicum (Berlim, 7-16 September 1981)*, Berlim 1983.

MORAUX P., *Der Aristotelismus bei den Griechen von Andronikos bis Alexander von Aphrodisias. Erster Band: Die Renaissance des Aristotelismus im 1.*

Jh. v. Chr., Berlim 1973. Zweiter Band: *Der Aristotelismus im I. und II. Jh. n. Chr.*, Berlim 1984.
MORAUX P., *Les listes anciennes des ouvrages d'Aristote*, Lovaina 1951.
MOVIA G., *Apparenze, Essere e Verità. Commentario storico-filosofico al "Sofista" di Platone. Prefazione di* H. Krämer, *Introduzione di* G. Reale, Vita e Pensiero, Milão 1991.
MOVIA G., *Aristotele, L'anima. Traduzione, introduzione e commento*, Nápoles 1979.
MUSKENS G. L., *De ente qua ens Metaphysicae Aristoteleae obiecto*, "Mnemosyne", 13 (1947), pp. 130-140.
MUSKENS G.L., *De vocis* ἀναλογίας *significatone ac usu apud Aristotelem*, Groningen 1943.
MUTSCHMANN H., *Divisiones quae vulgo dicuntur Aristoteleae*, Lípsia 1907.

NARCY M., ver: CASSIN B.—NARCY M., *La décision du sens*...
NATALI C., *Cosmo e divinità. La struttura logica della teologia aristotelica*, L'Aquila 1974.
NATORP P., *Thema und Disposition der aristotelischen Metaphysik*, "Philosophische Monatshefte", 24 (1888), pp. 37-65; 540-574.
NATORP P., *Ueber Aristoteles' Metaphysik K 1-8, 1065 a 26*, "Archiv für Geschichte der Philosophie", 1 (1888), pp. 178-193.
NESTLE W., *Vom Mythos zum Logos*, Stuttgart 1940; Aalen 1966.
NICOLAU DE DAMASCO, ver: DROSSAART LULOFS, *Nicolaus Damascenus*...

OGGIONI E., ver: EUSEBIETTI P.—OGGIONI E., *Aristotele, La Metafisica*...
OWENS J., *The Doctrine of Being in the Aristotelian "Metaphysics"*, Toronto 1951; reimpr. 1957, 1961; 1963²; 1978³.

PARMÊNIDES, ver: REALE G.—RUGGIU L., *Parmenide, Poema Sulla Natura*...
PATZIG G., ver: FREDE M.—PATZIG G., *Aristoteles, "Metaphysik Z"*...
PITÁGORAS, ver: PITAGÓRICOS.
PITAGÓRICOS, ver: MADDALENA A., *I Pitagorici*...; TIMPANARO CARDINI M., *Pitagorici*...
PLATÃO, ver: BURNET J., *Platonis*...; REALE G., PLATONE, *Tutti gli scritti*... e a indicação dada abaixo dos diálogos preparados por mim.
PRÉ-SOCRÁTICOS, ver: DIELS H.—KRANZ W., *Die Fragmente der Vorsokratiker*..., e a indicação logo abaixo.
PRESOCRATICI, *Testimonianze e frammenti*, 2 vols., Bari 1969 (muitas vezes reeditada), aos cuidados de vários autores (Giannantoni G., Laurenti R., Maddalena A., Albertelli P., Alfieri V. E., Timpanaro Cardini M.).
PROTÁGORAS, ver: SOFISTAS e CAPIZZI A., *Protagora*...

RADICE R.—RUNIA D. T., *Philo of Alexandria. An annotated bibliography*, Leiden 1988; 1991².

RADICE R., *Filone di Alessandria. Bibliografia generale, 1937-1982*, Nápoles 1983.

REALE G.—RUGGIU L., *Parmenide, Poema Sulla Natura. Presentazione, traduzione con a fronte il testo greco dei frammenti del poema e note di G. Reale, Saggio introduttivo e commentario filosofico di L. Ruggiu*, Rusconi Libri, Milão 1990, 1993².

REALE G. (org.), *Platone, Tutti gli scritti*, Rusconi Libri, Milão 1991¹⁻²; 1992³.

REALE G., *Aristotele, Il Motore Immobile. Traduzione, introduzione e commento*, Editrice La Scuola, Brescia 1963; 9ª edição 1990.

REALE G., *Aristotele, La Metafisica. Introduzione, traduzione e parafrasi*, Rusconi Libri, Milão 1978; 4ª edição 1992; nova edição renovada com o texto grego ao lado, 1993 (essa edição diferencia-se totalmente da presente edição maior enquanto não tem o comentário e a monografia introdutória).

REALE G., *Aristotele, La Metafisica. Traduzione, introduzione e commento*, 2 vols., Loffredo, Nápoles 1968; reimpr. 1978.

REALE G., *Aristotele, Trattato sul cosmo per Alessandro. Traduzione con testo greco a fronte, introduzione, commento e indici*, Loffredo, Nápoles 1974.

REALE G., *Il concetto di filosofia prima e l'unità della metafisica di Aristotele*, Vita e Pensiero, Milão 1961; 1963²; 1967³; 1984⁴; 1993⁵. Na 5ª edição foram acrescentados os dois artigos de 1962 e 1964, a partir do que foi acrescentado o subtítulo: *Con due saggi sui concetti di potenza-atto e di esse* (trad. em inglês de J. Catan, publicada por Suny Press, Albany 1980).

REALE G., *Introduzione a Aristotele* Laterza, Bari 1974; 7ª edição 1993.

REALE G., *Introduzione a Proclo*, Laterza, Bari 1989.

REALE G., *Josef Zürcher e un tentativo di rivoluzione nel campo degli studi aristotelici*, in AA.VV., *Aristotele nella critica e negli studi contemporanei*, Vita e Pensiero, Milão 1956, pp. 108-143.

REALE G., *L'estremo messaggio spirituale del mondo antico nel pensiero metafisico e teurgico di Proclo*, in: Proclo, *I Manuali*, Rusconi Libri, Milão 1985, pp. V-CCXXIII.

REALE G., *L'henologia nella "Repubblica" di Platone: suoi presupposti e sue conseguenze*, in VV.AA., *L'Uno e i Molti*, aos cuidados de V. Melchiorre, Vita e Pensiero, Milão 1990, pp. 136-159.

REALE G., *L'impossibilità di intendere univocamente l'essere e la tavola dei significati di esso secondo Aristotele*, "Rivista di Filosofia neoscolastica", 56 (1964), pp. 289-326; agora republicado na 5ª edição de *Il concetto di filosofia prima* (1993), acima citado, pp. 407-446.

REALE G., *La dottrina aristotelica della potenza, dell'atto e dell'entelechia nella Metafisica*, in VV.AA., *Studi di filosofia e di storia della filosofia in onore di Francesco Olgiati*, Vita e Pensiero, Milão 1962, pp. 145-207; agora republicado em apêndice na 5ª edição de *Il concetto di filosofia prima* (1993), acima citado, pp. 341-405.

REALE G., *La metafisica aristotelica come prosecuzione delle istanze di fondo della metafisica platonica*, "Pensamiento", 35 (1979), pp. 133-143.

REALE G., *La polivocità della concezione aristotelica della sostanza*, in VV.AA., *Scritti in onore di Carlo Giacon*, Pádua 1972, pp. 17-40; agora reproduzido, com várias modificações, como capítulo quinto do *Ensaio introdutório* da presente obra.

REALE G., *Max Wundt e una nuova ricostruzione dell'evoluzione della Metafisica aristotelica*, "Rivista di Filosofia neoscolastica", 50 (1958), pp. 238-267.

REALE G., *Melisso, Testimonianze e frammenti*, La Nuova Italia, Florença 1970 (esta obra contém também uma ampla monografia com o título: *Melisso e la storia della filosofia greca*, pp. 1-268).

REALE G., *Paul Gohlke e l'evoluzione della dottrina aristotelica dei principi*, "Rivista di Filosofia neoscolastica", 50 (1958), pp. 436-472.

REALE G., *Para uma nova interpretação de Platão — releitura da metafísica dos grandes diálogos à luz das "Doutrinas não escritas"*, trad. de M. Perine, Edições Loyola, São Paulo, 1997.

REALE G., *Platone, Critone. Traduzione, introduzione e commento*, Editrice La Scuola, Brescia 1961; 16ª edição 1992.

REALE G., *Platone, Eutifrone. Traduzione, introduzione e commento*, Editrice La Scuola, Brescia 1964; 8ª edição 1990.

REALE G., *Platone, Fedone. Traduzione, introduzione e commento*, Editrice La Scuola, Brescia 1970; 16ª edição 1992.

REALE G., *Platone, Fedro. Introduzione, traduzione, note e apparati*, Rusconi Libri, Milão 1993.

REALE G., *Platone, Gorgia. Traduzione, introduzione e commento*, Editrice La Scuola, Brescia 1966; 9ª edição 1991.

REALE G., *Platone, Protagora. Traduzione, introduzione e commento*, Editrice La Scuola, Brescia 1969; 8ª edição 1992.

REALE G., *Platone. Menone. Traduzione, introduzione e commento*, Editrice La Scuola, Brescia 1962; 14ª edição 1992.

REALE G., *História da filosofia antiga*, 5 vols., trad. bras. de M. Perine e H. C. de Lima Vaz, Edições Loyola, São Paulo, 1993-1995.

REALE G., *Teofrasto e la sua aporetica metafisica. Saggio di ricostruzione e di interpretazione storico-filosofica con traduzione e commento della "Metafisica"*, La Scuola, Brescia 1964.

REINER H., *Die Entstehung der Lehre vom bibliothekarischen Ursprung des Namens Metaphysik*, "Zeitschrift für philosophische Forschung", 9 (1955), pp. 77-99.

REINER H., *Die Entstehung und urprüngliche Bedeutung des Namens Metaphysik*, "Zeitschrift für philosophische Forschung", 8 (1954), pp. 210-237.
RICHARD M.-D., *L'enseignement oral de Platon. Une nouvelle interprétation du platonisme*. Préface de P. Hadot, Paris 1986.
ROBIN L., *La théorie platonicienne des idées et des nombres d'après Aristote*, Paris 1908; Darmstadt 1959.
ROLFES E., *Aristoteles' Metaphysik. Überstzt und mit einer Einleitung und erklärenden Anmerkungen versehen*, Leipzig 1904, muitas vezes reeditada.
ROSS W. D.—FOBES F. H., *Theophrastus, Metaphysics. With translation, commentary and introduction*, Oxford 1929; Hildesheim 1982.
ROSS W. D., *Aristotele* (trad. de A. Spinelli), Bari 1946.
ROSS W. D., *Aristotelis Fragmenta selecta*, Oxford 1955, muitas vezes reeditado.
ROSS W. D., *Aristotle's Metaphysics. A revised text with introduction and commentary*, 2 vols., Oxford 1924; 1948²; 1953³.
ROSS W. D., *Aristotle*, Londres 1923 (traduzido em italiano, cf. abaixo).
ROSS W. D., *Plato's Theory of Ideas*, Oxford 1951; 1953 (trad. italiana indicada abaixo).
ROSS W. D., *Platone e la teoria delle Idee* (trad. de G. Giorgiani), Bolonha 1989.
RUGGIU L., ver: REALE G.—RUGGIU L., *Parmenide, Poema Sulla Natura...*
RUSSEL B., *Is Position in Space and Time Absolute or Relative?*, "Mind", 10 (1901), pp. 293-317.
RUSSO A., *Aristotele, La Metafisica*, Laterza, Bari 1973.
RUTTEN Chr., ver: DELATTE L.—RUTTEN CHR.—GOVAERTS S.—DENOOZ J., *Aristoteles...*

SAFFREY H. D., ΑΓΕΟΜΕΤΡΗΤΟΣ ΜΗΔΕΙΣ ΕΙΣΙΤΩ. *Une inscription légendaire*, "Revue des Études Grecques", 81 (1968), pp. 67-87.
SCHMITZ H., *Die Ideenlehre des Aristoteles*. Vol. I: *Aristoteles*. Tomo I: *Kommentar zum 7. Buch der Metaphysik*. Tomo II: *Ontologie, Noologie, Theologie*. Vol. II: *Platon und Aristotele*, Bonn 1985.
SCHNEIDEWIN F. G., ver: LEUTSCH E. L. — SCHNEIDEWIN F. G., *Corpus paroemiographorum...*
SCHWABL H., *Sein und Doxa bei Parmenides*, "Wiener Studien", 66 (1953), pp. 50-75.
SCHWEGLER A., *Die Metaphysik des Aristoteles. Gründtext, Übersetzung und Commentar nebst erläuterneden Abhandlungen*, 4 vols., Tubinga 1847-1848; reimpresso em 2 vols., Frankfurt am Main 1960.
SERRA G., ver: DIANO C.—SERRA G., *Eraclito...*
SHOREY P., *Emendation of Aristotle's "Metaphysics" 1075 b 7*, "Classical Philology", 20 (1925), pp. 271-273.

SIMPLÍCIO, ver: DIELS H., *Simplicii in Aristotelis Physicorum...*
SIRIANO, ver: KROLL G., *Syriani In Metaphysica...*
SÓCRATES, ver: GIANNANTONI G., *Socratis et Socraticorum...*
SOCRÁTICOS MENORES, ver: GIANNANTONI G., *Socratis et Socraticorum...*
SPIAZZI R. M., ver: CATHALA M. R.—SPIAZZI R. M., S. *Thomae Aquinatis in duodecim libros Metaphysicorum...*
STENZEL J., *Studien zur Entwiklung der platonischen Dialektik von Sokrates zu Aristoteles*, Breslau 1917; Leipzig-Berlim 1931²; Darmstadt 1961³.
STOCKES M. E., *One and Many in Presocratic Philosophy*, Cambridge (Mass.) 1971.
SZLEZÁK Th. A., *Come leggere Platone. Presentazione di G. Reale* (trad. de N. Scotti), Rusconi Libri, Milão 1991.
SZLEZÁK Th. A., *Platon und die Schriflichkeit der Philosophie. Interpretationem zu den frühen und mittleren Dialogen*, Berlim 1985 (traduzido por mim com o título abaixo indicado).
SZLEZÁK Th. A., *Platone e la scrittura della filosofia. Analisi di struttura dei dialoghi della giovinezza e della maturità alla luce di un nuovo paradigma ermeneutico. Introduzione e traduzione di G. Reale*, Vita e Pensiero, Milão 1988; 1989²; 1992³.

TALES, ver: MADDALENA A., *Ionici...*
TARÁN L., *Speusippus of Athens. A critical study with a collection of the related texts and commentary*, Leiden 1981.
TAYLOR E. A., *Forms and Numbers. A study in Platonic metaphysics*, "Mind", 35 (1926) pp. 419-440; 36 (1927), pp. 12-33.
TEMÍSTIO, ver: LANDAUER S., *Themistii...*
TENNEMANN W., *System der platonischen Philosophie*, 2 vols., Leipzig 1792-1794.
TEOFRASTO, ver: REALE G., *Teofrasto...*; ROSS D.—FOBES F.H., *Theophrastus Metaphysics...*
THEILER W., *Zur Geschichte der teleologischen Naturbetrachtun bis auf Aristoteles*, Berlim 1965².
TIMPANARO CARDINI M., *I Sofisti, Frammenti e testimonianze*, Bari 1923; 1954² (agora em *I Presocratici*, Bari 1969, muitas vezes reeditado).
TIMPANARO CARDINI M., *Pitagorici, Testimonianze e frammenti*, 3 vols., La Nuova Italia, Florença 1958-1962-1964.
TOMÁS DE AQUINO, ver: CATHALA M. R.—SPIAZZI R., S. *Thomae Aquinatis In duodecim libros Metaphysicorum...*
TRENDELENBURG F. A., *Aristotelis De anima libri tres. Editio altera emendata et aucta*, Berlim 1877; Graz 1957.
TRENDELENBURG F. A., *De Aristotelis categoriis prolusio academica*, Berlim 1833.

TRENDELENBURG F. A., *Elementa logices Aristoteleae*, Berlim 1863[5-6]; 1874[7].
TRENDELENBURG F. A., *Geschichte der Kategorienlehre*, Leipzig 1846; Berlim 1876; Hildesheim 1963.
TRENDELENBURG F. A., *Platonis de ideis et numeris doctrina ex Aristotele illustrata*, Leipzig 1826.
TRICOT J., *Aristote, La Métaphysique. Nouvelle édition entièrement refondue avec commentaire*, 2 vols., Paris 1953 (substitui a precedente publicada em 1933, relativamente à qual é incomparavelmente superior).

UNTERSTEINER M., *Aristotele, Della filosofia. Introduzione, testo, traduzione e commento esegetico*, Roma 1963.
UNTERSTEINER M., *La dottrina di Protagora e un nuovo testo dossografico*, "Rivista di Filosofia Classica", N.S., 22-23 (1943-1944), pp. 21-99.
UNTERSTEINER M., *Parmenide, Testimonianze e frammenti*, Florença 1958; 1967[2].
UNTERSTEINER M., *Senofane, Testimonianze e frammenti*, La Nuova Italia, Florença 1954.
UNTERSTEINER M., *Sofisti, Testimonianze e frammenti*, 4 vols., La Nuova Italia, Florença 1949-1954-1962 (no quarto volume colaborou A. Battegazzore).
UNTERSTEINER M., *Zenone, Testimonianze e frammenti*, La Nuova Italia, Florença 1963.

VIANO A., *Aristotele, La Metafisica*, UTET, Turim 1974; Milão 1992.
VIANO A., *La logica di Aristotele*, Turim 1955.
VIANO A., *La Politica. La costituzione di Atene*, UTET, Turim 1966.
VOGEL, cf. DE VOGEL.
VON ARNIM H., *Die Entstehung der Gotteslehre des Aristoteles*, "Sitzungsberichte der Akademie der Wissenschaften in Wien. Philos.-hist. Klasse", 212 (1931), 5. Abhandlung.
VON ARNIM H., *Zu W. Jaegers Grundlegung der Entwicklungsgeschichte des Aristoteles*, "Wiener Studien", 46 (1928), pp. 1-48.
VUILLEMIN-DIEM G., *Anmerkungen zum Pasikles-Bericht und zu Echtheitszweifln am grösseren und kleineren Alpha in Handschriften und Kommnetaren*, in VV.AA. *Zweifelhaftes im Corpus Aristotelicum* (ver: Moraux P.—Wiesner J., *Zweifelhaftes...*), Berlim 1983, pp. 157-192.

WAITZ Th., *Aristotelis Organon Graece. Novis codicum auxiliis adiutus recognovit, scholiis ineditis et commentario instruxit* Th. W., Leipzig 1846. reimpr. Aalen 1965.
WEISS H., *Kausalität und Zufall in der Philosophie des Aristoteles*, Basileia 1942; Darmstadt 1967[2].

WILPERT P., *Das Argument vom "dritten Menschen"*, "Philologus", 94 (1939-1940), pp. 51-64.
WILPERT P., *Neue Fragmente aus Περὶ τἀγαθοῦ*, "Hermes", 76 (1941), pp. 225-250.
WILPERT P., *Reste verlorener Aristoteles-Schirften bei Alexander von Aphrodisias*, "Hermes", 75 (1940), pp. 369-396.
WILPERT P., *Zwei aristotelische Früschriften über die Ideenlehre*, Regensburg 1884.
WIRTH C., *Die ersten drei Capitel der Metaphysik des Aristoteles*, Beyreuth 1884.
WUNDT M., *Untersuchungen zur Metaphysik des Aristoteles*, Stuttgart 1953.

XENÓCRATES, ver: HEINZE R., *Xenokrates*...; ISNARDI PARENTE M., *Senocrate*...

ZELLER E.—MONDOLFO R., *La filosofia dei Greci nel suo sviluppo storico*, I 2: *Ionici e Pitagorici*, aos cuidados de R. Mondolfo, La Nuova Italia, Florença 1938; 1950².
ZELLER E.—MONDOLFO R., *La filosofia dei Greci nel suo sviluppo storico*, I 3: *Eleati*, aos cuidados de G. Reale, La Nuova Italia, Florença 1967.
ZELLER E., *Die Philosophie der Griechen in ihrer geschichtlichen Entwicklung*, I 1, 6ª ed., Leipzig 1919; I 2, 6ª ed., 1920; II 1, 5ª ed., 1922; II 2, 4ª ed., 1921.
ZENÃO, ver: Lee H.D.P., *Zeno*...; UNTERSTEINER M., *Zenone*...
ZÜRCHER J., *Aristoteles' Werk und Geist*, Paderborn 1952.

XIV. Índice analítico da matéria tratada no primeiro volume

Sumário VII
Advertência geral IX
Prefácio geral a esta edição da *Metafísica* de Aristóteles 1
  1. Como nasceu e como se desenvolveu meu trabalho sobre a *Metafísica* em particular e sobre Aristóteles em geral 1
  2. Os critérios que segui na elaboração originária deste trabalho e os consensos que recebi dos leitores 5
  3. Os critérios que segui na escolha e na execução das inovações que apresento 7
  4. A estrutura e a finalidade do "Ensaio introdutório" 11
  5. Os critérios que segui na tradução da *Metafísica* e as outras traduções desta obra publicadas na Itália 13
  6. Estrutura e enfoque do comentário 17
  7. Conclusões 22

Ensaio Introdutório. A metafísica de Aristóteles em seus conceitos-cardeais, em sua estrutura e em suas relações com o pensamento de Platão 25

Capítulo primeiro. Gênese do termo "metafísica" e da obra aristotélica que leva esse título 27
  1. A interpretação tradicional da origem do termo "metafísica" 27
  2. As novas perspectivas surgidas dos estudos do século XX 28
  3. A posição assumida pelos antigos comentadores 30
  4. As respostas que os textos aristotélicos podem dar a nosso problema 31
  5. A questão da gênese dos vários livros da *Metafísica* e do conjunto da obra 33

Capítulo segundo. Conceito e finalidade da metafísica aristotélica .. 37
  1. Primeira definição: metafísica como ciência das causas e dos princípios primeiros e supremos 37

2. Segunda definição: metafísica como ciência do ser enquanto ser 39
3. Terceira definição: metafísica como teoria da substância (οὐσία) 41
4. Quarta definição: metafísica como ciência teológica 43
5. A unidade das quatro definições e o "horizonte" da metafísica aristotélica 46
6. O lugar que a metafísica ocupa relativamente às outras ciências e sua superioridade absoluta 48
7. O fim que a metafísica tende a realizar 50

Capítulo terceiro. A componente aitiológica: a doutrina das quatro causas 53
1. Caracterização das quatro causas 53
2. Estrutura complexa e articulação da doutrina das quatro causas 54
3. Algumas interessantes explicações sobre as relações entre as causas e as coisas causadas 55
4. Em que sentido e em que medida Aristóteles liga a teoria das quatro causas com a problemática física e com a metafísica 56
5. A questão do modo pelo qual Aristóteles justifica a tábua das quatro causas 58
6. A propósito da fundação e da justificação histórica da doutrina das quatro causas 60
7. Algumas afirmações emblemáticas de Aristóteles encontradas no livro ἆ ἔλαττον 61

Capítulo quarto. A componente ontológica: a doutrina aristotélica do ser 63
1. Os múltiplos significados do ser e sua unidade 63
2. O significado da célebre fórmula "ser enquanto ser" 66
3. Os quatro significados do ser 67
4. Importância estrutural da tábua dos quatro significados do ser na *Metafísica* aristotélica 69
5. O ser segundo as figuras das categorias 72
6. O ser nas dimensões da potência e do ato 75
7. O ser como verdade 78
8. O ser na dimensão acidental 80
9. O ser da substância e o ser das outras categorias 83

Capítulo quinto. A componente usiológica: a polivocidade da concepção aristotélica da substância 87
1. A questão da substância em Aristóteles 87
2. Pressupostos teoréticos que condicionaram a interpretação da concepção aristotélica da substância 88

3. Pressupostos historiográficos que condicionaram a interpretação da concepção aristotélica da substância 90
4. Algumas observações sobre os cânones da interpretação histórico-genética aplicada à usiologia aristotélica 91
5. O termo "substância" traduz corretamente o termo οὐσία............... 91
6. As principais linhas de força que se cruzam na questão da substância 93
7. Ulterior distinção dos problemas específicos dentro do problema global da substância em geral........................ 95
8. As notas definidoras do conceito de substância e as realidades às quais compete a qualificação de substância 98
9. A forma aristotélica e sua prioridade ontológica estrutural 102
10. A forma aristotélica não é o universal 103
11. Conclusões sumárias sobre a concepção aristotélica da substância...... 106
12. O ato e a potência em relação com a substância 108

Capítulo sexto. A componente teológica: existência e natureza da substância suprassensível.. 111
1. Os três gêneros de substância existentes.......................... 111
2. A demonstração da existência da substância suprassensível 113
3. A causalidade do Primeiro Movente........................... 114
4. Natureza do Movente imóvel...................................... 116
5. O problema da unicidade de Deus e do Movente primeiro e supremo e da multiplicidade dos Moventes celestes 117
6. Deus e o Mundo 120

Capítulo sétimo. Breve análise de cada um dos livros da Metafísica .. 123
1. O livro A (primeiro)............................. 123
2. O livro ἇ ἔλαττον (segundo).......................... 126
3. O livro B (terceiro)............................. 129
4. O livro Γ (quarto)............................ 132
5. O livro Δ (quinto)............................ 133
6. O livro E (sexto)............................ 138
7. Livro Z (sétimo)............................. 139
8. O livro H (oitavo)............................ 141
9. O livro Θ (nono)............................ 142
10. O livro I (décimo)............................ 144
11. O livro K (décimo primeiro)......................... 145
12. O livro Λ (décimo segundo)........................ 147
13. O livro M (décimo terceiro)........................ 151
14. O livro N (décimo quarto)......................... 153

15. Conclusões 153
16. O desenvolvimento que nos resta a fazer 154

Capítulo oitavo. Como devem ser compreendidas as complexas posições assumidas por Aristóteles diante do pensamento dos predecessores e sobretudo de Platão e dos acadêmicos 157
1. A distinção necessária entre o Aristóteles divulgador e o Aristóteles crítico 157
2. A *Metafísica* de Aristóteles se impõe como um ponto de referência irrenunciável para qualquer reconstrução e compreensão filosófica do pensamento dos pré-socráticos 162
3. As razões pelas quais muitos estudiosos acreditaram em Aristóteles mais pelo que diz sobre os outros filósofos do que sobre Platão 165
4. O critério seguido por Aristóteles, em suas polêmicas com Platão, de calar sobre as doutrinas que o constrangeriam e não reconhecer vantagem às posições do adversário 167
5. Significativas confirmações das coisas atribuídas na *Metafísica* de Aristóteles a Platão numa série de mensagens alusivas que se encontram nos próprios escritos platônicos relidos em nova ótica histórico-hermenêutica 175

Capítulo nono. As informações fornecidas por Aristóteles na *Metafísica* sobre as "doutrinas não escritas" platônicas, sua credibilidade e seus influxos teoréticos 177
1. Aristóteles nos transmitiu, além da fórmula "doutrinas não escritas" com a qual são designados os ensinamentos orais de Platão, também seus conteúdos de base 177
2. As razões pelas quais Aristóteles, contra a vontade de Platão, julgou que devia escrever sobre as doutrinas não escritas e porque pôde fazê-lo de modo correto e coerente 178
3. A teoria platônica dos dois princípios primeiros e supremos: o Uno como princípio do Bem e a Díade de grande-e-pequeno como princípio do Mal 180
4. O Bem como Uno, medida suprema de todas as coisas 186
5. A complexa questão da Díade indefinida de grande-e-pequeno 190
6. Estrutura bipolar de todo o real em todos os níveis 195
7. Os entes matemáticos "intermediários" (μεταξύ) 199
8. A concepção dos Números ideais e das Ideias-número e sua importância 203
9. A questão das relações entre os vários planos da realidade e a solução dada por Platão nas suas doutrinas não escritas e aceita por Aristóteles 207

Capítulo décimo. Papel determinante das polêmicas com Platão e com os platônicos na construção e na estrutura da *Metafísica* de Aristóteles.. 209
  1. Como se deve ler e entender o Aristóteles polemista 209
  2. A propósito da crítica da teoria das Ideias de Platão 212
  3. A questão das relações entre as Ideias e as coisas segundo Platão e o significado das críticas de Aristóteles 216
  4. A crítica de Aristóteles aos entes matemáticos entendidos como entes por si subsistentes e a alternativa por ele apresentada 218
  5. A questão das Ideias dos "artefacta" 223
  6. Algumas observações sobre a crítica dirigida por Aristóteles ao Princípio primeiro do Uno-Bem de Platão 225
  7. A separação da Inteligência dos Inteligíveis e suas principais consequências 229

Capítulo décimo primeiro. Tangências estruturais, apesar das inegáveis diferenças, entre o sistema metafísico aristotélico e o platônico ... 233
  1. Marca platônica das sistemáticas e essenciais reafirmações da existência de uma realidade suprassensível e transcendente na *Metafísica* de Aristóteles 233
  2. Sentido platônico da afirmação de que sem a existência de uma realidade suprassensível e transcendente a "física" se tornaria "filosofia primeira" e, portanto, a metafísica se reduziria à física 235
  3. As relações estruturais entre teologia e ontologia na *Metafísica* de Aristóteles e seus nexos com o platonismo 237
  4. Fundamentos platônicos da distinção das ciências apresentada por Aristóteles no livro seis da *Metafísica* 239
  5. A prioridade ontológica da forma na *Metafísica* de Aristóteles 243
  6. A estrutura hierárquica do real que Aristóteles herdou de Platão e a sua relevância 246

Capítulo décimo segundo. Novidade paradigmática do conceito aristotélico de metafísica e sua dimensão epocal 251
  1. Porque é necessário distinguir adequadamente "metafísica do um" (henologia) e "metafísica do ser" (ontologia) para entender corretamente Aristóteles 251
  2. Protologia henológica e protologia ontológica 253
  3. Redução operada por Aristóteles das categorias platônicas ligadas à doutrina do Uno a conceitos dependentes da doutrina do ser 257

4. Ampliação estrutural do raio da esfera do ser com a inclusão
de todo aspecto do real 260
5. A relevância e a dimensão histórica do paradigma metafísico
aristotélico 265

**Conclusões. Por que o pensamento humano não pode dispensar a
metafísica... 267**

Índices sistemáticos particulares e gerais 275
I. Tábua cronológica referente a Aristóteles.................................... 277
II. Índice analítico dos nomes de pessoas citados por Aristóteles no
texto da *Metafísica* 279
III. Índice das citações textuais de versos de poetas ou de fragmentos
de filósofos pré-socráticos contidas na *Metafísica* 283
IV. Índice das passagens da *Metafísica* acolhidas como testemunhos
sobre o pensamento dos pré-socráticos na coletânea Diels-Kranz 285
V. Índice das passagens da *Metafísica* acolhidas como testemunhos sobre
Sócrates e sobre os Socráticos menores nas modernas edições críticas.......... 289
VI. Índice das passagens da *Metafísica* sobre Eudoxo de Cnido, sobre
Sócrates, o Jovem, e sobre elementos de geometria, desenvolvidas
no âmbito da Academia recolhidas por Lasserre 291
VII. Índice das passagens da *Metafísica* acolhidas
como testemunhos sobre a "Doutrina não escrita"
de Platão nos *Testimonia Platonica* de Konrad Gaiser
e em outras edições modernas 293
VIII. Índice das passagens da *Metafísica* consideradas
fragmentos de Espeusipo nas coletâneas modernas 295
IX. Índice das passagens da *Metafísica* consideradas
fragmentos de Xenócrates nas coletâneas modernas 297
X. Índice das passagens da *Metafísica* que contêm remissões internas
livro a livro 299
XI. Índice das passagens da *Metafísica* que contêm citações de outros
escritos aristotélicos ou remissões a eles 301
XII. Índice das passagens da *Metafísica* nas quais são citados ou
podem sê-lo escritos de Platão.. 303
XIII. Índice das obras expressamente citadas no primeiro e no
terceiro volume... 305
XIV. Índice analítico da matéria tratada no primeiro volume 323
XV. Índice analítico da matéria tratada no segundo volume 329
XVI. Índice analítico da matéria tratada no terceiro volume 337

XV. Índice analítico da matéria tratada no segundo volume

Sumário	VII
Advertência	IX
Livro A (primeiro)	**1**
1. [A sapiência é conhecimento de causas]	3
2. [Quais são as causas buscadas pela sapiência e as características gerais da sapiência]	9
3. [As causas primeiras são quatro e análise das doutrinas dos predecessores como prova da tese]	15
4. [Continuação do exame das doutrinas dos predecessores com particular atenção a Empédocles, Anaxágoras e Demócrito]	21
5. [Continuação do exame das doutrinas dos predecessores com particular atenção aos pitagóricos e aos eleatas]	27
6. [Continuação do exame das doutrinas dos predecessores com particular atenção a Platão]	35
7. [Recapitulação dos resultados do exame das doutrinas dos predecessores]	39
8. [Crítica dos filósofos naturalistas, monistas e pluralistas]	41
9. [Crítica de Platão e dos platônicos]	51
10. [Conclusões]	65
Livro ᾱ ἔλαττον (segundo)	**69**
1. [A filosofia é conhecimento da verdade e o conhecimento da verdade é conhecimento das causas]	71
2. [As causas são necessariamente limitadas tanto em espécie como em número]	73
3. [Algumas observações metodológicas: é necessário adaptar o método ao objeto que é próprio da ciência]	79
Livro B (terceiro)	**83**
1. [Conceito, finalidade e elenco das aporias]	85
2. [Discussão das cinco primeiras aporias]	89
[Segunda aporia]	93

      [Terceira aporia].. 95
      [Quarta aporia].. 97
      [Quinta aporia].. 97
  3. [Discussão das aporias sexta e sétima]................................. 101
      [Sexta aporia].. 101
      [Sétima aporia].. 103
  4. [Discussão da oitava, nona, décima e décima primeira aporias]...... 107
      [Oitava aporia]... 107
      [Nona aporia].. 109
      [Décima aporia]... 111
      [Décima primeira aporia].. 115
  5. [Discussão sobre o estatuto ontológico dos números].................... 119
      [Décima segunda aporia].. 119
  6. [Discussão das três últimas aporias] 123
      [Décima terceira aporia].. 123
      [Décima quarta aporia]... 125
      [Décima quinta aporia].. 125

livro Γ (quarto) **129**
  1. [Definição da metafísica como ciência do ser enquanto ser].......... 131
  2. [Os significados do ser, as relações entre o uno e o ser e as
     várias noções que entram no âmbito da ciência do ser] 131
  3. [À ciência do ser compete também o estudo dos axiomas e
     em primeiro lugar do princípio de não contradição].................... 141
  4. [Demonstração do princípio de não contradição por via de
     refutação] 145
  5. [Refutação do relativismo protagoriano enquanto
     negador do princípio de não contradição]................................. 163
  6. [Continuação da refutação das doutrinas protagorianas]............... 173
  7. [Demonstração do princípio do terceiro excluído
     por via de refutação]... 179
  8. [Refutação da opinião dos que sustentam que tudo é verdadeiro
     ou que tudo é falso] 181

livro Δ (quinto) **187**
  1. [Os significados de princípio]... 189
  2. [Os significados de causa].. 191
  3. [Os significados de elemento] 197
  4. [Os significados de natureza]... 199
  5. [Os significados de necessário] 201
  6. [Os significados do um].. 205

| ENSAIO INTRODUTÓRIO

7. [Os significados do ser].. 213
8. [Os significados de substância]....................................... 215
9. [Os significados de idêntico, diverso, diferente, semelhante e dessemelhante].. 217
10. [Os significados de oposto, contrário, diverso e idêntico pela espécie] 219
11. [Os significados de anterior e posterior]......................... 221
12. [Os significados de potência e impotência, possível e impossível] 225
13. [Os significados de quantidade].................................... 231
14. [Os significados de qualidade]....................................... 233
15. [Os significados de relativo e relação]............................ 235
16. [Os significados de perfeito].. 239
17. [Os significados de limite]... 243
18. [Os significados das expressões "aquilo por que" e "por si"]........ 243
19. [O significado de disposição] 245
20. [Os significados de hábito ou posse ou estado] 245
21. [Os significados de afecção]... 247
22. [Os significados de privação].. 247
23. [Os significados de ter]... 251
24. [Os significados da expressão "derivar de algo"]........... 251
25. [Os significados de parte]... 253
26. [Os significados de inteiro ou todo]............................... 255
27. [O significado de mutilado].. 257
28. [Os significados de gênero].. 259
29. [O significado de falso]... 261
30. [Os significados de acidente].. 263

livro E (sexto)... 267
1. [Divisão das ciências e absoluta primazia da metafísica entendida como teologia].. 269
2. [Os quatro significados do ser e exame do ser acidental]........ 273
3. [Natureza e causa do acidente e do ser acidental]....... 279
4. [Exame do ser no significado de verdadeiro e conclusões sobre os dois primeiros significados do ser analisados]................. 281

livro Z (sétimo) 285
1. [O ser nos significados das categorias e a absoluta prioridade da categoria da substância]...................................... 287
2. [As opiniões sobre o número e a natureza das substâncias existentes e o problema de fundo da existência de uma substância suprassensível] 289

3. [Início do tratado da substância em geral e exame da
   substância no significado de substrato].................................. 291
4. [A substância no significado de essência e considerações
   sobre a essência].. 295
5. [Continuação do tratado da essência] 303
6. [O problema da identidade da essência com a coisa individual
   da qual é essência]... 305
7. [Análise do devir e de seus modos]...................................... 311
8. [Caráter ingênito da matéria e da forma como condições
   estruturais do devir] 317
9. [Conclusão da análise do devir e das relações entre a
   essência e o devir].. 321
10. [A definição e as partes da definição e suas relações com a
    forma e as partes da forma].. 325
11. [Quais são as partes da forma e quais são as partes
    do composto]... 333
12. [A razão da unidade do objeto da definição]........................ 341
13. [O universal não pode ser substância] 345
14. [As Ideias dos platônicos não são substâncias]..................... 351
15. [Não é possível uma definição do indivíduo e não é possível
    nem uma definição da Ideia dos platônicos]......................... 353
16. [As partes de que são constituídas as coisas sensíveis não
    são substâncias e também não são substâncias o Uno e o
    Ser dos Platônicos]... 357
17. [Conclusões sobre a questão da substância: a substância é
    principalmente a forma] 361

livro H (oitavo)... 367
1. [Recapitulação do livro VII e consideração da substância das
   coisas sensíveis como matéria e potência]............................ 369
2. [A substância das coisas sensíveis como forma e ato].......... 371
3. [Ulteriores explicações sobre a substância das coisas sensíveis
   como forma e ato] 377
4. [Algumas explicações sobre a matéria e sobre a substância
   material das coisas] 381
5. [A matéria considerada relativamente aos contrários e ao
   devir das coisas].. 385
6. [Qual é a causa da unidade da definição e da substância]........ 387

livro Θ (nono) 393
1. [A potência como princípio de movimento].......................... 395
2. [Potências racionais e potências irracionais]......................... 399

3. [Necessidade da distinção entre potência e ato demonstrada pela discussão com a doutrina oposta dos megáricos e a refutação desta].. 401
4. [O possível e o impossível].. 405
5. [O modo de atuar-se das potências]............................ 407
6. [O ato e a potência considerados em seu significado propriamente metafísico]... 409
7. [Quando as coisas são em potência e quando em ato]..... 413
8. [A prioridade do ato sobre a potência]........................ 417
9. [A propósito do ato e da potência em relação ao bem e ao mal e às demonstrações geométricas]..................... 425
10. [O ser como verdadeiro e o não-ser como falso]............ 427

livro I (décimo).. 433
1. [O um e seus múltiplos significados]............................. 435
2. [O um não é substância, mas predicado]..................... 443
3. [O um e os muitos e as noções a eles conexas]............. 447
4. [A contrariedade como diferença máxima].................. 451
5. [A oposição do igual ao grande e ao pequeno]............ 457
6. [A oposição do um aos muitos]................................... 461
7. [Os termos intermediários].. 465
8. [A diferença específica e a pressuposta identidade de gênero]..... 469
9. [A diferença específica é dada por uma contrariedade na essência]....... 471
10. [A diferença subsistente entre o corruptível e o incorruptível]........... 475

livro K (décimo primeiro).. 479
1. [Recapitulação das aporias]...................................... 481
   [Primeira aporia]... 481
   [Segunda aporia].. 481
   [Terceira aporia]... 481
   [Quarta aporia]... 483
   [Apêndice à primeira aporia]..................................... 483
   [Quinta aporia]... 483
   [Aporia ausente no terceiro livro]................................ 485
   [Sexta aporia]... 485
   [Sétima aporia]... 485
2. [Continuação da recapitulação das aporias]............... 487
   [Oitava aporia].. 487
   [Décima aporia].. 489
   [Décima primeira aporia]... 489
   [Décima segunda aporia]... 491

[Décima quinta aporia].. 491
   [Décima terceira aporia]... 491
   [Nona aporia] 493
3. [A metafísica como ciência do ser e os múltiplos significados
   do ser].. 493
4. [À ciência do ser cabe também o estudo dos axiomas]............... 497
5. [Demonstração do princípio de não contradição
   por via de refutação]... 499
6. [Continuação da defesa do princípio de não contradição por
   via de refutação] 503
7. [Distinção da metafísica ou teologia da matemática e da física] 509
8. [O ser como acidente e o ser como verdadeiro]....................... 513
9. [Ser potencial, ser atual e movimento]................................... 519
10. [O infinito não existe em ato]... 523
11. [A mudança e o movimento] 529
12. [Ainda a respeito da mudança e do movimento e definição
    de algumas noções]... 533

livro Λ (décimo segundo) **541**
1. [O objeto da metafísica e as três substâncias]......................... 543
2. [Os princípios do devir, particularmente a matéria].................. 545
3. [O caráter ingênito da matéria e da forma e o modo de ser
   da forma].. 547
4. [As causas e os princípios das coisas são individualmente
   diversos, mas analogamente idênticos] 551
5. [Continuação da discussão sobre o modo de ser dos princípios] ... 553
6. [Demonstração da existência de uma substância suprassensível,
   imóvel e eterna, movente do universo]................................. 557
7. [Natureza e perfeição da substância suprassensível].................. 561
8. [Demonstração da existência de uma multiplicidade de
   substâncias suprassensíveis moventes das esferas celestes e
   a unicidade de Deus e do universo] 567
9. [Problemas relativos à inteligência divina como pensamento
   de pensamento] 575
10. [O modo de ser do bem e do ótimo no universo e
    algumas dificuldades em que caem as doutrinas metafísicas dos
    pré-socráticos e dos platônicos]... 579

livro M (décimo terceiro) **587**
1. [As doutrinas dos outros filósofos sobre a substância
   suprassensível e plano do livro sobre esse tema]..................... 589

2. [A questão relativa ao modo de ser dos objetos matemáticos] 591
3. [Solução da questão do modo de ser dos objetos matemáticos] 599
4. [A questão das Ideias] 605
5. [Continuação do desenvolvimento da questão das Ideias] 611
6. [A teoria dos números ideais em seus possíveis enfoques
   e formulações] 615
7. [Crítica da teoria dos números ideais de Platão] 619
8. [Continuação da crítica da teoria dos números ideais de
   Platão e crítica da doutrina dos números de outros pensadores] 631
9. [Continuação e conclusão da discussão sobre os números
   ideais e início do desenvolvimento da questão dos princípios
   das Ideias e das coisas] 641
   [Possível início do livro N (décimo quarto)] 649
10. [Continuação da exposição de questões relativas aos
    princípios das Ideias e das coisas] 651

livro N (décimo quarto) 657
1. [Crítica dos princípios admitidos pelos platônicos] 659
2. [Continuação da crítica dos princípios admitidos pelos
   platônicos] 665
3. [Críticas relativas a diversas teorias dos números] 675
4. [Relação entre os princípios e o Bem] 681
5. [A propósito da geração dos números e da
   causalidade dos números] 685
6. [É impossível que os números sejam causas das coisas] 689

XVI. Índice analítico da matéria tratada no terceiro volume

Sumário VII
Advertência IX
Sumários e comentários ao livro A (primeiro) 3
  1. Sumário e comentário a A 1 5
  2. Sumário e comentário a A 2 12
  3. Sumário e comentário a A 3 18
  4. Sumário e comentário a A 4 30
  5. Sumário e comentário a A 5 33
  6. Sumário e comentário a A 6 45
  7. Sumário e comentário a A 7 56
  8. Sumário e comentário a A 8 58
  9. Sumário e comentário a A 9 65
  10. Sumário e comentário a A 10 94

Sumários e comentários ao livro ἆ ἔλαττον (segundo) 97
  1. Sumário e comentário a ἆ 1 99
  2. Sumário e comentário a ἆ 2 102
  3. Sumário e comentário a ἆ 3 109

Sumários e comentários ao livro B (terceiro) 111
  1. Sumário e comentário a B 1 113
  2. Sumário e comentário a B 2 116
  3. Sumário e comentário a B 3 126
  4. Sumário e comentário a B 4 132
  5. Sumário e comentário a B 5 143
  6. Sumário e comentário a B 6 146

Sumários e comentários ao livro Γ (quarto) 149
  1. Sumário e comentário a Γ 1 151
  2. Sumário e comentário a Γ 2 153
  3. Sumário e comentário a Γ 3 163
  4. Sumário e comentário a Γ 4 167

5. Sumário e comentário a Γ 5 181
6. Sumário e comentário a Γ 6 189
7. Sumário e comentário a Γ 7 191
8. Sumário e comentário a Γ 8 194

Sumários e comentários ao livro Δ (quinto) 199
1. Sumário e comentário a Δ 1 201
2. Sumário e comentário a Δ 2 204
3. Sumário e comentário a Δ 3 210
5. Sumário e comentário a Δ 5 220
6. Sumário e comentário a Δ 6 222
7. Sumário e comentário a Δ 7 233
8. Sumário e comentário a Δ 8 239
9. Sumário e comentário a Δ 9 242
10. Sumário e comentário a Δ 10 246
11. Sumário e comentário a Δ 11 250
12. Sumário e comentário a Δ 12 255
13. Sumário e comentário a Δ 13 261
14. Sumário e comentário a Δ 14 265
15. Sumário e comentário a Δ 15 268
16. Sumário e comentário a Δ 16 273
17. Sumário e comentário a Δ 17 275
18. Sumário e comentário a Δ 18 277
19. Sumário e comentário a Δ 19 279
20. Sumário e comentário a Δ 20 280
21. Sumário e comentário a Δ 21 281
22. Sumário e comentário a Δ 22 282
23. Sumário e comentário a Δ 23 284
24. Sumário e comentário a Δ 24 286
25. Sumário e comentário a Δ 25 287
26. Sumário e comentário a Δ 26 288
27. Sumário e comentário a Δ 27 290
28. Sumário e comentário a Δ 28 292
29. Sumário e comentário a Δ 29 294
30. Sumário e comentário a Δ 30 299

Sumários e comentários ao livro E (sexto) 301
1. Sumário e comentário a E 1 303
2. Sumário e comentário a E 2 312
3. Sumário e comentário a E 3 319
4. Sumário e comentário a E 4 321

Sumários e comentários ao livro Z (sétimo) 325
  1. Sumário e comentário a Z 1 327
  2. Sumário e comentário a Z 2 331
  3. Sumário e comentário a Z 3 334
  4. Sumário e comentário a Z 4 340
  5. Sumário e comentário a Z 5 350
  6. Sumário e comentário a Z 6 352
  7. Sumário e comentário a Z 7 360
  8. Sumário e comentário a Z 8 369
  9. Sumário e comentário a Z 9 376
  10. Sumário e comentário a Z 10 381
  11. Sumário e comentário a Z 11 390
  12. Sumário e comentário a Z 12 396
  13. Sumário e comentário a Z 13 399
  14. Sumário e comentário a Z 14 404
  15. Sumário e comentário a Z 15 408
  16. Sumário e comentário a Z 16 412
  17. Sumário e comentário a Z 17 415

Sumários e comentários ao livro H (oitavo) 421
  1. Sumário e comentário a H 1 423
  2. Sumário e comentário a H 2 426
  3. Sumário e comentário a H 3 433
  4. Sumário comentário a H 4 440
  5. Sumário e comentário a H 5 443
  6. Sumário e comentário a H 6 445

Sumários e comentários ao livro Θ (nono) 451
  1. Sumário e comentário a Θ 1 453
  2. Sumário e comentário a Θ 2 456
  3. Sumário e comentário a Θ 3 458
  4. Sumário e comentário a Θ 4 464
  5. Sumário e comentário a Θ 5 466
  6. Sumário e comentário a Θ 6 469
  7. Sumário e comentário a Θ 7 473
  8. Sumário e comentário a Θ 8 477
  9. Sumário e comentário a Θ 9 483
  10. Sumário e comentário a Θ 10 487

Sumários e comentários ao livro I (décimo) 493
  1. Sumário e comentário a I 1 495

2. Sumário e comentário a I 2 504
   3. Sumário e comentário a I 3. 508
   4. Sumário e comentário a I 4 514
   5. Sumário e comentário a I 5 519
   6. Sumário e comentário a I 6 522
   7. Sumário e comentário a I 7 526
   8. Sumário e comentário a I 8 530
   9. Sumário e comentário a I 9 534
  10. Sumário e comentário a I 10 536

Sumários e comentários ao livro K (décimo primeiro) 539
   1. Sumário e comentário a K 1 541
   2. Sumário e comentário a K 2 546
   3. Sumário e comentário a K 3 549
   4. Sumário e comentário a K 4 551
   5. Sumário e comentário a K 5 553
   6. Sumário e comentário a K 6 555
   7. Sumário e comentário a K 7 558
   8. Sumário e comentário a K 8 560
   9. Sumário e comentário a K 9 562
  10. Sumário e comentário a K 10 567
  11. Sumário e comentário a K 11 573
  12. Sumário e comentário a K 12 575

Sumários e comentários ao livro Λ (décimo segundo) 579
   1. Sumário e comentário a Λ 1 581
   2. Sumário e comentário a Λ 2 585
   3. Sumário e comentário a Λ 3 589
   4. Sumário e comentário a Λ 4 596
   5. Sumário e comentário a Λ 5 601
   6. Sumário e comentário a Λ 6 605
   7. Sumário e comentário a Λ 7 613
   8. Sumário e comentário a Λ 8 625
   9. Sumário e comentário a Λ 9 636
  10. Sumário e comentário a Λ 10 640

Sumários e comentários ao livro M (décimo terceiro) 647
   1. Sumário e comentário a M 1 649
   2. Sumário e comentário a M 2 652
   3. Sumário e comentário a M 3 660
   4. Sumário e comentário a M 4 667

5. Sumário e comentário a M 5 672
   6. Sumário e comentário a M 6 672
   7. Sumário e comentário a M 7 679
   8. Sumário e comentário a M 8 691
   9. Sumário e comentário a M 9 703
  10. Sumário e comentário a M 10 710

Sumários e comentários ao livro N (décimo quarto) 713
   1. Sumário e comentário a N 1 715
   2. Sumário e comentário a N 2 720
   3. Sumário e comentário a N 3 730
   4. Sumário e comentário a N 4 735
   5. Sumário e comentário a N 5 739
   6. Sumário e comentário a N 6 743

Edições Loyola

editoração impressão acabamento
rua 1822 nº 341
04216-000 são paulo sp
T 55 11 3385 8500/8501 • 2063 4275
www.loyola.com.br